L'ÉPOPÉE DE L'ARCHÉOLOGIE

DU MÊME AUTEUR

De Gaulle à travers la caricature internationale, Le Livre de Poche, 1973.

Le Voyage en Égypte, Jean-Claude Lattès, 1990.

Le Voyage en Terre sainte, Jean-Claude Lattès, 1991.

Le Voyage à Venise, Jean-Claude Lattès, 1992.

Égypte éternelle, Jean-Claude Lattès, 1993.

Le Voyage en Italie, Jean-Claude Lattès, 1994.

Les Fils de rois, Jean-Claude Lattès, 1996.

Le Voyage en France, Jean-Claude Lattès, 1997.

avec GÉRARD GUICHETEAU

Le Rire, Robert Laffont, 1981.

Le Canard sauvage, Le Pré aux Clercs, 1982.

Les Années 1990 (collectif), Sélection du Reader's Digest, 1991.

Les Années 1920-1930 (collectif), Sélection du Reader's Digest, 1992.

Histoires vraies du XXe siècle, tome 1, 2005 : *Les Années d'enthousiasme (1895-1909)* ; tome 2, 2006 : *Les Années radieuses (1909-1914)*, Fayard.

Jean-Claude Simoën

L'Épopée de l'archéologie

Savants et aventuriers

Fayard

ISBN : 978-2-213-63065-6

Librairie Arthème Fayard, 2008.

Sommaire

Avant-propos

Il est amusant de constater que l'archéologie naquit au moment où l'exploration de la planète allait se terminer. Tout se passa comme si, se détournant de l'inconnu géographique, puisque celui-ci n'offrait presque plus de surprises, les hommes étaient soudain entrés dans la troisième dimension, celle du temps, autrement dit s'étaient tournés vers l'inconnu historique. Tout comme l'explorateur appréhende notre connaissance de la planète, l'archéologue, lui, élargit notre compréhension de nous-même.

Étymologiquement, l'archéologie est la science des origines de l'homme. En fait, elle est tout simplement l'histoire de l'homme telle que nous la révèlent les vestiges multiples et divers, parmi lesquels les objets de la vie quotidienne : outils, ustensiles ménagers, parures, mobilier, armes mais aussi habitat et sépultures. Les plus infimes détails révélés par une fouille sont souvent lourds de signification. Ils sont en quelque sorte les pièces à conviction de l'histoire.

Cependant, la recherche du passé des civilisations resta longtemps motivée par l'avidité, par l'espoir pas toujours récompensé de découvrir des richesses cachées. Ayant débuté comme une chasse au trésor, l'archéologie s'est logiquement établie avec le statut de « science » dans les instituts et les universités, lequel statut, s'il garantit la forme, laisse entrevoir au fond les trois interrogations majeures : « d'où venons-nous ? qui sommes-nous ? où allons-nous ? » Tandis que, pour le plus grand nombre, la vénération du patrimoine mondial tient lieu de connaissance de l'humanité...

Trois siècles de curiosité ont passé sur les civilisations éteintes laissant un mousseux sillage de méthodes et de théories interprétatives. Trois siècles qui écrivent la fascinante histoire des traces enfouies et son corollaire, l'aventure des découvertes. L'archéologie, curiosité de l'homme pour l'homme, se situe pour cela même entre science et aventure. Ces deux aspects sont à mon modeste avis indissociables. Aussi, depuis le XVIIIe siècle, fausse science et vraie aventure – ou vraie science et fausse aventure – ne sont jamais sorties de cette problématique.

Aujourd'hui que des rivalités entre spécialistes ont remplacé les coups bas et autres chausse-trapes des premiers collectionneurs et de leurs fournisseurs, l'aspect général de la question a sensiblement changé. Longtemps des trésors anciens sont demeurés jalousement conservés par leurs découvreurs qui se les étaient appropriés – tels ceux du Pérou des Incas par Hiram Bingham et l'université de Yale, tels ceux de l'Égypte pharaonique, systématiquement pillée par des aventuriers comme Drovetti ou Belzoni qui œuvraient pour le compte de musées prestigieux comme le British Museum, le Louvre ou bien encore pour de riches collectionneurs, tel Heinrich Schliemann, le mythique découvreur de Troie qui n'hésita pas à s'emparer du fabuleux trésor de Priam. Toutes les découvertes appartiennent aujourd'hui fort justement aux Etats en quête de leur passé. L'archéologie n'est une science « exacte » que par les moyens et les méthodes. Elle cesse le plus souvent de l'être quand vient l'heure de l'interprétation. Découvrir des vestiges, les sortir de la nuit des temps est une chose. Leur donner une signification en est une autre. Où s'arrête le travail de l'archéologue et où commence celui de l'historien ?

Le premier acte de l'archéologie moderne se joua sans conteste dans cette partie de l'Italie qui appartint jadis, au temps où Dionysos n'était pas encore Bacchus, à la première expansion des humains dans le monde méditerranéen des origines : la Grande Grèce, c'est-à-dire la Sicile et Naples. Les Latins, à l'époque, ne valaient guère mieux que les Gaulois et se conduisaient d'aussi « barbare » façon que, cinq siècles plus tard, le firent les Vandales et les Goths. C'est des débris des pillages et des destructions que furent enrichies les toutes premières collections papales, royales, impériales et seigneuriales.

Cependant, la nature elle-même, par l'érosion et surtout l'éruption, ne fut pas en reste. Un beau fleuron de la colonie grecque de Naples, devenue romaine, disparut pour des siècles sous les cendres et les projections du Vésuve. Pour la raison qu'ils avaient les « antiquités » sous leurs pieds, les rois de Naples et les voyageurs curieux du temps des Lumières furent donc les premiers à gratter le sol afin de ressusciter une époque dont leur parlait leur impressionnante culture livresque. Car c'est bien à Pompéi et Herculanum que furent entreprises, à partir de 1738, financées par le roi de Naples, les premières fouilles archéologiques systématiques.

Le second acte de l'archéologie s'illustra sur un théâtre de ruines et inspira le tout premier romantisme. Cette fois, on ne commença pas par gratter, mais par contempler ce qui dépassait des sables d'Égypte. On venait de découvrir les Pyramides, le Sphinx, les Colosses de Memnon, des forêts de colonnades dont certains chapiteaux avaient des allures de papyrus. Le Nil majestueux, tantôt charmant, tantôt furieux, nourrissait la vallée aux jardins enchanteurs où poussaient le pois chiche et la fève. Après l'expédition militaire du général Bonaparte, qui joua un rôle dans la science nouvelle et la muséographie, les inévitables collectionneurs s'enfiévrèrent et se jalousèrent pour des commandites que réalisèrent des personnages hauts en couleur. Une avancée majeure fut marquée par la découverte du sens caché des hiéroglyphes qui, jusque-là, avaient été considérés comme des motifs de décoration plutôt que comme une écriture. Ainsi le temps de la philologie comparée commençait...

Le troisième acte de l'archéologie moderne en fut imprégné. C'est effectivement par l'écriture que le XIXe siècle aborda les réponses à ses interrogations sur les temps bibliques. De pieux personnages s'en allaient depuis toujours pérégriner dans les déserts qui avaient peu à peu gagné les jardins de l'Eden. Cela donna l'idée à des esprits laïques d'historiciser les mythes antiques, d'autant plus que sur un grand chemin de Perse ils découvrirent la toute première écriture humaine, faite de petits coins assemblés. À leur décryptage on s'aperçut bien vite que les légendes avaient nourri bien plus que notre imaginaire et que la sagesse n'était pas une idée neuve. Cinq ou six siècles avant notre ère, de puissants rois avaient énoncé des vérités premières auxquelles l'éloignement dans le temps conférait le charme d'un retour aux sources. Les grandes cités du Tigre et de l'Euphrate – Ninive, Mari, Babylone, Uruk... – émergèrent enfin des boues des inondations (un Déluge avait bien eu lieu) et des cendres des invasions successives accourues depuis les confins de la Terre. Les rois mésopotamiens avaient su orner leurs palais de lions d'or et de céramique.

Conjointement à ces recherches considérées comme fondamentales, sur la route même conduisant de l'un à l'autre de ces pôles mondiaux d'une histoire traditionnelle, le hasard des étapes permit la mise au jour d'une énigme : celle que pose la cité perdue des Nabatéens, relais du commerce entre l'Orient et la Méditerranée, voie de l'encens et des épices, de la soie et des pierres précieuses. Dans une vallée profonde creusée par un ruisseau mort, la riche ville de Pétra sortit des sables tandis que déclinait la puissance ottomane. À demi-enterrée, enrichie de façades grecques puis romaines, privée d'existence durant plus d'un millénaire, Pétra n'était-elle qu'une nécropole ?

L'Amérique, considérée comme « nouveau monde », constitua un cas à part durant des siècles. Les Espagnols avaient pris la suite de dynasties à peine âgées d'un ou deux siècles soumettant des peuples « indiens » beaucoup plus anciens. Ils commencèrent par remplir leurs coffres puis commirent de grands massacres de gens réputés inaptes aux labeurs qu'ils leur imposaient... L'archéologie de l'Amérique du Sud naquit de la désolation. Ce qui avait disparu n'existait plus que dans les récits des conquérants : l'histoire des vaincus était celle des vainqueurs. Des voyageurs curieux finirent toutefois par s'intéresser aux énormes ruines disséminées dans une nature devenue hostile. Et peu à peu surgirent les traces de civilisations qui n'en finiront jamais d'interroger notre vision schématique du monde et sur l'idée indestructible d'un commencement biblique.

Reste un domaine qui pose, par son principe même, des questions sensibles sur des sujets qui fâchent encore :

la France a-t-elle le droit d'avoir des origines « celtiques », et cette recherche relève-t-elle même de l'archéologie ? Que ces questions aient été posées pour la première fois par un Napoléon III ne fit qu'envenimer le débat. Alors que le travail dans la boue, les sédiments et les accumulations de déchets, que ce soit sur une colline artificielle dite « oppidum », au fond d'une grotte peinte ou au milieu d'une lande (fût-elle « bretonne »), ressemble tout à fait à ce qui se pratique – s'est pratiqué – en matière de fouilles au Moyen-Orient ou en Égypte, « on » aurait tendance à parler plutôt de « préhistoire » que d'archéologie. La vieille Europe, qui fut à l'origine de la science nouvelle, n'aurait-elle pas le droit, elle aussi, de partir à la découverte de ses racines ?

Enfin, que le lecteur ne prenne surtout pas ce livre pour un ouvrage d'érudition, ce qu'il n'a jamais prétendu être ; plutôt comme une promenade en compagnie d'aventuriers archéologues qui ont redonné vie avec passion aux civilisations passées.

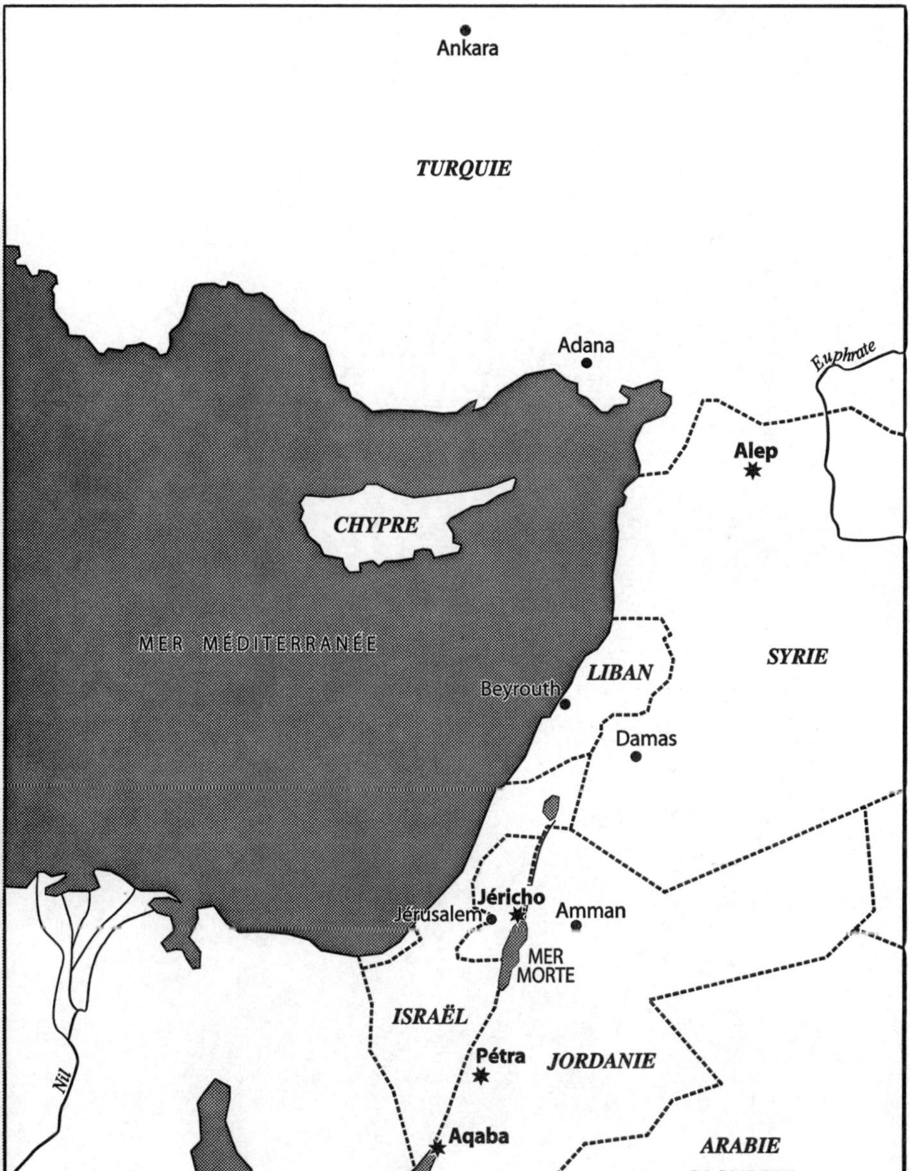

Pétra et ses environs

I

La reine des sables

Alors que les fouilles archéologiques en sont encore à leurs débuts et que les épigraphistes et philologues se perdent en hypothèses sur le sens de la très curieuse écriture cunéiforme couvrant des tablettes d'argile, un Suisse alémanique, Johann Ludwig Burckhardt (1784-1817), quitte Damas et s'aventure dans les déserts d'Arabie Pétrée, au sud de la mer Morte. Lors d'une étape de chameliers, au plus profond des gorges creusées par des rivières fossiles, il découvre, éberlué, des monuments grandioses sculptés dans le grès : la mystérieuse cité de Pétra, l'antique capitale du royaume des Nabatéens. Pétra, cité du IVe siècle avant notre ère, est située en Jordanie, à mi-chemin entre le golfe d'Aqaba et la mer Morte. Elle se trouve à environ deux cents kilomètres au sud de la capitale actuelle, Amman.

Burckhardt... Ce personnage romanesque peut être considéré de deux façons : comme un personnage de fiction tout droit sorti de l'imagination d'un Théophile Gautier, ou bien plutôt – ce qu'il fut – comme un aventurier solitaire fondu dans la multitude et l'immensité de l'inconnu, un de ces explorateurs dont René Caillié, celui de Tombouctou, est le modèle français.

L'engouement de l'Europe pour l'orientalisme est alors à son apogée, et beaucoup rêvent d'inscrire leur nom au palmarès des grands voyageurs. Artistes et écrivains se rendent en Orient, avides de pénétrer le mystère de ce monde réputé hostile, mais prometteur de fantasmes, riche en exotisme et en dépaysement. Alors on se travestit en Ottoman, on apprend l'arabe, on se documente sur l'islam – au point, souvent, de s'y convertir.

Tel fut le choix crucial de Burckhardt. Son goût pour le travestissement et ce que nous appelons le « jeu de rôle » n'y fut pas étranger. À quoi s'ajoutait un réel courage. Au tout début du XIXe siècle, le voyage au loin était encore une aventure au cours de laquelle on pouvait perdre la vie, entre le climat torride, la nature hostile, les mauvaises rencontres de bandits et de pillards, les prises d'otages, les maladies, les privations... Burckhardt mourut d'ailleurs de dysenterie au Caire, huit ans après son arrivée au Moyen-Orient. Il avait tout juste trente-trois ans.

Il s'était longuement préparé à son voyage – il était mandaté par la toute-puissante African Association britannique pour explorer l'intérieur de l'Afrique et découvrir de nouvelles routes commerciales. Johann Ludwig Burckhardt voulait toutefois gagner l'Égypte en passant d'abord par la Syrie et Damas. La puissance locale était alors l'immense Empire ottoman dont le pouvoir s'étendait jusqu'au Maghreb.

Mais revenons en arrière, au temps de sa jeunesse et de sa formation. Né à Lausanne, Burckhardt fait à Bâle ses premières études qu'il va parfaire en Allemagne, à Leipzig, puis à l'université de Göttingen, en 1804. Il se prépare à une carrière diplomatique qui pourrait satisfaire son goût de l'ailleurs et son insatiable curiosité. Toutefois, en 1806, il gagne l'Angleterre. Muni d'une lettre de recommandation de Johann Friedrich Blumenbach (1752-1840), Burckhardt se présente à Sir Joseph Banks[1], alors président de l'African Association, société constituée dans le but d'explorer le continent dont on ne connaît bien que le pourtour, et avant tout de découvrir les sources du Nil. Les membres de l'African Association acceptent l'offre faite par Burckhardt de monter sa propre expédition.

Convaincu que son voyage en Afrique sera facilité si on le prend pour un autochtone, il entre à Cambridge afin d'y apprendre l'arabe. Il suit par ailleurs des cours de chimie, d'astronomie, de minéralogie et de médecine. Il étudie avec minutie les récits de ses prédécesseurs afin de préparer son exploration. En somme, il réunit à lui seul tout le collège de savants que Bonaparte a embarqués pour l'Égypte dix ans plus tôt.

Son extrême vigilance n'est pas seulement intellectuelle. Il se dit à juste titre qu'il faut prendre en compte les conditions elles-mêmes. Voyager dans le désert exige de l'endurance et une bonne forme physique. Rien de tel, donc, que de s'entraîner et de se soumettre à des conditions similaires à celles qui l'attendent. C'est ainsi qu'il va jusqu'à randonner sans chapeau dans la campagne anglaise pendant une canicule, se nourrissant de plantes et d'eau, dormant à même le sol. Ces exercices peuvent prêter à sourire, mais ils soulignent la détermination de l'explorateur. Rien ne l'arrête dans son désir de perfection et d'endurance.

1. Sir Joseph Banks (1743-1820), naturaliste et botaniste, membre puis président de la Royal Society. Il a participé au voyage de Cook autour du monde, entre 1768 et 1771, à l'issue duquel il rapporta l'eucalyptus, l'acacia et le mimosa.

Non content d'avoir étudié la langue et la civilisation arabes, il décide de se rendre au Levant pour parfaire ses connaissances et devenir aussi un « musulman » plus crédible. Il quitte donc l'Angleterre en 1809, fait escale à Malte où il attend quelques mois un bateau susceptible de le conduire en Syrie, et se rend à Alep. Hébergé par le consul anglais Barker, il profite de ce séjour pour perfectionner son arabe et étudier le droit musulman. Il va séjourner deux ans et demi dans cette ville où, sans doute envoûté par le monde arabe, il se convertit à l'islam et prend le nom d'Ibrahim ibn Abdullah. Il assimile si bien le Coran que même les musulmans les plus instruits le croient expert en droit islamique. Est-ce par goût et amusement, ou par prudence ?

L'immersion de l'explorateur suisse dans la société arabe passe non seulement par le changement d'identité, mais aussi par le travestissement. Il s'habille en Bédouin, parcourt le désert, fréquente les tribus nomades sous son nom d'emprunt, Cheikh Ibrahim. Cette métamorphose lui permet de passer quasiment inaperçu. Il s'efforce d'éviter les imprudences, tout en se montrant prévoyant : « Muni de ce que je considérais comme nécessaire [...], j'adoptai le costume des gens du Hauran[1], avec un keffieh et une grande peau de mouton sur les épaules. Dans mon sac de selle, je plaçai une chemise de rechange, une livre de grains de café, deux livres de tabac, et une journée d'orge pour mon cheval. Puis je rejoignis quelques paysans d'Ezra, à l'un desquels je louai un âne, bien que je n'eusse rien d'autre à lui faire porter que mon sac de selle. Mais je savais que c'était le meilleur moyen de me recommander

1. Partie méridionale de la Syrie, jouxtant le Golan et la Jordanie, au pied des montagnes de l'Anti-Liban.

à la protection de mes compagnons de voyage ; le propriétaire de l'âne devient nécessairement le compagnon et le protecteur de celui qui le lui loue [...]. Dans ma ceinture, quatre-vingts piastres, et un peu plus dans ma poche, plus une montre, un compas, un journal de bord, un crayon, un couteau, et une tabatière[1]. »

Burckhardt avait compris que les difficultés étaient trop grandes pour qui désirait se mêler à la vie quotidienne ou religieuse du pays exploré sans être lui-même musulman. En effet, le voyageur occidental se heurtait, au XIXe siècle, à une farouche hostilité, pour peu qu'il fût isolé, peu fortuné, et loin des capitales. Il s'était donc converti.

Dans les palais comme dans les souks, Burckhardt parle l'arabe parfaitement. Il fréquente aussi bien les puissants de Damas que les paysans du Hauran. Il effectue ainsi pendant ces deux années plusieurs voyages en Syrie. Il visite Palmyre, Baalbeck, Damas et sa région en compagnie des Bédouins. Cette période, qu'il passe officiellement à préparer son expédition en Afrique, est la plus fructueuse de sa courte vie d'explorateur. C'est à ce moment-là qu'il découvre, en poursuivant ses explorations vers le Sud, une ville oubliée depuis mille ans.

Faisant route vers l'Égypte, Burckhardt traverse l'actuelle Jordanie. Il entend parler d'une cité perdue dans le désert, qui serait cachée dans les montagnes de la péninsule Arabique. Seuls les Bédouins et les marchands la connaissent. Pareille rumeur le pique au vif. Jusque-là, pour beaucoup, la cité, évoquée notamment par l'historien et géographe grec Strabon, n'est rien de plus qu'un mythe,

---

1. Johann Ludwig Burckhardt, *Travels in Syria and the Holy Land*, Londres, 1822. Toutes les citations de Burckhardt qui suivent sont extraites de ce récit de voyage, paru après sa mort.

un rêve insaisissable. Mais Burckhardt, pour ne pas trahir ses origines, doit taire son désir de se rendre sur les lieux car, dans la région dominée par la puissance ottomane, on n'aime pas que des Européens s'intéressent de trop près à ce que les musulmans considèrent comme les œuvres impies de ceux qu'ils appellent les Infidèles... quand ils ne les soupçonnent pas d'être à la recherche de trésors dont ils pourraient les spolier. La situation politique et religieuse est très tendue. Pour pouvoir rechercher cette ville mystérieuse, donc faire un détour sans éveiller trop de soupçons chez ses compagnons de voyage, Burckhardt se présente en pèlerin de La Mecque. Il sait que le tombeau qu'on attribue au frère de Moïse, le prophète Aaron (Haroun), se trouve au sommet du *djebel* de ce nom, près de la vallée du *wadi* Musa (la rivière de Moïse) où doit se trouver la cité oubliée. Sous son identité de Cheikh Ibrahim, Burckhardt prétexte qu'il a fait le vœu de sacrifier une chèvre au Prophète et réussit à convaincre les Bédouins de l'accompagner.

Comme les croisés près de sept siècles auparavant, ou comme les grandes caravanes chargées d'épices et de soieries, d'encens et de bitume, c'est par le Siq, unique voie d'accès, que l'explorateur suisse approche de Pétra le 22 août 1812. Creusé par les eaux du wadi Musa, asséché la majorité de l'année, le défilé du Siq, long de plus d'un kilomètre, serpente entre des parois parfois si proches que le ciel s'efface. Large par endroits de trois mètres à peine, le défilé permet le passage d'un seul chameau chargé de marchandises. Tout à coup, à l'issue d'un dernier étranglement, surgit un monument grandiose, ruisselant des couleurs dispensées par les bigarrures du grès. Burckhardt est ainsi le premier Occidental, depuis le départ des croisés au

XIIe siècle, à découvrir, émerveillé, après une demi-heure de marche au fond du défilé du Siq, une haute façade rose – celle du Khazneh. On peut facilement imaginer le vertige que produit cette découverte sur Burckhardt après plusieurs jours d'un voyage harassant. Pétra, ville « creusée », est située dans des renfoncements montagneux. Elle offre aux yeux du visiteur un paysage minéral quasi surnaturel. La roche composée de grès apparaît par strates et donne des déclinaisons de couleurs allant du doré au vermeil. Couleurs atténuées ou renforcées selon l'intensité de la lumière. Mais Burckhardt, au fort de la découverte, a certainement dû étouffer ou du moins modérer son enthousiasme. Afin de ne pas éveiller la méfiance du guide qui le surveille de près et de ne pas provoquer l'hostilité des habitants du village de Wadi Musa, l'explorateur suisse doit se contenter d'un aller-retour à travers la cité antique. Sa visite de Pétra, le 22 août 1812, est trop rapide pour qu'il puisse prendre des notes précises sur l'ensemble du site, ou bien encore établir des relevés minutieux des vestiges. Il écrira plus tard : « Je regrette de ne pouvoir en donner une description vraiment complète, mais je connaissais bien le caractère des gens qui m'entouraient : je me trouvais sans protection au milieu d'un désert où aucun voyageur n'avait jamais été aperçu auparavant [...]. De futurs voyageurs visiteront peut-être ces lieux sous la protection d'une force armée, les habitants s'accoutumeront aux recherches des étrangers, et l'on s'apercevra alors que les antiquités de Wadi Musa peuvent prendre rang parmi les plus curieux vestiges de l'art antique. »

Il s'agit avant tout, pour lui, de bien montrer qu'il est un bon croyant de l'islam. Toujours exposé au risque d'être « démasqué » par ses guides et ses compagnons de voyage, il prend ses notes en cachette, au pas de son chameau.

Quoique sous surveillance, il réussit à faire des relevés archéologiques et anthropologiques succincts qui serviront de matériel de base aux expéditions suivantes. Il parvient notamment à décrire quelques-uns des principaux monuments, comme le tombeau aux Obélisques, l'arc triomphal, le Siq, le Khazneh et le temple de Qasr el-Bint. Il décrit assez en détail le Khazneh, « l'un des plus élégants vestiges de l'Antiquité existant en Syrie ».

Même si l'on cherchait depuis longtemps le lieu exact de l'ancienne capitale des Nabatéens, on était loin de soupçonner cet emplacement. Burckhardt, pour avoir beaucoup observé et étudié d'autres sites archéologiques, comprit vite l'importance de ce lieu, et, fort de ses lectures et de ses connaissances sur la civilisation orientale, le nomma sans hésitation : « En comparant les témoignages des divers auteurs [...], il semble très probable que les ruines de Wadi Musa sont celles de l'antique Pétra. »

Enthousiaste, l'heureux découvreur répandit la nouvelle parmi les Occidentaux installés en Égypte. Il fit part de ses conclusions dans son ouvrage *Travels in Syria and the Holy Land*, dont l'édition ne se fera que cinq ans après sa mort. Malgré cette grande découverte, il avait toujours en tête de remplir sa mission première, qui était de découvrir la source du Nil. Burckhardt partit donc pour l'Égypte en longeant la côte orientale de la mer Morte à travers la Syrie et la Palestine. Il arriva au Caire en septembre 1812. Cependant, il ne put poursuivre sa mission, car les communications avec l'intérieur de l'Afrique étaient interrompues.

Au début de l'année suivante, Burckhardt, qui se faisait toujours appeler Cheikh Ibrahim, remonta le Nil pour explorer la Nubie et découvrit les temples d'Abou Simbel encore presque totalement ensablés. « Quand nous avons atteint le sommet, j'ai laissé mon guide avec les chameaux et je suis descendu dans une fissure presque perpendiculaire, envahie de sable, pour examiner le temple d'Abou Simbel dont on m'avait vanté les splendeurs. Aucune route ne mène aujourd'hui à ce temple, mais il est probable qu'un changement soit intervenu dans le cours du Nil, et autrefois il existait peut-être un chemin le long du rivage pour atteindre l'édifice. Ce dernier se dresse à environ vingt pieds au-dessus du fleuve, entièrement découpé dans la falaise rocheuse et en parfait état de conservation... »

Depuis la Nubie, il se rendit à La Mecque et à Médine. Ce fut l'un des premiers Européens à visiter les deux villes saintes, étudiant minutieusement les pèlerinages et les révélant en toute objectivité à l'Occident. À une époque où les témoignages étaient par trop influencés et motivés par la mode orientaliste qui sévissait en Europe, l'immersion de Burckhardt dans le monde arabo-musulman, alliée à des connaissances approfondies, fit de lui l'un des rares voyageurs du XIXe siècle à poser un regard d'expert sur l'Orient. C'est lors de l'un de ses voyages qu'il découvrit, à Hama, une pierre recouverte d'une écriture alors inconnue, qui, beaucoup plus tard, serait identifiée comme une inscription hittite.

Revenu au Caire, il informa ses commanditaires qu'il était toujours en attente d'une caravane pour le Fezzan. Mais en octobre 1817, Burckhardt mourut dans sa maison du quartier turc. Il fut enterré selon les rites musulmans dans le cimetière arabe, près de l'ancienne porte de Bab-el-Nasr, dans la vieille ville du Caire. Ses récits de voyage furent publiés par l'African Association après sa mort. Ses ouvrages, publiés en anglais en 1822 pour le voyage de Syrie, en 1829 pour le voyage d'Arabie, constituent la première étude objective des mœurs et coutumes des Arabes du désert. Les deux sont agrémentés de proverbes recueillis auprès des tribus qui l'accueillirent.

Très vite, les Européens installés au Levant et en Égypte accueillirent avec enthousiasme la nouvelle : la cité nabatéenne de Pétra était redécouverte. Bien entendu, la révélation historique de Burckhardt y attira d'autres voyageurs. Malgré la méfiance des tribus locales, un groupe d'une dizaine de personnes venues de Jérusalem réussit en 1818 – tout juste un an après la mort de Burckhardt – à passer deux jours sur le site. L'instigateur de cette exploration toujours aussi périlleuse était l'Anglais William John Bankes.

Ce grand érudit fortuné, égyptologue et épigraphe méticuleux, souhaitait se rendre lui-même sur les lieux pour dessiner les vestiges. Pour ce faire, il n'hésita pas à préparer soigneusement une expédition en réunissant un guide-interprète et des officiers de l'armée britannique. Mais les rivalités entre chefs de tribus les obligèrent à écourter leur séjour. Pourtant, deux jours suffirent aux voyageurs pour parcourir la ville et découvrir d'autres vestiges, tels le « tombeau du Turcoman » ou la façade du Deir (le « Monastère »), aperçue à la longue-vue depuis le sommet de la montagne de Haroun. Une relation de ce voyage décrivant les principaux monuments parut en 1823, peu après l'ouvrage posthume de Burckhardt. Cependant, les dessins de W. J. Bankes restèrent bizarrement inédits jusqu'à la fin du XXe siècle.

Il fallut encore quelques années pour que des missions archéologiques proprement dites se rendent sur les lieux. La première digne de ce nom fut, en 1828, celle de deux Français : Léon de Laborde (1807-1869) et Louis Linant de Bellefonds (1799-1883). C'est à eux que revint l'honneur de rendre célèbre le site de Pétra. Malgré leur jeunesse – Léon de Laborde était âgé de vingt et un ans, Linant de Bellefonds de vingt-neuf ans –, les deux Français avaient chacun une riche expérience de l'Orient lorsqu'ils se rencontrèrent au Caire et décidèrent de réaliser ensemble ce voyage.

En 1826, à dix-neuf ans, Léon de Laborde avait déjà effectué, avec son père Alexandre, un périple qui les avait menés de Smyrne à Constantinople à travers l'Anatolie et la Syrie du Nord jusqu'à Baalbeck, Damas et le Hauran, Jérusalem et Amman. À cette époque, déjà, Léon de Laborde, dessinateur talentueux, reproduisit de nombreux monuments antiques d'Asie Mineure. Voyageurs avisés et cultivés, les Laborde, qui avaient entendu parler de la découverte de Burckhardt quatorze ans plus tôt, désiraient marcher à leur tour sur les traces de l'explorateur suisse. Mais l'insécurité persistante de la région les en avait empêchés. Devant rentrer en France, Alexandre de Laborde laissa son fils poursuivre son voyage en Orient.

Plus âgé que Léon de Laborde, Linant de Bellefonds possédait non seulement davantage d'expérience, mais, par goût prononcé, était devenu un « Oriental » depuis qu'il vivait en Égypte. Choisi pour ses qualités d'ingénieur et de dessinateur, il avait participé, à dix-huit ans, à l'expédition scientifique du comte de Forbin, lancée en 1817 en direction de la Grèce, de la Terre sainte et de l'Égypte. Lorsque Linant de Bellefonds fit la connaissance de Léon de Laborde, il était au service du vice-roi d'Égypte Méhémet-Ali, et s'occupait d'irrigation. Il deviendrait bien plus tard ingénieur en chef du canal de Suez.

Heureuse rencontre : Linant de Bellefonds, qui avait opté pour les mœurs orientales, vivait comme un Arabe, vêtu constamment du costume local. Il connaissait bien le

Moyen-Orient. Il avait exploré l'Égypte et le Soudan. Il aimait parcourir les déserts du Liban au mont Sinaï, et excellait, entre autres talents, à dessiner les monuments et lever les plans.

À l'époque, le goût des voyages, allié à la passion des découvertes, rassemblait les esprits les plus curieux et les faisait souvent se rencontrer. Ainsi, en 1828, Champollion (1790-1832), qui avait pu enfin réaliser son rêve : se rendre en Égypte, fit la connaissance au Caire de nos illustres voyageurs. Il a rapporté dans son journal de voyage l'admiration qu'il portait au dessinateur qu'était Linant de Bellefonds : « J'allai, en attendant, faire une visite à M. Linant, domicilié hors des murailles et habitant une maison tout orientale, car, ayant épousé une Abyssinienne, il a complètement adopté les mœurs orientales. Ses riches portefeuilles me furent ouverts. J'y vis pour la première fois des croquis fort bien faits des antiquités romaines de Pétra. Je reconnus les inscriptions hiéroglyphiques de Sarbout-el-Qadim, copiées aussi exactement qu'un dessinateur peut le faire, la plupart des monuments et bas-reliefs de Naga et de Barkal, et plusieurs autres points de la Haute Nubie et de l'Éthiopie. »

Linant de Bellefonds était très estimé. Scientifiques, artistes et écrivains de passage en Égypte s'accordaient à louer la culture, l'amitié et la probité de « Linant-Bey ». Flaubert, dans les lettres qu'il expédia aussi bien à ses amis qu'à sa mère lors de son voyage en Égypte, voyait en « Monsieur Linant » « à coup sûr l'homme le plus intelligent que nous ayons encore rencontré, le plus instruit et le mieux de toute façon ». Belle admiration spontanée de la part d'un homme qui n'avait pas l'habitude d'être tendre avec ses semblables !

Après une longue mission en Turquie et en Syrie, Léon de Laborde monta une expédition en association avec

Linant de Bellefonds pour atteindre Pétra. Leur connaissance de la région les aida à ne pas se comporter en simples amateurs et à s'armer des moyens nécessaires à affronter un voyage difficile. Ils l'entreprirent avec une caravane d'importance constituée de quinze chameaux et de dix-huit personnes, et une forte escorte dont le recrutement évolua au fur et à mesure de la progression de leur marche : ce furent d'abord des Égyptiens, puis des tribus du Sinaï, enfin la puissante tribu bédouine des Alaouins qui leur permirent d'atteindre Pétra où ils séjournèrent du 28 mars au 3 avril 1828. La vision de Pétra arracha des cris d'admiration au jeune Laborde : « C'est le plus singulier spectacle, le plus magique tableau que la nature, dans sa création grandiose, les hommes, dans leur ambition vaniteuse, aient légué à la curiosité des générations qui devaient les suivre[1]. » Le plus grand danger, cette fois, pour les explorateurs, n'était pas les rivalités entre tribus arabes, le pillage ou les tracasseries des potentats locaux, mais la peste qui sévissait dans le village de Wadi Musa et qui les obligea à abréger leur exploration. Voilà ce que rapporte Léon de Laborde de leur expédition au pays de l'encens, et de leur difficulté à visiter la ville :

> « Le vieux Aboudjazi, qui commandait près de la moitié de notre tribu et qui, à cette époque, était en dispute avec nous, apprend à Gaza, où il se trouvait alors, qu'Ackmed va conduire un Européen à Ouadi Mousa. Résolu de l'en empêcher, il part, rejoint les Fellahs et les persuade que ce Franc ne vient là que pour enlever des trésors, sécher les sources et empêcher la pluie de tomber ; de cette manière il les décide à s'opposer à son entrée dans cette vallée ; il fait même dire à notre oncle qu'il n'entrera pas dans Ouadi

1. Léon de Laborde, *Voyage de l'Arabie Pétrée*, Paris, 1830.

Mousa. Sept jours se passent en discussions, en demandes et en refus ; enfin le chrétien dit à Ackmed-Rachid : Ils ont des fusils, vous en avez aussi ; voyons qui est le plus fort, et allons-y. Notre oncle fit comme il lui dit, il nous ordonna à tous de monter à cheval et à tous les cavaliers de notre tribu, et nous entrâmes par force dans la vallée malgré les fusils des Fellahs et leurs rochers troués ; mais, inquiétés continuellement par les habitants aussi bien que par les gens d'Aboudjazi, nous fûmes forcés de partir le jour suivant et nous emmenâmes le chrétien qui était bien triste.

« Je demandai à Ackmed depuis quand ils étaient réconciliés avec Aboudjazi ; il me répondit qu'il y avait déjà longtemps, mais que, quoique politiquement amis, ils se détestaient dans le fond du cœur. Nous espérâmes que cette bonne intelligence apparente durerait au moins le temps de notre alliance avec eux, et nous trouvâmes plaisant de visiter Pétra et toutes ses magnifiques ruines sous la protection de celui qui avait chassé nos prédécesseurs. [...]

« Je tairai les difficultés de ce séjour, prolongé en dépit des avertissements de quelques Fellahs, des menaces de plusieurs autres, et enfin des députations de tout le village qui semblaient devoir, avec les projets sinistres qu'ils avouaient, nous apporter la contagion qui les menaçait. Nos Arabes, épouvantés par l'idée de la peste, ne trouvant d'ailleurs, au milieu de ces ruines, rien de l'intérêt qu'elles avaient pour nous, croyaient avoir rempli leurs engagements en nous faisant séjourner huit jours entiers dans la vallée. Après deux jours d'observations, ils déclarèrent qu'il fallait partir, et nous y consentîmes en réfléchissant que nous avions exploré exactement ce grand labyrinthe de ruines, et que c'était compromettre nos travaux que de les prolonger, et notre autorité sur nos conducteurs que d'en abuser. »

Cependant malgré cette épidémie de peste, ils réussirent à travailler durant six longues journées au milieu des vestiges de Pétra. Ils dessinèrent sans relâche et se répartirent la tâche imposante de tout reproduire – ou presque : l'un copiait une façade tandis que l'autre relevait le plan et les inscriptions ; ils se partagèrent également les points de vue, l'un dessinant la vue d'ensemble tandis que l'autre s'attachait à une vision rapprochée et de trois quarts. Ce fut une magnifique collaboration, efficace et fructueuse, qui leur permit de rapporter de manière très précise l'ensemble des monuments observés. Notes, mesures et surtout croquis et dessins innombrables décrivent la ville antique, les principaux ravins, le défilé du Siq, les grands tombeaux, ainsi que le Deir. Ces descriptions restent très précieuses, l'état de certaines tombes s'étant détérioré depuis lors, parfois même jusqu'à l'effondrement. Les relevés précis du site permirent de dresser la première carte de Pétra.

C'est là, sans aucun doute, l'intérêt majeur des premières explorations. Les nombreux dessins et croquis des vestiges ont fait connaître des monuments aujourd'hui très abîmés ou même disparus, l'érosion attaquant les contructions et modifiant profondément le paysage et l'aspect de la ville. Déjà Léon de Laborde avait bien noté et décrit les ravages du temps sur ces somptueux vestiges de pierre. Ainsi, à propos du « tombeau-palais » ou « tombeau à étages » : « Il ne faut pas juger ce monument par son état actuel, il devait être beaucoup plus élevé. Une grande ligne (frise) terminait ces trois étages de colonnes, et, en leur donnant un ensemble, compensait peut-être le défaut des proportions et l'irrégularité de ses différentes parties. » En effet, cette sépulture, « grande façade rupestre de quarante-neuf mètres de large sur quarante-six de haut, était partiellement maçonnée à son dernier niveau et couverte d'un enduit aujourd'hui disparu ».

D'autres vestiges ne sont plus. L'arche spectaculaire qui marquait l'entrée du défilé, le Bab es-Sîq, de seize mètres de haut, est tombée à la fin du XIXe siècle ; quelques traces et des niches moulurées sont encore visibles sur les parois rocheuses.

Dès son retour en Europe en 1830, Léon de Laborde publia le fruit de ce travail aussi intense que précis dans l'ouvrage intitulé *Voyage de l'Arabie Pétrée.* Sur les soixante-neuf planches qu'il fit graver par des artistes célèbres, dont Achille Devéria, quatorze le furent d'après les dessins de Linant de Bellefonds, le reste d'après les siens. Cette luxueuse publication connut un succès immédiat et posa les bases du renouveau nabatéen. Outre la qualité des dessins et la justesse des reproductions, le travail d'historien de Léon de Laborde, qui avait rassemblé la totalité des sources écrites connues à propos de Pétra et des Nabatéens, fit de cette publication un ouvrage de référence incontournable. Il le demeure. Il marqua le point de départ d'une renommée croissante pour la « Cité des roches ».

Des expéditions furent organisées à partir de 1830, non sans risques à cause des éternelles querelles entre tribus de Bédouins. Ce fut aussi le début du racket touristique, puisque les chefs de tribu, aux alentours de Pétra, avaient très vite compris quel profit ils pouvaient tirer de pareil engouement chez les Occidentaux. Se rendre à Pétra était très coûteux puisqu'il fallait rémunérer les nombreux intermédiaires, interprètes et guides locaux. Pétra devint donc un lieu de visite, complément périphérique des pèlerinages religieux à Jérusalem et au Sinaï, à condition toutefois d'être accompagné de guides avertis et d'escortes armées.

Mais la découverte de Pétra est une chose, la connaissance savante et complète de son histoire et de sa civilisation en est une autre. Les deux Français s'étaient imprégnés de l'histoire biblique tout autant que des textes des deux seuls auteurs anciens à avoir évoqué Pétra et ses habitants : l'historien Diodore de Sicile et le géographe Strabon, tous deux grecs et contemporains de César et d'Auguste. Tous deux désignent Pétra comme la capitale des Nabatéens, peuple arabe enrichi par le commerce caravanier. Mais alors que Diodore décrit ce peuple comme nomade, Strabon le dépeint comme sédentaire, constitué de paysans et de riches citadins. Si Pétra et ses monuments étaient connus comme l'une des principales cités de la province d'Arabie Pétrée, le royaume des Nabatéens, lui, était tombé dans l'oubli. Pourtant, étendu et puissant, on savait qu'il avait été annexé à l'Empire romain sous le règne de Trajan, en 106 après Jésus-Christ.

Si Léon de Laborde n'oublia pas les principaux passages des auteurs anciens, il se référait principalement au récit biblique qui, lui, ne connaissait pas les Nabatéens, installés dans la région postérieurement à l'Exode. Le Livre parle du pays des « Édomites », descendants d'Esaü et ennemis jurés des Hébreux, qui s'opposèrent au passage de Moïse.

Le fantastique décor de Pétra, propre à exalter l'imagination, a donné naissance à bien des légendes. C'est ainsi que l'oued qui traverse la cité est nommé wadi Musa (la rivière de Moïse), car on le disait alimenté par la source qu'y fit jaillir Moïse. En effet, selon la tradition, le site de Pétra est censé être l'endroit où Moïse, lors de l'exode du peuple hébreu d'Égypte, fit jaillir une source d'une pierre en la frappant avec son bâton. Le village proche de Pétra, Wadi Musa, et certains autres lieux rappellent également Moïse. Myriam, sa sœur, y a son tombeau.

Au début du XIXe siècle, exégètes du récit biblique, géographes et historiens s'intéressaient de près à cet épisode de l'histoire sacrée. C'est pourquoi Laborde et Linant de Bellefonds, comme tous les explorateurs de l'époque, s'en tenaient à ce qui est dit par le livre de l'Exode. Ils dotèrent eux aussi les lieux et les monuments de noms bibliques.

L'histoire de ces Nabatéens, peuple inconnu dont on ignorait même les origines, fascinait et intriguait. D'où venaient-ils et pourquoi avaient-ils disparu ? Une seule chose était certaine : les Nabatéens étaient des Arabes.

En pleine vague orientaliste, la révélation de l'existence d'un peuple dont on ne savait rien connut un grand retentissement. Dès le milieu du XIXe siècle, Pétra fit ainsi partie du complément indispensable aux voyages consacrés aux Lieux saints. L'orientalisme mais aussi le romantisme se nourrissaient abondamment de légendes diverses et de récits multiples relatifs à la cité des caravaniers. Les tombeaux, la beauté sauvage des paysages de pierre et de sable, la disparition d'un peuple, d'une civilisation, et sa résurrection à travers des monuments dissimulés mais intégrés harmonieusement à la roche, la somme de tous ces éléments prédisposait les lieux aux fantasmes liés au dépaysement absolu et alimentait les imaginations avides de nouveauté et de mystère. Romanciers et poètes, à défaut de se rendre sur les lieux, contemplaient les nombreuses lithographies de l'époque et y puisaient leur inspiration. « Une cité vermeille, moitié vieille comme le temps » : ces vers du poète britannique Burgon, écrits en 1840, consacrèrent, avec les récits de l'époque, la célébrité de Pétra. La littérature mais aussi la peinture exploitèrent la beauté du site. La renommée de Pétra se propagea encore plus lorsque parurent les vues du peintre David Roberts, lithographiées, mises en couleurs entre 1842 et 1849, et rassemblées dans l'ouvrage intitulé *Égypte, Syrie et Terre sainte*. Très influencé par le travail de Laborde et de Linant de Bellefonds – sa vue du Khazneh s'inspire du premier –, et même s'il se montre peu soucieux d'authenticité archéologique et amplifie la hauteur des monuments pour donner aux lieux un aspect encore plus romantique et spectaculaire, le travail de David Roberts se traduisit largement par une accélération de la popularité du site.

Le nom sémitique ancien de Pétra, Reqem ou Raqmu, signifierait « la Bariolée », par allusion à l'extraordinaire palette de couleurs qu'y revêtent les grès. C'était en effet l'une des cités les plus éclatantes de l'Antiquité. À mi-chemin de la mer Morte et du golfe d'Aqaba, elle commandait à deux grandes pistes : celle reliant l'Arabie et le golfe Persique à la Méditerranée ; la seconde, nord-sud, unissant la mer Rouge à la Syrie. Mais qui étaient les habitants de cette ville insolite d'environ vingt mille âmes ?

S'il est établi que les Nabatéens appartenaient au monde arabe, les archéologues débattent encore de leur origine : nul ne peut dire avec certitude s'ils venaient du centre ou du sud de la péninsule Arabique, de la Mésopotamie ou du golfe Persique. Leurs connaissances approfondies en hydraulique font néanmoins penser aux populations établies dans le Yémen actuel.

Grâce aux assyriologues, géographes, épigraphistes spécialistes des études bibliques qui observaient, commentaient, traduisaient, on finit par découvrir que les Nabatéens étaient membres d'une tribu semi-nomade qui s'installa dans une cité installée au fond d'une cuvette cernée de montagnes dont ils avaient pris progressivement le contrôle.

Le site de Pétra avait été occupé auparavant par les Édomites. Des documents égyptiens de la fin du XIIIe siècle et du début du XIIe av. J.-C. mentionnent leur existence. Ils occupaient une région s'étendant du sud de la mer Morte aux abords du golfe d'Aqaba. La liste des rois d'Édom mentionnée dans la Genèse laisse supposer qu'il s'agissait d'une confédération de princes régnant chacun sur une cité plutôt que d'une lignée de monarques à part entière. Les Édomites seraient venus occuper le site de Pétra dès le Ier millénaire. Ils avaient aménagé les hauteurs d'Oum el Biyara, où l'on a retrouvé des vestiges de maisons et de citernes datant du VIIe siècle av. J.-C. Mais on ne sait que peu de choses sur la vie de la Pétra des Édomites, sinon qu'il s'agissait d'une occupation peu dense, dépourvue de tout caractère monumental et qui se termina par un abandon complet. Les Édomites ont laissé le souvenir d'un peuple réputé pour sa sagesse, la qualité de ses tissages, de ses céramiques, et une certaine maîtrise dans le travail des métaux. S'appuyant sur un territoire facile à défendre, ils s'enrichirent grâce aux péages (ou au pillage) des caravanes qui transitaient de l'Orient vers l'Égypte. Ennemis mortels d'Israël, ils participèrent à la prise de Jérusalem conduite par le roi babylonien Nabuchodonosor au VIe siècle avant notre ère. Les Juifs faits prisonniers ayant été emmenés en captivité à Babylone, les Édomites s'installèrent alors dans la région d'Hébron et abandonnèrent Pétra.

À quel moment les Nabatéens arrivèrent-ils à leur tour à Pétra ? Dès 312-310 avant notre ère, leur tribu de pasteurs et de caravaniers s'installait dans la cité abandonnée par les Édomites. La monarchie nabatéenne, fondée peu après, s'imposa bientôt à un royaume s'étendant vers le Sinaï et la péninsule Arabique. Si le Proche-Orient était alors dominé par les Grecs d'Alexandre, la ville demeura indépendante jusqu'au Ier siècle avant notre ère. Elle atteignit son apogée entre la fin de ce siècle et le début du IIe de notre ère. Artémidore d'Éphèse, célèbre pour son art de l'interprétation des rêves, et qui vécut cent ans avant l'ère chrétienne, décrit le pays nabatéen, s'étendant sur tout le plateau d'Édam et dans ses vallées, comme une contrée bien arrosée et riche en pâturages. À partir de la domination romaine, la ville, le sanctuaire et la nécropole se développèrent jusqu'à ce qu'un séisme, au milieu du IVe siècle, détruisît en grande partie la localité.

Dans la roche, les opulents Nabatéens avaient creusé et ciselé des tombeaux magistraux – ils sont désormais érodés par le passage du temps. Hormis ces tombeaux, les Nabatéens ont laissé très peu de témoignages sur leur existence quotidienne. Par chance, la relative bonne conservation des monuments qui nous donnent tant d'informations vient de ce que, par tradition, les habitants des villages voisins, comme Hégra, « entretenaient » la cité, et cela jusqu'au début du XIXe siècle. Ce sont eux qui ont fait progresser les connaissances.

Outre Artémidore, deux auteurs de l'Antiquité nous renseignent sur ces étonnants Nabatéens. Le premier, l'historien grec Diodore de Sicile (90-20 av. J.-C.), les évoque dans le cadre des deux expéditions du roi séleucide Antigone le Borgne. Ces deux expéditions étaient destinées à s'emparer des richesses de Pétra. Mais elles se soldèrent par un échec et les Nabatéens conservèrent leur indépendance. C'est Diodore de Sicile qui donna le nom de Pétra, « la Roche », à la cité nabatéenne. Il y avait là, selon lui, « une roche extraordinairement forte, ayant une seule montée ». Il ne fit d'ailleurs que traduire en grec l'ancien nom hébreu. D'autres auteurs rapprochent ce nom de l'arabe « *batara* » (« couper », « tailler »), et font l'analogie avec le Siq, entaille dans la ceinture rocheuse du cirque du wadi Musa.

D'après le témoignage oculaire de l'historien Hiéronyme de Cardia, repris par Diodore que nous citons, les Nabatéens, habitants de Pétra à la fin du IVe siècle avant notre ère, étaient exclusivement des nomades : « Les Nabatéens vivent en plein air, ont pour coutume de ne pas semer de grains, de ne pas planter d'arbres fruitiers et de ne pas construire de maisons. Certains élèvent des chameaux, d'autres du petit bétail. Des nombreuses tribus arabes, ils sont de loin les plus riches. Un grand nombre d'entre eux transportent en effet jusqu'à la mer l'encens, la myrrhe et les plus précieux des aromates que leur remettent ceux qui les acheminent depuis l'Arabie dite heureuse. »

Quelques décennies plus tard, le géographe grec Strabon (vers 64-63 av. J.-C.-25 apr. J.-C.) décrivait les Nabatéens comme « des citadins vivant dans une véritable ville avec de l'eau en abondance, des jardins et de coûteuses maisons en pierre ». Strabon témoignait ainsi de l'expérience de son ami le philosophe Athénodore qui avait séjourné vers le début de l'ère chrétienne « chez les Pétréens et en parlait avec admiration ». Ce témoignage semble à première vue en complète contradiction avec celui de Diodore de Sicile. Mais, au fond, les deux récits, à plusieurs décennies d'intervalle, se complètent. En l'espace de trois siècles, les Nabatéens, tribus arabes nomades, s'étaient sédentarisés et leur mode de vie avait changé. Les multiples missions archéologiques ont précisé depuis lors leur parcours.

Des fouilles ont mis au jour les restes d'une agglomération édomite du VIIe siècle : de grandes citernes et un lieu de culte nabatéen. Ce qui suppose que déjà des Nabatéens nomades y abritaient leurs richesses et s'y réfugiaient en cas de danger. À l'origine pilleurs de caravanes, ils devinrent propriétaires de Pétra ou à tout le moins ses protecteurs.

En échange de leur protection sur toutes les caravanes qui traversaient le royaume, ils prélevaient une taxe à laquelle s'ajoutait l'équivalent d'un droit de douane sur la valeur des marchandises. L'occupation du site de Pétra permettait surtout de disposer d'entrepôts sûrs et naturellement bien protégés.

Le royaume d'Édom, déserté par ses habitants, devint donc progressivement celui des Nabatéens. Ils s'installèrent dans la région vers le VIe siècle av. J.-C. Ils firent de la vieille forteresse édomite de Sela leur capitale. On sait par une inscription gravée qui se trouve au bord du wadi Musa, en face de l'entrée du Siq, que les Nabatéens appelaient déjà la cité Pétra. Vers la fin du IVe siècle av. J.-C. au plus tard, le commerce caravanier les fit sortir du statut de nomades-éleveurs pour les transformer peu à peu en puissants négociants. Ce furent les conquêtes d'Alexandre le Grand, favorisant les échanges entre l'Orient et l'Occident, qui leur permirent de devenir de grands caravaniers.

Loin de tout, au milieu du désert mais au confluent de plusieurs routes commerciales reliant l'Égypte à la Syrie et l'Arabie du Sud à la Méditerranée, la cité prit très vite de l'ampleur. Les caravanes gagnaient la Syrie ainsi que le port de Gaza sur la Méditerranée sud. Elles descendaient jusqu'à la mer Rouge et l'Arabie, porte des marchandises venant d'Inde et même de Chine. Durant près de quatre siècles, Pétra prospéra, indépendante d'abord, romaine ensuite. Les Nabatéens disposaient d'un contrôle partiel sur une partie des pistes sillonnant la péninsule Arabique. Ils devaient nouer des alliances avec des tribus nomades comme celle des Qédarites. À l'occasion, ils installèrent des garnisons militaires, comme à Hégra, limite sud de leur influence, où ils entrèrent en contact avec d'autres tribus arabes. Les Nabatéens ne se lancèrent jamais eux-mêmes sur les routes maritimes. Selon Strabon, ils étaient au mieux des pirates occasionnels. Le relais maritime était assuré par des Grecs ou, plus souvent, des Phéniciens. Les marchandises acheminées par bateau gagnaient alors la Grèce ou l'Italie. Toutefois, au travers de trésors monétaires retrouvés et de quelques témoignages littéraires, la présence des marchands nabatéens est aussi attestée en plusieurs points de la Méditerranée, à Sidon, Berytos (Beyrouth), Antioche, Chypre et même Pouzzoles (Naples).

L'aspect très romantique et pour tout dire féerique de Pétra n'empêcha pas les savants d'étudier avec soin la cité et les Nabatéens. En 1864, la mission du duc de Luynes dressa un inventaire complet du site. Ce furent les tombeaux qui fournirent des informations décisives. Beaucoup de voyageurs érudits en avaient scrupuleusement recopié les inscriptions. Elles intéressèrent les spécialistes en langues sémitiques. Depuis l'Antiquité, pèlerins et voyageurs avaient longtemps attribué ces inscriptions, gravées sur toutes sortes de pierres, aux Hébreux de l'Exode. C'est grâce à un savant allemand, Eduard Beer, que la forme particulière de l'écriture nabatéenne fut reconnue. À partir de cent quarante-huit inscriptions, Beer réussit à déchiffrer vingt des vingt-deux caractères de l'alphabet nabatéen et le fit savoir par un article de revue publié en 1840. Comme pour beaucoup de sites archéologiques, ce sont moins les monuments que les traces écrites et les menus objets découverts, tels que les pièces de monnaie, qui renseignèrent et précisèrent l'histoire. Au cours de la décennie 1850, épigraphistes et numismates relevèrent et identifièrent les monnaies que les rois avaient émises jusqu'à la conquête romaine de 106 apr. J.-C. On releva notamment des mentions commémoratives des IIe et IIIe siècles de notre ère qui livrent des noms de personnes, ainsi que beaucoup de figures d'animaux que les Bédouins avaient coutume de graver sur les rochers. Des dédicaces nommant des divinités sont accompagnées de dessins schématisant un bétyle [1] – météorite ou « pierre de foudre », objet de culte... – ou des empreintes de pied ou de main. Ces dessins, qui indiquent le caractère sacré d'un lieu, renseignent également sur les coutumes religieuses.

Les différentes études épigraphiques, numismatiques et linguistiques montrent que la zone d'influence des Nabatéens s'étendait bien au-delà de la région de Pétra, du Sinaï et du Néguev. Elle se développait jusqu'au massif du Hauran, en Syrie méridionale, et comprenait une grande partie du Hedjaz de l'actuelle Arabie Saoudite. Là, les chercheurs allemands se distinguèrent par l'exhaustivité de leurs travaux. Une exposition qui s'est récemment tenue à Bonn fait ainsi le point sur le rôle de l'Allemagne dans la redécouverte de Pétra : « En 1806, Ulrich Jasper Seetzen se rend dans le nord de la Jordanie orientale, via la Syrie, pour le compte du duc Ernst de Saxe-Gotha. Il parvient à identifier les deux anciennes décapoles de Gadara (Umm Qais) et Gerasa (Jerash) en 1839. La même année, le cartographe berlinois Heinrich Kiepert dessina la première carte topographique de la Palestine et des pays la jouxtant au sud. Son voyage d'étude en Jordanie orientale, qui n'interviendra qu'en 1870, ressort clairement de son carnet de croquis et de son matériau cartographique commenté. La création en 1900 du "Deutsche Evangelische Institut für Altertumswissenschaft des Heiligen Landes" (Institut évangélique allemand pour l'étude de l'Antiquité en Terre sainte) a fortement encouragé l'exploration par les scientifiques allemands du patrimoine antique de la Jordanie

1. Voir plus loin, p. 64.

actuelle. La création de l'Institut avait été lancée dans le cadre du voyage en Orient (1898) de l'empereur allemand Guillaume II, passionné d'archéologie et par l'Orient. En 1903, Gustav Dalman fut le premier directeur de l'Institut installé à Jérusalem. Dès 1886, l'ingénieur allemand Gottlieb Schumacher avait visité l'antique Gadara dans le cadre de travaux d'arpentage pour la construction de la voie ferrée de Dera (sud de la Syrie) à Haïfa. Les résultats de ses recherches topographiques furent à la base de la présence de chercheurs allemands dans cette cité antique, laquelle se poursuit de nos jours. [...] Entre 1993 et 2002, un centre de conservation et de restauration a été créé à Pétra dans le cadre d'une collaboration entre la Deutsche Gesellschaft für Technische Zusammenarbeit (GTZ) et le Bureau jordanien des antiquités. »

Entre 1908 et 1912, l'inventaire complet fut dressé par Gustav Dalman (1855-1941), théologien allemand et archéologue, directeur de l'Institut (luthérien) de Jérusalem. Les monuments de culte de Pétra firent aussi l'objet d'une somme considérable, la plus complète et la plus précise sur le site nabatéen : *Die Provincia Arabia*, publiée entre 1904 et 1909 par les Allemands Brünnow et Domaszewski. Leurs travaux servent encore aujourd'hui de base de recherche aux archéologues et aux historiens. Ils n'explorèrent pas seulement Pétra de fond en comble, mais aussi bien toute la Jordanie centrale, et poussèrent leurs investigations, lors de leurs missions entre 1896 et 1898, jusque dans la Syrie méridionale, région où les Nabatéens exerçaient une grande influence. Ils en ont recensé tous les vestiges visibles, « pour la seule Pétra, huit cent cinquante et un vestiges qui vont des simples graffitis aux plus importants édifices ».

En 1925, l'archéologue britannique Alexander Kennedy, qui utilisait massivement la photographie, outil devenu essentiel pour la recherche archéologique, publia dans ses ouvrages des prises de vue aériennes dues à la Royal Air Force. Les premières fouilles archéologiques n'avaient été entreprises qu'en 1924 sous la direction de l'école d'archéologie britannique de Jérusalem, la Transjordanie (et la Palestine) étant alors placée(s) sous mandat britannique. Jusqu'à la Seconde Guerre mondiale, plusieurs édifices de la cité furent dégagés et fouillés, dont l'un des tombeaux les plus importants : le Khazneh. La création en 1946 du royaume de Jordanie n'interrompit pas les prospections. Depuis 1973, le Département des antiquités de Jordanie continue les fouilles en collaboration avec des universités américaines.

Cependant, les archéologues n'ont résolu qu'en partie certaines énigmes. Bien qu'abandonnée, la ville de Palmyre, dans le désert syrien, autre grande cité caravanière du Proche-Orient, était, elle, bien connue et régulièrement visitée. Comment une cité aussi importante que Pétra avait-elle pu sombrer si longtemps dans l'oubli, et, durant des siècles, être ignorée de tous, disparaître en somme de l'histoire du monde ?

Entrer dans Pétra n'est pas chose aisée. Un siècle après Burckhardt, sur les pas de Linant de Bellefonds et de Léon de Laborde, un voyageur français, le comte Jean de Kergorlay, raconte ainsi son passage dans la cité « délaissée » :

> « À l'un des détours du sentier montant en lacets sur les bords des précipices, le panorama devient fantastique. L'œil plonge sur une mer de pics, de dents, de cols, de vallées, de ravins qui s'en vont, au milieu d'un enchevêtrement indescriptible, se perdre et mourir aux solitudes mornes et désolées du fond de l'Arabah.

« Les grès ont les plus merveilleuses colorations : le rouge et le jaune dominent. La puissance de tonalité atteint son maximum à la rencontre de ces deux couleurs car, ensuite, les rouges, de presque noirs, varient jusqu'aux roses les plus exquis, les jaunes vont des jaunes violents aux jaunes clairs soufre-citron, et, comme si ce n'était pas assez, des veines blanches, bleutées comme des fumées, tourbillonnent et nuancent encore à l'infini les masses rocheuses. Jamais peut-être la palette du Créateur n'a été plus riche, plus féconde qu'en ces endroits.

« Nous laissons sur notre gauche le Néby-Haroun, montagne sacrée des musulmans, pour arriver enfin aux premières tombes d'où la vue embrasse le panorama de Pétra. L'impression dépasse tout ce qu'il est possible de s'imaginer. Un cirque ayant de mille cinq cents à mille huit cents mètres du sud au nord, de mille à mille deux cents de l'est à l'ouest, est entouré de montagnes de grès multicolores que le ciel bleu baigne d'azur. Sur les flancs de ces montagnes, des tombes grandioses s'étagent, sculptées dans le rocher. Elles sont pressées, elles se touchent aussi loin que la vue peut porter ; il y en a toujours, partout, de ces tombes ; les étages s'élèvent les uns au-dessus des autres jusque vers les sommets. Ces montagnes ne sont que de vastes nécropoles percées de centaines de portes aujourd'hui ouvertes, marquant de points sombres les surfaces roses, rouges et jaunes. Des centaines de colonnes monumentales se dressent, sveltes, dans la beauté de la matière. Des chapiteaux exquis, des frontons, des urnes achèvent et complètent cette extraordinaire parure. [...]

« Tout en suivant notre chemin et en remontant l'ouadi Mouça (wadi Musa), nous arrivons vers le rebord est du cirque, à l'entrée d'une gorge qui devient de moins en moins large pour n'être plus bientôt qu'une coulée sauvage encaissée, un gigantesque coup de sabre dans la roche rouge. C'est la gorge du Sik. C'était autrefois la principale entrée de la ville. Mais, avant de parvenir à l'étranglement presque complet, se trouve le théâtre taillé sous Pompée, dit-on, au pied de la montagne sacrée. Les gradins sur lesquels s'asseyaient les spectateurs sont intacts comme au premier jour. J'en ai compté trente-trois rangs. Comme la plupart des théâtres antiques, il affecte une forme demi-circulaire allant en s'évasant. Sept à huit mille personnes pouvaient s'y tenir à l'aise ; il a été entièrement creusé dans le grès. Au-dessus du rang le plus élevé, mais faisant partie du théâtre, tout le long du promenoir, des tombes, dont les portes n'existent plus, ouvrent leurs bouches noires sur les rouges des grès. Ces tombes étaient-elles là avant la création du théâtre, ou ont-elles été creusées depuis ? On ne sait [...].

« D'une façon générale, pour tailler une tombe, la roche était égalisée, râpée sur toute la surface que le monument devait occuper. Quelques-unes ont dix, quinze, vingt mètres de hauteur ; puis, des colonnes, des chapiteaux, des corniches, des frontons étaient sculptés. On ouvrait une porte, quelquefois une ou plusieurs fenêtres, et on excavait la montagne pour y créer la chambre funéraire. Certaines de ces chambres ont de grandes dimensions. Une d'entre elles, par exemple, qui servit de basilique dans les premiers temps du christianisme, mesure de douze à quatorze mètres de hauteur et dix-huit mètres de longueur. Il n'y avait pas de sculptures à l'intérieur ; murs et plafonds étaient plats. Quelquefois un enduit, mais presque toujours les colorations des grès étaient suffisantes pour les orner. Je ne peux mieux comparer l'aspect de ces chambres qu'à des pièces taillées dans l'agate infiniment chaude mais mate, de l'agate rouge roux, orange et doré, avec des veines blanches bleutées qui tournent dedans comme des fumées. Au fond, en face de la porte, il y avait un ou plusieurs autels, petits, assez grossiers de facture, où les parents des défunts offraient des sacrifices à la divinité en mémoire des leurs.

Les fosses rangées les unes à côté des autres étaient disposées, creusées dans le sol ou dans les murs, de façon à économiser le plus de place possible, car c'était une dépense considérable que de créer un de ces hypogées. [...]

« La principale entrée de Pétra devait être par la gorge du Sik, étroit et sinueux couloir aux parois abruptes, à peine assez large en certains endroits pour que deux chameaux puissent se croiser avec des charges. À une petite distance de son débouché sur la ville, près des dernières tombes, le couloir s'élargit subitement par une déchirure, une crevasse perpendiculaire à sa direction générale, et, juste devant l'entrée de la reprise du couloir vers l'est, on se trouve tout à coup en présence d'une des plus parfaites merveilles que l'Antiquité, si prodigue sur ce chapitre, nous ait léguées. Est-ce une sépulture ? Est-ce un temple ? Les avis sont partagés. C'est un temple, vraisemblablement. [...] Quoi qu'il en soit, le culte du beau a entaillé les grès et, dans les roses tendres que le jaune soufre vient dorer et rendre plus chauds, six colonnes aux chapiteaux corinthiens exquis s'élèvent du péristyle et soutiennent un bandeau finement sculpté sur lequel des coupes viennent s'appuyer à un réseau de pampres légers, frissonnants. Un fronton triangulaire, orné d'un disque solaire, reposant sur deux cornes d'abondance, termine ce premier étage. Un autre bandeau, en retrait, plus large et tout simple, l'unit au second. Là, les roses seuls charment la nudité de la pierre. Ce second étage se compose, au centre, d'une rotonde coiffée d'une toiture fuyante que couronne une urne placée sur un piédestal ; des deux côtés, un fronton coupé, terminé en haut par des aigles. Ces trois parties sont soutenues par des colonnes délicates, sveltes, modèles de proportions gracieuses. [...]

« Quand, après avoir parcouru les espaces infinis du désert aux grandioses monotonies, après avoir été enserré, écrasé par les murailles rocheuses de la sombre et mystérieuse gorge du Sik, on se trouve brusquement arrêté devant ce temple rose inondé de lumière, on ne peut s'empêcher d'être émerveillé par cette divine création, une des plus belles conceptions du génie humain. Aucune inscription ne permet de le dater avec certitude. Cependant, certains auteurs pensent qu'il fut taillé peut-être vers 131, au moment de la visite de l'empereur Hadrien. Les Bédouins lui donnent le nom d'"El Khazné Fir'aoun", et pensent qu'un trésor pharaonique est enfermé dans l'urne, mais il n'y a aucune importance à attacher à cette dénomination ni au prétendu trésor... »

Le voyageur d'aujourd'hui suit d'abord un chemin qui longe la nécropole où se distinguent, parmi les édifices funéraires, le tombeau aux Obélisques, fait de quatre stèles en forme de pyramide surmontant le triclinium corinthien, doté de six colonnes engagées. Puis le paysage devient brusquement très abrupt. Une faille s'enfonce dans le roc. Le défilé du Siq, seule voie d'accès pour atteindre le cœur de la ville, est en effet un passage très étroit. C'est une simple fissure très facile à défendre, un corridor entre des falaises pouvant atteindre cent mètres de haut. L'érosion a sculpté dans le grès des formes étonnantes où joue la lumière.

Après une demi-heure de marche apparaît, à travers les formes découpées de la roche, une façade classique taillée dans le roc : le Khazneh. Le plus célèbre des monuments de Pétra, image stéréotypée reprise aussi bien dans les aventures de Tintin (*Coke en stock*) que chez Indiana Jones. C'est dire... Longtemps avant que le site ne soit inscrit (en 1985) au Patrimoine mondial de l'humanité, Burckhardt avait compris l'importance de sa découverte. Mais il était assurément bien loin de soupçonner la renommée et le débordement touristique qu'allait connaître ce lieu.

En arabe, *khazneh* signifie « trésor ». C'est un trésor, en effet, tant pour la merveilleuse façade d'inspiration corinthienne, avec deux niveaux de colonnes, que pour son intégration dans le roc, avec ses salles intérieures aux multiples teintes naturelles. Passé le Khazneh, le Siq bifurque à droite et tend progressivement à s'élargir jusqu'à la ville basse. Là, sur la paroi de droite, encore des tombeaux. Certains sont simplement installés dans des grottes, d'autres sont plus monumentaux. Sur la gauche, une montée conduit au grand théâtre. L'espace devient de plus en plus vaste et, toujours à gauche, après le théâtre, le Cardo Maximus, grande avenue rectiligne pavée, ponctuée d'un arc de triomphe, et qui se termine sur les ruines du Qasr el-Bint. Ce temple à la structure imposante (vingt-trois mètres de haut), sans doute construit dans la seconde moitié du Ier siècle avant notre ère, et embelli à l'époque romaine, est creusé lui aussi dans le grès et revêtu de stuc. Pour ce temple, l'ingéniosité des Nabatéens leur a fait concevoir un système antisismique en le faisant reposer sur des poutres de genévrier. Le Qasr el-Bint, monument représentatif de la communauté, rassemble plusieurs divinités autour du dieu principal, Dushârâ. C'est autour du Qasr el-Bint qu'est organisé le secteur monumental de la ville basse qui s'étend dans un cirque de montagnes de part et d'autre de la voie à colonnades. Au-delà, les falaises se resserrent : c'est la sortie de la ville.

On ne peut évoquer l'activité de Pétra et l'importance du rôle des Nabatéens sans revenir sur l'histoire mouvementée du pays voisin et très convoité : la Syrie, qui s'étend, d'ouest en est, des rives de la Méditerranée aux rivages arides de l'Euphrate, et, du nord au sud, des monts Taurus à l'Arabie. Carrefour des empires et des peuples, dès le IIIe millénaire la Syrie mêle des influences diverses au contact de la Méditerranée et de la Mésopotamie. Par la force des choses, puisqu'elle est la cible des empires qui l'entourent. Elle sera tour à tour dominée, avant notre ère, au nord par les Hittites au IIe millénaire, à l'est par les Akkadiens vers 2300, puis par les Hourrites vers 1500, et par les Assyriens dès le XIIIe siècle.

L'histoire tourmentée du IIe millénaire n'a pas empêché la Syrie de maintenir des structures politiques relativement autonomes ainsi que des royaumes plus ou moins étendus. Mais la tutelle reconnue des grands empires oblige à de lourds tributs ; chaque révolte entraîne des représailles désastreuses. Malgré des invasions successives, souvent douloureuses, et des guerres ravageuses, la Syrie saura préserver sa richesse culturelle et son dynamisme économique. Elle connaît même une brillante civilisation.

Après avoir été partie intégrante de l'Empire perse sous Cyrus le Grand (v. 550-v. 530 av. J.-C.), la Syrie tombe sous l'autorité d'Alexandre en 331, avant de devenir province romaine. Toujours convoitée, elle n'est jamais vraiment indépendante. Les empires constitués ne peuvent faire l'économie d'une domination sur la Syrie tant la situation de ce pays est stratégique. C'est par elle, en effet, que l'Empire mésopotamien et l'Empire perse peuvent accéder aux côtes méditerranéennes. C'est par elle que transitent tous les renforts, tous les approvisionnements venus de Grèce, de Macédoine ou d'Asie Mineure, et, bien plus tard, de l'Empire romain. Par terre et par mer.

Durant l'époque gréco-romaine, les ports de la côte méditerranéenne comme les oasis du désert jouissent d'une prospérité exceptionnelle. Les ports de Phénicie accueillent les cargaisons de marchandises venues d'Asie. L'installation des Grecs, la rapide hellénisation des notables indigènes créent des besoins nouveaux : il faut importer des produits jugés indispensables et auxquels ils sont habitués : de l'huile, du vin... La Syrie est le point de convergence de ces courants d'échanges, hommes, idées et marchandises y circulent en tous sens. Temps bénis pour le commerce et les transports, et pour les caravaniers de la péninsule Arabique !

À ce moment-là, comme dans tout le Proche-Orient, les Nabatéens parlent l'araméen, la langue de tous les échanges commerciaux. Mais que transportent-ils ? Diodore de Sicile et Strabon s'accordent là-dessus : ils transportent du cuivre, produit dans le wadi Araba, et le bitume du lac Asphaltite (la mer Morte) acheminé en Égypte pour l'embaumement des morts et le calfatage des bateaux. Mais, surtout, les caravanes nabatéennes acheminent, le long des pistes du désert, la myrrhe et l'encens en provenance de l'Arabia Felix (Arabie Heureuse, le Yémen actuel), qui servent tout autant aux usages rituels qu'à la parfumerie. D'après Strabon, « les caravanes comptaient tant d'hommes et de chameaux qu'elles ne différaient en rien d'une armée ».

Dans le Sud, les Nabatéens allaient chercher l'encens, la myrrhe et certains aromates que produisaient les tribus de l'Arabie Heureuse et des épices qui arrivaient de l'Inde par le port de Leuké Kômé, sur la mer Rouge. La résine de l'« arbre à encens » (*Boswellia*) était réclamée dans l'ensemble du monde antique. C'était une offrande religieuse particulièrement précieuse, mais elle était aussi utilisée accessoirement comme médicament. Les Nabatéens contrôlaient également le commerce des épices comme le poivre, des aromates, principalement la cannelle, des bois précieux et des gommes aromatiques, ou bien encore des animaux rares comme les singes et les paons en provenance de l'Inde. Ils avaient donc instauré un monopole sur le transit de toutes les marchandises. L'accueil des caravanes et ce que, pour simplifier, nous appellerons les droits de douane engendraient de substantiels profits. Les caravaniers recevaient en échange l'eau si précieuse au désert et des abris pour la nuit. Au retour, ils rapportaient du blé d'Égypte, des métaux, du verre, quelques produits manufacturés importés d'Alexandrie ou des îles de la mer Égée. De ce fait, Pétra abrita durant des siècles un important marché. Les gains considérables retirés de ce rôle d'intermédiaire expliquent l'enrichissement rapide des Nabatéens et, partant, les convoitises de leurs voisins.

Après avoir suivi la piste du Hedjaz en passant par Hégra, les marchandises rares gagnaient Pétra et, de là, les ports méditerranéens, en particulier Gaza et Alexandrie, destination majeure du trafic caravanier, premier interlocuteur commercial et culturel. Pour faciliter les échanges, les Nabatéens mirent en place des relais. Des découvertes archéologiques attestent d'une installation nabatéenne sur le territoire même de l'Égypte ptolémaïque (postérieure au règne d'Alexandre). Deux inscriptions nabatéennes ont été retrouvées à Tell el-Shuqafnya, à vingt-huit kilomètres à l'est de Hiéropolis. Une cité nabatéenne contemporaine du début de l'empire a été découverte à Qasrawet, lieu qui assurait aux Nabatéens une position commerciale stratégique à l'entrée de l'Égypte : elle comprenait des temples construits en blocs de gypse et ornés de demi-colonnes et pilastres, ainsi que des habitations. Le désert du Sinaï regorge d'inscriptions nabatéennes et surtout de milliers de graffitis (environ quatre mille recensés) gravés sur des rochers, dans les oasis, le long des pistes caravanières et auprès des hauts lieux de culte. Ces inscriptions s'échelonnent du Ier siècle av. J.-C. jusqu'au IVe siècle apr. J.-C. Certains historiens pensent même que les Nabatéens exploitaient des mines de cuivre et de turquoise dans le Sinaï, à l'instar des anciens Égyptiens.

De tout cela il apparaît que les Nabatéens étaient caractérisés par leur zèle à commercer et donc à s'enrichir. Strabon insiste sur ce point : « Le peuple des Nabatéens déteste le luxe et la mollesse, car il a toujours vécu dans une grande retenue. La loi punit rigoureusement quiconque dissipe sa fortune et récompense au contraire celui qui l'augmente. »

La prospérité des Nabatéens et son corollaire, leur influence grandissante sur les routes commerciales, ont indubitablement modifié leur rang politique et leur mode de vie. Petit à petit, ils passèrent d'une organisation tribale, dans laquelle le chef devait asseoir au jour le jour son autorité, à une monarchie inspirée par le modèle des monarchies hellénistiques où les rois finiraient par être divinisés de leur vivant. Ainsi un chef de tribu nommé Harétat, bénéficiant d'un certain ascendant sur le peuple à la suite de ses nombreuses victoires, devint roi des Nabatéens vers 120 av. J.-C. sous le nom d'Arétas II. Au Ier siècle av. J.-C., l'affaiblissement du pouvoir royal séleucide en Syrie et en Palestine incita beaucoup de communautés à prendre en main leurs propres affaires. De l'autre côté de la mer Morte, le royaume nabatéen, qui semble alors n'avoir jamais été soumis, profita de ce vide politique. Au milieu du IIe siècle av. J.-C., les rois de Pétra contrôlaient donc la plus grande partie de la Transjordanie.

Mais leur royaume était moins une contrée aux frontières bien définies qu'une zone d'influence. L'unité de ces tribus qui s'exprimaient en arabe se construisit autour d'une langue commune : l'araméen, et de sa culture, qu'ils adoptèrent dès l'époque d'Alexandre le Grand. Il est vraisemblable que l'araméen était plutôt utilisé dans la partie nord du royaume, et l'arabe dans la partie sud (Hégra) et que les deux langues étaient indifféremment parlées à Pétra. L'unité se forgea aussi autour d'une religion commune – culte des divinités de la péninsule Arabique préislamique.

L'étude des monnaies d'argent et de bronze émises durant deux siècles et retrouvées par les archéologues a permis d'authentifier et de classifier les noms de rois et de reines – les rois Aretas, Obodas, Rabbel et Malichos ; les reines Shaqilat, Gamilat et Hagru – dont les règnes couvrirent trois siècles.

Marques du pouvoir royal, les premières monnaies d'argent furent émises par Arétas III (84-62) que les commerçants de Damas appelèrent à régner sur leur ville en 84 avant notre ère pour protéger leurs caravanes contre les exactions de tribus nomades arabes. Le royaume nabatéen atteignait alors sa plus grande extension vers le nord. Obodas II (62-60) fut le premier roi à instaurer une divinisation du souverain. Ce culte est probablement à l'origine de l'édification ultérieure de tombes monumentales destinées aux monarques, telles que le Khazneh et le Deir.

Des inscriptions trouvées sur des stèles datent du règne du grand roi nabatéen Arétas IV (de l'an – 9 à l'an 40). Le temps de son règne constitue la période la plus éclatante de Pétra. Grand bâtisseur, il fit édifier les plus célèbres monuments de Pétra, tels que le Khazneh, le théâtre, le Qasr el-Bint, le temple aux Lions ailés... Ce roi, qui mérita le surnom grec de Philodème (c'est-à-dire « qui aime son peuple »), avait eu beaucoup de peine à accéder au trône, en raison des intrigues du ministre Syllaios et de l'opposition de Rome.

L'un des éléments déterminants dans la mutation des Nabatéens en un royaume riche et puissant a été de toute évidence le choix du site de Pétra, bien surprenant pour y aménager une ville. Surprenant au point que les premiers explorateurs furent surtout frappés par les tombeaux et lieux de culte rupestres, qui faisaient ressembler Pétra à une nécropole beaucoup plus qu'à une métropole prospère et vivante. Les nombreux séismes survenus dans la région durant les premiers siècles de notre ère avaient grandement contribué à effacer toute trace d'œuvres humaines, sauf celles réalisées en creusant la roche. Le nombre considérable de ces vestiges – près de trois mille recensés – et l'importance accordée aux aménagements hydrauliques ne pouvaient cependant s'expliquer que par une activité urbaine durable.

Il faut reconnaître aux Nabatéens une habileté et un génie de l'adaptation hors du commun pour faire surgir et prospérer une ville dans les massifs de grès qui bordent le cirque rocheux. Comment des nomades commerçants et éleveurs ont-ils pu transformer cet environnement hostile, de sable et de pierre, en une ville prospère, en capitale de leur royaume ? Ils ont manifestement fait preuve d'ingéniosité dans une aire qui semblait dédiée aux dieux plutôt qu'aux hommes. Aussi paradoxal que cela puisse paraître, c'est qu'ils ont su exploiter la ressource principale du lieu : l'eau, partout présente à Pétra malgré un environnement semi-désertique. La tribu autochtone, habituée aux dures conditions des étendues désertiques, trouvait là en effet de l'ombre, de l'eau et de la végétation. Les rares mais fortes pluies de l'automne et du printemps submergeaient parfois les vallées par des crues violentes. Passés maîtres en hydraulique, les Nabatéens savaient recueillir les « déluges » et les acheminer par des canalisations vers des réservoirs. Les eaux de pluie ainsi collectées répondaient aux besoins des habitants. La plus haute falaise de Pétra ne s'appelle-t-elle pas Oum el-Biyarah, ce qui signifie « mère des citernes » ? La cuvette qui loge la ville a l'avantage de voir s'accumuler les eaux de pluie tombées sur les montagnes environnantes. Capter, conduire et distribuer cette eau étaient des opérations totalement maîtrisées. D'où la nécessité ancienne de protéger des inondations brutales le défilé du Siq en déviant par un tunnel les crues du wadi Musa vers un affluent. Bien que les pluies soient très rares, elles peuvent se révéler fortes et abondantes au point de remplir en quelques heures un bassin versant de plus de quatre-vingt-dix kilomètres carrés. L'axe de cet écoulement est le « ruisseau de Moïse » qui amène en permanence une partie de l'eau de la « source de Moïse », la plus abondante du secteur. Les fouilles ont mis au jour une grande variété d'installations conçues pour la collecte et la distribution de l'eau. Il existait également un important réseau de citernes souterraines. Le réseau hydraulique de la cité nabatéenne était vraiment impressionnant.

Des installations sont encore visibles de nos jours, notamment des barrages hydrauliques et des réservoirs. Au nord-est et au sud-est de Pétra, les eaux du Siq coulaient dans des galeries taillées dans la roche et enduites de chaux, ou dans un réseau en pente douce constitué de tuyaux en terre cuite ou en céramique. Ce réseau alimentait un aqueduc, deux cents citernes, beaucoup de réservoirs et une fontaine publique. Des barrages fermant des gorges et alimentant des réservoirs étaient complétés par tout un réseau de canalisations. Était-ce là le fruit d'une transmission des techniques d'irrigation utilisées par les populations d'Arabie du Sud ? Selon Strabon, le mot « nabatéen » signifierait « spécialiste de l'eau », mais de tels travaux hydrauliques étaient déjà pratiqués par les Édomites. Le système de distribution d'eau a été comparé au système très avancé utilisé à Rome à la même époque. Les Nabatéens maîtrisaient également l'art de creuser et d'aménager des citernes étanches. Une longue expérience dans l'art d'extraire et de retenir l'eau dans le désert explique peut-être en partie leur étonnante habileté. Cette eau servait d'abord à la consommation des habitants et à abreuver le bétail, mais aussi à l'arrosage des jardins. Des traces d'aménagement agricole restent bien visibles tout autour de Pétra. Des terrasses de culture classiques à proximité du village de Wadi Musa et des barrages étagés coupant le cours de petits wadis retenaient l'eau de pluie qui ne pouvait que s'infiltrer tout en déposant les alluvions.

Les Nabatéens cultivaient quelques céréales, puisqu'on trouve là des traces d'orge et de blé qu'on date du néolithique, des arbres fruitiers et certainement de la vigne, dont la présence est attestée par la découverte de pressoirs taillés dans le roc. D'après le précieux Strabon, le vin était une boisson très appréciée des Nabatéens qui le buvaient dans des coupes d'or lors des banquets rituels. Au-delà de Pétra et des environs, la Syrie méridionale, alors sous domination nabatéenne, était renommée pour son blé. Bosra, en Syrie méridionale, était d'ailleurs devenue la deuxième capitale du royaume après Pétra l'imprenable, l'inaccessible. À partir de la conquête romaine, Bosra est devenue le chef-lieu de l'Arabie. La découverte, dans toute la ville, de céramiques peintes – des références au culte de Dusarès et d'Allat – indique la présence d'une population nabatéenne. Dans le Sinaï, la culture du palmier prospérait. Les Nabatéens élevaient ovins et caprins. Des troupeaux de petites chèvres noires peuplaient les alentours de Pétra, et chevaux et chameaux trouvaient des pâturages à Wadi Musa et à Beidha.

Dans ce paysage au relief escarpé, un réseau sophistiqué de passages et d'escaliers reliait les habitations troglodytiques. Dans tous les ravins et jusque sur les hauteurs, en direction des principaux hauts lieux, dont le Deir, d'étroits escaliers étaient creusés dans le grès. Pas de plan urbanistique régulier et cohérent, excepté autour des sanctuaires qui imposaient leurs orientations au voisinage, mais une organisation des quartiers d'habitation soumise aux accidents du relief montagneux. En dehors de la rue à colonnades, seul aménagement urbain qui donne l'impression d'une organisation citadine rationnelle à la manière des villes romaines, les voies de communication étaient plutôt des pistes caravanières, des sentiers de messagers, des voies processionnelles... Non seulement ce réseau truffé de grottes, de tombeaux et de boyaux les reliant les uns aux autres était d'une extrême complexité, mais la défense du site était elle aussi savamment étudiée : tout un ensemble de fortins était placé aux points stratégiques du site urbain et de sa périphérie, au débouché des vallées et sur les sommets inaccessibles. De là, des guetteurs pouvaient faire savoir les incursions indésirables par des signaux sonores ou des feux nocturnes préparés à l'avance.

Malgré leur originalité et l'inspiration orientale de l'architecture et de l'artisanat, les Nabatéens n'ont pas échappé aux influences gréco-romaines et égyptiennes qui ont accéléré le processus d'urbanisation et envahi les coutumes et les arts. Contrairement aux premières impressions des (re)découvreurs, Pétra, qui semblait être essentiellement une nécropole, était donc une ville à part entière. Des rangées de boutiques, des marchés ainsi que les grands édifices publics le long de la rue aux colonnades faisaient de cet endroit le centre vivant de la cité. Autre lieu de vie sociale, le théâtre, taillé dans la roche, élément majeur de la cité gréco-romaine construit au cours du Ier siècle apr. J.-C., pouvait accueillir les spectateurs pour des représentations, mais aussi servir de lieu de réunion publique. C'était un amalgame de roche taillée et de maçonnerie ; il comportait un parterre semi-circulaire et des gradins sur trois niveaux en forme de lune croissante. La scène et le mur du fond étaient richement décorés de colonnes et, à l'époque romaine, agrémentés de statues de marbre. Le théâtre a été exhumé en 1961 par une équipe d'archéologues américains. Des chambres funéraires enclavées dans le massif rocheux situé derrière le théâtre avaient été mises au jour lors de sa construction.

De part et d'autre du wadi Musa s'ordonne le centre de la ville antique. Cette « ville basse » est loin d'être ordonnancée avec régularité : au-delà des grands monuments cultuels et publics qui s'étagent en terrasses sur les deux pentes en vis-à-vis, se juxtaposent des groupes d'habitations escaladant des hauteurs séparées par des ravins. Ces zones d'habitat se sont développées le long des wadis et des voies d'accès au site, jusqu'aux nécropoles et parfois au-delà. Les méthodes modernes de fouille archéologique ont permis de révéler les étapes successives du mode d'habitation qui est passé du nomadisme, c'est-à-dire de l'habitat sous la tente, à une organisation sédentarisée comportant tout d'abord des habitations troglodytes et, par la suite, les maisons en pierre. Même si les campements saisonniers sont restés en usage jusqu'à la fin du IIe siècle av. J.-C., des maisons, même rudimentaires, existaient sans doute depuis le siècle précédent.

L'habitat troglodytique est toujours resté visible. Près de six cents chambres ont été creusées dans la roche. Les habitations ainsi taillées étaient très simples, à façades lisses décorées d'une ou deux découpes en forme d'escalier, avec une porte excavée dans la partie inférieure. Cette architecture était une adaptation des tombeaux de Syrie ; de nos jours, les Bédouins utilisent toujours, autour de Pétra, des grottes où ils entreposent du matériel ou des provisions, réservant la tente en peau de chèvre, plus confortable, à leur logement. Les parois rupestres susceptibles d'être aménagées, ainsi que la texture des grès où alternent les couches faciles à creuser et des couches plus dures conservées comme plafonds, pourraient avoir eu leur part dans le développement du site.

Des maisons construites en pierre, souvent ensevelies sous leurs propres débris, ont pu être mises au jour. La plupart des bâtiments ne sont pas édifiés selon un quadrillage de voies, mais, compte tenu de la configuration du site, sur les terrasses naturelles des parois des vallées, ou creusées à même la roche. Les quartiers, qui partent des sources, ont pu débuter en tant que simples camps tribaux.

Athénodore, témoin oculaire cité par Strabon, fut frappé par l'opulence des maisons construites à Pétra. Au Ier siècle apr. J.-C., la maison nabatéenne est assez spacieuse. Elle est scindée en deux parties : une partie ouverte, destinée aux réceptions et à la vie sociale, et une partie fermée, dévolue à la vie privée. L'utilisation architecturale de colonnes est fréquente tant à l'extérieur qu'à l'intérieur des bâtiments. Dans la partie monumentale, le vestibule à colonnes et le péristyle s'inspirent de l'architecture hellénisée. L'atrium et le vestibule, ou petite cour à colonnades, destinés à la représentation sociale avec une salle de banquet, laissent pénétrer l'air et la lumière. Le sol y est en partie couvert de dalles régulières octogonales en calcaire, les murs sont peints, les colonnes couronnées de chapiteaux corinthiens. Le stuc peint, utilisé volontiers pour protéger le grès, est très répandu à Pétra aussi bien dans les habitations que pour les monuments. On peut en voir encore quelques fragments représentant des effets de perspective ou restes de moulures fines. La partie privée de la maison est beaucoup plus rustique : les espaces où les Nabatéens dorment, mangent et travaillent sont plutôt de style arabe. L'accès unique se fait par une porte étroite ; les chambres, petites et sombres, sont réparties irrégulièrement autour d'une cour retirée répondant plus au mode de vie oriental. Les toits des habitations basses (d'un ou deux étages) sont plats et faits de couches superposées d'argile, de nattes et de bois. On y voit souvent des bancs de pierre. Les cuisines sont installées dans un bâtiment à l'écart de l'habitation principale.

Les Nabatéens ne se contentèrent pas de véhiculer des marchandises et de s'enrichir, ils empruntèrent aussi la culture et certaines coutumes des pays de l'Orient et de la Méditerranée avec lesquels ils étaient en contact. Fusionnant ces apports, ils se forgèrent une culture originale. Au Ier siècle apr. J.-C. commence la construction de structures plus monumentales : le Deir et les tombeaux du Palais et du Corinthien. Durant le IIe siècle, des détails architecturaux hellénistiques (frise, architrave, pilastre...) sont adoptés et créent un nouveau style de chapiteau encore aujourd'hui appelé « nabatéen ». Sont utilisées de plus en plus de structures entièrement décoratives, dont certaines inspirées de la culture autochtone : rosettes, animaux de la région ou d'Afrique et d'Inde (éléphants, lions, aigles...), d'autres inspirées de l'Égypte ou de la Grèce antiques : sphinx, méduse... Les familles les plus riches de la ville embauchent des architectes pour créer des tombeaux et décorer l'intérieur de leurs demeures.

La vision la plus courante de Pétra est celle des tombeaux creusés à même la roche et présentant des façades de type hellénistique. Parmi eux, le Khazneh Firaoun, ou « trésor du pharaon » – car tout ce qui est grand, ici, se rapporte aux anciens rois d'Égypte. Le Khazneh, star mondiale du monumental pétréen, est le plus impressionnant et aussi le plus raffiné, ne serait-ce que par le décor et l'équilibre de ses volumes. Mais il fait partie des quelque cinq cents tombeaux creusés dans la montagne. Comme la majorité d'entre eux, il ne possède aucune inscription pouvant indiquer la date exacte de sa construction ou le nom de son destinataire. La majesté et le prestige du lieu laissent supposer qu'il appartenait à un prince ou à un riche marchand. Le Khazneh apparaît dans sa totalité au débouché du Siq, sur une place étroite cernée par la montagne. Celle-ci ne débouche que sur une excavation peu profonde, exempte de toute indication.

Les tailleurs de pierre nabatéens soignaient surtout l'extérieur des monuments. Quelle que soit la magnificence de leur façade, les tombeaux ne comportent tous qu'une seule salle intérieure : la chambre funéraire creusée dans le roc. L'agencement est presque monacal, même si l'on doit tenir compte des multiples pillages, les tombeaux ayant été réutilisés ou transformés dès l'époque byzantine. Dans les parois sont creusées les niches où reposaient les défunts dans leurs sarcophages aujourd'hui totalement disparus. Parfois des fosses funéraires sont excavées dans le sol. Près des tombes, il existe d'autres monuments taillés à même la roche. Ils avaient pour vocation d'accueillir les banquets célébrés en l'honneur des morts. À l'intérieur, trois longues banquettes, creusées le long des parois, recevaient les convives. Mais, le plus souvent, les repas funéraires avaient lieu en plein air, sur des banquettes taillées, devant la sépulture.

Henri-Paul Eydoux note que si le Khazneh Firaoun a trente mètres de hauteur, « le record est atteint par la façade d'Ed Deir », le plus grand des monuments rupestres de Pétra. Il en impose par sa taille : quarante-deux mètres de haut sur quarante-six de large. On pense qu'il fut le mausolée du roi Rabbel II à la mort duquel, en 106 de notre ère, Trajan annexa la Nabatène à l'Empire romain. Ed Deir, ce qui signifie « monastère », est ainsi appelé parce que des anachorètes s'y établirent dans les premiers siècles chrétiens. C'est un mausolée qu'on ne peut atteindre que par une rude montée à travers les rochers. On trouve auprès vingt rochers appelés « les jinns », représentant peut-être des dieux veillant sur la ville.

« On reste confondu devant la science qu'impliquaient de telles réalisations. Il fallait choisir les parois, les ausculter pour s'assurer de l'homogénéité de la pierre, faire de savants calculs pour découper les masses, y ménager les formes architecturales avec une profusion de colonnes, de frontons, d'édicules, de corniches, de sculptures de toutes sortes. On a pu, à propos des monuments de Pétra, évoquer certains édifices du baroque italien. Le décor abondant, plein de fantaisie et de trouvailles, se greffe sur une architecture bien composée, presque classique. Par bonheur, une façade monumentale de Pétra est restée inachevée. Elle nous permet de comprendre les méthodes employées par les tailleurs de pierre nabatéens, qui commençaient leur travail par les parties supérieures. »

Le Qasr el-Bint était l'un des principaux temples de la cité et l'une des rares structures construites plutôt que creusées dans la roche. Détruit par un tremblement de terre, il fut reconstruit. Cet édifice montre que les Nabatéens pouvaient être aussi d'excellents architectes. Vaste construction rectangulaire érigée sur un haut podium avec une façade ornée d'un portique à colonnes et une décoration en stuc, il était l'un des plus grandioses sanctuaires de tout le Moyen-Orient antique.

La plupart des façades des tombeaux, à merlons, à arcs, surtout à escaliers, sont réalisées selon des tailles différentes ; certaines sont gigantesques ; elles correspondaient vraisemblablement aux ressources de chaque propriétaire. C'est que la façade marquant l'entrée de la chambre funéraire excavée dans le rocher devait manifester l'importance du défunt ou de la famille. L'influence égyptienne est sensible dans certaines parties, les plans comme le décor : style des portes, chambres souterraines voûtées abritant des sarcophages. L'édification des temples était inspirée par les modèles d'Alexandrie, destination majeure du trafic caravanier. Les rois nabatéens ont sans doute fait venir des artistes d'Alexandrie pour réaliser leurs premiers monuments d'importance. Aux tombeaux étaient parfois associés des portiques, souvent des salles de banquet qui accueillaient la famille à l'occasion des funérailles ou de fêtes commémoratives. L'influence alexandrine est manifeste dans le décor peint ou stuqué tel que le laissent deviner les fresques encore visibles ou les nombreux fragments de stuc découverts dans quelques grands édifices, avec des feuillages peuplés d'oiseaux variés et de petits personnages. Des traits « orientaux » apparaissent dans le drapé, dans le traitement des visages ; ils annoncent l'art romain tardif d'Égypte. Mais des bustes sont beaucoup plus proches de types gréco-romains.

Cette double influence culturelle se retrouve dans les productions de l'artisanat. La céramique apparaît au Ier siècle avant notre ère. Des poteries de fabrication locale ont été découvertes, ainsi que des figures de terre cuite ou de bronze représentant animaux et personnages. Elles se distinguent par leur finesse, la couleur de la pâte et leur décoration de motifs végétaux. Plus que les formes, c'est donc le décor qui les rattache à des courants d'origine orientale.

À partir du Ier siècle, l'influence gréco-romaine est particulièrement sensible dans la décoration des temples et des tombeaux : peintures murales à la grecque, décors corinthiens se caractérisant par des chapiteaux ornés de feuilles d'acanthe, colonnes à chapiteaux classiques, frises à triglyphes et métopes, parements de marbre et de stuc, représentations de divinités du panthéon grec avec leurs attributs typiques. Cependant, l'originalité nabatéenne transparaît dans un rapport à l'urbanisme en général, et à l'architecture en particulier, bien différent de celui de la Rome ou de la Grèce classiques. La cité n'est pas compartimentée par la voirie, c'est une ville orientale où les quartiers délimitent des tribus installées au gré du relief et du réseau hydraulique. Les temples sont de forme cubique, mais les espaces sont plus larges que profonds.

La profusion de temples et de tombeaux prouve que Pétra fut aussi le centre d'une intense vie religieuse. Les Nabatéens y honoraient leurs dieux. Le principal était Dushârâ, ce qui signifie « celui de Shara », du nom de la chaîne montagneuse culminant à l'est. C'était le protecteur de la dynastie royale. Son culte était célébré dans le temple de Qasr el-Bint, principal sanctuaire de la ville. Comme les autres dieux nabatéens, il est figuré sous une forme abstraite par des pierres sacrées « tombées du ciel » : les bétyles. Ces pierres n'étaient pas destinées à représenter le dieu, mais à signaler sa présence, ce que traduit l'étymologie sémitique du terme (*beth-el*, « maison de dieu »). Le bétyle repose sur un socle qui peut prendre la forme d'une estrade précédée de quelques marches, comme sur les hauts lieux. Les rites consistaient à lui présenter des sacrifices d'animaux et à l'asperger de sang. Un texte byzantin précise que Dushârâ était adoré dans son temple de Qasr el-Bint sous la forme d'une « pierre noire, quadrangulaire et aniconique », sur laquelle on versait le sang des victimes offertes en sacrifice. Au même fonds arabe préislamique appartiennent al-Kutbâ, dieu de l'écriture et de la divination, Allât (« la Déesse ») et al-Uzza-Atargatis (« la Très-Forte »). Selon le Grec Lucien de Samosate (v. 125-v. 192), les adeptes d'Atargatis étaient castrés. D'autres renseignements sur les coutumes religieuses des Nabatéens nous ont été transmis par Strabon : « Les Nabatéens adorent le soleil. Ils sont circoncis à l'âge de trois ans comme l'avait été Ismaël, et il leur est défendu de manger du porc. »

Les Nabatéens adoraient aussi d'autres dieux tels que Shay'al Qawn, ou « pasteur des peuples », le « dieu qui ne boit pas de vin », protecteur des nomades et des caravanes. À ces principales divinités du panthéon préislamique s'ajoutaient la multiplicité des divinités de tribus et de villages, plus toute la cosmogonie des peuples sémitiques, les dieux des Grecs et des Romains, ceux d'Égypte et d'Anatolie... Les dieux locaux comme ceux des envahisseurs étaient ainsi tous accueillis et vénérés. Souvent, les dieux aux noms grecs ou latins ne sont autres que d'authentiques dieux indigènes : ainsi Dushârâ était-il assimilé à Zeus ou à Dionysos ; Al-Uzza-Atargatis, « la Très-Forte », déesse de la fertilité, de la végétation et des eaux, était assimilée à Isis et à Aphrodite. Sur la façade du Khazneh, la statue d'Isis, déesse égyptienne particulièrement vénérée à Pétra, n'est autre que la réplique d'Al-Uzza-Atargatis. Assimilation d'ailleurs pratiquée dans tout le Proche-Orient : les Grecs avaient reconnu depuis longtemps que des dieux « barbares » ressemblaient aux leurs, et ils acceptaient volontiers l'idée qu'ils avaient eux-mêmes emprunté certains de leurs dieux à d'autres peuples. Ce syncrétisme s'exprime sur les murs, les tombeaux, les temples de

Pétra... On trouve sur toute la surface du site un très grand nombre de vestiges qui vont de simples dédicaces à des divinités aux grands temples comme le Qasr el-Bint consacré à Dushârâ-Zeus (« le Très-Haut ») et le temple aux Lions ailés à Al-Uzza-Aphrodite.

Les bétyles sont abondants à Pétra : ils sont taillés à même le rocher ou simplement sculptés dans des endroits considérés comme sacrés, le plus souvent protégés par une niche. De nombreuses niches cultuelles sont juxtaposées : grottes, anfractuosités. Elles abritent un bétyle ou une représentation divine. La déesse Isis est l'une des divinités qui occupent le premier plan. On peut aussi trouver, soit à proximité d'habitations, soit dans des espaces déserts, des inscriptions nommant des dieux et leurs fidèles. Ces témoins religieux sont souvent placés le long des pistes caravanières ou d'itinéraires propres à la ville, particulièrement dans le Siq. Beaucoup de ces cultes se perpétuèrent jusqu'à l'expansion du christianisme au cours des IVe et Ve siècles, et subsistèrent même dans le Hedjaz jusqu'à l'islam. Avec la sédentarisation des Nabatéens et leur ouverture au monde gréco-romain, les images divines inspirées de modèles classiques se multiplièrent à côté des bétyles, sans les supplanter tout à fait. Ainsi la civilisation nabatéenne laisse transparaître, sous des emprunts de toute nature, un vieux fonds arabe hérité de la période nomade et resté vivace malgré le changement radical qu'a représenté la sédentarisation.

Tout visiteur de passage à Pétra se devait de faire des offrandes à Dushârâ ou à Al-Uzza, sous forme de sacrifices sanglants et de fumigations. Les cérémonies se déroulaient sur des espaces à ciel ouvert, sanctuaires situés sur de hauts lieux dont l'existence est très ancienne. On les atteint par des escaliers qui semblent sans fin et qui serpentent dans la montagne. Ces itinéraires processionnels sont jalonnés de niches tantôt sculptées de bétyles, tantôt vides pour servir de reposoirs aux idoles. Ces cheminements ménagés à travers les rochers s'écartent parfois pour livrer, tel un effet théâtral, une vue immense sur le massif montagneux et désertique.

Le haut lieu est très simple. Son dépouillement a sans doute été voulu. Le sanctuaire couronne le sommet d'où l'on découvre des horizons sans limites. Il fait corps avec la montagne qui lui sert de support et qui semble participer de son caractère sacré. Dominant le paysage, l'espace destiné aux personnages qui assistent aux sacrifices et partagent le repas avec le dieu est entouré sur trois côtés d'une banquette (*triclinium*) ; la partie réservée aux officiants se compose d'une estrade surélevée supportant un autel, d'un piédestal pour un objet de culte, d'une vasque pour des purifications, d'une ou de plusieurs citernes. Les dimensions de l'estrade laissent supposer qu'on sacrifiait des animaux de taille aussi imposante que des chameaux. Selon des textes chrétiens, les populations arabes de la région pratiquaient encore leur culte dans ce type de sanctuaire au IVe siècle. Les offrandes étaient suivies d'un banquet rituel pratiqué sur place ou dans des salles aménagées dans le rocher.

Syncrétisme de coutumes bédouines et grecques, les banquets réunissaient exclusivement des hommes au nombre de treize (comme les cènes réunissant Jésus et ses douze apôtres), en incluant l'hôte. Celui-ci, quel que fût son rang, servait ses invités, comme le veut la coutume bédouine. On y buvait du vin en écoutant des chanteuses, tradition transmise par les Grecs, le nombre de coupes à boire étant fixé à l'avance par l'hôte ou le convive le plus prestigieux. D'autres banquets étaient organisés en l'honneur des défunts, coutume répandue que l'on connaissait déjà à Palmyre.

Ces cérémonies traduisent bien l'estime que les vivants portaient à leurs morts, auxquels ils offraient aussi des dépôts funéraires : vases en céramique, lampes à huile, figurines de terre cuite, bijoux, pièces de monnaie... Les sépultures étaient protégées par des malédictions multiples et diverses qui devaient frapper tout pilleur éventuel. Les morts étaient enterrés la tête tournée vers le sud, couverts d'un linceul taillé dans des vêtements usagés ou en cuir. Il s'agissait de tombes individuelles, fosses rectangulaires recouvertes d'une dalle, ou de fosses collectives constituées de puits compartimentés en *loculi* individuels. On a aussi retrouvé des sarcophages en pierre ou en bois, des traces d'incinération ou d'ensevelissement dans la chaux. Que penser alors du témoignage de Strabon qui ne correspond pas vraiment aux données que les recherches archéologiques ont pu révéler et authentifier à travers des vestiges et des inscriptions : « Le peuple des Nabatéens a une si grande horreur des corps morts qu'ils les jettent dans des cloaques ou les enterrent dans le fumier, y compris ceux des rois » ?

Si le règne d'Arétas IV, au Ier siècle avant notre ère, marqua l'apogée de la prospérité du royaume nabatéen avec ses vastes programmes de constructions, l'arrivée des Romains et leur prise de pouvoir au Proche-Orient dans les années 64-63 av. J.-C. allaient modifier en profondeur sa destinée. Même si, au début de leur invasion, les gouverneurs romains tenaient régulièrement leurs assises à Pétra, qu'ils considéraient comme une métropole, Rome se posa très vite en concurrente directe des caravaniers.

« À la suite de la découverte des vents de mousson qui permettent de remonter la mer Rouge, les Romains, cherchant à réduire les intermédiaires pour accroître leur profit, ont développé une variante maritime de la route de l'encens en détournant le trafic vers les ports égyptiens de la mer Rouge et, de là, par caravanes, vers le Nil et Alexandrie, principal centre de redistribution des denrées vers la Méditerranée. Ils ont ainsi porté atteinte au trafic caravanier dont les dernières étapes étaient sous le contrôle des Nabatéens. C'est peut-être dans cette phase que les Nabatéens se sont tournés davantage vers l'exploitation agricole des quelques domaines fertiles placés sous leur autorité, comme la Syrie du Sud autour de Bosra. Rome, qui dans un premier temps avait maintenu en place la dynastie nabatéenne, décide en 106 de passer à l'administration directe en créant la province d'Arabie, dont le chef-lieu sera Bosra et non Pétra. La cité du désert n'est plus un grand centre caravanier – le trafic s'est déplacé vers Palmyre – et se développe simplement comme une ville secondaire du monde romain d'Orient. De grands travaux d'urbanisme témoignent de sa prospérité pendant la longue période de “paix romaine”. La réorganisation administrative de la fin du IVe siècle en fait la “métropole” de la nouvelle province nommée Palestine Troisième[1]. »

Après l'occupation romaine, quelques caravanes s'arrêtaient encore à Pétra, mais elles se firent plus rares au fil du temps. La puissance du royaume nabatéen n'était déjà plus qu'un souvenir. Les Nabatéens devaient-ils payer chèrement ce repli frileux dans les montagnes, prémice de leur déclin et de leur extinction, ainsi que semble l'insinuer l'un de nos contemporains ? Au XXe siècle, l'écrivain-voyageur célèbre Paul Morand calomnie en effet allègre-

1. Christian Augé et Jean-Marie Dentzer, *Pétra, la cité des caravanes,* Paris, Gallimard, coll. « Découvertes Gallimard », 1999.

ment les Nabatéens et leur capitale « troglodyte », sorte de « carrière » pour esprits peureux et épargnants ayant renoncé à la vie nomade, bref, une cité pour « fins de race » : « C'est dans cette carrière que la Rome impériale venait s'approvisionner ; ses marchands s'enrichirent fabuleusement, entassèrent dans le roc creusé l'encens et la myrrhe, l'or et les pierreries, les soies et les poudres de santal [...]. Leurs chairs s'amollirent dans les thermes, leurs âmes dans les théâtres ; ils s'enchantèrent de cet art hybride où tous les styles sont plagiés, l'hellénistique, l'assyrien, l'égyptien. Ces décadents n'eurent pas la force de construire et se servirent du rocher tout fait, se contentant de le moulurer ; cette fin de race retourna au troglodyte par peur, par paresse. [...] Palmyre, sur la route des Indes, c'était le lieu d'échange, le marché ouvert, l'argent mobile, et Pétra, ce fut l'autre face de la fortune, l'épargne, le stérile entassement, la thésaurisation, la peur et le secret plus lourd que la porte du tombeau. »

Après l'avènement du christianisme, Pétra devint le siège d'un évêché. Plusieurs temples et tombeaux furent réutilisés par les chrétiens, notamment le tombeau à l'Urne qui devint une basilique sous l'évêque Jason en 447. Pendant la domination byzantine, on construisit de grandes églises richement décorées et ornées de mosaïques. On utilisa souvent du marbre et du granit enlevés aux anciens temples nabatéens et romains. À la fin du ve siècle, une église à trois nefs fut bâtie dans la plaine centrale de la cité, avec des matériaux arrachés aux constructions antérieures. Un baptistère en forme de croix jouxtait cette église. Peu après, celle-ci fut réaménagée et agrandie, pourvue d'une cour d'entrée avec bassin. Le sol était décoré de deux grandes mosaïques, restaurées depuis par des archéologues américains : elles personnifient les Saisons, l'Océan, la

Terre et la Sagesse. L'église fut détruite par un incendie à la fin du VIe siècle.

Cet incendie est à l'origine d'une grande découverte archéologique : cent cinquante rouleaux de papyrus superficiellement brûlés ont été retrouvés en 1993. Ces documents datant de 528 à 583 de notre ère concernent des propriétés situées à Pétra et dans les environs. Les nombreux actes d'achat, de vente, les testaments et actes témoignant de conflits de voisinage prouvent que Pétra n'était plus depuis longtemps une cité caravanière, mais une ville dont le développement reposait sur l'agriculture. Le noyau d'habitants nabatéens, encore identifiables grâce aux noms que livrent ces papyrus, paraît se fondre dans les nouvelles populations arabes qui arrivent progressivement et s'installent à la périphérie. La puissance nabatéenne relevait désormais de l'histoire et Pétra tomba peu à peu dans l'oubli. Seuls des anachorètes chrétiens s'installaient encore dans les tombeaux existants ou bien creusaient de nouveaux abris.

Alors que la mise en valeur des alentours se poursuivait, des séismes successifs finirent de vider la ville de ses habitants. Il y eut tout d'abord le tremblement de terre de 363, qui endommagea nombre de monuments, notamment le théâtre et les aqueducs. Cyril, évêque de Jérusalem, dit que « presque la moitié » de la ville fut détruite quand le tremblement de terre survint « à la troisième heure, et particulièrement à la neuvième heure de la nuit ». Un séisme plus violent encore signa, en 747, l'arrêt de mort de la cité nabatéenne qui n'était déjà plus qu'un gros village. Lors de sa conquête par les musulmans, Pétra était devenue anonyme ; trop à l'écart de la route du pèlerinage à La Mecque, elle n'intéressait pas les nouveaux occupants.

Dans les premières années du XIIe siècle, les croisés s'en emparèrent. À peine eurent-ils fondé le royaume de Jérusalem qu'ils voulurent également posséder l'antique cité pour s'assurer des communications avec la mer Rouge. Ils occupèrent la vallée du wadi Musa de 1154 à 1216 et y érigèrent deux puissantes forteresses bâties sur des rochers à peu près inaccessibles, à faible distance l'un de l'autre. Baudouin II dispersa les derniers habitants du site.

On sait par la chronique de Nuweri que le sultan arabe Baybars, en chemin vers Kérak, y aurait fait une visite vers 1250. Le chroniqueur qui relate l'entrée du sultan dans Pétra prend les célèbres tombeaux pour des maisons : « Ce sont des excavations dans la montagne aux formes magnifiques, habitations décorées de colonnes et munies de portes ; les façades de ces maisons sont ornées de sculptures taillées au ciseau dans la pierre et toutes gravées d'images et de formes. Elles ont les dimensions des habitations des gens d'aujourd'hui. On retrouve à l'intérieur des salles voûtées, des banquettes qui se font vis-à-vis, des trésors et des harems. »

Ce furent les derniers témoignages sur Pétra, la cité rose du désert, avant que celle-ci ne sombre dans un sommeil de plusieurs siècles.

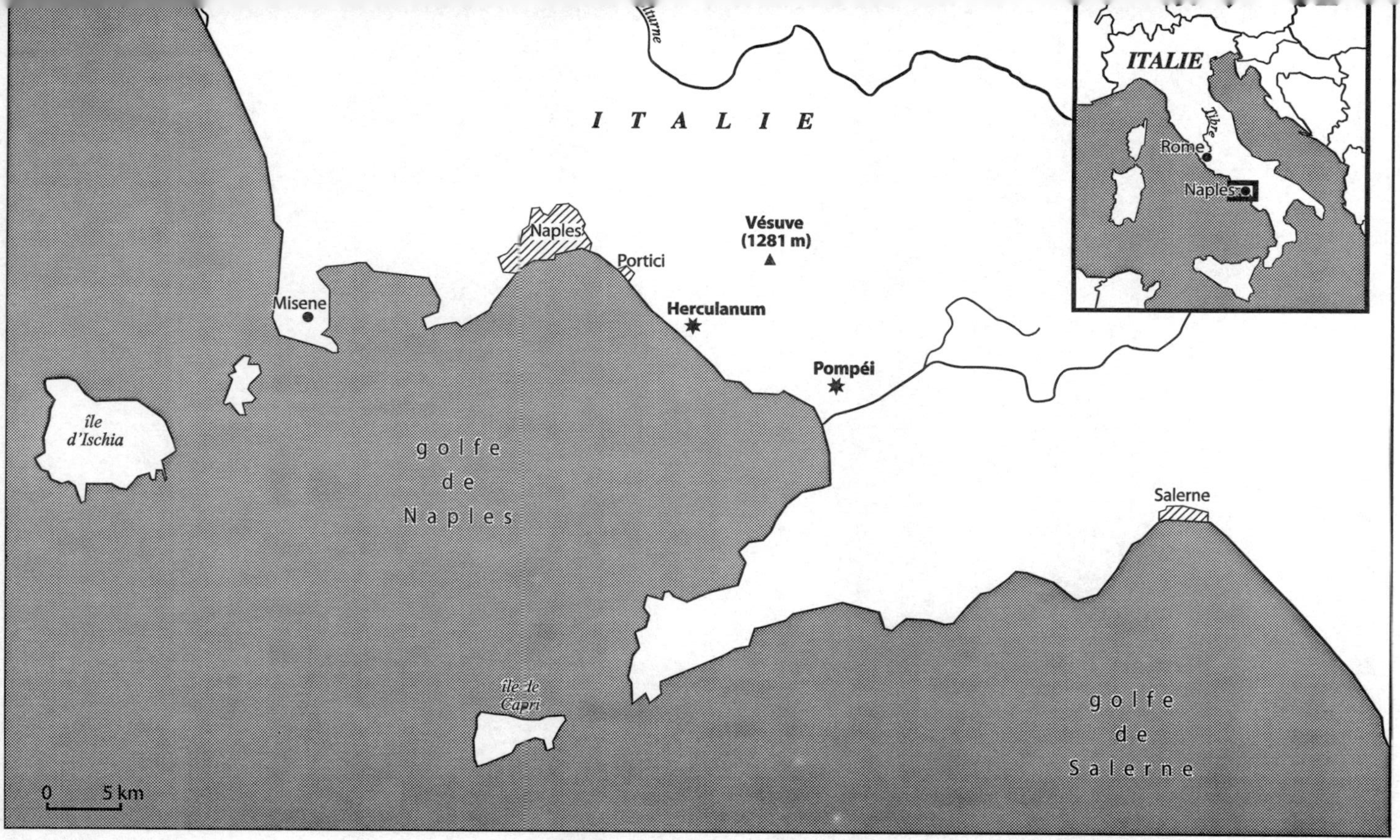

Pompéi et Herculanum

II

Herculanum et Pompéi émergent de la lave et des cendres

Sans conteste l'Antiquité est une notion moderne. On l'a vue naître à la Renaissance, en Italie où les papes et les grands seigneurs se partageaient les restes épars des temples et des palais romains, quand ils n'utilisaient pas les pierres et les marbres en réemploi pour leurs propres constructions. Tel prenait un buste, tel une tête, tel autre le corps entier d'une déesse de marbre dont les rondeurs et le poli pouvaient flatter la main et le regard. L'Antiquité, c'était surtout de la littérature, c'est-à-dire du texte, des livres imprimés, des inscriptions mythiques. Et c'est par les auteurs anciens et les inscriptions que vint aux érudits cette passion nouvelle qui prit le nom d'*archéologie*.

Herculanum et Pompéi en furent les premiers objets. Ils servirent à la définir.

Si Pompéi était romaine, elle était grecque aussi. Paestum était sa sœur directe. Leurs avatars décrivent les principales étapes de leur histoire, et les avanies qu'elles subirent préfigurent les difficultés que rencontreraient d'autres fouilles sous d'autres cieux.

Le musée de Naples regorge des œuvres pompéiennes dont les ruines de la ville ne nous offrent plus que le cadre vide. Scènes, fresques, objets usuels et professionnels, tout ce qui orne et meuble la maison a été transporté au cabinet de Portici, et, de là, au musée du royaume de Naples.

Pompéi n'est plus morte, désormais. Mais elle ne revit pas non plus. Elle perdure dans l'inconscient collectif de l'histoire. Caressons ces pierres avec respect : lorsqu'elles furent ensevelies, ce ne fut pas pour donner raison à l'imbécile qui avait gravé sur le mur d'une maison – on les voit encore – ces deux mots : SODOMA GOMORA.

Après une visite en ces lieux au milieu des années 1840, Alexandre Dumas fixa métaphoriquement l'enjeu de l'archéologie. On a un peu trop oublié qu'il fut napolitain, complice de la « brigade rouge » de Garibaldi contre les Bourbons, donneur de leçons de cuisine, directeur des Antiquités après 1860. Dans *Le Corricolo*, il écrivit : « Pompéi n'était point morte, Pompéi n'était point ensevelie, Pompéi semblait dormir. Seulement, ce qu'on prenait pour le drap de sa couche était le linceul de son tombeau. Pompéi, couverte seulement à la hauteur de quinze ou vingt pieds, élançait hors de la cendre qui n'avait pu la couvrir entièrement les chapiteaux de ses colonnes, les extrémités de ses portiques, les toits de ses maisons ; Pompéi enfin demandait incessamment secours et criait jour et nuit du fond de son sépulcre où elle n'était ensevelie qu'à moitié : "Fouillez ! Je suis là !" »

En réalité, l'aventure de Pompéi – et l'*archéologie* elle-même – commencèrent grâce à des personnages comme Winckelmann, un Allemand plutôt austère, féru de lectures grecques et latines, qui rendit « médiatiques », dirait-on aujourd'hui, les découvertes faites par de riches amateurs érudits comme le prince d'Elbeuf, le comte de

Caylus ou le président de Brosses. Winckelmann sut rendre « scientifique » la manière dont les fouilles étaient conduites. Mais c'est bien d'une aventure qu'il s'agit, puisque la carrière de cet homme fameux dans l'Europe entière s'interrompit en 1768 – il avait cinquante ans – par un sanglant fait-divers qui fait ressembler sa mort à celle d'un Pasolini. Un de ses biographes le présente ainsi : « Sorti des rangs les plus obscurs de la société, pauvre, sans protecteurs, ne pouvant compter que sur lui-même, il sut trouver dans la force de son caractère les ressources qui lui manquaient et surmonter tous les obstacles. Soutenu par l'étude, il traversa, sans se laisser abattre, les plus belles années de sa jeunesse dans une condition inférieure et tout à fait indigne de son génie. Il fut récompensé de tant d'efforts dans son âge mûr, et les douze dernières années de son existence s'écoulèrent au milieu des jouissances les plus pures que lui procurèrent l'amour du beau et l'admiration la mieux sentie des œuvres de la statuaire antique[1]. »

Johann Joachim Winckelmann naquit le 9 décembre 1717 à Stendal[2], aux marches du Brandebourg et de la Saxe (actuellement Saxe-Anhalt). Son père, un pauvre savetier, ayant remarqué les dispositions intellectuelles de son fils, voulait en faire un clerc. Il l'inscrivit à l'école primaire du quartier que dirigeait le *Schulmeister* Toppert. Mais, bientôt, atteint par la maladie, ce père ne put plus subvenir à l'éducation de son fils. Heureusement pour celui-ci, sa vive intelligence avait attiré l'attention du

1. Jules Dumesnil (1805-1891), *Histoire des plus célèbres amateurs étrangers*, Paris, 1860, p. 418 et suiv.

2. La ville allemande qui donna, avec un « h », son pseudonyme à notre Stendhal (Henri Beyle).

maître d'école qui fit entrer l'enfant dans la chorale paroissiale et le désigna comme répétiteur pour ses petits camarades. Winckelmann, âgé de douze ans, reçut ainsi un premier salaire qui lui permit de vivre. Quelques années passèrent, puis, quand le maître Toppert devint aveugle, le jeune Johann fut accueilli dans sa maison et lui servit à la fois de guide, de lecteur et de secrétaire. Toppert possédait une belle bibliothèque. À la lecture des poètes, historiens, orateurs et philosophes de l'Antiquité que lui faisait son protégé il adjoignait ses propres commentaires. Ainsi Winckelmann, qui retenait facilement ce qu'il lisait et ce qu'on lui disait, approfondit ses connaissances des langues grecque et latine. On raconterait plus tard, quand la légende se créerait sur son nom, que le jeune homme avait révélé très tôt son penchant pour les antiquités : « À ses heures de loisir, ses récréations consistaient à explorer les collines sablonneuses de Steindall [Stendal], pour y chercher des vases d'origine romaine. On dit même qu'on peut voir encore aujourd'hui, à la bibliothèque de Seehausen, deux urnes qu'il aurait trouvées dans une de ces fouilles [1]. »

Quand Johann eut seize ans (en 1733), Toppert l'envoya suivre une année de « cours académiques » à Berlin. Là encore, ses maîtres ne furent pas insensibles à ses remarquables qualités. Il fut tout de suite admis comme « surveillant d'études » dans les deux lycées qu'il fréquenta cette année-là. À la suite de quoi, Toppert le rappela à Stendal où il le fit nommer chef des choristes. Durant quatre ans, Johann dirigea ainsi une « bande » qui donnait des concerts dans les lieux publics. Puis il entra comme précepteur chez un magistrat de Halberstadt avant de s'inscrire à l'université de Halle. Ne vivant plus que de pain et d'eau, de soupe

1. Jules Dumesnil, *Histoire des plus célèbres amateurs étrangers.*

de légumes, sans jamais manger de viande, brûlé par la passion de l'antique, il dut toutefois se résigner, au bout de deux ans, à trouver un emploi et quitta l'université. Il trouva un poste de « co-recteur » (sous-maître) dans l'enseignement, avec la charge de dispenser aux enfants de Seehausen les premières leçons de grec et de latin, et les principes de la religion luthérienne. Cette besogne, « bien au-dessous de ses mérites », le tenait « de six heures du matin à neuf du soir »[1]. Mais il était tellement acharné à l'étude qu'il passait une partie de ses nuits à reprendre ses lectures, à méditer et à écrire. À minuit, disent les biographes qui lui sont contemporains, il s'endormait pour se réveiller dès quatre heures du matin. Les mêmes rapportent une anecdote selon laquelle « il ne fermait les yeux qu'après s'être attaché au pied une sonnette dont le moindre mouvement l'éveillait ». Au bout de cinq ans et demi de cette vie ingrate, il résolut de s'en évader.

En septembre 1748, à trente ans, Johann Winckelmann entra au service du comte Heinrich von Bunau, grand seigneur ami des lettres, qui avait consacré dix-huit années de sa vie à la rédaction d'une œuvre de haute réputation : *Histoire des empereurs et de l'Empire d'Allemagne, tirée des meilleurs historiens et des archives...*, laquelle s'interrompait malheureusement après le règne de Conrad Ier, au xe siècle. Ses lettres de candidature, rédigées en latin, dessinant une manière de biographie justificative, avaient eu l'heur de plaire au comte. En lui envoyant ses certificats de bonne conduite obtenus à Seehausen, Winckelmann lui avait aussi fait part de son « ardent amour pour les beaux-arts ». De 1748 à 1754, il travailla donc au château de Nöthenitz, sis au sud de Dresde, en Saxe.

---

1. *Ibid.*

En dehors des recherches qu'il faisait pour le comte et de l'établissement d'un imposant catalogue, tout en menant une vie ascétique, le nouveau « bibliothécaire » (c'était son titre officiel) continuait d'étudier les œuvres et les textes anciens. La lecture d'Homère – son maître et sa référence jusqu'à la fin de ses jours –, de Virgile et de Pline avait fait naître chez lui le désir de voir de plus près les lieux de la civilisation antique, de contempler leurs monuments et d'étudier leurs vestiges. Quelquefois, il s'échappait de Nöthenitz pour se rendre à Dresde où il s'abîmait dans la contemplation des collections de peintures, de sculptures et d'antiques de l'électeur de Saxe, Auguste III, roi de Pologne (1733-1763), notamment des reproductions en plâtre de chefs-d'œuvre de Rome et de Florence.

Cette passion naissante devait immanquablement conduire notre érudit à la source des trésors de l'Antiquité, c'est-à-dire en Italie. Le destin se présenta sous les traits du futur cardinal Archinto, nonce du Saint-Siège près la cour de Saxe et de Pologne, ami du comte von Bunau. Impressionné par la vive érudition de Winckelmann et par sa connaissance approfondie des antiquités, le prélat l'invita à venir s'installer à Rome, moyennant... sa conversion au catholicisme. Celle-ci semble avoir été très superficielle. Winckelmann était tellement imprégné de culture antique que la lettre adressée au comte von Bunau pour lui annoncer sa décision de le quitter le révèle se prenant pour... un contemporain d'Homère !

Avant son départ pour Rome en septembre 1755 – l'année où commencèrent les fouilles de Pompéi –, Johann Winckelmann passa une année à Dresde, pensionné par le confesseur du roi de Pologne, le père Rauch, sur les conseils du nonce Archinto. Il y publia ses *Réflexions sur l'imitation des artistes grecs dans la peinture et la sculpture.*

Ces réflexions forment le cœur de la théorie qu'il développerait plus tard dans son immortelle *Histoire de l'art dans l'Antiquité*. Elles trouveraient leur point d'achèvement dans l'académisme alors à la mode selon lequel l'antique est à placer au-dessus de tout ; seuls les artistes grecs ont su rendre avec perfection la beauté des formes du corps humain ; l'étude et l'imitation de la statuaire antique doivent prévaloir sur l'étude de la nature... Winckelmann citait *Le Gladiateur expirant* comme le « modèle de l'art », le point ultime d'un sublime qui peut nous paraître aujourd'hui quelque peu ambigu.

Il exprimerait une conception longuement méditée de la beauté dans une page célèbre de son *Histoire de l'art dans l'Antiquité* : « La beauté étant la plus haute visée de l'art en même temps que son centre même, elle exige, pour commencer, qu'on en donne une description générale. [...] Mais ce désir est difficile à satisfaire sous ses deux aspects. Car la beauté est l'un des plus grands mystères de la nature, dont nous voyons et ressentons tous l'effet, mais, dès lors qu'on veut donner une idée claire et générale de son essence, la vérité est l'une de celles qui restent à découvrir. Si cette idée avait une évidence géométrique, les hommes auraient sur le beau un jugement unanime, et la vraie beauté emporterait facilement la conviction. Et encore moins trouverait-on des hommes d'une sensibilité assez maladroite ou d'une présomption assez péremptoire pour qu'ils puissent se former, d'un côté, une image fausse de la beauté, et soient incapables, de l'autre, de s'en faire une idée juste [...]. Il serait plus difficile de convaincre les seconds que d'instruire les premiers. Mais leurs doutes sont plus conçus pour faire briller leur esprit qu'exprimés pour nier l'existence réelle du beau ; ils n'ont du reste aucune influence dans le domaine de l'art. Quant aux premiers, la seule vue des milliers d'œuvres antiques qui nous sont parvenues devrait les éclairer ; mais contre l'insensibilité il n'est pas de remède, et il nous manque la règle et le canon du beau, qui permettent, comme le dit Euripide, de juger le laid. Et c'est la raison pour laquelle nous avons, comme sur ce qui est bon, autant de divergences sur ce qui est beau[1]. »

Ses amitiés allaient, elles aussi, nourrir sa curiosité. Bien qu'un peu en froid avec son collaborateur, le bibliothécaire Franken, resté à Nöthenitz, il continua cependant d'entretenir avec lui une correspondance soutenue. Il se lia au peintre Oeser, et à Lippert, amateur et collectionneur d'empreintes et de reproductions de pierres gravées. Établi à Dresde, Oeser mêlait « au talent de la peinture celui de bien modeler, ainsi que l'étude du costume et de l'antique ». C'est avec lui que Winckelmann approfondit son éducation artistique.

Pour entrer en Italie, Winckelmann quitta l'Allemagne par la route du Tyrol. Il alla de Trente à Venise mais n'aima pas cette dernière ville (« la vue étonne, mais cette surprise cesse bientôt »). Il s'arrêta à Bologne et mit onze jours pour gagner Rome, par Ancône et Lorette, en compagnie d'un carme en robe de bure qui jouait du violon et buvait sec. Bien qu'à la porte du Peuple on contrôlât ses livres et lui confisquât même une édition de Voltaire, son arrivée à Rome le transporta au-delà de tout enthousiasme. Il s'installa chez le peintre Raphaël Mengs qui a d'ailleurs fait son portrait. À Rome, il estimait se trouver enfin dans son « milieu naturel », celui auquel il avait toujours aspiré : le sein de la ville antique par excellence.

---

1. J. J. Winckelmann, *Histoire de l'art dans l'Antiquité*, Le Livre de poche, 2005.

On peut mesurer le bonheur de cette découverte à ce qu'il écrivit à son camarade Franken quinze jours seulement après son arrivée : « Je me vois libre jusqu'à présent et j'espère de rester libre [...]. Je vis en artiste ; je passe même pour tel dans les endroits où l'on permet aux jeunes artistes d'étudier, tels que le Capitole où est le vrai trésor des antiquités de Rome [...]. L'on peut y passer en toute liberté la journée ; on va partout à Rome, sans cérémonie, car c'est la mode. Je ne dîne qu'avec des artistes français et allemands... » Il termine cette première lettre par une remarque qui donne toute la mesure de l'idée qu'il se fait désormais de l'« archéologie », ce qui est capital : « L'expérience m'a appris qu'on ne raisonne que fort mal des ouvrages des Anciens d'après les livres, et je me suis déjà aperçu de plusieurs erreurs que j'ai commises. » De cette période de jubilation, il écrira au même huit ans plus tard : « Tu veux savoir l'histoire de ma vie : elle se résume en peu de mots, car je la mesure d'après mes jouissances. Le consul Marcus Plautius, qui avait triomphé des Illyriens, fit écrire sur son tombeau, qui se voit encore aux environs de Tivoli et où il avait fait marquer ses hauts faits : *vixit annos IX*. Je pourrais dire que j'entre dans ma huitième année. Voilà bientôt huit ans que je vis à Rome et dans d'autres villes de l'Italie. J'ai regagné ici ce que la pauvreté et le chagrin m'ont fait perdre de ma jeunesse. Je mourrai content : j'ai obtenu ce que je désirais ; ce qui m'a été donné passe même mes espérances et mes mérites. »

Dans la Ville éternelle, son activité d'archéologue et de philologue s'effectuait dans la liberté et la jouissance esthétique. Collaborations et échanges favorisaient l'épanouissement de son savoir et de ses aptitudes exceptionnelles, les révélant au grand jour. Les rencontres se transformèrent, là encore, en amitiés solides. Le cardinal Passionnei, conservateur en chef de la Bibliothèque Vaticane, savant d'une réputation européenne, lui ouvrit les portes de ses réserves. Winckelmann se lia également avec Bartolomeo Cavaceppi, sculpteur et restaurateur des statues du Capitole et du Vatican, lui aussi collectionneur d'antiques. Cavaceppi lui révéla les procédés des sculpteurs antiques et lui permit d'affiner sa réflexion théorique et pratique sur la sculpture et la restauration, tandis que lui-même influençait le sculpteur romain en l'aidant à développer une méthode respectant les styles et les matériaux d'origine. La restauration acquit alors ses lettres de noblesse. Fort de ses nouvelles connaissances, Winckelmann décida d'entreprendre la rédaction d'un ouvrage : *La Restauration des statues antiques*.

Il continuait de partager son temps entre l'étude des sites et des monuments, les nombreuses visites auprès des savants et des érudits, et la lecture ou relecture en bibliothèque de tous les auteurs grecs et latins anciens. Il songea à ce moment-là à l'œuvre de sa vie : une histoire de l'art. Afin de compléter ses études, il se rendit à Naples en 1758 et découvrit alors les fouilles conduites à Herculanum et à Pompéi, dont il dénonça immédiatement la déplorable organisation et son corollaire, le gâchis archéologique : « Une inscription que l'on trouva, où se lisait le nom de la ville d'Herculanum, donna des lumières sur le lieu que l'on fouillait et détermina à poursuivre les fouilles souterraines. La direction de ce travail fut confiée à un ingénieur espagnol nommé Roch Joachim Alcubierre, qui avait suivi le roi [Charles III] : il est actuellement colonel et chef du corps des ingénieurs de Naples. Cet homme, qui avait aussi peu de rapport avec les antiquités que la lune en a avec les écrevisses, comme dit le proverbe italien, a causé par son peu de capacités la perte de plusieurs belles choses. Un seul exemple servira de preuve. On découvrit une grande inscription publique : j'ignore si elle était placée sur le théâtre ou sur un autre bâtiment, mais les lettres dont elle était composée étaient de bronze et hautes de deux palmes ; il fit arracher ces lettres du mur sans avoir fait copier auparavant l'inscription : on les jeta toutes pêle-mêle dans un panier, et elles furent présentées au roi dans cette confusion. » Chacun pouvait ainsi les arranger à sa fantaisie. Ledit Alcubierre devait agir de même envers un char de bronze à quatre chevaux... Dans ses lettres, Winckelmann écrivait encore : « On voit par ces détails sur la manière dont on se gouverne dans ces travaux, qu'une si grande nonchalance doit laisser encore à nos descendants un beau champ à de nouvelles fouilles et à de nouvelles découvertes. »

Ces critiques ne firent pas l'unanimité, notamment à la cour *borbonica* de Naples, mais c'est pourtant en les délivrant à ses nombreux correspondants qu'il répandit un certain goût de l'Antiquité par toute l'Europe et rendit célèbres à jamais Herculanum et Pompéi.

On remarquera que la première génération d'archéologues s'en tenait essentiellement à des écrits critiques et à des descriptifs assez conventionnels. Winckelmann fit évoluer l'archéologie vers la science. C'est-à-dire qu'il osa, l'un des premiers, comparer ce qui se disait, ce qui s'écrivait et se dessinait, à ce qui pouvait s'observer sur le terrain. Ainsi – et ce n'est pas qu'anecdotique –, grâce à l'étude de deux pierres observées dans le cabinet du baron de Stosch, il découvrit la manière dont les cavaliers antiques montaient à cheval, à savoir que le crochet de leur javelot leur servait à monter « non pas par le côté gauche du cheval, comme chez nous, mais par le côté droit ». Peu avant son départ, il notait amèrement qu'au rythme où allaient les fouilles, « nos arrière-petits-enfants auront encore du pain sur la planche ».

En mars 1759, il espérait, depuis Naples, visiter la Sicile et la Calabre, mais l'épuisement des subsides qu'il recevait de Saxe l'obligea une nouvelle fois à chercher un emploi.

De retour à Rome, il devint le bibliothécaire et le directeur du cabinet de dessins et d'antiquités du cardinal Albani, son protecteur le plus zélé, et, comme ils étaient unis par la même curiosité, l'un de ses amis les plus chers. Le prélat avait réuni la plus belle collection d'antiques existant à Rome, une collection si ample et exceptionnelle par la valeur de ses pièces qu'elle constitue aujourd'hui encore la principale richesse du musée du Capitole. Statues, bustes, bas-reliefs, inscriptions, sarcophages, vases, colonnes, livres, manuscrits, médailles, pierres et marbres, écrits grecs et latins : le catalogue de ces trésors est impressionnant. Devant une telle profusion, le cardinal Albani avait décidé de construire une villa pouvant contenir ses collections. On peut dire que Winckelmann, sous les auspices de son protecteur, vécut là les années les plus heureuses de son existence. Grâce à l'admiration et à l'affection que lui manifestait le prélat, le protégé eut le bonheur de participer au placement de toutes les œuvres d'art, mais aussi d'évoluer et de vivre sa passion dans un cadre idyllique auquel concouraient à égalité la beauté et l'étude. Les pièces de cet extraordinaire musée sont d'ailleurs décrites dans deux ouvrages essentiels de Winckelmann : *Histoire de l'art chez les Anciens* (Dresde, 1764) et *Monumenti antichi inediti* (Rome, 1767).

Par ces ouvrages, Winckelmann disait avoir retrouvé la joie fébrile, l'« émulation » qui saisissaient jadis « un peuple entier » [le peuple grec] quand il s'agissait de réunir « les sommes nécessaires pour couvrir les dépenses d'une statue de dieu ou de vainqueur dans les jeux publics. Il y a même quelques villes dans l'Antiquité qui n'étaient connues que par une belle statue, comme Aliphéra pour une Pallas en bronze faite par Hécatodoros et Sostratos ».

Il écrivait encore : « Chez les Grecs, la sculpture et la peinture parvinrent plus tôt que l'architecture à un certain degré de perfection, car celle-ci a plus d'idéal que les deux premières, puisqu'elle ne peut être l'imitation d'une chose réelle, étant nécessairement fondée sur des règles générales et sur les lois de la proportion. Sculpture et peinture, qui ont commencé par la simple imitation, ont trouvé dans l'homme la détermination de toutes les règles nécessaires, alors que l'architecture était obligée de trouver la sienne par une série d'opérations logiques et de la fixer par l'assentiment général. Mais la sculpture a précédé la peinture et l'a introduite comme une sœur aînée sa cadette, et Pline est même d'avis que la peinture n'existait pas encore à l'époque de la guerre de Troie. »

Winckelmann fit deux autres voyages à Naples, l'un en 1762, l'autre deux années plus tard. Il y visita de nouveau le site d'Herculanum et, en Campanie, les vestiges des monuments antiques des environs. Cela lui donna l'occasion de renouveler ses sévères critiques. Ses lettres, souvent enflammées et emportées, le rendirent célèbre – notamment celles adressées au comte de Brühl (*Au comte de Brühl, sur Herculanum*). En 1764, il compléta ses informations par une *Relation des nouvelles découvertes faites dans cette ville antique* et par *Seize lettres* écrites à Bianconi. Il assista aussi avec l'un de ses compagnons de voyage – l'ambassadeur anglais Hamilton – au dégagement de ce qui serait reconnu plus tard comme la caserne des gladiateurs. Lors de ce second séjour, il fit l'ascension du Vésuve.

Sa réputation n'était plus à faire. De l'Europe entière il était désormais impossible de séjourner à Rome sans solliciter un rendez-vous avec l'éminent spécialiste de l'archéologie qu'était devenu Winckelmann. Princes, souverains, riches collectionneurs et autres savants se pressaient à sa porte pour lui demander entre autres choses de leur servir de guide. Harcelé par les importuns, le cicérone trouva néanmoins le temps de travailler à son projet – à ce qui est considéré comme le premier véritable ouvrage d'histoire de l'art. Il fut aussi l'inventeur du premier guide touristique, puisqu'il rédigea en italien une notice indiquant « ce qu'il y a de plus intéressant à voir à Rome ». Cette brochure était destinée à calmer les demandes des uns et des autres. Il n'en fut pas moins le guide des têtes couronnées et de tous les grands dignitaires européens. Ce service lui pesait. Il lui fallait demeurer d'interminables heures à table, alors qu'il n'accordait ordinairement jamais plus d'un quart d'heure à ses repas. Parmi ses illustres visiteurs figurèrent notamment le prince de Mecklembourg, le prince régnant d'Anhalt-Dessau, le duc d'York, le duc de Brunswick, le grand-duc de Toscane, et même le duc de La Rochefoucauld qu'il estimait particulièrement alors qu'il n'appréciait guère les Français – ils lui paraissaient « bien futiles » : « (Leur) nation n'est pas du tout faite pour s'appliquer au solide », disait-il. Néanmoins, ainsi qu'il le rappelle dans sa correspondance, il reconnaissait au duc de nombreux mérites, comme celui d'être « le voyageur le plus instruit qu'[il connût] ». Toutes ces relations et sollicitations l'obligeaient à entretenir une correspondance régulière – laquelle est remarquable et riche d'enseignements. Aux Français et même à ses compatriotes il préférait de loin les Anglais, qu'il jugeait les plus sages : « Quels pauvres et tristes personnages ne sont pas, en général, nos seigneurs allemands qui voyagent, en comparaison des Anglais ! » En 1763, consécration justifiée, il fut nommé président de la Société des Antiquités de Rome. Et il obtint en 1765 l'emploi de *scrittore greco* à la Bibliothèque Vaticane. C'est donc au faîte de sa gloire et de sa notoriété qu'il mourut brutalement en 1768.

Il avait fait un bref séjour à Vienne et à Munich où il avait été reçu avec les plus grands honneurs. Durant tout le voyage aller, a raconté son ami le sculpteur Cavaceppi, qui l'accompagnait, il resta muré dans une infinie tristesse. De manière obsédante, il réclamait en toute circonstance de retourner à Rome : « *Torniamo a Roma...* », répétait-il. À Vienne, on voulut le dissuader de repartir en Italie, mais cela ne fit que le renforcer dans son désir. Un jour, après que le prince de Kaunitz lui eut prodigué « les paroles les plus affectueuses » et lui eut demandé de revenir sur sa résolution, les témoins de la conversation remarquèrent qu'« il avait les yeux d'un mort ». Il renonça à continuer vers Dresde, la Saxe, Hanovre et Berlin, comme il en avait eu d'abord l'intention. On lui accorda de repartir. Ce qu'il fit après avoir mis au point et relu les épreuves de la seconde édition de son *Histoire de l'art* « *jusqu'aux temps modernes exclusivement* », ainsi que la version française dudit ouvrage. Il avait aussi pris le temps de visiter quelques grandes collections comme celle du prince de Liechtenstein. Puis il prit la route du retour vers sa « patrie de prédilection ». Cette fois, il évita Venise et rentra en Italie par Trieste. Son projet était d'embarquer dans ce port pour Ancône.

À peu de distance avant Trieste, il rencontra un Italien hâbleur, un certain Francesco Archangeli, qui ne le quitta plus, affirmant combien lui aussi prisait les antiquités. Confiant dans les humains au point d'en être naïf, victime de ses « goûts particuliers », selon Ceram [1], Winckelmann

1. « C.W. Ceram », pseudonyme de Kurt W. Marek (1915-1972), journaliste « spécialisé dans le montage de journaux autobiographiques ou la littératurisation des témoignages », comme le présente la *Süd-*

en fit d'emblée un compagnon de route. Archangeli fit parler Winckelmann, toujours enthousiaste dès qu'il s'agissait d'évoquer sa passion. « Il n'eut pas de mal, dit la chronique, à lui arracher l'énumération des richesses et des nombreux cadeaux qu'il avait reçus, ainsi que des monnaies et médailles en or et en argent qu'il remportait en Italie. » En arrivant à Trieste, Winckelmann commit une erreur fatale : pour appuyer ses dires, il exposa ses médailles et ses cadeaux aux regards de l'inconnu si obligeant qu'il admit dans sa chambre.

En attendant le bateau qui devait le conduire à Ancône, Winckelmann avait pris pension dans une hôtellerie du port et occupait ses loisirs à relire son cher Homère. Il se distrayait en jouant le magister auprès de l'un des enfants de l'hôtelier qui lui paraissait d'une vive intelligence. C'est ainsi que le 8 juin 1768, occupé à prendre des notes, assis à une petite table, il vit entrer Archangeli qui lui demanda une fois encore de contempler ses trésors « afin d'en conserver un souvenir plus présent » au moment où leurs routes allaient se séparer. Archangeli disait se rendre à Venise où l'appelaient « des affaires importantes ». En fait, ce compagnon de hasard, ancien cuisinier, était un criminel condamné comme souteneur, dont la peine avait été commuée en bannissement. Tandis que Winckelmann s'apprêtait à ouvrir le coffre où étaient serrés ses trésors, et qu'il avait la tête baissée, le bandit tenta de l'assommer avec le couvercle du coffre (Ceram, qui traite parfois de l'archéologie comme notre cher Alexandre Dumas, écrit

---

deutsche Zeitung ; il se rendit célèbre par la publication, au tout début de la « guerre froide », d'*Une femme à Berlin* (en 1945). Son « roman » sur l'archéologie, *Des dieux, des tombeaux, des savants,* parut chez Plon en 1955.

qu'il tenta de l'étrangler avec un lacet). Surpris, Winckelmann se mit à crier et à se débattre. Pour le faire taire, Archangeli lui plongea à cinq reprises un poinçon dans le ventre. Il aurait certainement achevé de le saigner si l'enfant de l'hôtelier n'était venu à cet instant frapper à la porte. Archangeli réussit à s'enfuir sans même emporter quelque pièce du trésor. On le poursuivit, le rattrapa, le condamna et le pendit un mois plus tard.

Winckelmann mourut « après sept heures d'affreuses souffrances sans avoir perdu sa présence d'esprit, et après avoir pardonné à son meurtrier ». Il avait eu le temps de dicter ses dernières volontés et de recevoir les derniers sacrements de l'Église. Il instituait le cardinal Albani son légataire universel et répartissait quatre cent cinquante sequins entre plusieurs de ses amis.

La fin tragique de Johann Winckelmann désola la société savante européenne qui perdait là l'un de ses visionnaires. Goethe écrivit : « La nouvelle de la mort de Winckelmann éclata au milieu de nous comme un coup de foudre dans un ciel serein. Je vois encore la place où je l'appris. Cet affreux événement produisit un effet immense ; ce furent des plaintes et des gémissements universels. La mort prématurée de Winckelmann fit sentir plus vivement le prix de sa vie. »

L'historien de la littérature allemande Adolphe Bossert (1832-1922) résuma ainsi ce que le parcours et la personnalité de Winckelmann avaient eu d'exceptionnel : « S'il y eut jamais une vocation décidée, impérieuse et exclusive, ce fut celle de Winckelmann. Toutes ses facultés convergèrent en un seul point, qui est comme le foyer lumineux de son intelligence. Dans toute l'histoire du passé, il ne voit et ne comprend qu'une chose : l'art grec. Au temps de Périclès, il eût été un maître de cet art ; mais, dans tous les temps, il l'aurait deviné, et quelques restes lui auraient suffi pour le reconstituer. »

L'influence de Winckelmann s'est étendue sur toute la société de son époque et principalement sur les peintres et les écrivains, créant plus qu'une mode : un mouvement. Historien de l'art, il ne se contentait pas d'observer, de répertorier, de décrire et d'analyser les pièces étudiées. Il commentait les œuvres par la lecture des poètes et prenait en compte l'influence de l'époque sur les mœurs, le climat, la religion. Il fournissait des explications sur les usages et les fonctions des objets antiques. Il étudiait tout aussi bien la vie publique que la vie domestique des Anciens. Dans son *Histoire de l'art dans l'Antiquité*, il a décrit les attributs et les formes de leurs divinités, l'apogée et le déclin de la statuaire chez les Grecs, et posé les fondements d'une histoire qui distinguait quatre périodes : l'Antique (la Grèce archaïque), le Sublime (ve siècle av. J.-C.), le Beau (IVe siècle) et le Décadent (derniers siècles av. J.-C. et période romaine). Cette classification un peu péremptoire eut tout de même le mérite d'ouvrir la voie à une démarche plus scientifique que les antiquisants avaient jusque-là négligée. Winckelmann y développait l'idée selon laquelle l'art grec, le premier dans toute l'histoire de l'humanité, s'est élevé au Beau idéal selon trois principes : l'unité, la simplicité des proportions, la dimension contemplative. Cette théorie imprégna le mouvement néoclassique et devint le credo d'un mouvement qui se répandit alors dans toute l'Europe.

Ce qui avait déjà été entrepris par les humanistes aux XVe et XVIe siècles, c'est-à-dire le relevé exact de la topographie, d'amples descriptions des monuments appuyées par des dessins, la lecture et le déchiffrage des manuscrits, mais aussi la recherche systématique et la notation des inscriptions lapidaires, des maximes sur les frontispices, avait ouvert la voie non pas à une pratique souvent empreinte d'exaltation et de poésie, voire de méditations philosophiques, comme chez Montaigne, mais à la science.

Au commencement, il y avait Rome et sa splendeur, dont les papes de la Renaissance avaient voulu restaurer la grandeur en mettant au jour tous les trésors enfouis dans son sous-sol. C'est que Rome avait cessé, à la fin du Moyen Âge, d'être le lieu du pouvoir des papes, quand il s'était agi de mettre le souverain pontife à l'abri des guerres intestines. Toutefois, la Ville éternelle était restée le centre de toutes les ambitions, des chrétiens comme des « barbares ». Le pouvoir revenu dans Rome, ses puissants maîtres y attirèrent des artistes, des collectionneurs, des érudits, des princes, des savants, des marchands...

Au XVIIIe siècle, celui des encyclopédistes, les découvertes d'Herculanum et de Pompéi embrasèrent les esprits et ravivèrent la vénération pour les antiques. L'engouement pour les civilisations grecque et romaine fut porté à son comble. Le voyage en Italie, voyage initiatique, fut un grand moment de la formation culturelle de tout « honnête homme ». Visiter les ruines, les vestiges du temps passé, les musées était imposé à la jeunesse européenne aisée et cultivée. Les voyageurs rapportaient des souvenirs : dessins, peintures, gravures, objets collectés dans les fouilles ou achetés au hasard de leurs pérégrinations.

En France, les récits de ces excursions italiennes rencontrèrent un engouement de plus en plus conséquent. Les publications fleurissaient. Elles furent à l'origine de cette nouvelle curiosité pour l'antique, bien évidemment, et du développement de l'archéologie, discipline encore balbutiante. À partir de la Régence (1715-1723) et dans la première moitié du règne de Louis XV, on s'arracha les écrits du comte de Caylus, du bénédictin Montfaucon, fondateur de la paléographie, de Montesquieu, du président de Brosses, ceux de Charles Cochin ou de l'abbé Jean-Jacques Barthélemy...

Il y avait eu un initiateur, un grand amateur : Pierre Crozat, fils d'un financier célèbre, lecteur au cabinet du roi en 1719. Il possédait une belle collection de dessins et de pierres gravées glanée à travers l'Europe entière. Jouissant d'une fortune considérable, il consacra sa vie à satisfaire son goût pour les beaux-arts. En 1714, lors d'un voyage en Italie, il en avait rapporté des trésors. C'est dans son « cabinet d'antiques », comme on disait alors, que Pierre-Jean Mariette et le comte de Caylus apprirent à se connaître et surtout à s'apprécier.

Le comte de Caylus[1] a joué là un rôle central. Destiné à l'état militaire, il fit sa première campagne chez les mousquetaires. Tout en s'illustrant par de brillants faits d'armes, il voyagea pour s'instruire. Son séjour en Italie, point de mire de tous les amateurs qui souhaitaient étudier, bouleversa définitivement sa destinée. En 1714, il se livra avec ardeur à l'étude, examinant monuments et ruines antiques. Son voyage l'incita d'ailleurs à quitter définitivement la carrière militaire pour s'adonner plus librement à ses activités d'antiquisant et se faire homme de lettres. Rome, ses monuments, ses ruines et la plupart des vestiges qui couvrent le sol et occupent le sous-sol de l'Italie l'incitèrent à

1. Anne Claude Philippe de Thubières, de Grimoard, de Pestels, de Lévis, comte de Caylus (1692-1765), fils de Jean-Anne, comte de Caylus, « menin de Monseigneur », et de Marthe-Marguerite Le Valois, marquise de Villette. On lui doit un *Voyage d'Italie, 1714-15.* Nous citons ici la première édition du Code autographe annotée et précédée d'un essai sur le comte de Caylus par Amilda-A. Pons, (Paris, Librairie Fischbacher, 1914).

aller poursuivre sur place – en Grèce – l'étude de l'art dans ses sources « les plus pures ». C'est ainsi qu'après sa visite enthousiaste à Herculanum, en juin 1715, alors que le prince d'Elbeuf[1] entreprenait les premières fouilles, Caylus gagna Constantinople, et, de là, visita la Grèce, les îles de la mer Égée et les côtes d'Asie Mineure, cherchant partout des restes du monde antique. À son retour en 1717, il décida de ne plus consacrer son existence qu'aux recherches archéologiques.

Impossible, dès lors, d'échapper à la visite du Vésuve que l'on sait, par le sort de Pline l'Ancien, être la cause de la catastrophe. Cependant, lors de son excursion, Caylus ne sembla pas autrement impressionné par ce qu'il nomme dédaigneusement le « trou » : « Le mont *Vésuve*, autrement dit *Somma*, est distant de la ville [de Naples] de six à sept milles [...]. La chaleur qu'il commençoit à faire, la fatigue à laquelle il falloit s'exposer pour monter environ deux milles à pied, m'empêchèrent de monter au haut pour n'aller voir qu'un trou dont la forme à tout moment peut changer. Quoyque cette montagne ne soit pas fort eslevée, elle a cependant fait des désordres très grands. Tous les auteurs en font foi. Les endroits sur la hauteur où l'on voit que le soufre et le bitume ont coulé prouvent tout ce que l'on a dit. Les pierres calcinées que l'on trouve sur le chemin et aux environs font foi des désordres de ce trou duquel je n'ai vu sortir que de la fumée. Ces cendres sont ainsi que [celles] du Gibel, c'est-à-dire de pierre calcinée, pulvérisée et noire. À trois ou quatre milles de la ville, il y a une inscription qui conseille aux estrangers de ne se point trop laisser

1. Emmanuel Maurice de Lorraine (1677-1763), fils de Charles III de Lorraine. Prince d'Elbeuf à la mort de son frère Henri (1661-1748), il commandait un détachement autrichien à Naples.

emporter par leur curiosité en s'exposant trop près de ce trou. »

Vingt-cinq ans plus tard, le président Charles de Brosses (1709-1777) est autrement précis – et amusant – lorsqu'il raconte dans une lettre l'ascension rituelle à son ami, « M. de Neuilly » : « Il n'y a rien en vérité de si hideux à voir, ni de si fatigant à traverser, que ces amas d'éponges de fer, aussi dures que raboteuses. Toutes ces mottes de mâchefer roulent incessamment sous les pieds et vous font, grâce à la détestable rapidité du terrain, descendre deux toises quand vous croyez monter d'un pas. Par malheur, nous avions avec nous une troupe de paysans qui avaient quitté les vignes, tout le long du coteau, pour nous suivre ; ils étaient tous vêtus en capucins (l'habit des capucins est celui des paysans de la Calabre), et, soi-disant *ciceroni*, armés de cordes, courroies, lanières et ceintures dont ils s'enveloppèrent, et nous aussi. Chacun de nous se vit saisi, malgré sa résistance, par quatre de ces coquins qui, nous tirant par les quatre membres, chacun de son côté, nous pensèrent écarteler sous prétexte de nous guider en haut ; tandis que d'autres, en nous poussant par le cul, nous faisaient donner du visage en terre si adroitement qu'il n'y avait que le nez qui portât. Je suis persuadé que, sans le soulagement que nous procurèrent ces maroufles impertinents, nous eussions eu les deux tiers moins de fatigue ; avec cela, il faisait une froidure si exécrable ce jour-là que je n'ai pas d'idée d'en avoir jamais éprouvé de plus forte [1]. »

Après avoir repris son souffle et cité Brantôme, le président de Brosses apporte une précision qui a échappé au comte de Caylus : « Le Vésuve a deux sommets, l'un méri-

---

1. Charles de Brosses, *Lettres familières écrites d'Italie en 1739 et 1740*, Paris, édition de R. Colomb, 1858.

dional, où est le volcan actuel et sur lequel j'étais ; l'autre septentrional, appelé Monte di Somma, où le volcan a certainement été. Il est roide et perpendiculaire de son côté intérieur, assez semblable à une muraille brûlée et ruinée, enveloppant à demi-cintre le sommet précédent [...]. Il peut se faire que la terrible éruption où périt Pline ait fait sauter la voûte, le *cacumen* (le sommet) de la grosse montagne, et ait commencé bien fort à écorner les bords de la tasse ; du moins savons-nous qu'avant cet événement, du temps d'Auguste, le sommet du Vésuve était plein et presque plat. »

Dans une lettre adressée à Buffon lors de ce séjour, de Brosses reprend les hypothèses du temps sur la datation des éruptions – ce qui est fort intéressant par le crédit qui est fait à l'observation des couches successives du sol : « Essai de calcul sur la date de la dixième couche de laves du Vésuve trouvée par Pichetti, en 1689, du côté où était autrefois la ville de Pompéi, à un mille de la mer. » De Brosses situe l'éruption de « l'an de l'ère vulgaire 79 » à la quatrième couche : « Ici est le sol de Pompéi, ce qui donne seize siècles pour quinze palmes de terre non pressée ni condensée. » Il note que la cinquième couche compte dix « palmes » de terre – ce qui, pour lui, signifie douze siècles pendant lesquels il n'y a eu aucune éruption depuis la sixième qui est faite de lave. « Le vulgaire ignorait que le Vésuve fût un volcan. Si les naturalistes en avaient quelque soupçon fondé sur leurs observations, les faits n'en apprenaient rien du tout. » L'éruption de 79 fut donc une surprise totale...

Pour sa part, le comte de Caylus s'était signalé moins par son récit de voyage que par son *Recueil d'antiquités égyptiennes, étrusques, grecques, romaines et gauloises*. En 1752, alors que Pompéi venait à peine d'être découverte – les fouilles ne débuteraient qu'en 1755 –, le comte de Caylus publiait un ouvrage intitulé : *Dessins originaux, par Pietro Sante Bartoli, de peintures antiques trouvées à Rome.* Il avait obtenu le concours de Mariette et de l'abbé Barthélemy. Ce recueil contenait trente-trois gravures de peintures antiques tels que le *Combat d'amazones contre des guerriers nus*, une *Vénus sortant de la mer*, ou bien *L'Entrée du tombeau des Nasons.* Il n'est pas étonnant qu'à l'époque de la découverte des peintures et des mosaïques de Pompéi l'ouvrage du comte de Caylus ait excité au plus haut point la curiosité des savants et des amateurs. Avec son *Traité des pierres gravées*, Pierre-Jean Mariette avait été immédiatement reconnu par ses pairs et par le public initié. Il avait répertorié des techniques et des objets d'origines aussi diverses que les pierres des tombeaux, les sceaux et cachets, les pierres précieuses comme le diamant ou l'émeraude. On suppose que ce traité fut communiqué à la marquise de Pompadour, amateur elle aussi de pierres gravées.

À son retour à Paris, le comte de Caylus se consacra entièrement à la triple activité de graveur, archéologue et critique d'art. Il était grand connaisseur à la fois de l'art antique et de la peinture italienne, qu'il admirait par-dessus tout. En 1750, avec ses premiers travaux, il devançait même Johann Winckelmann. Il prônait déjà des méthodes de travail plus rationnelles appliquées à sa discipline. Sa curiosité, son besoin de connaître et de comprendre, mais aussi d'enseigner et de faire connaître sa passion pour l'art, contribuaient à répandre dans la société le goût pour l'antique. Jamais avare de son temps et de sa disponibilité, il transmettait sa passion de différentes manières. Ainsi, afin d'offrir des sujets d'étude à la jeunesse française, il n'hésita pas à reproduire la collection de pierres gravées et de 1 500 médailles en or du cabinet royal, puis l'impressionnante collection du financier Crozat, composée de 19 000 dessins originaux des grands maîtres : Carrache, le Parmesan, Raphaël, Rubens... Il imposa à l'Académie royale l'étude de l'Antiquité qui n'était pas encore au programme. Il donna à copier aux jeunes artistes les objets antiques. Il développa une critique de l'art ancien qui balayait certains préjugés de l'époque.

Ce qui caractérisait le comte de Caylus et donnait du prix à ses critiques était le fait qu'il était lui-même graveur. Par sa propre activité d'artiste, il était toujours préoccupé de technique, et l'interprétation qu'il faisait des œuvres n'était donc pas seulement historique, mais aussi technicienne. Il connaissait le travail sur le bois, la pierre, le marbre, les pâtes de verre. Il savait manipuler les enduits, les colles, les dorures. Il possédait un œil, mais aussi une connaissance savante des couleurs. Il n'hésita pas à s'initier à la peinture avec son ami Watteau, grand coloriste, peintre léger et grave d'une société raffinée. La provenance, l'âge de l'œuvre d'art, la technique de l'artiste, la manière dont l'œuvre est exécutée, tous ces éléments ignorés auparavant par les érudits étaient traités par le comte de Caylus. Par ailleurs, il s'entourait de spécialistes, numismates, philosophes, historiens, et sollicitait volontiers leur avis lorsqu'il hésitait lui-même ou lorsque les interprétations qu'il pouvait faire lui semblaient par trop approximatives. Le comte de Caylus travailla sans relâche à s'instruire et à faire des expériences, mais il partagea aussi volontiers ses connaissances et aima les rencontres et les échanges. C'est au salon de Mme Geoffrin, où il fut l'initiateur des dîners du lundi, que tous ceux qui comptaient dans le beau monde en général et chez les artistes en particulier se retrouvaient. Des érudits tels que l'abbé Paciaudi et l'abbé Galiani, ou Pierre-Jean Mariette, côtoyaient des artistes tels que Georges de La Tour, le peintre des scènes de la vie quotidienne au clair-obscur dépouillé, Vernet, le peintre de la marine du roi, Boucher, le peintre des scènes pastorales ou mythologiques à la virtuosité toute sensuelle, ou bien encore Bouchardon, le sculpteur, auteur du *Triomphe de Neptune* à Versailles. Cette illustre assemblée apportait une nouvelle fraîcheur aux débats d'idées sur l'art et enrichissait les réflexions de tout un chacun.

Lorsque, deux siècles plus tard (en 1914), parut l'édition définitive du *Voyage d'Italie* du comte de Caylus, l'éditeur, Amilda-A. Pons, qui est aussi l'auteur d'une biographie du voyageur, apporta cette précision : « Les fouilles auxquelles Caylus, tout jeune homme, avait eu l'intention de contribuer furent reprises cinquante ans plus tard. En 1755, l'*Accademia Ercolanese* fut fondée pour l'étude des antiquités. Winkelmann se plaça au premier rang et produisit le plus grand effet parmi les savants par ses remarquables ouvrages [...]. La plupart des lettres adressées par Barthélemy au comte de Caylus, de Rome et de Naples, en 1756, regardent les fouilles d'Herculanum qui ne pouvaient épuiser l'intérêt curieux de l'archéologue français. »

La découverte des cités d'Herculanum et de Pompéi, au XVIIIe siècle, fut le fruit du hasard – comme c'est souvent le cas des découvertes scientifiques. En 1594, des ouvriers avaient trouvé des objets en creusant un canal, mais cela n'avait intéressé personne, bien qu'à cette époque on fût déjà friand d'antiques. Une seconde découverte, tout aussi inopinée, fut cette fois déterminante : à la fin du XVIIe siècle, nous raconte Gabriel Hanotaux, « un boulanger de Portici creusait un puits. Il tomba juste au milieu du théâtre d'Herculanum. L'envie de se procurer des objets d'art anciens éveilla l'attention du prince d'Elbeuf qui se trouvait alors dans le pays à la tête d'une armée impériale. Il acheta le terrain, fit continuer les fouilles et trouva plus qu'il ne pensait : il cherchait quelques marbres et rencontra une ville. Cette fois, Herculanum était découverte ». Un peu plus tard, continue Hanotaux, « un cultivateur labourant au lieu dit *la Cività* heurta un bronze ancien. On chercha tout autour. C'était plus facile qu'à Herculanum ; là-bas, il fallait à coups de pioche briser la lave durcie par le feu ; ici, la pelle suffisait pour écarter les cendres et les petites pierres. Les travaux allèrent vite ; ce qu'on trouvait d'ailleurs était fait pour les activer. On avait découvert Pompéi ».

Le comte de Caylus avait assisté aux premières fouilles dès 1715. Il avait trouvé un chantier encore sauvage auquel il aurait aimé participer plus activement en finançant de nouveaux « échafauds ». Voici ce que rapporte son *Voyage d'Italie*, dans lequel tout le monde a puisé, à propos de cette visite au site découvert deux ans plus tôt : « Dans un petit village sur le bord de la mer, à une lieue de Naples, et presque au pied du Vésuve, le prince Emmanuel d'Elbœuf, qui s'est marié à Naples, a fait bâtir une petite maison assez jolie. La vue et la situation en font l'agrément. Pas loin de cette maison, ledit prince d'Elbœuf s'estant mis en teste de faire creuser, l'a fait faire dans le puits d'un paysan au fond duquel il a trouvé des marbres, des murs, un degré, des statues très belles qu'il a envoyées au prince Eugène. Il a très peu creusé, cependant il a beaucoup tiré. Les antiquaires ont baptisé cela les *ruines* de l'ancienne ville d'*Herculanum* qui, devant la venue de Notre-Seigneur, fut engloutie par un tremblement de terre auquel se joignit l'embrasement du Vésuve. Effectivement, j'ai vu plusieurs des pierres que l'on a tirées, qui sont brûlées. Les échafauds estant défaits, j'avois eu l'idée de faire la dépense pour les remettre, mais je me contentais de l'envie sur ce qu'il me fut dit du peu de satisfaction que j'en retirerois. »

Au début du XVIIIe siècle régnait surtout un esprit de curiosité qui n'allait pas sans avidité. On visait avant tout les trésors. Peu de considération pour les murs couverts de peintures. On y ouvrait des brèches sans états d'âme. Des puits et des galeries étaient de nouveau ensevelis après qu'on y avait exhumé tout ce qui pouvait avoir quelque valeur. Il s'agissait là des premiers grands pillages, qui furent suivis de beaucoup d'autres. Le comte de Caylus énumère une partie des trésors trouvés à Herculanum :

> « 700 morceaux de peinture, 350 statues, bustes, titres de différentes grandeurs, soit de bronze, soit de marbre ; 700 vases différents par la forme ou la grandeur, presque tous de bronze, et la plupart destinés aux usages ; une vingtaine de trépieds en bronze, environ 40 candélabres ou chandeliers de la même matière, sur lesquels on posait les lampes qui éclairaient les appartements, 800 manuscrits, et 600 autres morceaux comme des lampes, des instruments, des anneaux, des bracelets, des colliers, des miroirs, [...] plusieurs petits bustes qui portent les noms d'Épicure, de Zénon, de Démosthène et du philosophe épicurien Hermachus. Les statues de grandeur naturelle sont au nombre d'environ quarante, dont près de la moitié sont en bronze et le reste en marbre. [...] Il paraît que, dans l'éruption du Vésuve qui combla la ville d'Herculanum, les habitants eurent le temps d'échapper au danger et de sauver la plupart de leurs effets : voilà ce qui fait qu'on n'a point trouvé de bijoux en or, et qu'on n'y a découvert que des petits vases en argent. Ceux de bronze sont en très grand nombre, et, en général, d'un contour agréable et d'un travail excellent. Les ornements y sont diversifiés de cent façons différentes, mais toujours avec sagesse : tantôt ce

sont des feuillages incrustés en argent, qui circulent sur le bord ou au col du vase, tantôt ce sont de jolies petites figures entrelacées qui tiennent lieu d'anses : la plupart sont en forme d'aiguière, d'écuelle, de soucoupe. Les antiquaires qui, pour relever le prix de leurs travaux, veulent ennoblir tout ce qu'ils expliquent, regardent pour l'ordinaire ces monuments comme des vases de sacrifices ; mais la quantité qu'on en découvre tous les jours dans la ville d'Herculanum prouve qu'ils étaient simplement destinés aux usages de la vie civile. Le soin qu'on a pris de les ennoblir prouve, en même temps, que le goût des Grecs ne se bornait pas aux grands ouvrages, mais qu'il s'étendait jusqu'aux plus petits objets... »

Transformés en pierres, certains aliments sont même visibles et renseignent sur les coutumes alimentaires de l'époque. Le comte de Caylus décrit ainsi l'un des pains exposés au cabinet royal de Portici :

« Un pain fixe l'attention des curieux ; on y trouve une inscription qu'on verrait à peine si on pouvait l'examiner sans obstacle, et qu'on voit encore moins depuis qu'on l'a recouverte d'une glace : cette inscription contient deux lignes. J'ai cru lire, dans la seconde, le mot latin qui signifie pois chiches. Il paraît que la police ordonnait de marquer, sur chaque pain, le genre de farine dont il était composé. »

C'est alors que Winckelmann arrive et reprend l'histoire : « Cette découverte [de statues de femmes] donna occasion de défendre au prince d'Elbeuf de continuer la fouille qu'il avait commencée, et l'on fut plus de trente ans sans y penser ; enfin le roi d'Espagne[1], devenu paisible

1. Charles III. Voir plus loin, la note de la page 103.

possesseur de ce royaume qu'il avait conquis, fit choix de Portici pour y passer le printemps. Le puits subsistait encore ; et par ordre du roi on poussa les fouilles plus loin, jusqu'à ce qu'on trouvât des traces de bâtiments ; le théâtre fut le premier découvert : on voit encore ce puits percé au travers des laves ; il tombe au milieu du théâtre qui ne reçoit du jour que par cette ouverture. »

Le président de Brosses, lui, visita aussi « la ville souterraine d'Ercolano » qui venait d'être découverte. Il fallut attendre la parution de ses fameuses « lettres d'Italie » pour le savoir. Celle qu'il adresse au « président Bouhier », le 28 novembre 1739, commence comme une flatterie : « La découverte que l'on vient de faire près de Naples, mon cher président, de l'ancienne ville d'Herculanum, est un événement si singulier et si capable d'amuser un homme aussi amateur que vous l'êtes de la belle antiquité, que je ne dois pas me contenter du peu que j'en ai écrit à Neuilly... » Il écrira de même à son « cher Buffon », décrivant le Vésuve, et rédigera un projet de *Mémoire sur les antiquités d'Ercolano* à l'intention de ces messieurs de l'Académie royale des Inscriptions et Belles-lettres qu'il rejoindra dix ans plus tard. Son mémoire sera lu à l'Académie en novembre 1749.

Le président de Brosses donne une idée fort précise de l'état des recherches, bien avant que ne s'en courrouce Winckelmann. Il fait part des toutes premières découvertes – ce qui est rare :

> « On y descend [dans les fouilles] comme dans une mine, au moyen d'un câble et d'un tour, par un large puits profond d'environ douze à treize toises. La matière solide de cet intervalle qui couvre et remplit la ville est fort mélangée de terre, de minerais, d'un mortier de cendre, boue et sable, et de lave dure ; c'est ainsi qu'on appelle la

fonte qui coule du Vésuve. Elle devient, en se refroidissant, presque aussi dure que le fer. Entre Ercolano et le sol extérieur, on aperçoit quelques restes d'une autre petite ville rebâtie autrefois au-dessus de celle-ci, et de même recouverte par de nouveaux dégorgements du Vésuve. C'est sur les ruines de ces deux villes qu'est aujourd'hui bâti le nouveau bourg de Portici où le roi des Deux-Siciles et plusieurs seigneurs de sa cour ont leurs maisons de campagne, en attendant que quelque révolution semblable aux précédentes le fasse disparaître et qu'on bâtisse un autre bourg en quatrième étage. [...]

« Il est aisé de juger qu'on ne peut voir que d'une manière très imparfaite les restes d'une ville enterrée, quand on n'a fait qu'y pousser quelques conduits bas et étroits. Il n'y a pas de place un peu spacieuse où l'on se soit donné du vide. On ne fera jamais rien de bien utile si on continue de la sorte et si on ne prend le parti d'enlever les terres sur un espace considérable, depuis le sol extérieur jusqu'au rez-de-chaussée de la ville ; après avoir examiné cet espace et retiré tout ce qui s'y trouverait de curieux, on pourrait découvrir l'espace voisin en rejetant les terres sur le précédent ; et ainsi de proche en proche. Ce serait un grand travail, dont on se trouverait indemnisé par une quantité de raretés, surtout en sculpture et en peinture. Tout ce qu'on y a trouvé dans ce genre, en fouillant à l'aveugle, peut faire juger de ce que produirait une recherche méthodique. Les bustes ou statues qu'on a retirés jusqu'à présent sont un Jupiter-Ammon, un Mercure, un Janus, quelques autres divinités, une Atalante de manière grecque, un Germanicus, un Claude, une Agrippine, un Néron, un Vespasien, un Memmius [...] ; les débris de deux chevaux et d'un chariot de bronze, et beaucoup d'autres statues mutilées d'hommes et de femmes ; mais ce qu'il y a de plus considérable en statues, c'est la famille entière des Nonnius Balbus, trouvée dans une salle. L'ouvrage en est médiocre, mais la suite est précieuse en cela même qu'elle fait une suite, et que nous n'en connaissons, ce me semble, que quatre parmi tout ce qui nous reste de la sculpture antique [...].

« On a trouvé à Ercolano un assez long fragment des fastes consulaires. L'un des directeurs des fouilles (docteur espagnol) s'en vint un beau jour à Naples, toujours courant, annoncer qu'il avait trouvé les litanies des Romains. Quant aux peintures à fresque trouvées à Ercolano, elles sont d'autant plus précieuses qu'il ne nous restait presque rien d'antique dans ce genre. [...]. [Les peintures] d'Ercolano sont en grand nombre ; mais la plupart en pièces ou du moins fort gâté[e]s. Les tableaux de figures que je me rappelle sont un Satyre qui embrasse une Nymphe, et l'éducation d'Achille par le centaure Chiron, petit tableau en hauteur, fort précieux. J'ai ouï parler de plusieurs autres, tels qu'un Hercule, un tableau de l'histoire de Virginie, un autre d'un orateur qui harangue le peuple, une Pomone, des bâtiments, des paysages, des tritons, des jeux d'enfants travaillés dans le même goût de badinage que certains tableaux de jeux d'enfants de nos peintres modernes ; d'autres, enfin, où l'on remarque des choses si semblables à nos modes actuelles les plus bizarres, qu'on est prêt à les soupçonner d'y avoir été ajoutées après coup. »

Dans cette même lettre, le président de Brosses décrit « le plus grand tableau antique qui existe » et qui lui reste en mémoire : « une fresque peinte en hauteur, de la grandeur à peu près d'une glace de cheminée ». Les trois figures du tableau, « groupées sur un fond rougeâtre uni comme si on l'eût peint sur du papier coloré », représentent « un homme nu, debout, de hauteur naturelle, ayant à ses pieds deux enfants qui lui embrassent les genoux ». Il l'interprète comme Thésée « à qui les enfants d'Athènes rendent grâce après la défaite du Minotaure ». Il est admiratif de la manière dont ce tableau a été détaché du mur... « On a tiré en entier le pan de muraille sans l'offenser : on a encadré la muraille avec des poutres contenues par de longues clés de fer ; c'est ce que les ouvriers italiens savent faire avec une adresse infinie... » Il déplore aussi que ces peintures « dépérissent en peu de temps, sitôt qu'elles sont exposées au grand air ». Mais « un ouvrier croit avoir trouvé un vernis qui préviendra ce dépérissement. Il en avait fait usage sur le Thésée ; et, jusque-là, on avait lieu de se flatter de la réussite. » Enfin, après avoir regretté de ne pouvoir « entrer dans le détail de ce qui concerne les inscriptions, les médailles, les pierres gravées, les meubles et autres espèces d'ustensiles déterrés à Ercolano », il note combien « les gens qui montrent ces antiquités sont maussades et fort jaloux ; ils croient, je pense, qu'on va dérober leurs richesses avec les yeux ». Et il termine en disant que ce serait « folie d'imaginer que quelques manuscrits eussent pu résister et à l'événement qui a causé la ruine d'Ercolano, et à dix-sept siècles de séjour dans le sein de la terre ». C'est pourtant ce qui adviendra, en 1783, quand les fouilles mettront au jour deux mille volumes de papyrus d'une bibliothèque que la lave avait protégée en en endommageant seulement les parties extérieures.

Le succès des travaux entrepris depuis les découvertes de Portici stimula la curiosité et engagea les amateurs à faire des recherches en d'autres endroits, en dépit des ordres du roi Charles III[1] qui interdisait de prendre des

1. Le roi d'Espagne Charles III (1716-1788). Fils de Philippe V, petit-fils de Louis XIV. Il fut successivement duc de Parme (1731-1734), roi de Naples et de Sicile sous le nom de Charles VII (1734-1759) et roi d'Espagne (1759-1788). Il avait épousé Marie-Amélie de Saxe, fille d'Auguste III, princesse qui se piquait d'archéologie.

notes et d'effectuer des croquis d'après les vestiges rassemblés, du moins pour ceux qui étaient transportables dans les cabinets royaux de Portici. En février 1748, un paysan déterra un vase de bronze en labourant son champ au lieu dit la Cività. Sans le savoir, l'homme venait d'exhumer les premiers vestiges de Pompéi, cité engloutie dix-huit siècles plus tôt lors de la fameuse éruption d'août 79 qui vit aussi mourir Pline l'Ancien sous les yeux de son neveu. Les premières inscriptions découvertes parlant de Pompéi furent mal interprétées : on crut d'abord qu'il s'agissait d'une villa ayant appartenu au grand Pompée, l'adversaire de César. Très vite on découvrit des monnaies, des statues, des fresques, et un corps. Le premier chantier, ouvert le 23 mars 1748, fut mené avec plus de soins que les fouilles précédentes, mais il inquiéta encore tous ceux qui se montraient respectueux du site, conscients de la fragilité des merveilles exhumées. Les riches notables plaçaient tous ces trésors dans des pièces sévèrement gardées appelées « cabinets des antiques ». Tout comme Rome précédemment, les villes de Pompéi et Herculanum ressuscitèrent à travers les cartes, les plans et les descriptions minutieuses des antiquaires-archéologues. Si ces trouvailles exacerbèrent les passions, c'est que savants et érudits avaient depuis longtemps préparé le public à pareil engouement, dans le silence de leurs cabinets d'études, des bibliothèques et des collections privées.

Les fouilles d'Herculanum, pourtant découverte la première, furent beaucoup moins spectaculaires que celles faites à Pompéi. Et cela, pour une raison pratique : Herculanum, plus proche du Vésuve que Pompéi, s'était trouvée enfouie sous un torrent de lave, laquelle avait si bien durci que la percer fut un travail bien plus difficile et onéreux que le déblaiement de sa voisine, qui débuta avec beaucoup de facilité puisque le sol n'était fait que de cendre. Ici la pelle suffisait. Pourtant, Herculanum était plus riche, puisqu'elle était la cité des amateurs et des rentiers, alors que Pompéi était avant tout une ville de bourgeois actifs, de marins et de travailleurs. C'est à Herculanum qu'on a découvert les plus beaux bronzes et les plus beaux marbres, ainsi que la célèbre maison des Papyrus.

Dans un premier temps, les sites des fouilles avaient été pillés par de simples chasseurs de trésors. Équipés de pelles et de brouettes, ils creusaient le sol de façon anarchique, à la recherche de « curiosités », de tout ce qui était susceptible de pouvoir se vendre : statues, médailles, monnaies, bijoux qu'ils revendaient aux riches collectionneurs. Les marbres, les statues ou les fresques mis au jour étaient détachés sans précaution. On fouillait dans l'empressement et mû par l'appât du gain les maisons, temples, théâtres, puis les ruines à peine déblayées étaient recouvertes ; les plans étaient mal pris et mal conservés, les fouilles menées dans « le plus déplorable esprit », comme en témoignèrent Johann Winckelmann mais aussi de nombreux autres voyageurs. Cependant, ce fut l'archéologue allemand qui répandit l'idée, par sa correspondance, que l'on était en train de commettre un crime. Grâce à sa vigilance et à sa colère, les fouilles finirent par s'organiser de manière plus efficace et plus rationnelle.

Le comte de Caylus s'était préoccupé lui aussi de l'avancement des recherches et s'était scandalisé, comme Winckelmann et pour les mêmes raisons, de la mainmise de la cour de Naples sur le site d'Herculanum. Caylus avait en Italie un correspondant des plus remarquables : l'abbé Jean-Jacques Barthélemy. Il en recevait régulièrement des lettres. Celle-ci, par exemple, qui, datée du 7 avril 1756, dresse un portrait fielleux d'un ambitieux prélat romain chargé de publier « les monuments [*sic*] découverts dans la ville souterraine » selon les ordres de « sa majesté sicilienne » (Charles III). Ce texte nous donne une très exacte idée (une idée « moderne ») des intrigues, croche-pieds et rivalités qui entravèrent les premiers pas (et sans doute les suivants) de l'archéologie naissante.

> « [...] il falloit, à la tête de l'entreprise, un homme qui justifiât ce choix non seulement par son savoir, mais encore par sa réputation, et tous les yeux se tournèrent à l'instant vers Mazzochi. Ce chanoine était vieux, infirme, occupé d'autres travaux, et, qui pis est, d'une modestie excessive. Ces raisons, et peut-être d'autres que j'ignore, firent préférer M. Baïardi, prélat romain dont l'imagination pleine de salpêtre ne s'annonce que par les éclairs, et dont la mémoire a englouti toutes les branches de l'érudition sacrée et profane. Vous savez que je l'ai beaucoup connu : je le trouvai la première fois dictant une réponse sur une difficulté de la Bible, ayant auprès de lui un Traité qu'il venait d'achever sur la Philosophie de Newton. [...] Quoi qu'il en soit, le prélat Baïardi vint à Naples et laissa concevoir de grandes espérances : il ne pouvoit les remplir tout seul. On n'avoit qu'un petit nombre de graveurs qui, à la manière italienne, procédoient lentement. Plusieurs quittèrent et furent remplacés par d'autres qui n'étoient ni plus habiles ni plus intelligents. Le roi, qui vouloit répondre à l'empressement de l'Europe savante, ordonna au prélat d'écrire quelque chose sur Herculanum, et d'entretenir la curiosité du public s'il ne pouvoit la satisfaire pleinement. Baïardi secoua sa mémoire et ses portefeuilles, et composa ses deux premiers volumes du *Prodrome*. Aussi preux que le chevalier Bayard dont il prétend descendre, il fit main basse sur quantité d'idées reçues, parla des mesures persanes, babyloniennes, égyptiennes, et ne dit pas un mot

d'Herculanum. Il en parlera sans doute dans les trois autres volumes qui sont actuellement imprimés, ainsi que dans le sixième ou septième qu'il n'a pas encore achevé.

« Cet ouvrage qui, dans de toute autre circonstance, auroit donné du moins une assez grande idée de son érudition, souleva les Napolitains. On avoit d'autres torts à lui reprocher : il était étranger et sa majesté l'avait comblé de biens. On murmura en secret et tout haut ; le roi parut se refroidir à son égard, et le grand projet de la parution des monuments ne fut plus suivi avec le même zèle ; cependant, Baïardi ne le perdait pas de vue. Il avait dressé l'inventaire général de toutes les antiquités d'Herculanum ; il s'était contenté d'en donner une notice, sans commentaire, sans Égyptiens, sans Babyloniens, etc. Cet ouvrage, qui forme un très gros *in folio*, était imprimé depuis plusieurs mois ; mais il y avait défense de le publier, et cette défense fut levée quelques jours après notre arrivée à Naples.

« On apprit en même temps que M. le marquis Tanucci, ministre d'État, s'intéressait particulièrement aux nouvelles découvertes et venait d'obtenir l'agrément de Sa Majesté pour établir une académie destinée à expliquer ces monuments : elle est composée de seize associés. Baïardi est à la tête ; viennent ensuite Mazzochi, Pratilli, auteur de la *Via Appia*, et plusieurs autres personnes de mérite, moins connues dans la république des lettres[1]. »

Cependant, jour après jour, des traces de rues, d'édifices publics et de simples maisons sortirent de la lave et donc de l'oubli. L'Italie méridionale péninsulaire, tout entière dans la sphère d'influence espagnole, était à l'époque un royaume indépendant connu en histoire sous les noms de

1. *Voyage en Italie de M. l'abbé Barthélemy, de l'Académie française... imprimé sur ses lettres originales écrites au comte de Caylus*, à Paris, chez Buisson, an X (1802), p. 124 et suiv.

« royaume de Naples » puis « des Deux-Siciles ». Les Bourbons avaient succédé en 1734 aux vice-rois autrichiens descendants de Charles Quint et de Philippe II, les grands Habsbourg. C'est pourquoi, par l'intermédiaire de ces princes, les premières découvertes, notamment les statues, avaient toutes pris le chemin des châteaux viennois.

Dans la maison de Portici, résidence du prince d'Elbeuf devenue propriété royale, le nouveau roi, Charles III, avait résolu d'amasser tout ce que l'art antique avait produit de plus beau et de plus raffiné. Déjà fabuleuse, la collection était constituée des statues du Faune ivre, d'Aristide, des bustes de Sapho, Platon, Épicure, Héraclite, Démocrite, Auguste, Agrippine, Caligula, de satyres, de silènes, de tout un bestiaire en bronze et en marbre, de peintures... Après le départ du roi pour l'Espagne, cette moisson fut encore enrichie, en 1783, des deux mille volumes de papyrus de la bibliothèque retrouvée, constituée essentiellement d'œuvres de philosophie, pour la plupart écrites en grec. Des centaines de bronzes et de marbres, conservés aujourd'hui au musée de Naples, proviennent de cette demeure.

On notera quelques précisions apportées par l'incontournable Alexandre Dumas qui visita l'Italie vingt ans avant d'être nommé directeur des fouilles par son ami Garibaldi :

> « Ce fut un prince d'Elbeuf, de la maison de Lorraine, qui comprit le premier quel était le trésor que seize siècles avaient dédaigneusement foulé aux pieds. Marié à une fille du prince de Salsa, et désirant embellir une maison de campagne qu'il avait achetée aux environs de Portici, il commença d'acheter aux paysans des environs tous les *fragmens* d'antiquités qu'ils lui apportèrent. D'abord il prit tout ce qu'on lui apporta ; puis, comme avec l'abondance son

goût devint plus difficile, il exigea que les choses eussent une certaine valeur pour en faire l'acquisition. Enfin, voyant qu'on lui apportait chaque jour de nouvelles richesses, il résolut de remonter lui-même à cette source et fit venir un architecte. L'architecte demanda des *renseignemens* aux paysans, reconnut des localités, et prit si bien ses mesures que, dès sa première fouille, exécutée vers l'an 1720, on retrouva deux statues d'Hercule, on découvrit un temple circulaire soutenu par quarante-huit colonnes d'albâtre, vingt-quatre extérieures, vingt-quatre intérieures ; et enfin on mit au jour sept nouvelles statues grecques que le libéral prince d'Elbeuf donna en pardon au prince Eugène de Savoie[1]. »

En « Allemagne », sur toute l'étendue de l'empire – c'est-à-dire, en ce temps-là, trois centaines d'États et de principautés –, après le baroque et les frivolités du rococo qui avaient accompagné la reconquête des esprits (des âmes) en complément de la guerre de Trente Ans, le retour aux valeurs de l'Antiquité et à l'idéal esthétique prôné par Winckelmann inspira de grands écrivains et poètes tels que Gotthold Ephraim Lessing (1729-1781), Christian Gottlob Heyne (1729-1812) ou Goethe (1749-1832). Par leurs écrits, ils répandirent eux aussi le goût pour l'art antique. Et si cela dépassait de beaucoup la seule Allemagne du temps, cela dépassait aussi la seule archéologie. Conjointement naquit un étonnant goût pour les « ruines ». Le thème de la belle ruine abandonnée, envahie d'une végétation luxuriante, connut une grande vogue. Le

1. Alexandre Dumas, *Le Corricolo*, 1846. Le titre de ce récit de voyage rappelle le nom du véhicule ordinairement léger (genre de tilbury), mais lourdement chargé de « quinze personnes », dans lequel Dumas visita l'Italie dans des conditions d'inconfort dont il fait état.

peintre français Hubert Robert en fut l'un des illustres propagateurs.

En 1759, Hubert Robert (1733-1808), comme beaucoup de ses pairs, avait lui aussi effectué le classique voyage à Rome. Pensionnaire à l'Académie de Rome, il y avait fait la connaissance de l'abbé de Saint-Non (1727-1791) et de Fragonard (1732-1806). Ensemble ils parcoururent l'Italie à la recherche des antiquités qu'ils dessinèrent ou gravèrent. Ils rencontrèrent ainsi Piranèse (1720-1778), le grand « ruiniste », qui jouait un rôle central. Vénitien installé à Rome, il trouvait son inspiration dans les ruines de la Ville éternelle. Son œuvre devait nourrir toutes les tendances de son temps : le goût pour les dessins d'architecte, le courant dit ruiniste, les relevés de vestiges antiques. De retour en France, l'abbé de Saint-Non fit paraître, de 1781 à 1786, un recueil illustré de trois cents planches dues à des gens comme Fragonard, Cochin, Robert, Choffard et Vivant Denon.

Au tome deuxième de cet ouvrage de grand format, nous trouvons un morceau fort pittoresque sur les « Phalles ou phallums trouvés à Herculanum ». L'abbé de Saint-Non en donne le commentaire suivant :

> « Une des curiosités les plus rares, les plus extraordinaires du *Musæum de Portici*, est une suite nombreuse de Phallums ou Priapes trouvés dans les fouilles d'Herculanum. Le Roi de Naples les ayant fait graver [...], nous avons cru devoir nous y arrêter un instant & donner à nos Lecteurs une idée de ces singuliers Monumens de l'antiquité.
>
> « Un des usages, une des opinions de l'antiquité qui peuvent nous paroître plus étranges, est sans doute l'espèce de culte & de vénération que l'on portait à ces représentations regardées parmi nous comme obscènes. La Mythologie

des Anciens faisait, comme on sait, descendre Priape de Bacchus & de Vénus. Quant à l'origine de son culte, il paraît que les Égyptiens, chez lesquels il fut premièrement établi, le portèrent chez les Grecs, & des Grecs il passa chez les Romains. On ne peut douter au reste, d'après les Auteurs anciens les plus célèbres, que cet emblème de la génération n'ait été un objet de la plus grande vénération parmi les hommes, & que son culte ne soit de la plus haute antiquité. C'étoit particulièrement aux fêtes de Bacchus que ce culte était consacré ; Athenée parle d'une fameuse pompe Bacchique sous Ptolémée Philadelphe, dans laquelle on avait porté un Phallum en or de cent vingt coudées de long ; il était couronné à l'extrémité par une étoile également d'or de six coudées de tour ; c'était sans doute une allusion à l'étoile de Vénus.

« Il paroît encore constant que l'on regardoit dans l'antiquité Mercure comme le dieu de la luxure : c'est par cette raison sans doute que cette grotesque figure que l'on voit dans le principal de ces Phallums a des ailes sur la tête comme on nous peint ordinairement Mercure. Il en est de même de la tête de Bélier qu'on y peut remarquer, & qui ajoutait encore à l'allusion, cet animal étant, comme on sait, un des plus lascifs. L'ouverture que l'on voit pratiquée sur la tête de Bélier ne laisse aucun doute que ce singulier Monument n'ait dû servir & être employé à Herculanum comme une lampe domestique ; il faut convenir que de pareils Meubles paroîtroient, avec raison, fort étranges aujourd'hui.

« Quant à cette quantité de clochettes que l'on voit suspendues à toutes les extrémités de ces Phallums, nous savons, d'après tous les anciens Auteurs, qu'elles étaient employées dans toute l'antiquité comme une espèce d'amulette & de préservatif contre les maléfices, le malin vouloir & ce qu'on appelait les mauvais Génies. C'était une des superstitions les plus accréditées chez les Anciens.

Cette qualité était particulièrement attribuée à ces représentations du dieu Priape. Il paroît qu'elles étoient si généralement adoptées que non seulement les hommes, les enfants, mais les femmes mêmes les portaient à leurs cols, suspendus avec des chaînes d'or, comme une espèce de parure & d'ornement.

« Pline et d'autres Auteurs parlent de l'usage universellement établi de placer ces figures de Phallums, ces Priapes à l'entrée des maisons, des jardins, aux coins des cheminées & dans l'intérieur des maisons ; on les portait aussi en procession dans les campagnes pour attirer & demander sans doute aux dieux la fécondité de la terre. [...]

« Quant à ces espèces de Nains, ces figures difformes et hideuses que l'on voit en grand nombre dans cette singulière collection, nous voyons dans Quintilien, Suétone et d'autres Auteurs, que les plus recherchés, les plus voluptueux des Anciens se plaisaient à avoir avec eux ces espèces de monstres, ces erreurs de la nature, & en faisoient un cas particulier. Pline dit même que ce goût bizarre pour les Nains était surtout fort à la mode chez les Sybarites, d'où il passa aux Grecs & aux Romains. Serait-ce l'origine de cet usage si longtemps en vogue en Europe chez les Rois & les Princes qui, presque de nos jours, avoient encore à leurs Cours des Nains & des Bouffons pour lesquels ils avoient une affection particulière [1] ? »

Pendant toute la seconde moitié du XVIIIe siècle, les princes, les hommes d'Église et les ambassadeurs de toute l'Europe furent non seulement des mécènes, mais aussi des commanditaires de grands travaux. Il s'agissait, sur le modèle de Portici, de construire villas et palais destinés à

---

1. Jean-Claude Richard de Saint-Non (1727-1791), *Voyage pittoresque ou description des royaumes de Naples et de Sicile*, 1781, t. II, p. 52 et suiv.

servir d'écrins aux œuvres d'art accumulées. Architectes, peintres, sculpteurs furent sollicités pour concevoir, aménager, décorer, restaurer, copier... Ce fut l'époque, par exemple, où le peintre et décorateur Pannini (1691-1765) exécuta pour le duc de Choiseul, ambassadeur de France à Rome, une *Galerie de Rome antique*. Dans ce tableau sont rassemblés tous les grands thèmes : panorama, décoration, collection de fragments antiques...

Véritable feuilletoniste de l'avancement des fouilles, Winckelmann, qui ne cessait de se mobiliser en se rendant sur les chantiers, rendit enfin compte de progrès : « Dom Roch (Rocco de Alcubierre) étant parvenu avec le temps à un grade plus élevé, la sous-inspection et la conduite des fouilles furent confiées à un Suisse nommé Charles Weber, à présent major ; c'est à cet homme intelligent qu'on doit toutes les bonnes opérations qui ont été faites dans la suite. Son premier soin fut de lever un plan exact des conduits souterrains et des bâtiments découverts. Il rendit ce plan intelligible en y joignant des développements qui donnaient en détail toute la découverte : l'ancienne ville s'y fait voir dégagée de toute la terre qui la couvre. L'intérieur des bâtiments, les appartements et les jardins, ainsi que les endroits particuliers où chaque chose s'est trouvée, s'y présentent à nos yeux tels qu'ils paraîtraient s'ils étaient entièrement découverts. »

Au début du règne napolitain de Charles III d'Espagne, Alcubierre, le directeur des fouilles, avait décidé de se consacrer uniquement à Herculanum et de fermer le site de Pompéi où les fouilles ne reprirent qu'en 1754. En 1757, la villa dite de Julia Felix fut découverte, puis de nouveau ensevelie. C'est entre ces deux chantiers, à partir des années 1750, que les savants européens affluèrent à Naples. L'Europe voulait tout savoir sur ces découvertes.

Malgré les grandes maladresses passées et beaucoup de gâchis, les travaux continuaient avec prudence et méthode. Grâce à Winckelmann et au comte de Caylus, l'Europe des savants et des érudits était désormais mobilisée autour de cette prodigieuse résurrection. Mais la réouverture des fouilles de Pompéi suspendit à leur tour celles d'Herculanum. En raison de sa résistance, la roche volcanique, nous l'avons dit, y rendait le travail plus difficile.

Lors de son deuxième voyage à Naples, Winckelmann nota qu'en dépit de débuts prometteurs les fouilles manquaient d'entrain : « On découvrit à Pompéi les vastes restes d'un amphithéâtre : ils étaient placés sur une colline et avaient toujours été visibles hors de terre. On fouilla dans ces deux endroits, mais avec beaucoup moins de dépense qu'à Herculanum, car on n'avait point l'obstacle des laves à surmonter. On ne travaille nulle part avec plus de confiance qu'à Pompéi, parce qu'on est assuré qu'on marche pas à pas dans une grande ville, et qu'on a trouvé la principale rue dont la direction est en ligne droite. Cependant, malgré toute la certitude où l'on est de trouver des trésors inconnus à nos ancêtres, les travaux sont poussés avec beaucoup d'indolence et de lenteur ; l'on n'a distribué que cinquante hommes dans tous les lieux souterrains, en comptant même les esclaves d'Alger et de Tunis : pour déterrer une aussi grande ville que Pompéi, je ne trouvai dans mon dernier voyage que huit hommes au travail. [...] On voit, par ces détails sur la manière dont on se gouverne dans ces travaux, qu'une si grande nonchalance doit laisser encore à nos descendants un beau champ à de nouvelles fouilles et à de nouvelles découvertes. »

À la fin du XVIIIe siècle, il n'était plus question d'agir en dilettante ou au gré des caprices des uns et des autres. La vogue antique submergeant toute l'Europe et la curiosité autour des cités ensevelies s'amplifiant, les souverains et leurs épouses accélérèrent enfin les opérations de fouilles. Dans les années 1770, Caroline, fille de Marie-Thérèse d'Autriche et épouse du roi de Naples Ferdinand Ier, se rendit sur les lieux. Elle était passionnée d'archéologie. Elle lança la mode des promenades romantiques au beau milieu des portiques, des jardins abandonnés, des mises en scène macabres – en 1772, dix-huit corps avaient été découverts dans un souterrain de la somptueuse villa de Diomède. Pompéi devint une manière de « parc d'attractions », le plus étonnant du XVIIIe siècle. De même qu'on allait à Rome, princes, amateurs et voyageurs fortunés ainsi qu'artistes se précipitèrent à Pompéi. Cette cité endormie, figée presque intacte sous un manteau de cendres vieux de dix-huit siècles, acquit un pouvoir de fascination rarement égalé dans notre histoire.

En 1785, il était définitivement établi, en effet, qu'une cité antique était bien ensevelie au pied du Vésuve. C'est à partir de ce moment-là que les fouilles furent entreprises de manière plus rationnelle. Goethe visita la ville en 1787 et de nombreux peintres vinrent représenter les monuments mis au jour.

L'archéologie devenait une discipline aux méthodes respectées. En 1806, Joseph Bonaparte confia à Christophe Salicetti la direction des fouilles. En 1808, les souverains de Naples, Murat et Caroline, sœur de Napoléon Ier, accélérèrent les travaux. S'il y eut d'abord spoliation pure et simple par les Bonaparte des trésors antiques, avec la réquisition des grandes fortunes privées – celles des Braschi, des Borghese – et des riches collections du Vatican et du Capitole, il faut reconnaître à l'Empire napoléonien le mérite d'avoir parallèlement multiplié les opérations de déblaiement, les fouilles et les restaurations de monuments.

Au XIXe siècle commençant, les architectes et archéologues néoclassiques devaient faire de l'archéologie une discipline scientifique. Celle-ci s'officialisa en se dotant de différentes institutions comme la Commission aux embellissements de Rome. Son enseignement se réorganisa. On publia des recueils raisonnés d'objets, de gros corpus d'inscriptions grecques et latines. Les musées préparèrent des catalogues thématiques. Annales et mémoires présentèrent et commentèrent les découvertes récentes, des associations financèrent des explorations.

Avec le retour des Bourbons, la frénésie se calma, cependant qu'au fil du temps la ville de Pompéi surgissait peu à peu des cendres : en 1823, on dégagea le forum et ses monuments, le quartier entourant le théâtre, une grande section de la Voie des sépulcres, l'amphithéâtre, les maisons de la rue de Stabies ; en 1824 on continua le déblaiement avec la mise au jour du temple de la Fortune Auguste et les thermes du forum ; en 1830, on dégagea la maison du Faune et sa célèbre mosaïque représentant Alexandre à la bataille d'Issos ; en 1853, ce furent les thermes de Stabies qui furent déblayés.

Pour les hommes d'Église, les collectionneurs, princes, érudits, antiquaires, chercheurs de trésors et artistes, Pompéi et Herculanum étaient le nouvel eldorado d'un passé magnifié, le berceau de la civilisation occidentale. Les artistes et écrivains du monde entier séjournaient à Naples et se rendaient sur les lieux des fouilles. Goethe, Stendhal, Chateaubriand, Alexandre Dumas ou, plus tard, des Américains comme Mark Twain découvrirent, ébahis et charmés, les cités antiques. Difficile de ne pas être stupéfié devant un tel spectacle. Lors de son voyage à Naples en 1817, Stendhal fit part en ces termes de son émerveillement : « Ce que j'ai vu de plus curieux dans mon voyage, c'est Pompéi ; on se sent transporté dans l'Antiquité ; et, pour peu qu'on ait l'habitude de ne croire que ce qui est prouvé, on en sait sur-le-champ plus qu'un savant. C'est un plaisir fort que de voir face à face cette Antiquité sur laquelle on a lu tant de volumes. » Selon ses dires, il se rendait trois fois par semaine à Pompéi pour suivre les fouilles et contempler la résurrection d'un monde.

Après l'unification de l'Italie, le roi de Savoie-Sardaigne, Victor-Emmanuel II, comprenant l'enjeu de ce chantier, ordonna la poursuite des travaux dans un bon esprit scientifique, en y apportant cette fois les moyens appropriés. C'est ainsi que débuta l'une des périodes les plus fastes pour les fouilles de la cité ensevelie, période où les préoccupations ne tournèrent plus seulement autour de l'extraction et de la mise au jour, mais plutôt de la conservation et de la restauration des vestiges.

Le roi d'Italie avait nommé en 1860 un homme qui fit progresser considérablement les travaux d'archéologie. Il s'agissait de Giuseppe Fiorelli, napolitain, archéologue et numismate, dont les méthodes rationnelles sont encore appliquées aujourd'hui. Avec l'aide de plus de cinq cents ouvriers, Fiorelli fit d'abord enlever les déblais qui s'accumulaient à proximité des bâtiments dégagés et qui encombraient le site. Afin de relier entre eux les maisons et les temples mis au jour, il ordonna le nettoyage des rues, ce qui fit apparaître le plan de la cité. Cela lui permit de diviser Pompéi en secteurs, eux-mêmes répartis en *insulae* (pâtés de maisons), et d'affecter à chaque maison et à chaque boutique un numéro d'identification toujours en usage. Afin d'éviter l'écroulement définitif des murs, on procéda à leur dégagement en pénétrant à l'intérieur des maisons. Des équipes d'ouvriers se chargeaient de cette tâche de déblaiement à l'aide de paniers en osier. Sur l'ensemble du site, des contremaîtres s'assuraient qu'aucun objet n'était volé... Méticuleux, soucieux d'exactitude, Fiorelli tenait un journal de fouilles détaillé. Pour chaque objet découvert étaient répertoriés son lieu de découverte, sa position et la profondeur de sa situation dans le sol.

À partir de 1863 s'ajoutèrent au chantier des fouilles des chantiers de restauration : des maçons refirent les toitures, remontèrent les colonnes, reposèrent les linteaux. C'est à cette époque que Fiorelli mit au point sa fameuse technique de moulage permettant de conserver les dernières attitudes des Pompéiens surpris par la mort. La chair, les vêtements, souvent les os avaient disparu. Mais il restait une forme vide à la place du corps, les cendres s'étant solidifiées autour. Fiorelli injecta du plâtre liquide dans la cavité. Une fois le plâtre durci, l'archéologue pouvait détruire l'enveloppe de terre. Un moulage parfait apparaissait, restituant de manière saisissante les derniers mouvements de la victime, le tressaillement des muscles, le moindre pli de vêtement... Les détails de la vie quotidienne revenaient ainsi à la lumière. C'est grâce à cette technique qu'on peut découvrir aujourd'hui encore non seulement les expressions des visages et la position des corps, mais aussi les empreintes des vêtements, des sandales, les moulages de portes et de meubles, voire de racines d'arbres.

À partir de 1875, un ancien collaborateur de Fiorelli, l'architecte Michele Ruggiero, continua ces travaux minutieux et étendit les recherches vers l'est de la ville. Il consolida également sur le site plus de six cents fresques et restaura les intérieurs de la maison des Noces d'argent ainsi que de la maison au Balcon, tout en respectant leurs structures originelles. Les archéologues et architectes qui suivirent se préoccupèrent plus du site et de sa conservation que des découvertes extraordinaires qu'ils pouvaient rencontrer au cours de leurs recherches. L'esprit avide qui sévissait au XVIIIe siècle avait disparu. Dans le même temps, l'engouement pour l'archéologie s'élargissait bien au-delà des deux cités retrouvées. La valeur des trouvailles archéologiques intéressait désormais même les banquiers.

Un événement à la fois mondain, populaire et financier, lié aux découvertes faites à Herculanum comme à Pompéi, marqua la période qui suivit la réalisation de l'unité italienne sous la dynastie des souverains de Piémont-Sardaigne et la gouvernance de Cavour. Napoléon III, le « neveu », avait donné son appui ou à tout le moins fermé les yeux sur les agissements de Garibaldi, né à Nice, et de son ami Alexandre Dumas. Il reçut en guise de remerciement la Savoie et le comté de Nice. Cette bienveillance du jeune royaume et surtout du pape à son égard ne dut pas être pour rien dans la facilité avec laquelle il emporta un marché extraordinaire en 1861.

Le marquis Giovanni Pietro Campana (1808-1880) avait constitué une splendide collection d'œuvres étrusques, grecques et romaines – sculptures, céramiques, bronzes, peintures, terres cuites et bijoux – qui s'étaient ajoutées aux collections rassemblées par son grand-père Giampietro, et par son père Prospero. Grâce à d'habiles bijoutiers-joailliers romains, les Castellani, il avait aussi reconstitué des bijoux qui pastichaient souvent l'antique, mais étaient pour la plupart des assemblages d'éléments anciens et modernes. Campana avait commencé très jeune, dès 1831, en assurant des fonctions d'assistant au mont-de-piété de Rome, puis en y prenant la charge de directeur à la suite de son père. Sa passion pour l'archéologie le poussa à ne plus très bien distinguer entre les dépôts au mont-de-piété, les dépôts chez les marchands, et ce dont il était acquéreur.

Il fut accusé de malversation et d'enrichissement personnel, arrêté et condamné en 1857 à vingt ans de prison. Sa peine fut commuée en bannissement des États pontificaux. Saisie, sa collection fut donc mise en vente par le Vatican. Un contrat d'achat fut signé par Léon Renier et Sébastien Cornu au nom du gouvernement français, le 20 mai 1861.

La « collection Campana » fut présentée au grand public, en 1862, lors d'une exposition au Palais de l'Industrie. Elle intégra le Louvre en 1863. Ses acheteurs, les émissaires de Napoléon III, avaient disposé de fonds suffisants pour se porter également acquéreurs d'une fabuleuse paire de boucles d'oreilles étrusque, ainsi que de bijoux provenant de tombes découvertes en Étrurie. Le fait que cette collection fût passée, pour restauration, entre les mains des Castellani accentua encore plus sa réputation. Les contempler dans les diverses expositions donna au grand public le goût de ces bijoux venus des premiers âges et fut à l'origine d'une mode. Pendentifs, boucles d'oreilles, diadèmes, bagues de jadis connurent d'innombrables copies et pastiches. L'archéologie se popularisait.

L'immense succès des découvertes faites à Pompéi et dans toute l'Italie centrale et méridionale était lié à la révélation de la vie quotidienne d'une population de sujets de l'Empire romain dont l'intimité, surprise par un déluge de feu, restait à jamais immortalisée dans la cendre. Ce qui attirait tant à Pompéi, ville de troisième ordre en comparaison de Rome ou de la légendaire cité de Troie, était tout autant la découverte d'hommes et de femmes finalement proches, figés dans leurs activités quotidiennes, que la mise au jour des édifices et des intérieurs où cette vie avait été comme pétrifiée.

Pompéi était une cité de 20 000 habitants, une parmi les nombreuses villes de l'Italie du Sud, prospère, sans histoire particulière, où tous coulaient une existence heureuse et paisible. Par sa découverte, cette ville somme toute banale devint alors la ville témoin d'un temps ancien – une ville antique de référence. Ainsi que le rappelle le romancier et dramaturge Edward Bulwer-Lytton dans son roman *Les Derniers Jours de Pompéi*, « Pompéi offrait le tableau en miniature de la civilisation du siècle. Elle renfermait dans l'étroite enceinte de ses murs un échantillon de chaque objet de luxe que la richesse et la puissance pouvaient se procurer. Dans ses boutiques petites mais brillantes, ses demeures, ses bains, son forum, son cirque, son théâtre, on voyait un modèle de tout l'Empire. »

Il est vrai que tout le monde s'accordait, avant la catastrophe, pour dire que l'« heureuse Campanie » était la terre des dieux. Tout était fait dans le pays de Naples pour la vie douce, insouciante, épicurienne. C'était là, d'après Homère, que « les fleuves de lait coul[ai]ent dans les prairies ». Cicéron n'avait-il pas choisi Pompéi, ville fortifiée pleine de luxe et d'élégance, pour sa retraite, et Sénèque ne parlait-il pas d'elle avec attendrissement au souvenir des belles années de sa jeunesse qui s'y étaient écoulées ?

Tout comme la découverte des fresques romaines influença les peintres de la Renaissance, les peintures et scènes païennes des villes d'Herculanum et de Pompéi eurent une influence décisive sur les artistes et les écrivains des XVIIIe et XIXe siècles. Non seulement le public pénétrait dans les intérieurs des maisons d'une époque si souvent magnifiée, l'Antiquité, mais l'apparition de scènes colorées ressuscitait des êtres et des gestes vieux de près de deux mille ans. La mise au jour des grands édifices publics confirma ce que les textes et les autres villes antiques avaient déjà pu révéler sur la vie des Anciens.

Pompéi était bâtie selon un schéma traditionnel : il y avait la voie des Tombeaux, à l'entrée de la ville, puis les temples de Jupiter et de Vénus, la Bourse, le tribunal, la maison d'école, les ateliers des fabricants et les boutiques des marchands massés autour du forum, point central de la cité ouverte en éventail sur la mer, lieu de réunion où se traitaient toutes les affaires publiques et commerciales et pour les loisirs. On découvrit des monuments de second ordre comme la caserne des militaires et des gladiateurs, la prison, les bains publics... Et puis il y avait les théâtres situés à l'extrémité sud-est de la ville, à droite du forum : le grand théâtre antique avec sa scène et son hémicycle, exclusivement dévolu aux représentations scéniques ; le petit théâtre couvert, l'odéon, où avaient lieu les représentations d'hiver, les fêtes musicales, les lectures et les récitations, fréquentes sous l'Empire ; enfin l'amphithéâtre, réservé aux courses, aux jeux violents, aux combats de gladiateurs. Amateurs de spectacles, les Pompéiens partageaient leurs loisirs entre ces trois endroits.

Le plus remarquable et le plus original à Pompéi fut la découverte progressive des maisons privées et des boutiques : boulangeries, savonneries, échoppes de barbiers ou de parfumeurs, tavernes... La mise au jour des publicités murales, des affiches électorales ou des graffitis tapissant les murs des boutiques et des édifices réanima la rue pompéienne. Décors et mobiliers presque intacts donnaient à tout un chacun accès aux détails les plus triviaux. Pouvoir faire impunément irruption, après un pont temporel de dix-huit siècles, dans la vie quotidienne des Pompéiens, voilà ce qui explique en partie l'enthousiasme de toute l'Europe pour cette cité, la catastrophe ayant fixé les habitants et leurs maisons dans l'état et à la place exacts où ils se trouvaient alors.

Pompéi fascine car elle est un condensé de la vie humaine : elle montre à tous les occupations, les rêves, les sentiments d'hommes et de femmes qui leur ressemblent. Cette « résurrection » révèle le mode de vie des habitants, un modèle à bien des égards, que cela concerne le confort et le raffinement des intérieurs, le goût du bien-être et des plaisirs, voire leur univers spirituel... Il y a, notamment, la maison de l'édile Pansa qui faisait inscrire ses louanges sur sa propre porte, la demeure de Saluste, riche propriétaire qui réservait la majeure partie de celle-ci aux parties fines et aux plaisirs de la table, la maison du Faune, découverte en 1830, appartenant à un riche Pompéien – la villa fut ainsi nommée car s'y trouvait la statue de bronze d'un faune au beau milieu du bassin de l'atrium –, l'imposante villa d'Arius Diomède, entourée de portiques et de jardins, avec ses bains richement aménagés, son péristyle somptueux, ses vastes caves où le vin était conservé dans des amphores. Voisine du Vésuve, la villa de Diomède avait été l'une des premières exposées à la pluie de cendres. Alors que la ville était relativement déserte lors du désastre, on fit dans cette villa, en 1763, une découverte macabre : dans l'un des souterrains de la maison, les fouilles mirent au jour dix-sept corps de femmes et d'enfants. Ces habitants pensaient sans doute trouver là un abri plus sûr que dans la campagne.

Gabriel Hanotaux rapporte ainsi ses découvertes en ce lieu : « Autour des squelettes encore voilés des vêtements dont ils s'étaient couvert le visage, on a retrouvé les bijoux, les objets précieux qu'ils avaient emportés dans leur fuite. Ils avaient réuni des provisions qu'on a retrouvées aussi. La nature de leur mort fut si singulière et si prompte qu'on a pu relever jusqu'aux empreintes que leurs cadavres avaient laissées dans la cendre durcie autour d'eux ; et on raconte qu'on put ainsi reconnaître le corps d'une jeune fille d'une admirable beauté ; la forme de son corps, le pli et le tissu de ses vêtements apparaissaient encore dans les empreintes que la cendre avait moulées si finement et si exactement il y avait dix-sept siècles. Ses bijoux étaient restés autour de son squelette, et on a pu, de leur richesse, conclure que l'on était en présence du cadavre de la fille même du propriétaire de cette riche maison. Non loin de là, dans un jardin, on a reconnu le squelette du maître lui-même. »

La silhouette de cette jeune fille, immortalisée dans la cendre volcanique, exposée plus tard au musée de Naples, fut le prétexte d'une nouvelle romantique de Théophile Gautier : *Arria Marcella.*

La maison pompéienne condense les modes de vie des civilisations romaine et hellénistique de l'époque parthénopéenne. Elle se compose de deux ensembles : une maison italique autour de l'atrium, une maison hellénistique autour d'un péristyle. Du vestibule on gagne l'atrium par un couloir étroit. C'est dans l'atrium principal que s'est longtemps tenue la maisonnée pour les repas, le travail, le repos. Endroit inconfortable, noirci par la fumée, il a vite été rendu à sa seule fonction de puits de lumière et d'aération. Tous les trésors trouvés dans les maisons au moment des fouilles, objets et mobilier, sont conservés aujourd'hui au musée de Naples : pieds de lit en ivoire, argenterie, cassolettes, boîtes à parfums, bijoux... Les villas les plus riches étaient ornées des images des aïeux, des titres de la famille, de mosaïques élégantes représentant des sujets de « salle à manger » : essentiellement des animaux comestibles, grives, pigeons, canards, poissons, écrevisses, des plateaux de fruits, des amphores, des tables finement décorées qui témoignent du goût des Pompéiens pour le bel objet, ou bien des combats entre Grecs et Barbares, comme dans cette chambre de repos située entre le péristyle et le jardin de la maison du Faune. La maison des Pompéiens est un véritable musée qui laisse imaginer la richesse de leur univers spirituel. Fresques et bas-reliefs représentent aussi bien des sujets mythologiques que des scènes de la vie quotidienne. Dans les édifices publics, les sanctuaires et les temples, mais aussi dans les maisons, les dieux et leurs mythes sont partout vénérés et représentés sous forme de peintures, de mosaïques, de statuettes, de bustes ou de masques théâtraux.

Dieux étrangers, grecs, romains ou exotiques : les Pompéiens n'étaient pas sectaires et fêtaient généreusement toutes les divinités. Qu'il s'agisse de Dionysos (et de son substitut latin Bacchus), particulièrement honoré sur ces terres vinicoles, de Vénus, la déesse tutélaire de la ville, celle qu'ils nommaient *Pompeiana*, la Pompéienne, déesse de l'amour, de la fortune et de la prospérité, d'Hercule (Héraklès), fondateur légendaire de Pompéi, ou Isis, déesse égyptienne... Fidèles à leurs croyances, ils étaient aussi fidèles à un art de vivre où l'amour et l'érotisme étaient simplement mis en scène dans les maisons. Amours des dieux ou prouesses priapiques, les représentations érotiques faisaient naturellement partie du quotidien des habitants. Parmi les peintures les plus remarquables et les plus remarquées, le touriste manque rarement la scène très réaliste d'amours ancillaires qui figure dans l'arrière-cuisine de la maison Vettii, ou le phallus démesuré représenté sur l'un des murs de la même maison – la plupart des visiteurs ignorent que pareils « monstres » étaient glorieusement promenés par d'innocentes jeunes filles lors des processions à la dévotion de Dionysos...

Les jardins, lieux de vie essentiels pour les Pompéiens, étaient des paradis de verdure et de fraîcheur où se mariaient harmonieusement massifs d'arbustes, bassins, fontaines, statues de bronze et de marbre. Conçus comme une architecture, ils étaient décorés de mosaïques, de vases en céramique, de peintures naturalistes, de motifs floraux. Cette culture du raffinement, du bien-être et d'une liberté tant appréciée au XVIIIe siècle continua d'être célébrée par le XIXe. Que ce soit par les peintures qui ont fait rêver des générations entières, comme celles de Théodore Chassériau qui, dans le style propre à son époque, s'appliqua à faire revivre un instant de la vie des femmes de Pompéi à l'intérieur d'un *tepidarium*, ou par les témoignages enthousiastes de poètes et d'écrivains tels que Goethe, Stendhal ou Mark Twain...

Pendant un séjour prolongé à Herculanum et Pompéi en 1865, Hippolyte Taine (1828-1893) ne tarit pas d'éloges sur cette civilisation « qui ne vivait pas seulement de la tête, comme aujourd'hui, mais de tout le corps ». Il a décrit avec emphase et enthousiasme les bonheurs de la vie pompéienne :

> « Presque partout, au centre de la maison, est un jardin grand comme un salon, au milieu un bassin de marbre blanc avec une fontaine jaillissante, alentour un portique de colonnes. Quoi de plus charmant et de plus simple, de mieux choisi pour passer les heures chaudes du jour ? Les feuilles vertes entre les colonnes blanches, les tuiles rouges sur le bleu du ciel, cette eau murmurante qui chatoie vaguement parmi les fleurs, cette gerbe de perles liquides, ces ombres des portiques tranchées par la puissante lumière : y a-t-il un meilleur endroit pour laisser vivre son corps, pour rêver sainement et jouir, sans apprêt ni raffinement, de ce qu'il y a de plus beau dans la nature et dans la vie ? Quelques-unes de ces fontaines portent des têtes de lion, de petites statues gaies, des enfants, des

lézards, des lévriers, des faunes qui courent sur la margelle. Dans la plus vaste de toutes ces maisons, celle de Diomède, des orangers, des citronniers, semblables probablement à ceux d'autrefois, font briller leurs pousses vertes ; un vivier luit, une petite colonnade enferme une salle à manger d'été : tout cela s'ordonne dans l'enceinte carrée d'un grand portique. Plus on essaie de reformer ces mœurs dans son imagination, plus elles semblent belles, conformes au climat, conformes à la nature humaine. Les femmes avaient leur gynécée dans le fond, derrière la cour et le portique, asile fermé, sans vue sur le dehors, séparé de la vie publique. Elles ne remuaient pas beaucoup dans ces étroites salles ; elles y reposaient paresseusement, en Italiennes, ou travaillaient aux ouvrages de la laine, attendant que leur père ou leur mari eût quitté les affaires et la conversation des hommes. Elles suivaient vaguement des yeux, sur la muraille obscure, non pas des tableaux plaqués comme aujourd'hui, des curiosités archéologiques, des œuvres d'un pays et d'un art différents, mais des figures qui répétaient et embellissaient les attitudes ordinaires, le coucher, le lever, la sieste, le travail, des déesses debout devant Pâris, une Fortune élégante et svelte comme les femmes de Primatice, une Déidamie qui, effrayée, se laisse tomber sur un siège. Les mœurs, les œuvres, les habits, les monuments, tout partait du même jet, d'un jet unique : la plante humaine n'avait eu qu'une pousse et n'avait point subi de greffe. »

En France, la découverte d'Herculanum et de Pompéi nourrit et amplifia la mode et le goût pour l'antique, déjà développés pendant la campagne d'Italie du général Bonaparte. Le sentiment pour les vestiges et la nature grandit chez les peintres et les poètes. À Paris, on ne jurait plus que par l'Antiquité. On vécut même à la mode de Pompéi et d'Herculanum. Cette période « antique », nourrie de l'idée de l'équilibre et de la forme pure selon Winckelmann, rompit progressivement avec le style français Louis XV et devint, au moins après 1780, la référence en matière d'art et de mode. La manufacture royale de Sèvres n'hésita pas à éditer des services de porcelaine aux motifs inspirés de l'Antiquité. En ameublement, les formes devinrent plus rigides, plus épurées. En architecture, les nouveaux monuments se dotaient d'un portique et d'un péristyle. Joséphine de Beauharnais, la Tallien, Fortunée Hamelin ou Mme Récamier, sans parler des deux sœurs de Napoléon Bonaparte, lancèrent des modes où se mêlaient l'antique et le goût de l'Orient. Les fournisseurs des merveilleuses et des muscadins copièrent les formes des vêtements sur les reproductions des fresques d'Herculanum et de Pompéi. C'est ainsi que les robes de bal de ces dames, à la taille haute, au décolleté carré et aux fines bretelles, les coiffures avec boucles disposées « à la Caracalla », le voile « à la romaine », juste posé sur les cheveux, rappelaient les belles Pompéiennes ensevelies (« endormies »).

Comme on a vu avec la collection Campana, les bijoux découverts à Herculanum et à Pompéi inspirèrent de nombreux bijoutiers qui les copiaient, à Naples notamment, ville réputée pour ses excellents orfèvres. Anneaux torsadés, bagues à chaton en forme de nœud d'Héraclès, cabochons sertis, camées, pierres gravées, colliers à médaillon étaient tous directement inspirés de montages de bijoux antiques. Petits torques et fines chaînes ornaient les poignets et les cous. À l'époque de son règne à Naples, Caroline Murat, sœur de l'Empereur, se parait de bijoux trouvés lors des fouilles qu'elle avait ordonnées. À Paris comme à Naples, elle contribua à accroître la demande pour des travaux de bijouterie inspirés de l'Antiquité. Un témoin de cette époque décrit ainsi les joyaux qu'elle arborait en 1812 : « J'ai vu aujourd'hui la reine de Naples dans sa parure de pierres taillées provenant des fouilles d'Herculanum. On avait même soigneusement conservé la terre entre les pierres et la monture... »

La « pompéiomanie » gagna l'Europe. La mode du voyage en Italie se répandit comme une traînée de poudre. Quels furent ceux, sculpteurs, peintres, dessinateurs ou architectes, qui ne firent pas le voyage dans la péninsule ? Les malheureux qui n'eurent pas cette chance n'échappèrent pas à l'engouement général pour l'époque romaine et grecque. Parallèlement au développement des fouilles, et dans la tradition de la Renaissance, les relevés effectués sur le terrain, les cartes, les dessins d'architecture se développèrent, favorisés par la passion d'éditeurs et de libraires comme le Français Antoine Lafréry. Les événements autour des fouilles furent suivis avec intérêt. Des publications fleurirent. Italiens, Français, Anglais, Allemands commentèrent, analysèrent, se tinrent au courant des nouvelles découvertes. Pas un jour sans que parût quelque essai, quelque traité. Les gravures représentant les monuments et les scènes de la vie pompéienne passionnaient les foules. Tous voulaient acquérir des antiques, les copier. Restaurer des œuvres et des statues devint même un métier lucratif et conduisit à des abus, puisqu'on alla jusqu'à recréer, sans se soucier de l'authenticité, des Apollons ou des Vénus avec des fragments de diverses statues. Copies et moulages, plus abordables, vulgaires produits manufacturés, s'exportèrent et se vendirent comme des petits pains. Cette « ruée vers l'antique » qui sévissait à la fin du XVIIIe siècle et au début du siècle suivant, en dépit des événements liés à la Révolution française et à son expansion en Europe, s'assagit au fil du temps. Mais toute une mythologie née autour des cités antiques continua d'imprégner le XIXe siècle. Les écrivains et les peintres « ruinistes » et orientalistes ont fait de Pompéi un songe, une rêverie qui ne pouvait que se fondre dans le Romantisme. Le goût qu'entretenait la littérature du Temps pour la mélancolie et les ruines, la mort et les passions, avait trouvé en Herculanum et Pompéi sa terre de prédilection.

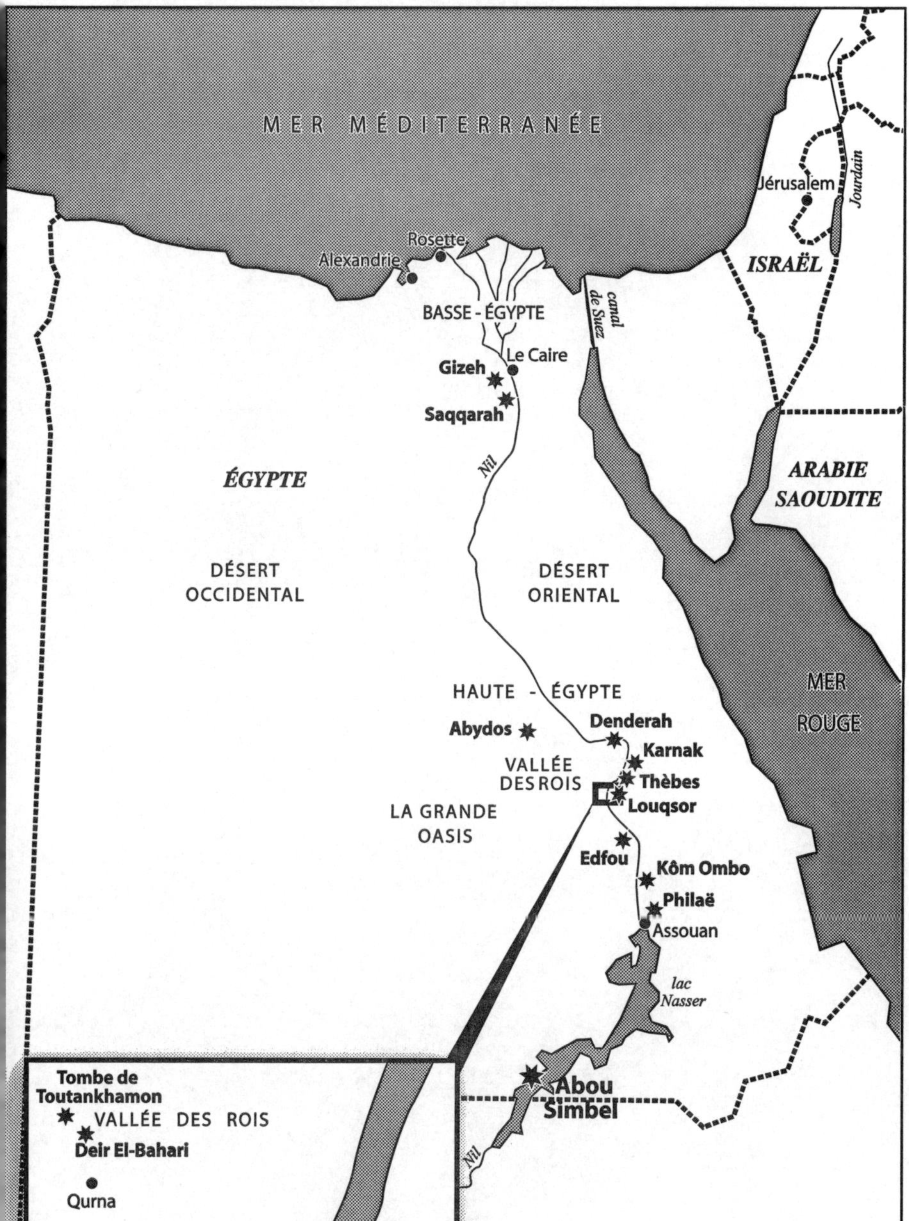

L'Égypte et la vallée du Nil

III

Des trésors
à l'ombre des Pyramides

« Le lecteur est assez prévenu que les auteurs de cette collection, au lieu de mettre en action des observations de peu d'intérêt, ont converti leurs récits en descriptions raisonnées et méthodiques ; ils ont cru ce mode de rédaction plus utile, plus digne de la gravité de l'ouvrage, que celui dans lequel un voyageur se met toujours en scène, et substitue trop souvent, aux faits instructifs que cherche le lecteur instruit et sensé, des aventures romanesques, ou des faits personnels d'une faible importance. »

Description générale de l'Égypte,
vol. V, section III, « Description des Pyramides du Nord
ou Pyramides de Gizeh », p. 591, note 2.

Paradoxalement, il y a et il y aura toujours un peu de manie et de folie chez les égyptologues les plus chevronnés – et aussi un peu de sérieux (parfois trop peu) chez les égyptomaniaques parmi lesquels se sont recrutés les aventuriers. Et pourtant l'égyptologie, discipline scientifique parfaitement ordonnée et rigoureuse, ne cesse de côtoyer, depuis toujours, le rêve plus ou moins fantasque d'une Égypte idéalisée, inventée même, porteuse des aspirations les plus folles. Les égyptomaniaques puisent dans l'égyptologie ce qui leur plaît ; ils écartent ce qui ne leur paraît pas assez mystérieux ou inquiétant ; ils se veulent « initiés ». Les archéologues ignorent presque toujours ces délires, même si, jadis, moins rigoureux, certains ont pu céder à leur tentation, au risque de perdre toute crédibilité. C'est pourquoi nous pouvons dire que l'égyptologie scientifique est bien le seul vrai « roman de la momie » !

L'égyptologie et l'égyptomanie ne devraient pas être confondues. La première étude vraiment scientifique, entreprise sous l'autorité de Bonaparte à partir de 1798, le laissait déjà entendre par le texte placé en exergue à ce chapitre, qui, dans la *Description générale de l'Égypte*, introduit la visite des « Grandes Pyramides ». Mais cela n'empêcha pas l'égyptomanie de précéder l'égyptologie et de la prolonger en devenant la source même d'un « inconvénient » déjà séculaire : le tourisme. Après la Terre sainte, l'Égypte, avec ses « mystères », constitue la principale destination de l'Occidental depuis des siècles.

L'histoire de l'Égypte a été perdue très tôt. Dès le Ve siècle, il ne subsistait plus aucun récit historique composé par les Égyptiens eux-mêmes. La célèbre *Histoire de l'Égypte*, écrite en grec à la demande de Ptolémée Ier par le prêtre de Sébennytos (ou Héliopolis) Manéthon[1], brûla

1. L'article « Manéthon » du *Dictionnaire de la civilisation égyptienne* établi par Georges Posener, Serge Sauneron et Jean Yoyotte (Hazan) souligne cette imprécision.

dans l'incendie de la bibliothèque d'Alexandrie en 47 avant notre ère. En 391, sa copie conservée au Serapeum disparut à son tour. C'est Manéthon qui, le premier, établit la liste des trente et une dynasties des souverains égyptiens depuis l'an 5867 jusqu'en 332 av. J.-C., date de la conquête de l'Égypte par Alexandre de Macédoine. La liste s'avère exacte jusqu'à la XVIe dynastie qui commence en 2270 et s'achève autour de 2082 avant notre ère.

Mais si cette liste est exacte, la chronologie en est plus incertaine. C.W. Ceram, en dépit du « roman » populaire qu'il nous sert à longueur de pages, note très judicieusement que les grands égyptologues d'avant 1950 n'étaient guère d'accord entre eux pour fixer la date dynastique la plus ancienne, soit le début du règne du roi Ménès, fondateur du premier royaume unifié d'Égypte : « Champollion : 5867 ; Lesueur : 5770 ; Bökh : 5702 ; Unger : 5613 ; Mariette : 5004 ; Brugsch : 4455 ; Lauth : 4157 ; Chabas : 4000 ; Lepsius : 3892 ; Bunsen : 3623 ; Éd. Meyer : 3180 ; Wilkinson : 2320 ; Palmer : 2224[1]... »

L'exactitude de la liste a été prouvée par les monuments et par sa concordance avec d'autres chroniques : perse, grecque, assyrienne... Un ouvrage d'« abréviateur », écrit lui aussi en grec au VIIIe siècle de notre ère par Georges le Syncelle[2], reprend en partie Manéthon, mais affirme que le deuxième pharaon, le roi Hélios (Soleil), aurait à lui seul régné « trente mille ans »... ce qui est, par son exagération même, l'une des premières manifestations de l'égyptomanie !

La connaissance de l'Égypte devint tout de suite tributaire de ce qu'en rapportaient les voyageurs de l'Antiquité,

---

1. C.W. Ceram, *Des dieux, des tombeaux, des savants.*

2. Georges le Syncelle (et non de Syncelle) est l'auteur d'une *Histoire du monde depuis la Création jusqu'au règne de Dioclétien...*

Hérodote en premier, mais aussi Diodore de Sicile, Strabon, ou encore ce Plutarque, prêtre du sanctuaire de Delphes, homonyme du mémorialiste. Tous ces auteurs ont livré une somme d'informations et d'observations des plus précieuses, mais considérées de l'extérieur et donc assorties de commentaires, d'interprétations plus ou moins discutables. Ce « corpus » antique allait constituer l'unique référence pendant des siècles, et donc nourrir les spéculations les plus gratuites sur la civilisation pharaonique.

Hérodote, dans son *Enquête*, aborde ainsi la terre des pharaons de la basse époque – il voyage au temps de la XXVIIe dynastie déclinante et de la première domination perse (Artaxerxès Ier régnant) : « L'Égypte renferme plus de merveilles que nul autre pays et il n'y a point de contrée où l'on voie tant d'ouvrages admirables. Pendant mon séjour à Memphis, j'appris beaucoup de choses dans les entretiens que j'eus avec les prêtres de Vulcain ; mais comme les habitants d'Héliopolis passent pour les plus habiles de tous les Égyptiens, je me rendis ensuite dans cette ville, ainsi qu'à Thèbes, pour voir si leurs discours s'accordaient avec ceux des prêtres de Memphis. Ils me dirent tous unanimement que les Égyptiens avaient inventé les premiers l'année, et qu'ils l'avaient distribuée en douze parties, d'après la connaissance qu'ils avaient des astres. Ils me dirent aussi qu'ils avaient les premiers élevé aux dieux des autels, des statues, des temples, et qu'ils avaient les premiers gravé sur la pierre des figures d'animaux ; et ils m'apportèrent des preuves sensibles que la plupart de ces choses s'étaient passées de la sorte. » Ce qui n'était pas une folle prétention, puisque ces affirmations peuvent être comparées désormais avec ce qui est attesté par les fouilles de Mésopotamie.

Jusqu'au déchiffrement des hiéroglyphes, l'égyptomanie triompha, touchant à tous les arcanes des savoirs secrets, de l'ésotérisme et de la magie. Elle avait commencé avec les Grecs et les Romains – exemple de cela, l'empereur Hadrien qui, lorsqu'il se fit édifier une somptueuse villa près de Rome, à Tivoli (118-134), y fit construire à échelle réduite plusieurs des monuments qui l'avaient séduit durant ses voyages ; parmi eux, le Canope, le sanctuaire du dieu Sérapis, près d'Alexandrie ; le long du canal il fit déposer des statues ramenées d'Égypte.

Le XIXe siècle, qui se voulait positiviste et strictement scientifique, chercha à mettre l'égyptomanie à l'écart. Mais des « originaux », riches et déterminés, la réclamaient, et elle s'introduisit dans l'architecture, les arts plastiques, les arts décoratifs, la littérature et la musique. Ce fut le temps des peintres orientalistes, les Cabanel, Gerôme, Lecomte de Noüy, Frederick Bridgman, Edwin Long, cependant que les architectes pastichaient Karnak, Louqsor, Edfou, pour faire des musées, des monuments funéraires, des hôtels particuliers, sans oublier les fontaines (rue de Sèvres, à Paris), les pyramides votives, les portes et portiques, et même les piles des ponts suspendus comme celui de Bristol, inauguré en 1836.

L'égyptologie – la science – est véritablement née de l'expédition d'Égypte conduite par Bonaparte en 1798. Mais elle ne prit vraiment son essor qu'en 1822, lorsque Jean-François Champollion adressa sa *Lettre relative à l'alphabet des hiéroglyphes phonétiques* à l'Académie des inscriptions et belles-lettres.

Dans les faits, sur le terrain, l'Égypte était devenue *terra incognita* pour les Européens depuis le Moyen Âge. La conquête musulmane par les Arabes, puis par les Ottomans, cadenassa le pays. Quelques très rares voyageurs s'aventurèrent en Basse-Égypte, essentiellement dans le delta, mais aucun ne songea à s'enfoncer dans le désert ou à remonter le cours du Nil, surtout pas à franchir les cataractes et à marcher vers les sources (vers le royaume du fabuleux « prêtre Jean »). Il fallut attendre la fin du XVIe siècle pour voir des Européens se risquer à parcourir le pays. Longtemps sous l'emprise des mamelouks, l'Égypte était tombée sous la domination turque après 1453, année où fut conquise Constantinople.

À vrai dire, la Sublime Porte se contentait d'administrer l'Égypte par délégation ; c'était un *pachalik* (district) divisé en vingt-quatre *beylicats*. Le pacha ne quittait pas la forteresse du Caire. Il était surtout soucieux de prélever le plus possible de taxes et d'impôts divers, dont une partie seulement était transmise à Constantinople. En fait, le pouvoir réel continuait d'être exercé par l'aristocratie guerrière des mamelouks, corps militaire qui, à l'instar des janissaires, était composé de Caucasiens et de Balkaniques achetés, prélevés ou enlevés à leurs familles dès leur plus jeune âge. Érigés en caste, les mamelouks traitaient l'Égypte comme leur bien propre et le Grand Seigneur, faute de pouvoir les contrôler, les laissait faire. Ainsi l'Égypte s'enfonça-t-elle pour près de quatre siècles dans un état de plus en plus somnolent : elle était toujours citée comme exemple de la nonchalance par les essayistes et philosophes européens lorsqu'ils traitaient de décadence.

Dans ces conditions, partir à la découverte de l'Égypte était toujours périlleux. Il fallait composer avec les caprices des pouvoirs locaux, toujours à l'affût d'un prétexte pour exiger les fameuses « avanies [1] », et, pour ne pas déplaire

---

1. Impôts aléatoires exigés par l'administration turque (origine de la popularisation du terme).

Une vue générale
cité nabatéenne
de Pétra.
Lithographie
de David Roberts.

© AKG-Images / Jean-Louis Nou.

e qui surmontait l'entrée du défilé
s'est écroulée en 1896.
Lithographie de David Roberts.

© Roger-Viollet.

Le défilé, canyon servant d'accès à Pétra.

L'imposante façade d'El Deir (le monastère).

J. L. Burckardt,
auquel on doit
la redécouverte
de Pétra.
Gravure de Henry Salt.

Adolphe Linant
de Bellefonds.

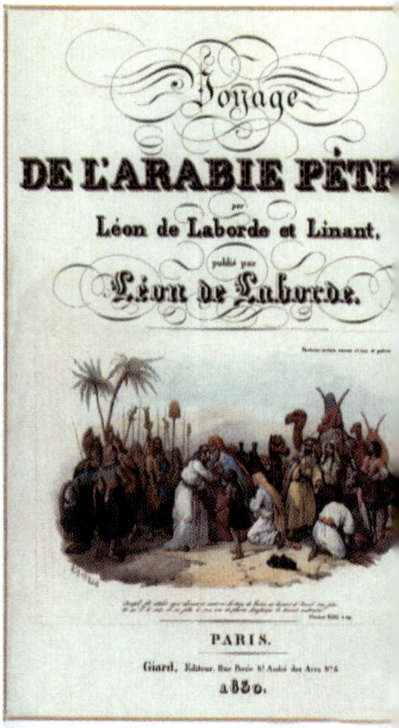

Léon de Laborde,
vêtu en bédouin
et frontispice
de *Voyage dans l'Arabie pétrée* publiée
à Paris en 1830.

Paysage de Pétra depuis la plus haute marche du théâtre.
Gravure d'après Léon de Laborde.

Le tombeau dit El Khazneh, le monument le plus célèbre de Pétra.

Le site montagneux de Pétra.

De gauche à droite, la tombe palais, la tombe corinthienne et la tombe dite à l'urne.

Temple d'Isis,
par Jean-Louis Desprès. Musée des Beaux-arts, Besançon.

Recherche archéologique à Pompéi vers 1890.

J. J. Winckelmann.
Gravure d'Anton von Maron.

Giuseppe Fiorelli.

Empreinte humaine des restes
d'une personne retrouvée lors des fo

Pompéi, villa des Mystères.
Vue partielle du triclinium.

épouse du boulanger, peinture murale.
Musée national archéologique, Naples.

Peinture murale.
Musée national archéologique, Naples.

Une rue (Salustio)
vers 1890 .

Louxor. Pour l'anecdote, ne subsiste sur le site qu'un obélisque, l'autre se trouve place de la Concorde à
Aquarelle François-Michel Cécile. Musée du Louvre, Paris.

Le sphinx de Gizeh.
Aquarelle de Carl Haag

Le temple hypèthre de Ph
appelé « le lit du pharaon»
Lithographie de David Rober

Vue intérieure du temple d'Edfou.
Lithographie de David Roberts. Bibliothèque des Jésuites, Le Caire.

Vivant Denon escalade le sphinx et en prend les mesures,
Voyage dans la Basse et la Haute-Égypte pendant les campagnes de Bonaparte.

Transport du buste de granit de Ramsès II. Lithographie coloriée de Giovanni Belzoni.

Autoportrait de Vivant Denon.
Musée Denon, Chalon-sur-Saône.

Vivant Denon travaillant
dans la salle de Diane au Louvre.
Dessin de Benjamin Zix.

Bernardino Drovetti mesurant la tête d'une statue.
Voyage dans le Levant, Jean-Pierre Granger.

Giovanni Belzoni.
Gravure de Thomson.

Deux grands pourvoyeurs d'antiquités...

ançois Champollion.
de Léon Cogniet, 1831.
u Louvre, Paris.

La célèbre Pierre de Rosette, trouvée en 1799 par le lieutenant Bouchard à Rosette dans le delta occidental du Nil. British Museum, Londres.

Les membres de l'expédition franco-toscane en Égypte de 1828-1829 ; J. -F. Champollion et I. Rossellini. Peinture de G. Angelelli. Musée archéologique, Florence.

© Edimédia.

Le grand temple de Ramsès II à Abou Simbel.
Photographie de Maxime Du Camp, 1852.

Auguste Mariette,
le père fondateur du musée du
Il découvrit aussi le Sérapé
de Memphis.

© Mary Evans / Eyedea.

Le professeur Gaston Maspéro défait les bandelettes d'une momie dans le musée Boulaq au Caire. *London News,* 31 juillet 1886.

aux populations, se faire le plus discret possible. Le moindre accroc pouvait valoir l'arrestation et, la plupart du temps, la réduction en esclavage. Si les fellahs de la vallée du Nil étaient plutôt d'un naturel doux, si les coptes se montraient accommodants, rien n'était plus risqué que de vouloir gagner le désert et de trop s'éloigner du Nil, car sur ces étendues calcinées par le soleil régnaient les féroces Bédouins.

La plupart des « Francs » – c'est le terme réducteur qui, depuis les croisades, qualifiait tous les Européens – restaient confinés au Caire, à Alexandrie, ou bien encore à Rosette ou à Damiette où Saint Louis avait été fait prisonnier. Ils y profitaient de l'immunité (souvent hasardeuse) garantie par le traité dit « des Capitulations », signé le 4 février 1536 entre le roi de France François Ier et le sultan Soliman. Les voyageurs assez audacieux pour s'enfoncer dans l'intérieur du pays et satisfaire l'envie irrépressible de découvrir les vestiges de la civilisation pharaonique et ses innombrables trésors se comptaient sur les doigts d'une main.

Alors que Pierre Belon (du Mans), en 1547, et Jacques de Villamont, en 1590, bornèrent leurs pérégrinations au delta, un Vénitien curieusement resté anonyme fut le premier à parvenir jusqu'à Thèbes en 1589. Le récit de son voyage [1] est surprenant. Son émerveillement éclate à toutes les lignes et lui fait même oublier les « souffrances » qu'il a endurées. Son compte rendu est aussi très méticuleux. Ainsi, au souvenir de son entrée dans la salle hypostyle du temple d'Amon, à Karnak, il écrit :

« Dès que j'ai pénétré à l'intérieur, j'ai cru à première vue rêver en voyant un si grand nombre de colonnes, et de quelle épaisseur : toutes en forme d'arbres. Ces

1. Manuscrit conservé à la Bibliothèque nationale de Florence à la cote II-VII-15.

colonnes sont disposées en un carré élégant, en 6 rangées dans la longueur du temple, à raison de 16 par rangée ; l'allée du milieu est plus large d'un pas que les autres, et plus haute ; ces 12 premières colonnes ont une circonférence de 48 palmes ; l'allée est large de 3 pas ; et une seule (dalle) de pierre la recouvre d'un côté à l'autre, qui doit être longue de plus de 4 pas. Les autres colonnes ont une circonférence de 40 palmes, distantes l'une de l'autre de 2 pas ; sur ces colonnes il y a de très beaux chapiteaux, tous gravés de figures et colorés... »

Ces indications ont beaucoup servi aux archéologues des siècles ultérieurs qui purent vérifier la justesse des mesures et constater que les dalles du plafond de pierre (6,60 m) sont bien parmi les plus imposantes de l'architecture égyptienne. Depuis ce voyageur, le site a certes beaucoup changé et s'est forcément dégradé. Mais le Vénitien anonyme ne borna pas son voyage à Thèbes. Il poursuivit son périple vers le sud et gagna Esna, Edfou, Assouan, Philae, puis s'enfonça jusqu'en Nubie alors ravagée par la guerre. À soixante kilomètres près, il « rata » le temple d'Abou Simbel, découvert seulement en 1813 par Johann Ludwig Burckhardt.

L'aventure du Vénitien fut un acte solitaire qui ne suscita guère d'émulation. Même si, en 1668, deux capucins, les pères Protais et François d'Orléans, parvinrent au site de Thèbes. Rentré en France, le père Protais ne tarda pas à s'en vanter : « J'ay pénétré où jamais françois [prononcer françouais] n'avoit esté de mémoire d'homme [...]. J'y ay admiré quantité de temples de faux dieux, encore tous entiers, avec des palais fort antiques, tous remplis de statues et d'idoles... »

À la fin du XVIIe siècle, le consul de France au Caire, Benoît de Maillet, mettait en garde en ces termes ceux qui se présentaient à lui :

« Si la Haute-Égypte était aussi facile à voir qu'on me la peint merveilleuse, je ne doute point qu'elle n'attirât mille curieux. Mais, outre le péché originel dont je vous ai dit d'abord que tous les Francs étaient soupçonnés dans ce pays-ci, outre qu'on les y regarde comme les plus grands magiciens du monde [...], il n'y a personne dans ce pays qui ne soit persuadé que les Francs sont tout cousus d'or ; et, sur cette opinion, vous concevez combien il peut leur arriver de mauvaises affaires dans une région pleine d'Arabes, où l'on ne sçait à qui se fier [...]. Que si on vouloit y voyager avec escorte, quelle dépense ne seroit-on pas obligé de faire ! Ce sont des raisons qui jusqu'ici ont empêché la plupart des voyageurs de passer plus loin que Le Caire. »

L'intérêt pour l'Égypte antique s'inscrit à l'époque moderne dans le courant plus global de l'« orientalisme ». Le mot lui-même n'apparaît en anglais qu'en 1779, et en français en 1799. Dans sa préface des *Orientales*, en 1829, Victor Hugo présentait ainsi la nouvelle mode :

« On s'occupe aujourd'hui beaucoup plus de l'Orient qu'on ne l'a jamais fait. Les études orientales n'ont jamais été aussi poussées si avant. Au siècle de Louis XIV, on était helléniste ; maintenant on est orientaliste. Il y a un pas de fait. Jamais tant d'intelligences n'ont fouillé à la fois ce grand abîme de l'Asie. Nous avons aujourd'hui un savant cantonné dans chacun des idiomes de l'Orient, depuis la Chine jusqu'à l'Égypte. [...] Il résulte de tout cela que l'Orient, soit comme image, soit comme pensée, est devenu, pour les intelligences autant que pour les imaginations, une sorte de préoccupation générale à laquelle l'auteur [des *Orientales*, c'est-à-dire Hugo lui-même] a obéi peut-être à son insu. Les couleurs orientales sont venues comme d'elles-mêmes empreindre toutes ses pensées, toutes ses rêveries, et ses rêveries et ses pensées se sont trouvées tour à tour, et presque sans l'avoir voulu, hébraïques, turques, grecques, persanes, arabes, espagnoles même, car l'Espagne c'est encore l'Orient ; l'Espagne est à demi africaine, l'Afrique est à demi asiatique. [...] Tout le continent penche à l'Orient. Nous verrons de grandes choses. La vieille barbarie asiatique n'est peut-être pas aussi dépourvue d'hommes supérieurs que notre civilisation le veut croire[1]. »

Le sens du mot est pour le moins ambigu, puisque c'est à la fois une attirance esthétique pour l'Orient, une discipline intellectuelle qui cherche à lire, traduire et comprendre toute la production littéraire, philosophique et religieuse des peuples orientaux, de l'Égypte à l'Inde en passant par la Mésopotamie et la Perse ; mais c'est aussi la croyance que, tout procédant de l'Orient – « *ex Oriente lux* » –, la Connaissance s'y trouve encore. Engouements plastiques, recherches savantes, quête mystique, voire ésotérique, l'orientalisme peut être tout cela à la fois. En voici un cas.

En 1806-1807, après sa rupture avec celui qui n'est plus le Bonaparte « romantique », Chateaubriand part pour Jérusalem. Décidé à s'imprégner du génie des civilisations disparues, le voyageur-pèlerin ne sort pourtant guère de la ville du Caire. Résultat : le lecteur d'aujourd'hui a un peu l'impression qu'il « approche » les Pyramides comme, vingt ans plus tôt, il avait « approché » les chutes du Niagara :

« Nous nous étions ainsi beaucoup rapprochés des Pyramides. À cette distance, elles paraissaient d'une hauteur démesurée : comme on les apercevait à travers la verdure des rizières, le cours du fleuve, la cime des palmiers et des

1. V. Hugo, *Préface des Orientales*.

sycomores, elles avaient l'air de fabriques colossales bâties dans un magnifique jardin. La lumière du soleil, d'une douceur admirable, colorait la chaîne aride du Moqattam, les sables libyques, l'horizon de Sacarah et la plaine des Tombeaux. Un vent frais chassait de petits nuages blancs vers la Nubie et ridait la vaste nappe des eaux du Nil. L'Égypte m'a paru le plus beau pays de la terre : j'aime jusqu'aux déserts qui la bordent et qui ouvrent à l'imagination les champs de l'immensité [1]. »

Puis François-René raconte que les inondations du Nil l'ont empêché de visiter les Pyramides et les « sépulcres des Pharaons ». Cela prouve qu'il n'avait pas lu l'ouvrage de ses prédécesseurs (*Description générale de l'Égypte*) qui signale que « l'inondation oblige parfois de prendre un détour », à partir de Gizeh, par « Sâkyet Mekkeh, Kouneyseh, Talbych, Nezlet el-Aqta, et Koum el-Eçoued, ce qui rallonge la route de 2 000 mètres ».

Alors, poursuit le vicomte, « il fallut donc me résoudre à ma destinée [...] et me contenter d'avoir vu de mes yeux les Pyramides sans les avoir touchées de mes mains. Je chargeai M. C... d'écrire mon nom sur ces grands tombeaux, selon l'usage, à la première occasion : l'on doit remplir tous les petits devoirs d'un pieux voyageur. N'aime-t-on pas à lire, sur les débris de la statue de Memnon, le nom des Romains qui l'ont entendue soupirer au lever de l'aurore ? Ces Romains furent comme nous étrangers dans la terre d'Égypte, et nous passerons comme eux.

« Au reste, je me serais très bien arrangé du séjour du Caire ; c'est la seule ville qui m'ait donné l'idée d'une ville orientale telle qu'on se la représente ordinairement :

---

1. Chateaubriand, *Itinéraire de Paris à Jérusalem*, VIe partie, « Voyage d'Égypte ».

aussi figure-t-elle dans *Les Mille et Une Nuits*. Elle conserve encore beaucoup de traces du passage des Français : les femmes s'y montrent avec moins de réserve qu'autrefois ; on est absolument maître d'aller et d'entrer partout où l'on veut ; l'habit européen, loin d'être un objet d'insulte, est un titre de protection. »

Au sein du courant orientaliste, l'Égypte n'occupait pas la place centrale qu'elle était en droit de revendiquer. La raison tenait à son écriture, indéchiffrable pour les linguistes débutants du siècle des Lumières. Mais justement, au XVIIIe siècle, l'Égypte attirait des voyageurs plus nombreux, de toutes conditions : des agents diplomatiques plus ou moins secrets, des missionnaires, et surtout des « antiquaires ». Ces derniers étaient essentiellement des pourvoyeurs en objets de toutes sortes pour les « cabinets de curiosités » constitués par les têtes couronnées d'Europe. Ils agissaient pour leur propre compte ou étaient au service d'un riche commanditaire qui finançait leur voyage. Comme on l'a vu pour Herculanum et Pompéi, ces « antiquaires » étaient plus ou moins scrupuleux, plus ou moins savants. Leur honnêteté était toute relative : la plupart achetaient aux fellahs le produit de pillages qu'ils suscitaient. Ils recherchaient amulettes, *papyri*, statuettes, bijoux, momies entières ou en morceaux – très appréciées depuis la nuit des temps pour toutes sortes de médecines.

Parmi tous ces « antiquaires » qui fréquentèrent l'Égypte, on peut retenir le nom de l'orfèvre Paul Lucas (1664-1737) qui travailla pour Louis XIV. L'homme était assez peu instruit, mais fouineur infatigable, et, à sa manière passablement désordonnée, il n'avait pas son pareil pour exhumer de belles pièces. Le jésuite Claude Sicard, qui fut l'un des tout premiers égyptologues, empirique mais méthodique, totalement désintéressé, reconnaissait à Lucas quelques mérites : « À la science près, qu'il n'est pas obligé d'avoir, il a toutes les parties d'un honnête homme, nous vivons fort bien ensemble. » Ainsi cohabitaient déjà érudits et amateurs plus ou moins éclairés, égyptologues et égyptomanes, collectionneurs et trafiquants.

Si le jésuite Claude Sicard s'efforça d'atteindre une démarche linguistique cohérente, partant des textes latins, grecs, coptes ou arabes pour esquisser un tableau physique et moral de l'Égypte pharaonique, d'autres littérateurs n'eurent pas ces scrupules. Parmi ceux qui ont le mieux « vendu » l'Égypte au public curieux d'antiquités, il faut au moins citer Claude-Étienne Savary (1750-1788) et le comte François Constantin de Chassebœuf, dit Volney (1757-1820). Les *Lettres sur l'Égypte* du premier, le *Voyage en Syrie et en Égypte pendant les années 1783-1785*, du second, influencèrent fortement Bonaparte lorsqu'il mûrit son projet d'expédition.

La valeur littéraire de ces deux relations n'est pas discutable, mais, du point de vue strictement égyptologique, leur intérêt est plutôt mineur. Savary, qui ne fit que passer en Égypte sans s'éloigner beaucoup du Caire, emprunta surtout aux voyageurs antérieurs et se laissa guider par eux en parlant de monuments qu'il n'avait pas visités. Au reste, il semble n'avoir vu que les pyramides de Gizeh, qui le fascinèrent littéralement. Sa description très rousseauiste des paysages contribua à faire de l'Égypte une sorte de paradis terrestre fâcheusement laissé à lui-même et donc bon à conquérir...

Volney ne partageait pas les enthousiasmes de Savary. Peut-être parce qu'il connaissait un peu mieux que lui le pays, même s'il s'était limité à parcourir la Basse-Égypte durant sept mois, non sans mauvaise humeur et en portant les jugements les plus sévères sur les vestiges antiques. En fait, Volney fut un adepte du « spleen ruiniste », cette contemplation plus ou moins morose des ruines qui fit la fortune de peintres et de graveurs comme Hubert Robert, Pannini et Piranèse, tellement en vogue à la fin du siècle des Lumières. Mais Volney se laissa moins emporter par son imagination que Savary et son récit, « sec, précis, rigoureux, rempli de chiffres [...], instruit mais ne charme guère ». En fait, ce qui avait charmé l'un déplaisait souverainement à l'autre. Il voyait les Égyptiens ramenés à la servitude par le pire des despotismes, l'ottoman, incapables d'ailleurs de comprendre la grandeur des civilisations qui avaient précédé. En conclusion, avec une étrange prescience, Volney recommandait la conquête de l'Égypte par « une nation amie des beaux-arts [qui] y trouverait, pour la connaissance de l'Antiquité, des ressources que, désormais, le reste de la terre nous refuse [...]. Ces monuments enfouis dans les sables s'y conservent comme en dépôt pour la génération future. C'est à ce temps, moins éloigné peut-être qu'on ne pense, qu'il faut remettre nos souhaits et notre espoir[1] ».

La relation de voyage de Volney devint la bible de Bonaparte : ce livre l'enthousiasma et le fortifia dans son intention de débarquer en Orient pour le conquérir jusqu'à l'Indus et même au-delà – dépassant par là les conquêtes d'Alexandre le Grand. Un rêve « oriental » qui se révéla vite être un mirage, mais qui se montra particulièrement fécond pour la connaissance de l'Égypte ancienne.

Pas plus que Talleyrand Bonaparte n'a inventé l'expédition d'Égypte. Les origines de cette entreprise étaient bien antérieures, même si la rencontre des deux hommes, en

1. Volney, *Voyage en Syrie et en Égypte pendant les années 1783-1785.*

décembre 1797, à Paris, et leur unité de vues sur la question allaient permettre de réaliser le vieux projet de Leibniz. Bonaparte était le général le plus glorieux, le plus adulé de la République. Après l'éclatante campagne d'Italie, il avait apporté au Directoire le traité de paix avec l'Autriche, signé à Campo Formio. La France n'avait plus qu'un seul ennemi sérieux : l'Angleterre. Toute la question était de savoir comment la combattre. Talleyrand expliquait que « tôt ou tard, nous perdrons nos colonies d'Amérique [et qu'il] ne pourrait y avoir de dédommagement plus avantageux que l'Égypte, [car] c'est un pays facile à prendre, et l'Empire ottoman ne fera pas la guerre pour le défendre. Un négociateur habile pourrait convaincre Constantinople que l'occupation de la vallée du Nil, loin d'être dirigée contre le sultan, vise au contraire à défendre son pouvoir face aux mamelouks rebelles ». De toute manière, « l'Empire ottoman ne durera pas plus de vingt-cinq ans [et] la République devrait saisir parmi ses débris ceux qui pourraient lui convenir ». Au premier rang de ces « débris », Talleyrand plaçait sans hésiter l'Égypte. Et après l'Égypte, la Syrie...

Le 19 mai 1798, Bonaparte embarque en direction du Levant avec Lannes, Kléber et une armée de quarante mille hommes sur une flotte de quatre cents navires servis par dix mille marins. Son but, écrit-il au Directoire, est d'empêcher la jonction de deux armées turques et de chasser l'Anglais des côtes. Ne parvenant pas à rallier les musulmans autour de lui, il cherche à soulever les Arabes contre les Turcs. Il est persuadé que les Syriens sont mûrs pour cela, et que, dans la foulée, Grecs et Arméniens pourraient se soulever. Le « nouvel Alexandre » rêve de « marcher sur Constantinople à la tête de tous ces peuples coalisés ».

Débarqué le 1er juillet 1798 à Alexandrie, Bonaparte ne fit en somme que passer. Dès le 23 août 1799, il désertait sa conquête pour perpétrer le coup d'État qui le rendrait maître de la France. L'armée d'Égypte, abandonnée par son général en chef, oubliée par la France, dépourvue de munitions, décimée par les épidémies de peste et de dysenterie, devint une proie facile pour les Anglais et les Turcs qui la bloquèrent dans le delta. Le commandement du corps expéditionnaire passa d'abord à Kléber, très compétent, mais qui ne voulait pas rester en Égypte, puis à Menou, amoureux de l'Égypte au point de se convertir à l'islam et d'épouser une indigène. Ce médiocre général se fit battre par les Anglais et finit par capituler. Les Français furent rapatriés sur des vaisseaux anglais. Les stipulations de ce retour précisaient qu'ils devaient réduire leurs bagages ; ils ne rentrèrent donc qu'avec de menues rapines faites au cours de leurs trois années d'occupation. Sommés de remettre l'ensemble de leurs travaux, les membres de la Commission des sciences et des arts refusèrent, menaçant de les brûler. Finalement, les Anglais laissèrent passer les écrits, mais confisquèrent les objets. Les plus belles antiquités restèrent en Égypte ou furent confisquées par les Britanniques.

Il en fut ainsi de la fameuse pierre dite de Rosette, parce qu'elle fut découverte par un jeune officier du génie, Pierre-François-Xavier Bouchard, qui construisait un ouvrage de défense au bord du Nil, près de Rosette.

Le 19 juillet 1799, les soldats avaient dégagé un bloc de granit noir de près d'un mètre de haut, de soixante-treize centimètres dans sa plus grande largeur et d'une épaisseur de vingt-sept centimètres. La périphérie de la pierre était irrégulière, cassée, ce qui mutilait à leurs extrémités les trois textes gravés. Le premier texte, largement amputé, était composé de caractères hiéroglyphiques ; le deuxième était en démotique, écriture cursive, simplifiée, mise au point assez tardivement, au VIIe siècle avant notre ère ; la troisième inscription était en grec, la seule qu'à l'époque on sût traduire. Il s'agissait d'un décret des prêtres de Memphis pour saluer et glorifier le pharaon lagide Ptolémée Épiphane. Il était daté de l'équivalent de l'an 192 avant notre ère.

Tout de suite la pierre de Rosette apparut comme la clé possible pour lire les hiéroglyphes, car il était évident qu'elle proposait trois versions d'un même texte. Avant de la remettre à leurs vainqueurs, les Français procédèrent à un relevé minutieux. L'imprimeur de l'expédition, Marcel, en réalisa un tirage par gravure parfaitement réussi. Puis on en fit une reproduction chalcographique et un moulage. Quant à l'original, il gagna Londres pour y être exposé au British Museum où il se trouve toujours.

Échec militaire et politique, l'expédition de Bonaparte fut un acte majeur, fondateur, même, pour la connaissance de l'Égypte, en particulier de son passé le plus lointain. Dans cette affaire, la grande et bonne idée de Bonaparte aura été de profiter de l'expédition pour organiser l'étude systématique de sa conquête. Pour cela, il avait constitué une commission scientifique forte de près de deux cents membres, représentative de toutes les disciplines ou presque. Comme l'archéologie n'était pas encore instituée en tant que telle, ce furent les architectes, géomètres, ingénieurs géographes, mais aussi les astronomes, les botanistes, les minéralogistes qui furent les plus sollicités pour étudier les vestiges antiques. Ils furent guidés par des « antiquaires » et quelques orientalistes.

Pour coiffer sa commission, sur le modèle de l'Institut de France, Bonaparte créa l'Institut d'Égypte, dont il était membre. Il y fit entrer les personnalités du corps expéditionnaire les plus notables, qu'elles fussent civiles ou militaires. On y trouvait aussi bien Monge, Costaz, Fourier, Nouet, Berthollet, Conté, que les généraux Caffarelli du Falga, Sulkowski, Kléber, Desaix ; sans oublier des familiers du général en chef comme Tallien et Bourrienne... Le rôle de l'Institut d'Égypte fut d'encourager « le progrès et la propagation des Lumières en Égypte », d'assister les autorités militaires et civiles dans le gouvernement du pays, enfin d'assurer « la recherche, l'étude et la publication des faits naturels, industriels et historiques de l'Égypte ». Dans tous les cas, l'Institut devait ordonner et détailler les axes de recherche.

La partie historique et archéologique occupa bon nombre de savants français, mais les noms de cinq d'entre eux se détachent : l'ingénieur des Ponts et Chaussées Pierre-Simon Girard (1765-1836), le sculpteur Jean-Jacques Castex (1731-1822), le géomètre et mathématicien Louis Costaz (1767-1842), le peintre d'histoire naturelle Henri-Joseph Redouté (1766-1852), dit Redouté le jeune (pour ne pas le confondre avec son frère, célèbre peintre de fleurs), et enfin Dominique Vivant Denon (1747-1825), homme aux talents multiples, figure presque idéale du siècle des Lumières.

C'est d'ailleurs ce dernier qui accomplit l'œuvre la plus remarquable, fortement assisté, il est vrai, par de jeunes ingénieurs frais émoulus des Grandes Écoles. Ce gentilhomme bourguignon avait déjà cinquante et un ans et accompli une longue carrière de diplomate lorsqu'il débarqua en Égypte. Peintre et littérateur, il était très apprécié des salons et de la cour royale, surtout pour ses dessins grivois et un conte licencieux passé depuis lors à la postérité. Habile courtisan, prudent politique, il traversa l'orage révolutionnaire et se retrouva, après Thermidor, dans l'entourage de Joséphine de Beauharnais. Il admirait

Bonaparte qu'il éblouissait par son esprit et son érudition. Sachant flatter, habile à la conversation, homme d'esprit et de culture – après l'Égypte, devenu le principal pourvoyeur en œuvres d'art « saisies » pour le futur musée du Louvre, dont il fut le premier directeur, il opéra en Italie et en Espagne de la manière la plus discutable –, Vivant Denon savait aussi prendre des risques. Lorsque Bonaparte demanda à Desaix de pacifier la Haute-Égypte où s'étaient réfugiés les mamelouks rescapés de la bataille des Pyramides, il suivit l'armée accompagné de ses assistants. Son objectif était de découvrir et d'étudier les monuments « pharaoniques ». Son voyage le conduisit à Denderah, sur le site de Thèbes, à Medinet-Abou, à Syène (Assouan), Philae et Kom-Ombo. C'était assez inconfortable : « Les dessins, [je les ai] fait[s] le plus souvent sur mon genou, ou debout, ou même à cheval ; je n'ai jamais pu en terminer un seul à ma volonté, puisque, pendant toute une année, je n'ai pas trouvé une seule fois une table assez bien dressée pour y poser une règle. »

En toute occasion, Vivant Denon se détachait de l'armée et, avec sa petite équipe, pénétrait dans les temples pour en relever les dimensions, les dessiner, les commenter. Ce n'était pas sans risque. Outre la menace d'une attaque des Bédouins, il lui fallait parfois faire face à des intempéries, comme cette tempête de sable qu'il a parfaitement évoquée :

« Le 28 floréal au soir, je me sentis comme anéanti par une chaleur étouffante ; la fluctuation de l'air me paraissait suspendue [...], l'air était terne et semblait opaque ; un horizon jaune faisait paraître les arbres d'un bleu décoloré ; des bandes d'oiseaux volaient devant le nuage ; les animaux effrayés erraient dans la campagne, et les habitants, qui les suivaient en criant, ne pouvaient les rassembler

[...] ; nous crûmes qu'en nous mettant dans l'eau, qui était calme alors [*Vivant Denon fait halte au bord du Nil*], ce serait un moyen de prévenir les effets de cette masse de poussière qui nous arrivait du sud-ouest ; mais à peine fûmes-nous entrés dans le fleuve qu'il se gonfla tout à coup comme s'il eût voulu sortir de son lit [...] ; nous fûmes obligés de sortir de l'eau, alors nos corps mouillés et fouettés par la poussière furent bientôt enduits d'une boue noire qui ne nous permit plus de mettre nos vêtements ; éclairés seulement par une lueur roussâtre et sombre, les yeux déchirés, le nez obstrué, notre gorge ne pouvait suffire à humecter ce que la respiration nous faisait absorber de poussière ; nous nous perdîmes les uns les autres [...] et nous n'arrivâmes au logis qu'à tâtons, et seulement dirigés par les murs qui servaient à nous retracer le chemin. »

Entrer dans les tombeaux, fouiller les hypogées n'était pas une mince affaire. Il fallait d'abord ne pas s'y perdre, faire fi des risques d'éboulement, avancer dans une chaleur étouffante, supporter l'odeur pénétrante du bitume qui émanait des momies, celle, fétide, des excréments de milliers de chauves-souris accumulés sur le sol... Tout cela à la lueur vacillante de torches qui menaçaient à tout moment de s'éteindre ou d'enflammer les bois peints, les cartonnages des sépultures !

À Denderah, Vivant Denon découvrit deux immenses zodiaques sculptés en bas-relief. Il souhaita qu'on en fît le relevé. Ce fut l'œuvre de Prosper Jollois (vingt-deux ans en 1798) et d'Édouard de Villiers du Terrage (dix-huit ans), tous deux élèves à Polytechnique. Comme Vivant Denon avait un peu trop l'habitude de s'attribuer tous les mérites, Villiers du Terrage rapporta dans son *Journal* les circonstances exactes du travail qu'il avait effectué avec Jollois :

« Le temple de Denderah, en dehors de toutes ses beautés, renferme un monument d'un intérêt capital ; je veux dire le fameux zodiaque circulaire découvert par Desaix et Denon. Il n'est du reste pas le seul : avec Jollois, nous en avons trouvé un autre au plafond du grand portique. Denon n'avait eu le temps que d'en prendre un croquis ; nous voulûmes en avoir une représentation fidèle permettant d'étudier exactement les connaissances astronomiques des anciens Égyptiens. Ce travail fut long et pénible ; placé dans une petite chambre construite sur le haut du grand temple, le zodiaque se trouve dans une obscurité presque complète. Il nous fallut le copier, la plupart du temps avec de mauvaises lumières. Comme il est au plafond et très noirci par une sorte de fumée, pour bien discerner un signe il nous fallait souvent regarder de longs instants dans une position des plus incommodes. Nous avions commencé par le diviser en huit secteurs égaux par des fils tendus horizontalement au plafond. Enfin ce long travail fut fini à notre entière satisfaction. » Effectivement, leur dessin se révéla d'une grande qualité, et meilleur que celui de Vivant Denon. Lorsque le zodiaque arriva au Louvre en 1821, on ne constata que quelques erreurs de détail.

Toutefois, la gloire fut bien pour Vivant Denon grâce à la publication, en 1802, d'un grand album illustré : *Voyage dans la Basse et Haute Égypte pendant les campagnes du Général Bonaparte*, qui connut un succès prodigieux dans toute l'Europe. Succès justifié par la qualité des planches gravées et par le récit lui-même, très personnel et romanesque à souhait. L'autre réalisation éditoriale, énorme cette fois, fut la *Description générale de l'Égypte* ordonnée par Kléber (et non par Bonaparte, comme la propagande impériale le fit croire à l'époque) et publiée de 1810 à 1826. Elle compte neuf volumes in-folio de textes, d'environ huit cents pages chacun, et onze volumes de planches gravées, d'un format allant de 70 × 54 cm à 135 × 70 pour les plus grandes. L'ouvrage comporte aussi une carte de l'Égypte au 1/100 000 en quarante-sept feuillets, et une carte générale au 1/1 000 000. Sur les cent vingt-six mémoires que compte la *Description*, un petit quart seulement est consacré à l'archéologie. Mais les planches donnent l'état exact des monuments à l'époque de l'expédition. Voici, par exemple, comment sont vues les grandes « Pyramides du Nord ou Pyramides de Gizeh » :

« Les trois grandes Pyramides sont placées sur [le] plateau dans la direction du nord au sud, ou plutôt du nord-est au sud-ouest, en raison de leur grandeur, et, à ce qu'il paraît, de leur antériorité : ainsi, la plus considérable et la plus ancienne est à la pointe saillante du nord-est, la plus petite et la plus récente est à la partie la plus reculée du sud-ouest ; les trois sont à peu près sur une ligne droite [...]. Autour de la première sont neuf petites pyramides ruinées, restes d'un plus grand nombre qui lui servaient de ceinture, au moins au midi et au levant. [...]

« L'aspect général de ces monuments donne lieu à une observation frappante : leurs cimes, vues de loin, produisent le même genre d'effet que les sommités des hautes montagnes de forme pyramidale qui s'élancent et se découpent dans le ciel. Plus on s'approche, plus cet effet décroît. Mais quand vous n'êtes plus qu'à une petite distance de ces masses régulières, une impression toute différente succède, vous êtes frappé de surprise, et dès que vous gravissez la côte, vos idées changent comme subitement ; enfin, lorsque vous touchez presque au pied de la GRANDE pyramide, vous êtes saisi d'une émotion vive et puissante, tempérée par une sorte de stupeur et d'accablement. Le sommet et les angles échappent à la vue. Ce que vous éprouvez n'est point l'admiration qui éclate à l'aspect d'un chef-d'œuvre de l'art, mais c'est une impression profonde. L'effet est dans la grandeur et la simplicité des formes, dans le contraste et la disproportion entre la stature de l'homme et l'immensité de l'ouvrage qui est sorti de sa main : l'œil ne peut le saisir, la pensée même a peine à l'embrasser. [...] Bientôt, un autre sentiment s'empare de votre esprit quand vous considérez l'état de dégradation des parties inférieures : vous voyez que les hommes, bien plus que le temps, ont travaillé à leur destruction.

« Quiconque vient ici payer un tribut de curiosité à ces monuments, mais qui n'y apporte pas des opinions faites à l'avance, n'est frappé que du spectacle qu'il a devant lui [...]. Il observe, il compare ; ne jugeant que des faits qu'il a sous les yeux, il voit que les auteurs, quels qu'ils soient, de la GRANDE pyramide, ont construit le monument le plus durable et le plus élevé sous le ciel ; et il conclut que, sous ce rapport et par ce fait seul, les Égyptiens se sont placés au premier rang des peuples de la terre... »

Les moindres détails ont été relevés avec une minutie extrême, et les hiéroglyphes ont fait l'objet d'un travail très attentif qui préparait le travail des linguistes lorsqu'il fut question de les déchiffrer. C'était sûrement un « travail de bénédictin », au point de susciter une pointe de découragement chez un savant aussi averti que le mathématicien Joseph Fourier :

« J'ai compté dans une frise du petit temple de Philae cent cinquante hiéroglyphes. Il y en a plus de cent dont chacun n'est répété que deux fois ; celui qui l'est le plus l'est dix fois, et celui qui s'y trouve le plus grand nombre de fois après ce dernier est répété trois fois [...]. Il faut répéter ces expériences avec plus de détails [...]. Je ne doute pas qu'il y ait plus de trente mille hiéroglyphes différents, et l'on ne peut guère mieux prouver qu'on a fort peu vu de monuments égyptiens qu'en soutenant que le nombre des caractères hiéroglyphiques qui diffèrent est moindre que celui de cinq ou six cents. »

Comme souvent lorsqu'il s'agit d'une « invention » capitale, la lecture des hiéroglyphes serait faite un peu « à la marge », par quelqu'un que la communauté scientifique n'attendait pas, un homme qui n'avait jamais mis les pieds en Égypte, le fils d'un colporteur devenu libraire à Figeac : Jean-François Champollion.

Jean-François Champollion naît en 1790 à Figeac-en-Quercy. D'origine dauphinoise, son père s'est fixé dans cette petite ville un peu assoupie pour y tenir une librairie. Jean-François perd sa mère, et son père, acariâtre et intempérant, ne s'occupe guère de lui. C'est le frère aîné, Jacques-Joseph (appelé par la suite Champollion-Figeac), qui s'occupe de son éducation. Devenu secrétaire du préfet de l'Isère Joseph Fourier, il emmène son cadet à Grenoble. Fourier, mathématicien réputé, a fait l'expédition d'Égypte. Il a même tenu le secrétariat général de l'Institut créé par Bonaparte. Il initie les frères Champollion à l'égyptologie naissante et leur communique son enthousiasme.

Au lycée de Grenoble, Jean-François Champollion se révèle un élève très inégal, car il ne travaille que les matières qui l'intéressent. Il montre une étonnante précocité pour les langues anciennes. Au latin et au grec, il ajoute de son propre chef l'étude de l'hébreu, du syriaque, de l'arabe et même de l'araméen. Son frère l'envoie à Paris où il séjourne deux ans, le temps d'approfondir sa connaissance des langues orientales, en y ajoutant au passage le copte. D'emblée, Champollion se persuade que cette langue, toujours parlée par la minorité chrétienne d'Égypte, n'est rien autre que de l'égyptien ancien.

Reçu docteur ès lettres, Champollion rentre à Grenoble. Il s'attaque alors à une vaste étude sur l'Égypte dont il fait paraître le premier volume (ce sera le seul) en 1814. Les troubles de la fin de l'Empire, les Cent-Jours, la Terreur blanche qui suit compliquent la vie des deux frères, ardents bonapartistes. C'est en devenant secrétaire particulier d'un membre de l'Académie des inscriptions et belles-lettres, Bon-Joseph Dacier, que Jean-François Champollion assure l'avenir de ses recherches.

Pour déchiffrer les hiéroglyphes, il lui faut se hâter, car il n'est pas le seul à en rechercher la clé. Silvestre de Sacy, le Suédois Akerblad, l'Anglais Thomas Young sont tous trois penchés sur la pierre de Rosette dont ils annoncent l'imminent décryptage. En réalité, ils piétinent, et c'est Champollion qui a l'illumination. Dans sa fameuse lettre à M. Dacier en date du 22 septembre 1822, il prend tous les risques et expose sa conviction :

« Quant à l'ensemble du système d'écriture phonétique égyptienne (et nous comprenons à la fois sous cette dénomination l'écriture phonétique populaire et l'écriture phonétique hiéroglyphique), il est incontestable que ce système n'est point une écriture purement alphabétique, si l'on doit entendre en effet par alphabétique une écriture représentant rigoureusement, et chacun dans leur ordre, tous les sons et toutes les articulations qui forment les mots d'une langue [...]. J'ai déjà fait pressentir que, pour rendre les sons et les articulations, et former ainsi une écriture, les Égyptiens prirent des hiéroglyphes figurant des objets physiques ou exprimant des idées dont le nom ou le mot correspondant en langue parlée commençait par la voyelle ou la consonne qu'il s'agissait de représenter. »

Puis il promet : « Le rapprochement que nous allons faire des signes hiéroglyphiques exprimant les consonnes avec les mots égyptiens exprimant les objets que ces mêmes hiéroglyphes représentent, lèvera toute incertitude sur la vérité du principe... »

Il ne lui reste plus effectivement qu'à vérifier ! Après avoir étudié les *papyri* de la collection Salt à Livourne, Champollion sait qu'il a trouvé la bonne méthode. La reconnaissance arrive enfin : Charles X lui confie la direction du Département égyptien du musée qui porte alors son nom (le futur musée du Louvre), puis il l'envoie en mission scientifique en Égypte. Flanqué de collaborateurs enthousiastes, comme l'architecte Ippolito Rosellini, le dessinateur Nestor L'Hôte et une dizaine d'autres, tous très motivés, Champollion va parcourir l'Égypte durant quinze mois. Le temps, pour lui, de tout voir ou presque, jusqu'à Abou Simbel. Partout il vérifie sa méthode et traduit. Il donne ainsi sa version de l'éloge de Thoutmosis III à Medinet-Abou :

Première ligne : *« La vie, l'Horus puissant, armé et Phré, le Souverain de la haute et basse région, grand chef dans toutes les parties du monde, l'Horus resplendissant, grand par sa force, celui qui a frappé les Neuf-Arcs [*les peuples nomades*] ; le Dieu gracieux Seigneur du monde, soleil stabilisateur du monde, le fils du Soleil, Thoutmosis, bienfaiteur du monde, vivifié aujourd'hui et à toujours. »*

Deuxième ligne : *« Il a fait exécuter ces constructions en l'honneur de son père Amon-Ra, Roi des Dieux ; il a érigé ce grand temple dans la partie occidentale du Thouthmoséion d'Amon, en belle pierre de grès ; c'est ce qu'a fait le Roi vivant toujours. »*

C'est dans la Vallée des Rois, à Thèbes, que Champollion reconstitue la chronologie et le panthéon des

Égyptiens. Il y travaille jusqu'à l'épuisement total, au point de tomber plusieurs fois en syncope. Il refuse toute assistance car « il me faut le silence absolu afin d'entendre la voix des ancêtres... », aime-t-il à répéter à son assistant Cherubin. Mais tout a une fin et Champollion brûle de rentrer en France pour jouir d'une considération bien méritée. Le 28 novembre 1829, depuis Alexandrie, il écrit à son ami Pariset :

« Enfin, mon cher ami, le grand Amon veut bien me permettre de dire adieu à sa terre sacrée [...]. *L'Astrolabe* est de retour de Syrie et prête à me recevoir [...], et je me sens la force suffisante pour braver les bourrasques et coups de vent qui ne manqueront pas de nous accueillir en haute mer [...]. Cela nous purgera, voilà tout ; d'ailleurs, pour revoir la France, on supporterait pis que la mauvaise humeur des flots. »

L'homme est usé. Il meurt le 3 mars 1832, à quarante-deux ans, en laissant de nombreux travaux inachevés. Il est enterré au Père-Lachaise, juste à côté de Joseph Fourier, l'« Égyptien » qui lui avait communiqué la passion de l'Égypte antique.

Si Champollion apparaît presque comme un pur esprit, un authentique savant, en tout cas parfaitement désintéressé, il n'en était pas de même de bon nombre de ses contemporains qui se rendaient de plus en plus nombreux en Égypte. À l'instar des « antiquaires » des siècles précédents, la plupart ne cherchaient qu'à monnayer leurs trouvailles, à se constituer une collection particulière, puis à la vendre à de riches amateurs. Ils n'étaient « archéologues » que pour trouver ; le respect des sites, le souci d'adopter une méthode de fouille scrupuleuse, d'en conserver par l'écrit ou le dessin les différentes étapes, leur étaient tout à fait étrangers. La plupart du temps, ces chercheurs de trésors se comportaient en vandales, abandonnant ou détruisant tout ce qui, dans un site fouillé, ne leur convenait pas.

Loin de s'indigner de leurs façons de faire, les Égyptiens assistaient ces aventuriers. Ils servaient de guides, d'interprètes (de « drogman »), de main-d'œuvre. Comme nombre d'entre eux étaient les descendants de ces lignées de pillards de tombes qui remontaient à l'Antiquité, ils ne voyaient aucun obstacle moral à poursuivre une activité fort lucrative.

Le gouvernement égyptien lui-même – Méhémet Ali fut vice-roi d'Égypte de 1805 à 1849 – était ou bien impuissant, ou plus ou moins complice. Jusqu'en 1858, année qui vit la nomination du Français Auguste Mariette à l'Inspection générale et à la Conservation des monuments, l'Égypte fut la proie d'un véritable pillage. Par la suite, le pire étant évité, l'Égypte demeura jusqu'à nos jours la terre bénie des voleurs, des faussaires et des receleurs... au moins autant que l'Italie du Sud, le Yucatán ou le Cambodge !

Comme l'explique très bien l'égyptologue Jean Vercoutter, le commerce des antiquités reposait sur un système de corruption qui remontait jusqu'au vice-roi. Les consuls, qui représentaient les « puissances » – en fait, la France, le Royaume-Uni et, dans une moindre mesure ou plus tard, la Prusse, la Suède, la Russie, le Piémont-Sardaigne, l'Autriche –, étaient les maîtres d'œuvre de tous ces trafics. En effet, « pour transporter les monuments convoités, ou pour fouiller, la main-d'œuvre locale est indispensable. Or celle-ci, tout comme la terre, appartient au vice-roi, Méhémet-Ali, propriétaire de l'Égypte entière. Il faut donc son autorisation pour recruter des ouvriers, autorisation accordée par un document écrit, le *firman*... Dès lors, les consuls sont mieux placés que quiconque pour obtenir les firmans : ils peuvent rencontrer à leur gré le vice-roi qui, lui-même, a souvent besoin d'eux... »

Le Piémontais Bernardino Drovetti (1775-1852) fut l'un de ces consuls. Ancien officier français, il avait participé à l'expédition de 1798. Retourné en Égypte en 1803, consul général en 1810, il allait, durant près de trente ans, accumuler une fabuleuse collection d'objets prélevés sur tous les sites antiques ou acquis par le truchement d'intermédiaires plus ou moins recommandables. Le plus actif de ses agents était le Provençal Jean-Jacques Rifaud, un sculpteur qui trouvait judicieux de graver son nom sur ses acquisitions, comme on le voit par exemple sur la statue de granit noir de Thoutmosis III, conservée au musée de Turin. Drovetti proposait ses collections à qui voulait les acheter. C'est ainsi qu'il vendit tout un lot d'antiquités au roi de Piémont Charles-Félix, grâce à quoi ce monarque put ouvrir le premier musée d'antiquités égyptiennes à Turin. Puis c'est Charles X qui, à la demande de Champollion, acheta à Drovetti une collection destinée au Louvre ; enfin, le roi de Prusse acquit ce qui restait et constitua avec ce fonds le musée égyptien de Berlin.

Rival et concurrent acharné de Drovetti, le consul britannique Henry Salt (1785-1827) débarqua à Alexandrie en 1815 et, jusqu'à sa mort, consacra l'essentiel de sa fonction consulaire à réunir le plus possible d'antiquités. Il les vendait aussi bien aux musées qu'à de riches collectionneurs comme son compatriote Soane. Il fournit autant le British Museum que le musée de Charles X. Son principal agent était Giovanni Belzoni, la figure la plus étonnante au service de cette égyptomanie pillarde.

Né à Padoue en 1778, ce colosse (il mesure deux mètres) a renoncé à se faire moine lorsque les troupes françaises sont entrées dans Rome en 1798. Il mène ensuite une vie errante de saltimbanque. Il s'exhibe comme hercule de foire à Londres, au Portugal et en Espagne. En 1815, on le retrouve à Malte d'où il gagne l'Égypte, sans que l'on sache trop bien pourquoi. En fait, Belzoni est un authentique aventurier qui saisit toutes les opportunités. Peu instruit, ignorant des langues anciennes, mais touche-à-tout virtuose, « très habile en mécanique et très ingénieux », si l'on en croit Salt, Belzoni est embauché par ce dernier comme homme à tout faire. L'Italien se met à apprendre l'arabe et le copte, il vit comme les Égyptiens, et, pour cette raison, parvient à gagner leur confiance. Il a tout du chercheur de trésors, les délires en sus, c'est une sorte d'« aventurier de l'Arche perdue » que rien ni personne n'effraie. À lui les missions impossibles : transporter le colosse de Ramsès II qui gît dans le Ramesseum de Thèbes, prélever l'obélisque de Ptolémée à Philae pour l'acheminer jusqu'à Alexandrie (par le Nil) et ensuite l'expédier à Londres, entrer dans les temples d'Abou Simbel (qui le déçoivent : il n'y trouve pas les trésors escomptés), explorer la pyramide de Khéphren à Gizeh, pénétrer dans les tombes royales de Thèbes... Tout est bon pour le « Titan de Padoue » que l'on voit partout, barbu, enturbanné et habillé à l'orientale !

Le récit de ses aventures et mésaventures – qui paraît à Paris en 1821 sous le titre *Voyages en Égypte et en Nubie* – est très révélateur de la démarche de Belzoni, faite d'un curieux mélange de flair, d'ingéniosité et, presque toujours, de filouterie. Il peut lui arriver d'échouer, mais il ne renonce jamais. Sa première visite du site d'Abou Simbel se passe mal, mais il y retourne à deux reprises. À le lire, on comprend mieux les difficultés de cette « archéologie sauvage » :

« Le sable accumulé par le vent du côté nord sur le rocher qui domine le temple a coulé peu à peu vers la façade et a enseveli l'entrée aux trois quarts. Quand j'approchai de ce temple, je perdis tout à coup l'espoir d'en déblayer l'entrée, car les monceaux étaient tels que je ne voyais pas de possibilité d'arriver jamais jusqu'à la porte. Nous gravîmes une colline de sable en haut de l'édifice ; là, nous trouvâmes la tête d'un épervier en pierre qui sortait de la butte jusqu'au cou seulement [...]. Le sable s'écoulait d'un côté de la façade à l'autre. Essayer d'y percer une ouverture étroite pour arriver à la porte eût été un travail inutile ; il fallait diriger au contraire l'excavation de manière à faire écouler le sable depuis la façade ; et, dans cette opération même, il fallait s'attendre à voir le sable du haut combler l'excavation qu'on aurait faite dans le bas. Pour surcroît de difficultés, les indigènes qu'on pouvait employer aux travaux étaient des gens sauvages et entièrement étrangers à de pareils ouvrages, ne connaissant pas l'usage de travailler pour de l'argent [...]. Tous ces obstacles me parurent d'abord tout à fait insurmontables et me détournèrent de tout projet d'opération. »

Un an plus tard, Belzoni désensablait le grand temple d'Abou Simbel et y entrait le premier (1er août 1817). En septembre 1819, il quitta brusquement l'Égypte pour n'y plus revenir. Il s'était brouillé avec Salt, qui avait refusé de le faire entrer à l'African Association de Londres ; à ce grief il faut, très probablement, ajouter un contentieux financier entre les deux hommes. En Angleterre, Belzoni vécut des gains du récit de ses expéditions, paru à Londres puis traduit en français, en allemand et en italien ; il exposa et vendit ses dessins aquarellés des sites et monuments visités.

Ce sont des œuvres un peu naïves, maladroites, mais très sincères, et surtout précieuses pour juger de l'état des lieux à son époque. En 1823, Belzoni repartit en Afrique, cette fois pour retrouver les sources du Niger, mais il mourut à Gato, dans le Bénin, probablement de dysenterie, le 3 décembre 1823.

Aujourd'hui encore, dans la Vallée des Rois, la tombe « numéro 12 », celle de Séthi Ier, est surnommée « tombe Belzoni ». Une juste revanche pour cet aventurier, exécuteur des basses œuvres de Salt qui lui en a été si peu reconnaissant ! Mais Belzoni ne fut pas un simple pillard, comme l'attestent son récit et les dessins qu'il exécuta un peu partout avec le souci de laisser des traces de son travail. Il est le plus attachant des personnages qui illustrent cette époque de fouilles sauvages. Le terreau de l'égyptologie scientifique en est constitué.

À l'époque de Belzoni, toute une faune de chercheurs de trésors et autres trafiquants d'antiquités pullulent en effet sur les sites. Ce sont des gens prêts à tout pour arriver à leurs fins. À Karnak, par exemple, cela peut tourner aux menaces de mort et aux traquenards. Le richissime égyptomane William John Bankes use des services d'aventuriers comme Giovanni Finati. Lié à Henry Salt, il profite de la protection consulaire. Il a aussi recours à d'authentiques explorateurs, comme le Breton Linant de Bellefonds qui explore pour lui les sites nubiens.

C'est aussi en Nubie qu'opère le Bolognais Giuseppe Ferlini, lequel se livre aux premières investigations dans les ruines de Méroé, au Soudan, aux alentours de 1830. Guère plus scrupuleux, le Genevois Henri de Minutoli se contente de fouiller les pyramides de Saqqarah. Dans tous les cas, des pièces archéologiques quittent l'Égypte pour enrichir des collections privées.

Mais il existe des personnages plus désintéressés dans cette première moitié du XIXe siècle. Certains sont plutôt des explorateurs frottés de « science » égyptologique ; d'autres apparaissent comme les fondateurs de cette discipline.

Le Nantais Frédéric Cailliaud (1787-1869) est l'homme qui a le plus longuement exploré le Soudan (de 1815 à 1822). Ce minéralogiste, archéologue amateur, a d'abord été attaché au consul Drovetti. Avec lui il remonte le Nil jusqu'à Abou Simbel et voit Minieh, Thèbes, Edfou, Philae, puis il revient par le désert. À cette époque, il use des services d'un « drogman » plutôt pittoresque, le renégat Rossignana, un mamelouk français rescapé de l'expédition de 1798. Puis le vice-roi lui-même, Méhémet-Ali, lui confie plusieurs missions minéralogiques. Cailliaud retourne à Thèbes avant de s'enfoncer dans le Soudan. Il est le découvreur des sites nubiens de Méroé, du Gebel Barkal, de Dongolah, de Nouri, Naga et Moussaouarat es-Sofra. Rentré en France, il est assez vite oublié.

Ce destin est aussi un peu celui de Prisse d'Avesnes [1], lequel a vingt-deux ans lorsqu'il arrive en Égypte. Il a une formation d'ingénieur et d'architecte, et il a été recruté par Méhémet-Ali pour enseigner dans ses écoles militaires. Mais, très vite, Prisse d'Avesnes se détourne de ce travail dont il démissionne pour pouvoir mieux se consacrer à l'égyptologie. Désormais il s'habille à l'orientale et prend le nom d'Edriss Effendi. Il passe une quinzaine d'années à parcourir la vallée du Nil, remontant jusqu'en Nubie. En 1838, il s'établit à Louqsor où il ne tarde pas à entrer en

1. Émile Prisse d'Avesnes (1807-1879), ingénieur et architecte, est considéré comme étant celui des pionniers qui a copié le plus grand nombre d'inscriptions. Il est en particulier le découvreur de la Table des rois de Karnak. Avec Henry Abott, il fonda au Caire la première société d'égyptologie : l'Association littéraire d'Égypte.

compétition avec l'archéologue allemand Karl Richard Lepsius pour le démontage de monuments thébains à destination de l'Europe. Prisse parvient avant Lepsius à enlever la chambre du Roi, ou salle des Ancêtres, du temple de Karnak. L'ensemble est retiré pierre par pierre, mis en caisses et embarqué discrètement pour Le Caire. La chambre du Roi finira au Louvre, offerte par Prisse d'Avesnes. Il y aura ajouté un des plus vieux livres du monde, le « papyrus Prisse », désormais à la Bibliothèque nationale de France, qui date d'environ deux mille ans avant notre ère.

Explorateur, aventurier, mi-archéologue mi-chercheur de trésors, le Suisse Johann Ludwig Burckhardt[1] n'a pas hésité à se convertir à l'islam. Il se fait appeler Cheikh Ibrahim. Découvreur d'Abou Simbel (1813), Burckhardt est en mission pour le compte de l'African Association de Londres ; sa relation de voyage paraîtra à Londres après sa mort, car il est emporté par la peste, au Caire, à trente-trois ans.

Avec John Gardner Wilkinson (1797-1875) et Karl Richard Lepsius (1810-1884), on entre dans le domaine de l'égyptologie véritablement scientifique. Arrivé en Égypte à vingt-quatre ans, le Britannique Wilkinson passe douze ans sur le site de Thèbes. Il se livre à de minutieux relevés des monuments et de leurs décors épigraphiques. Ses travaux publiés – *Materia hieroglyphica*, 1828 ; *Topography of Thebes and General View of Egypt*, 1835 – vont servir d'ouvrages de référence aux archéologues institutionnels (nommés par le gouvernement égyptien) qui se succéderont sur le plus riche et le plus spectaculaire site

1. Sur Burckhardt, voir *supra* le chapitre I, « La reine des sables », p. 7 à 15.

archéologique de toute l'Égypte. Amoureux de l'Égypte, mais aussi de la civilisation musulmane, Wilkinson se fait appeler Ismael Effendi ; il est très soucieux d'instruire les visiteurs qui affluent, de plus en plus nombreux, à Thèbes. Pour eux, il rédige une *Description de l'Égypte* qui inclut « les informations nécessaires aux voyageurs dans ce pays » (1843) : un des premiers guides touristiques...

Comme son aîné Grötefend, qui fit tant pour la lecture du cunéiforme, Karl Richard Lepsius est d'abord un philologue. Il a étudié à Leipzig, Göttingen et Berlin ; puis, sur la recommandation d'Alexander von Humboldt, il poursuit ses études à Paris où il s'initie à l'égyptologie. Lepsius est aussi un excellent dessinateur et un aquarelliste de grand talent ; il se prend d'un vif intérêt pour la photographie alors dans l'enfance. C'est seulement en 1842 qu'il entreprend le voyage en Égypte, financé par le roi Frédéric-Guillaume IV de Prusse. Sur place, Lepsius fonde beaucoup d'espoirs sur le travail photographique, mais dès le début de ses investigations il perd son matériel et doit se contenter de dessins. Il en exécute plusieurs centaines, au nombre desquels de très belles vues panoramiques aquarellées.

Tout ce travail va nourrir les douze volumes de *Denkmäler aus Aegypten und Aethiopien* (Monuments de l'Égypte et de l'Éthiopie) parus entre 1848 et 1859. Ces volumes sont enrichis de près de neuf cents planches qui constituent une somme iconographique équivalente à celle de la *Description générale de l'Égypte* française. Rentré à Berlin, Lepsius se consacre à des travaux de linguistique qui tous confirment l'interprétation des hiéroglyphes proposée par Champollion. Il aménage le musée égyptien de Berlin et donne plusieurs ouvrages de synthèse encore utilisés aujourd'hui.

Le rôle des archéologues français dans le domaine de l'égyptologie scientifique est considérable. Il commence bien sûr avec Champollion, mais se poursuit avec de grands noms parmi lesquels se détachent ceux d'Auguste Mariette et de Gaston Camille Maspero.

Mais puisque nous abordons la période qui couvre la seconde moitié du XIXe siècle et le début du XXe, il convient de faire au préalable une place aux enquêtes photographiques. Avec des matériels encombrants, difficiles à manier et donc fragiles, en dépit d'énormes difficultés pour préserver les plaques des aléas climatiques, plusieurs photographes ont réalisé des séries de daguerréotypes d'un intérêt exceptionnel. Nous avons vu Lepsius perdant son matériel. Maxime Du Camp, lui, est plus heureux. Lié à Gustave Flaubert, c'est un véritable orientaliste, amateur talentueux et passionné. Après un premier voyage en Orient (en Turquie, en Grèce, puis en Algérie), il repart pour l'Égypte en 1849. Avec Flaubert, il est chargé d'une mission pour le compte du ministère de l'Instruction publique. Si Flaubert est plutôt un dilettante amusé, Maxime Du Camp prend son travail au sérieux et photographie tout ce qui lui paraît intéressant, en particulier les monuments antiques. Au point de s'attirer quelques sarcasmes de la part du futur auteur de *Salammbô* : « Pourquoi regardes-tu dans cette boîte jaune... ? Je t'aperçois au loin, enfermant ta tête sous un linceul noir. Il me semble que tu vas te décapiter là-dedans ! »

Flaubert fréquente surtout les bains turcs... et les almées, « savantes et bas-bleu ». Mais le récit de son excursion aux Pyramides, visite réelle, en vaut bien d'autres : « Nous sommes arrivés au bas de la colline où se trouvent les Pyramides, il y a aujourd'hui huit jours, à 4 heures du soir. C'est là que commence le désert. Ç'a été plus fort que moi, j'ai lancé mon cheval à fond de train, Maxime m'a imité, et je suis arrivé au pied du Sphinx. En voyant cela, la tête m'a un peu tourné, et mon compagnon était blanc comme le papier sur lequel j'écris. Au coucher du soleil, le Sphinx et les trois Pyramides toutes roses semblaient noyés dans la lumière ; le vieux monstre nous regardait d'un air terrifiant et immobile. Jamais je n'oublierai cette singulière impression. Nous y avons couché trois nuits, au pied de ces vieilles bougresses de Pyramides, et franchement c'est chouette. Plus on les voit, plus elles paraissent grandes. Les pierres, qui à vingt pas semblent grosses comme des pavés de rues, ont la taille d'un homme environ, et, quand on monte sur elles, cela grandit au fur et à mesure comme lorsqu'on gravit une montragne. Dès le lendemain matin, avant le jour, nous avons commencé l'ascension. Les Arabes qui vous mènent sont si adroits, deux par-devant qui vous tirent et deux par-derrière qui vous poussent, que l'on est entraîné presque malgré soi. Moi qui n'ai pas le vent long, je n'en pouvais plus d'essoufflement quand je suis arrivé en haut. C'est l'affaire d'un petit quart d'heure[1]. »

Le périple dure plus de trois ans et conduit les deux Français jusqu'à la deuxième cataracte. À son retour, Du Camp publie un album de ses « dessins photographiques », et ses « calotypes » constituent une somme iconographique exceptionnelle. Même qualité et même intérêt documentaire pour les photographies au collodion humide de Frances Frith (1822-1898) qui opère pour le compte de la Société de photographie de Liverpool. De ses trois voyages en Égypte (1856-1859), Frith rapporte une collection de photographies dont il tire une exploitation commerciale

1. G. Flaubert, *Correspondance*, lettre à sa mère du 14 décembre 1849.

qui le rembourse – et au-delà – de tous ses frais. Un peu plus tard, deux photographes professionnels, Beato et Bonfils, s'établissent en Égypte pour vendre leurs clichés aux touristes qui ne disposent pas encore d'appareils photo personnels.

Cependant, sur les chantiers de fouille, les dessinateurs continuent à l'emporter sur les photographes : affaire de technique et de coût. Auguste Mariette lui-même travaille à l'ancienne, d'autant plus qu'avant de se vouer à l'archéologie il a été professeur de dessin dans sa ville natale de Boulogne-sur-Mer. Mariette (1821-1881) est un autodidacte de l'égyptologie. Il a acquis ses connaissances en marge de métiers plus obscurs au collège de Boulogne et au musée, tout d'abord, où il s'est spécialisé dans les manuscrits coptes. Issu d'une famille modeste – son père est employé municipal –, il abandonne ses études pour entrer, comme « aide rédacteur », à la mairie de Boulogne. Il a seize ans et se passionne pour la momie et les deux sarcophages achetés par le musée de sa ville natale en 1827. Cet achat fait grand bruit – localement – car le dessinateur de l'expédition Champollion de 1828-1829 n'est autre que Nestor L'Hôte (1804-1842), cousin du jeune Auguste et boulonnais comme lui. Après un séjour en Angleterre et quelques hésitations, l'adolescent devient maître d'études au collège de Boulogne, puis professeur. Employé par son cousin Nestor pour le classement de documents personnels, il perfectionne sa technique du dessin. Nestor L'Hôte retourne en Égypte : Auguste, qui n'a pas vingt ans, rêve de l'accompagner. C'est de cette « frustration » que naît à l'évidence une vocation qui ne se démentira plus.

À son retour, le cousin Nestor édite des lettres qui paraîtront en 1840 chez Firmin-Didot : *Lettres écrites d'Égypte en 1838-1839*. Ces lettres ont d'abord été publiées dans le

Journal de l'Instruction publique. Elles complétaient les explorations conduites par Champollion et son équipe. Les relevés effectués par Nestor L'Hôte vont être « classés dans le grand recueil de Champollion le jeune [...] en suivant l'ordre géographique des matières ». Les remarques préliminaires de M. Letronne nous apprennent que « par un accident de mer qu'il était impossible de prévoir ni d'éviter, la plus grande partie des empreintes que l'auteur avait prises par estampage sur les monuments originaux fut submergée et détruite pendant la traversée de Malte à Marseille ». Les notes et dessins échappèrent « à l'avarie » mais, par la suite de la destruction des empreintes, ces dessins « offraient des lacunes importantes qu'il était nécessaire de remplir ». Les empreintes « formaient un ensemble de plus de cinq cents feuilles ». Leur perte était « impossible à réparer », sauf par un nouveau voyage...

Il est patent qu'Auguste Mariette eut connaissance des lettres, notes et dessins de Nestor L'Hôte. Et que pouvait-il penser, lorsqu'il lisait par exemple, dans la description de Karnak par son cousin, cette remarque acerbe faisant suite à l'évocation du « Grand Temple du Sud » consacré au dieu Khons(ou) ? « Un Français, qui réside à Thèbes où il s'occupe de l'étude des antiquités locales, M. Prisse [d'Avesnes], m'a dit avoir vu parmi les bas-reliefs sculptés dans le sanctuaire de ce temple, qu'il avait fait déblayer, une figure du dieu Chons-générateur. Ce fait n'est pas sans importance pour l'étude du mythe religieux ; mais j'ai regretté que M. Prisse ne m'ait pas donné plus de détails sur la relation de ce personnage ainsi caractérisé avec les autres divinités de la triade[1]. » « M. Prisse » [d'Avesnes]

1. Nestor L'Hôte, *Lettres écrites d'Égypte en 1838-1839* ; Appendice : « Description des ruines de Karnac [*sic*] ».

gardait donc pour lui ses découvertes. Comme pour beaucoup d'égyptologues, l'Égypte était son affaire personnelle : fâcheuse habitude qui datait de l'époque des « fouilles sauvages »... et qui allait perdurer longtemps ! Mais cela dut donner au jeune Auguste une envie effrénée d'y aller voir de plus près : son champ de curiosités était désormais grand ouvert et il pourrait y prendre sa part. Dans cette folle perspective, il se mit à étudier le copte, l'arabe – et les hiéroglyphes d'après le décryptage du maître incontesté, Champollion... Malheureusement, le cousin Nestor mourut en 1842.

Avec ce qu'il avait appris au musée et surtout chez son cousin en classant ses papiers, Auguste Mariette avait publié une œuvre de débutant : un petit précis d'égyptologie. Fort de cette publication, en 1846, il avait déposé deux fois une demande de mission en Égypte auprès du ministre de l'Instruction publique de l'époque, M. de Salvandy. Malgré l'appui de François Delessert, député du Pas-de-Calais, il avait évidemment essuyé un refus. On avait prétexté le manque de fonds pour éconduire ce jeune original. Deux ans plus tard, la révolution restaurait la République et le « petit professeur » donnait son congé au collège de Boulogne. Républicains et bonapartistes avaient désormais le pouvoir.

1849 : le jeune homme arrive à Paris et, dès la descente du train, se présente à Charles Lenormant[1], ancien collaborateur de Champollion et compagnon de Nestor L'Hôte lors de l'expédition de 1828-1830. Lenormant fait entrer

1. Charles Lenormant (1802-1859), archéologue, égyptologue. Bibliothécaire à l'Arsenal puis conservateur au Cabinet des médailles de la Bibliothèque nationale, il succéda à Letronne au Collège de France en 1849.

le jeune homme au Louvre où il obtient un emploi « à la réorganisation du Musée égyptien », sous la direction de Longpérier. Il est désormais occupé à l'étude d'objets et d'inscriptions qui, pour la première fois, se présentent à lui *de visu*, et non plus en reproduction. Il se distingue très vite par son érudition et la qualité de ses observations. Ces mois d'approfondissement de ses connaissances lui permettent d'attendre ce qu'on lui a promis non sans quelque impatience : le voyage en Égypte. Celui-ci se décide sur le rapport d'une commission « composée de MM. Quatremer, Jomard, Ampère et Charles Lenormant ».

« Le but nominal, dit une chronique parue à la mort de Mariette, était de parcourir les couvents coptes ou chrétiens pour y rechercher ou y cataloguer les manuscrits coptes ou syriaques intéressant l'histoire du christianisme en Orient. Mais, aux dires de Mariette lui-même, ce mandat était très large, très élastique, et, dans son rapport, l'Académie avait admis ou sous-entendu la possibilité d'entreprendre des fouilles et d'autres recherches archéologiques sur des points désignés. On connaissait déjà assez Mariette pour savoir que son initiative et sa passion désintéressée de la science le guideraient mieux qu'aucun programme imposé à l'avance. » Le hasard se chargea de lui offrir un but « si beau » que son histoire « ressemble à un roman auquel ne manqua ni la poésie, ni les souffrances, ni même les dangers ; car le premier de tous les périls pouvait être de perdre sa réputation en poursuivant une chimère ».

Mariette part en 1850. Il n'a pas encore trente ans. Sa mission est dotée de fonds destinés à l'achat de manuscrits coptes, syriaques, arabes... Mais la permission de visiter les couvents tarde à venir, en raison de la mauvaise volonté de son interlocuteur, un patriarche aux sournoises manières qui désire faire monter les enchères. Face aux difficultés, Auguste Mariette a pris depuis longtemps l'habitude des initiatives. Avec l'argent que l'Académie lui a confié, il s'en va camper sur le site des Pyramides, embauche des ouvriers et entreprend des fouilles quasi clandestines. Il s'est installé à Gizeh et, tous les matins, contemple lui aussi le lever du jour sur les Pyramides. Il est enfin heureux. Les ouvriers qu'il a recrutés désensablent quelques mastabas (tombeaux en pyramides tronquées) situés à proximité de son campement, une modeste maisonnette battue par les vents de sable qu'il faut inlassablement dégager. C'est ainsi qu'il met au jour le *Scribe accroupi* (aujourd'hui au musée du Caire).

Un jour, parcourant la nécropole de Memphis, Mariette demeure en arrêt devant « la tête souriante d'un sphinx de pierre » qui sort du sable et le regarde. En marchant vers lui, son pied heurte « quelques éclats de pierre taillée » dont l'un porte une invocation au dieu Osiris-Apis, « ou *Apis mort*, le *Sérapis* des Latins »... Une « illumination » le saisit : il se rappelle soudain ce passage de Strabon où le géographe grec parle d'un temple de Sérapis situé à Memphis : « Il y a enfin le Sérapéum, mais ce temple est bâti en un lieu tellement envahi par le sable qu'il s'y est formé par l'effet du vent de véritables dunes, et que, quand nous le visitâmes, les sphinx étaient déjà ensevelis, les uns jusqu'à la tête, les autres jusqu'à mi-corps seulement, et qu'il était facile d'imaginer quel danger on eût couru à être surpris sur le chemin du temple par une violente bourrasque[1]... »

Mariette commence par dégager les pieds du premier sphinx, puis creuse dans l'alignement de ce qui pourrait

1. Strabon, *Géographie*, XVII, 32 ; traduction d'Amédée Tardieu, Hachette, 1867.

être une avenue. Comme Strabon l'avait constaté, le sable et la violence du vent qui le transporte défont un travail qu'il faut sans cesse recommencer. Aussi s'arme-t-il de patience et surtout d'une opiniâtreté comparables à celles que mettent à entraver les recherches du Français aussi bien l'administration du Caire que « la jalousie féroce des marchands d'antiquités ». Mais Mariette est pugnace. Il subodore qu'il a fait une découverte majeure. Il creuse, il désensable pour découvrir un *dromos*, c'est-à-dire une avenue bordée de sphinx, qui s'enfonce peu à peu dans le sable jusqu'à une vingtaine de mètres de profondeur et se termine par un hémicycle édifié au temps des Grecs et orné de statues de poètes et de philosophes... À droite de l'hémicycle, les terrassiers découvrent une avenue dallée de quinze mètres de large, « enfermée entre deux murs d'un mètre de haut et de 1,55 mètre de large, où se dressent [sur celui de gauche], comme sur un piédestal courant, une série de figures colossales en pierre » représentant des animaux symboliques : on trouve un paon de deux mètres de haut dont la « roue » émerge du sable, un coq géant, une lionne, une panthère à queue de serpent, un chien d'enfer, un phénix à tête de femme... À droite s'ouvrent deux « chapelles » dont l'une est dédiée au taureau Apis, comme l'indique la statue qui l'occupe.

« C'est sur le prolongement de cette avenue dallée longue de quatre-vingt-six mètres, dans la nuit du 11 au 12 novembre 1851 [1], plus d'un an après le commencement des fouilles, que Mariette découvre enfin l'une des cinq entrées de la partie souterraine du temple, dont les édifices

1. Certains auteurs parlent du 1er novembre. Il s'agit sans doute d'une erreur, car la relation de Mariette donne bien cette date : dans la nuit du 11 au 12 novembre.

extérieurs ont complètement disparu. » De ce qui a échappé aux destructions du temps, aux vandales et aux voleurs – et aux chrétiens fanatisés par les évêques d'Alexandrie au VIe siècle de notre ère –, Mariette « met au jour », à la lumière dansante des torches qui anime des ombres fantasmagoriques, une trentaine de chambres et vingt-quatre sarcophages colossaux en granit rose ou en basalte, renfermant chacun les restes d'un taureau sacré, incarnation du dieu Apis. Le plus lourd pèse soixante-dix tonnes... L'un est si grand que Mariette, dit-on, « avait coutume de faire préparer une collation pour ses invités, qui s'asseyaient autour de la table qu'on y voit encore ; on y a même valsé ! » Tous ces tombeaux avaient été visités par les pillards et les violeurs de sépultures, à l'exception de quelques-uns situés dans les environs immédiats. C'est ainsi que Mariette découvre « quelques caveaux isolés d'Apis plus anciens » que l'envahissement du sable a protégés et, parmi eux, « trois sépultures intactes, avec des restes des Apis et de beaux bijoux d'or du temps de Ramsès II (Sesostris), à peu près contemporain de l'Exode ». Et puis, découverte émouvante et fantastique, dans l'un de ces caveaux, le 19 mars 1852, Mariette aperçoit « l'empreinte de pieds nus sur le sable », traces du « dernier prêtre qui a enfermé le dieu dans sa tombe, environ trente-trois siècles auparavant » ! Les égyptologues précisent que le Sérapéum était desservi par des *catoques*, des reclus volontaires qui apportaient aussi leurs soins à des malades venus chercher en ces lieux une guérison miraculeuse.

Pour Mariette, c'est le triomphe, même si le consul britannique s'emploie à dénigrer ses travaux auprès du vice-roi d'Égypte Abbas Pacha, lequel s'est toujours montré hostile envers la France. Et le début d'une carrière enfin officielle : à Paris, on accorde de nouveaux crédits à l'« heureux découvreur » et, en août 1852, il est fait chevalier de la Légion d'honneur ; revenu en France, il est nommé conservateur adjoint au Louvre, attaché tout spécialement aux antiquités égyptiennes, poste qu'il conservera jusqu'en 1861.

Mais il n'a qu'un désir : retourner en Égypte et reprendre son travail de fouilles là où il l'a interrompu. La visite du prince Napoléon lui en donne l'occasion. D'autant que le vice-roi est désormais Saïd Pacha, qui est, lui, favorable à l'influence française : Lesseps étudie alors le percement de l'isthme de Suez. Auguste Mariette prépare son voyage et arrive au Caire en octobre 1857. Il trouve un puissant allié en la personne de Ferdinand de Lesseps, lequel est très écouté du vice-roi et fait entendre le souci majeur de son compatriote, indigné par les destructions qui continuent de s'opérer – et pas seulement du fait des pillages. « La construction d'une usine, d'un pont, d'une maison est-elle décidée, qu'on court aux ruines comme à une carrière. » Dans le plan qui est soumis au vice-roi, Auguste Mariette (et Ferdinand de Lesseps) soulignent « la nécessité de protéger le patrimoine pharaonnique ». Le 5 juillet 1858, il est nommé directeur des travaux d'antiquité en Égypte. Mission confirmée, le 1er juin suivant, par une ordonnance du vice-roi le faisant *mamour*. Durant les vingt-trois ans qui suivent (jusqu'à sa mort en 1881), Auguste Mariette va donc se consacrer pleinement à son grand dessein : agir autant pour la sauvegarde et la mise au jour des sites de la vallée du Nil que pour instaurer une surveillance sévère des antiquités, réprimer le pillage et fonder un centre où seront réunies les collections.

Avec l'aide de l'Allemand Heinrich Brugsch (1827-1894), il entame de nouvelles recherches à Gizeh, Saqqarah, Abydos, Thèbes et sur l'île Éléphantine. Pour son futur musée, il obtient les bâtiments abandonnés d'une compagnie de navigation au port fluvial de Boulaq. Inauguré en 1863 avant d'être transféré au Caire, le centre de Boulaq reçoit, dès la première année, plus de treize mille objets.

Un de ses assistants d'alors, Théodule Devéria (1831-1871), rapporte un incident qui s'est produit en mars 1859 et qui en dit long sur le caractère et les méthodes énergiques du nouveau directeur. La momie de la reine Ahottpou avait été trouvée par des « fouilleurs arabes » sur le site d'Abydos et confisquée par le *moudir* (gouverneur) de Qénéh. Lequel *moudir* avait ouvert le cercueil et s'était emparé de ce qu'il contenait... Le 22 mars 1859, Devéria note dans une lettre à ses amis du *Magasin pittoresque* :

> « Notre journée d'hier a été marquée par une des plus grandes jouissances que puissent éprouver des archéologues, et voici comment. Il y a quelque temps, les ouvriers de M. Mariette trouvèrent à Drah Abou'l Neggah, partie de la nécropole de l'ancienne Thèbes, une momie encore plus belle que d'ordinaire ; l'extérieur de la caisse est entièrement doré, et les yeux, de pierre dure, sont entourés de paupières d'or massif. M. Maunier, qui fut prévenu de la découverte, envoya à M. Mariette une copie de l'inscription qui décore le cercueil, assez lisible pour que nous ayons pu reconnaître que c'était la momie d'une reine nommée Ahottpou. M. Mariette ordonna de la faire venir à Boulaq par un vapeur spécial et sans aucun retard ; mais, par malheur, le gouverneur de la province, avant que la lettre arrivât, fit ouvrir la momie par curiosité ou par zèle mal entendu, on ne sait trop. Quoi qu'il en soit, je ne voudrais pas me trouver à la place dudit gouverneur la première fois que M. Mariette le rencontrera ! Après l'ouverture du cercueil, on jeta comme de coutume

la toile et les os au tas d'ordures, en ne conservant que les objets qu'on y trouva renfermés. Un surveillant arabe de M. Mariette lui envoya un inventaire de ces objets. Le gouverneur de la province en adressa un autre au vice-roi et écrivit à Son Altesse qu'il les lui envoyait directement. Ce voyage était la perte inévitable de beaucoup d'objets, sinon de la totalité. [...] M. Mariette eut l'heureuse idée de se faire donner un ordre ministériel qui lui conférait le droit d'arrêter tous les bateaux portant des antiquités et de les prendre à bord de son vapeur. Aussitôt l'ordre délivré, nous partîmes pour nous mettre en croisière sur le Nil aussi haut que le manque d'eau nous permettrait d'aller. À peine étions-nous arrivés à un point où nous ne pouvions plus avancer, que nous avons aperçu la fumée du bateau qui portait les restes de la momie pharaonique.

« Une demi-heure après, les deux vapeurs s'abordaient. Il y eut alors force pourparlers ; voyant qu'il n'arrivait à rien, et poussé à bout par une résistance opiniâtre, M. Mariette recourut au seul moyen reconnu par tous ici comme efficace : il distribua force coups de poing, proposa à l'un de le jeter à l'eau, à un autre de lui brûler la cervelle, à un troisième de l'envoyer aux galères, à un quatrième de le faire pendre, et ainsi des autres. Enfin et grâce à cela, on se décida à remettre lesdites antiquités à notre bord, contre reçu. »

Revenus à Boulaq, Mariette et son équipage découvrent les bijoux et les insignes royaux contenus dans « la boîte » et qui appartinrent en fait à un souverain précédent, le pharaon « Ahmos [1] » – c'est le nom qui figure sur la plupart

1. Exactement Ahmès/Amhosis, qui eut comme successeurs les grands pharaons du « Nouvel Empire » : les « Thoutmosides », quatre Aménophis et quatre Thoutmôsis, Hatchepsout, Akhenaton et Toutankhamon.

des objets que Mariette apporte le jour même au vice-roi –, premier roi de la XVIIIe dynastie. Parmi les bijoux figure une barque funéraire (en or massif) montée sur un chariot aux roues de bronze. Douze rameurs (en or) obéissent aux ordres du pilote placé à l'avant et du timonier. Le nom du roi, Ahmos, est inscrit dans un cartouche derrière le timonier.

Les hautes fonctions que Mariette a obtenues des autorités égyptiennes lui permettent d'ordonner les programmes de fouilles et de les rationaliser. Elles lui sont aussi nécessaires, comme on vient de le voir, pour réprimer le pillage et le vandalisme qui détruisent ou mutilent tombeaux et vestiges. En reconnaissance, le gouvernement égyptien lui remet bientôt le titre de bey. En 1879, il recevra le titre honorifique de pacha à Boulaq.

Son ami et collaborateur Émile Brugsch a dressé « un tableau très animé » de Mariette au quotidien. « Il était, dit-il, de haute taille et de forte carrure ; son visage, encadré d'une barbe blanche, était bronzé autant que celui d'un fellah égyptien ; ses traits portaient comme une empreinte de mélancolie qui pouvait brusquement céder la place à l'expression de la bonne humeur. Ses yeux rongés par l'ophtalmie étaient rouges, gonflés, larmoyants, et il était obligé de les cacher derrière d'énormes lunettes aux verres teintés. Ses mains étaient rudes au toucher et calleuses comme celles d'un maçon. Il était riche d'esprit naturel et le calembour lui venait d'instinct à la bouche. Il pouvait être généreux comme un roi, sauf à ne plus savoir, le moment après, comment faire face à la moindre dépense. Il se plaignait parfois de s'être trompé sur sa vocation, car toutes ses aspirations tendaient vers le beau, et il se sentait appelé à se créer un nom comme littérateur, peut-être même comme poète ! »

Dans sa petite maison de Boulaq, il vivait dans un inconfort total. Le mobilier comprenait une petite table, un escabeau et un lit, le tout fait de planches assemblées grossièrement et mal rabotées. Des serpents rampaient sur le sol, des tarentules et des scorpions grouillaient dans les fentes du mur, et de grosses toiles d'araignées pendaient au plafond tels des drapeaux.

Pour l'Exposition universelle de 1867, Mariette-bey fut chargé de la section égyptienne. Napoléon III honorait ainsi le plus éminent des égyptologues français. Mariette reconstitua quatre bâtiments à Paris, dont un « temple égyptien » sur le Champ-de-Mars, avec une volonté de pédagogie : « montrer ce qu'était un temple au temps de sa plus parfaite conservation ». Ce fut un immense succès. Puis vinrent les fêtes de l'inauguration du canal de Suez en 1869. Mariette, se souvenant du temps où il n'était qu'un modeste feuilletoniste de *La Boulonnaise*, écrivit en quelques heures la romantique histoire d'*Aïda*. « Figure-toi, confiait-il à son frère le 8 juin 1868, que j'ai fait un opéra. Un grand opéra dont Verdi achève la musique, lequel doit être présenté au mois de février prochain au théâtre du Caire. Le vice-roi dépense un million ; ne ris pas, c'est très sérieux ! »

Afin de placer l'opéra *Aïda* dans un cadre digne du sujet, il pousse jusqu'à l'île de Philae où il relève avec exactitude le paysage et les édifices où l'action est censée se dérouler ; pendant six mois entiers, il ne cesse de collecter partout, aux murs des temples, dans les tombeaux, sur les statues ou sur les stèles, parmi les trésors de son musée de Boulaq, les éléments des dessins et des maquettes qui devront servir à fabriquer les meubles, les costumes, les armes, les parures, bref, tous les accessoires de la mise en scène. Mais comment savoir ce qui revient véritablement dans ce livret à Mariette ? Celui-ci a certes fourni le canevas primitif sur lequel Verdi broda les arabesques de la composition lyrique, mais on laissa à Camille du Locle, alors directeur de l'Opéra-Comique, le soin de développer les indications scéniques, et la version définitive fut confiée au librettiste italien Ghislanzoni... *Aïda* devait inaugurer la saison lyrique, mais la pièce n'ayant pas été terminée à temps, on donna à la place *Rigoletto*, en présence de l'impératrice Eugénie. Pour l'Exposition de 1878, Auguste Mariette supervisa la reconstitution au Trocadéro d'une maison égyptienne issue de ses fouilles à Abydos.

Avec tout cela il n'a pas le temps de publier toutes ses découvertes. Ses multiples ouvrages sont principalement des comptes rendus de fouilles, des présentations commentées des objets réunis dans son musée de Boulaq. Son étude sur Karnak, parue à Berlin en 1875 – *Karnak, étude topographique et archéologique* –, est la première monographie synthétique qui prenne en compte l'incroyable complexité de ce site. Le principal souci de Mariette est la sauvegarde des monuments et leur consolidation une fois qu'ils ont été dégagés. Mais, comme il l'explique : « Il ne faut pas croire [...] que si le déblaiement d'un temple est un service que l'on rend à la science, ce soit toujours un service qu'on rend au monument lui-même [...]. Tous les ans, l'eau y pénètre par infiltration [...], corrode et ronge les fondations du monument. Le grand temple [de Karnak] ne tient debout que parce qu'il est soutenu par la terre dans laquelle il est plongé. » Confronté à deux éboulements dont il est le témoin impuissant en 1861 et 1865, Mariette veille à laisser des remblais importants pour soutenir les parties exhumées.

Les dernières années de son existence s'écoulent assez tristement. Le vice-roi, à moitié ruiné, ne lui alloue plus que très peu de subsides. Il effectue de nombreux allers et retours Paris-Le Caire. C'est en vain qu'on lui offre la direction de la Bibliothèque nationale, un siège de sénateur, une place de conservateur au Louvre, une chaire au Collège de France. Rien n'y fait : son cœur, son esprit, sa vie sont définitivement en Égypte. L'Académie des inscriptions et belles-lettres l'élit à l'unanimité ; il en est très heureux, mais ne s'en débat pas moins dans les problèmes financiers. D'autre part, son musée de Boulaq a été endommagé par des crues désastreuses : « L'eau est entrée avec violence dans nos galeries. On a eu le temps de déplacer et de mettre en sûreté nos principaux monuments ; mais les armoires, les vitrines, plongées pendant deux mois dans l'eau, n'en sont sorties qu'à peu près perdues. En outre, quelques murs se sont crevassés, des poutres du plafond sont tombées. De tout cela il résulte que le musée est fermé, que les galeries sont vides et que nos collections attendent dans les caisses le jour où nous pourrons leur trouver un abri que le musée actuel leur refuse. »

Et Mariette d'écrire à un autre correspondant : « L'Égypte à court d'argent, marchant à grands pas vers une authentique banqueroute, a bien autre chose à penser qu'à ses antiquités. Tout ici est en désarroi ; rien ne tient debout, pas même les choses les plus indispensables. Le musée, par exemple, est une dix-septième roue à la voiture du vice-roi. Comment voulez-vous qu'en ce moment on ne nous regarde pas comme des gens qui mangent un argent qu'on emploierait à des choses plus indispensables ? »

Entre-temps, son diabète a encore empiré. Il ne mange plus, dort à peine, s'épuise au moindre mouvement. Il déprime : « Quelquefois, il m'arrive de me reporter une dizaine d'années en arrière et de me rappeler le temps où j'avais le corps et l'esprit libres et où le travail m'était une joie. Aujourd'hui, je suis encore l'arbre, je suis encore les racines et le tronc, mais les feuilles sont tombées et ne repousseront plus, ce qui est le plus triste de tout. Voilà où j'en suis. »

Mariette meurt, épuisé, le 18 janvier 1881. Il a à peine soixante ans. Son tombeau est dressé devant le Musée égyptien du Caire, dont il est le père putatif, et porte cette inscription méritée : *À Mariette Pacha, l'Égypte reconnaissante.*

De son vivant, des égyptologues l'ont critiqué. L'Américain Edwin Wilbour lui reprocha de procéder trop hâtivement dans ses travaux de consolidation des monuments ; de son côté, Prisse d'Avesnes, ulcéré d'être tenu à l'écart, trouvait Mariette trop complaisant à l'égard du gouvernement égyptien. Mais il faut faire ici la part des jalousies professionnelles et compter avec le fait que Mariette n'hésita pas à s'aventurer là où ses collègues ne l'attendaient pas.

Son disciple et successeur, Gaston Maspero, formulera ce jugement : « [Sans lui] l'Égypte aurait continué longtemps encore à détruire ses monuments ou à vendre les morceaux aux étrangers sans rien en garder pour elle-même : il l'a contrainte à les conserver, et si elle possède aujourd'hui le plus beau musée d'histoire et d'art antiques qu'il y ait au monde, c'est bien à lui qu'elle le doit. »

Au regard des archéologues actuels, Mariette peut paraître un peu trop empirique et franchement approximatif. Certes, il ne pratiquait pas l'analyse scientifique, il ne levait pas de plans, ne faisait pas le relevé de ses fouilles pour indiquer la position des objets découverts. Mais, en comparaison de ce qu'avaient commis ses prédécesseurs, sa façon de faire constituait un progrès énorme. Il fonda vraiment l'archéologie en Égypte et lui fit faire « un bond prodigieux, dégageant tous les grands sites et fournissant aux savants, historiens de l'art et des religions, épigraphistes et philologues, des matériaux innombrables et exceptionnels [1] ».

Mariette sut se montrer ouvert et généreux. Ses cadets, aussi brillants fussent-ils, ne lui faisaient pas peur. C'est grâce à lui qu'un tout jeune homme, Gaston Maspero (1846-1918), entra dans la carrière à vingt et un ans. D'une famille d'origine italienne, Gaston Maspero fit ses études au lycée Louis-le-Grand ; il s'y montra exceptionnellement doué, aussi bien en langues anciennes qu'en disciplines scientifiques. Ses parents le vouaient à l'enseignement, mais dès l'âge de quatorze ans le jeune Gaston s'initiait tout seul à l'égyptologie. Un de ses professeurs, rencontrant Mariette, lui parla de l'« amour immodéré » que portait ce jeune homme à l'Égypte ancienne. Amusé et curieux, Mariette soumit à Maspero le texte d'une stèle qu'il n'avait pas encore traduit. Huit jours plus tard, le lycéen lui remettait une traduction presque parfaite.

Maspero entra alors à l'École des hautes études et poursuivit ses travaux de traduction, mais aussi de copie des hiéroglyphes, car il n'existait pas encore, pour eux, de caractères d'imprimerie. Il prépara aussi sa thèse de doctorat, qu'il soutint en 1872. La même année, il fut choisi pour occuper la chaire d'égyptologie au Collège de France : il avait vingt-six ans ! Il ne s'était toujours pas rendu en Égypte, comme Champollion au même âge, alors qu'il montrait la même précocité.

1. Ève Gran-Aymerich, *Naissance de l'archéologie moderne*, Éditions du CNRS, 1998.

C'est seulement en 1881 que Maspero découvrit la terre de ses études. Il arriva juste à temps à Boulaq pour assister aux derniers instants de son maître Mariette. Tout naturellement, il lui succéda à la direction du musée, en même temps qu'il ouvrait l'École française du Caire, un institut de recherche sur le modèle des Écoles françaises d'Athènes et de Rome.

Durant ce premier séjour (1881-1886), Maspero visita à peu près tous les sites ; en Haute-Égypte, il poursuivit les fouilles de Mariette à Edfou, à Abydos. Il travailla aussi sur le site de Tell el-Amarna, la capitale d'Akhénaton, le souverain « hérétique » ; on le vit encore diriger les opérations de déblaiement du sphinx de Gizeh. C'est en enquêtant sur une suite de pillages et en mettant la main sur un des voleurs que Maspero découvrit la cachette contenant les sarcophages et les momies de Ramsès II, Séthi Ier et Thoutmès III.

Rentré en France, il écrivit beaucoup, avec un grand souci pédagogique qui fit de lui un authentique vulgarisateur de l'Égypte ancienne. Il eut aussi le talent des grandes synthèses, comme on le voit dans son *Histoire ancienne des peuples de l'Orient*, parue de 1894 à 1899. Son second séjour en Égypte (1899-1914) fut surtout consacré à la conservation des antiquités, au travail muséographique, mais aussi aux chantiers de restauration et de consolidation à Saqqarah, Thèbes et Karnak en particulier, où il fallut redresser seize colonnes de la salle hypostyle ; il intervint encore à Esneh, Edfou, Kom-Ombo. Puis, à partir de 1904, il lui fallut parer à la montée des eaux du Nil consécutive à la construction du premier barrage d'Assouan, et sauver (une première fois...) les monuments de Philae de la submersion.

À partir de 1902, Maspero transféra les collections du musée de Boulaq au nouveau musée du Caire. Leur présentation resta celle qu'il leur avait donnée jusqu'à ces dernières années qui ont vu des agrandissements et des transferts indispensables pour faire vivre cette vénérable institution. Maspero mourut le 30 juin 1916 d'un arrêt cardiaque en pleine séance de l'Académie française. Il ne s'était pas remis de la perte de son fils Jean, tué sur le front en 1915.

L'égyptologie du XXe siècle a continué à se développer dans un contexte colonial jusqu'à l'indépendance de l'Égypte (1922), puis celle du Soudan (1956). Ne disposant que de maigres budgets culturels et ne pouvant former que trop peu de chercheurs, les deux États ont laissé faire les missions étrangères et ont cherché aussi le soutien d'organismes internationaux comme l'Unesco, seuls capables d'entreprendre de grands chantiers de sauvetage.

Les nationalismes aidant, la coopération entre les États égyptien, soudanais et les organismes de recherche étrangers s'est souvent révélée délicate. C'est au Soudan que les choses se sont le plus mal passées, et depuis trente ans l'activité archéologique y est réduite à la portion congrue. L'insécurité et les caprices des autorités interdisent tout programme à long terme, cependant que l'activité des pillards et des trafiquants continue de ruiner les sites.

Le gouvernement égyptien mène, depuis 1952, une politique de coopération au coup par coup ; des accords sont conclus site par site avec tel ou tel pays. Ainsi la Pologne a longtemps assumé la restauration du temple d'Hatchepsout, à Deir el-Bahari, alors que la France se consacre à l'immense « parc » archéologique de Karnak. Lorsque la Française Christiane Desroches Noblecourt lança, en 1960, un appel à la solidarité mondiale pour sauver les sites nubiens menacés par le nouveau barrage d'Assouan, c'est l'Unesco qui coordonna l'énorme chantier. Mais les fonds étaient surtout français. Ils permirent de sauver de l'engloutissement les deux temples d'Abou Simbel, Philae, les sites de Kakabcha, d'Ouadi es-Séboua ; le temple d'Amada, avec ses fresques si fragiles, fut enlevé en un seul bloc !

Créé par Mariette, le Service des antiquités égyptiennes a été remis à l'Égypte en 1952 ; depuis 1980, il porte le nom d'Organisation des antiquités égyptiennes et dépend du ministère de la Culture. Son travail essentiel est d'autoriser et de superviser la totalité des fouilles déclarées et entreprises dans le pays ; il doit aussi coopérer avec les services de police pour réprimer vols, recels et transferts illicites d'antiquités à l'étranger ; il travaille en étroite coopération avec les instituts archéologiques étrangers présents en Égypte. Les instituts allemand, suisse, américain (université de Chicago), hollandais, autrichien sont les plus actifs. La France occupe une place particulièrement importante.

Mariette et Maspero ont donné une tournure à la fois institutionnelle et scientifique à l'égyptologie. Ils ont apporté rigueur, prudence et règles méthodologiques sur les chantiers. Après eux, les fouilles archéologiques se sont imposées, tout comme les relevés photographiques *in situ*, le recours aux techniques les plus sophistiquées pour la datation et la conservation des objets. Mais, pendant longtemps, l'égyptologie est restée un champ archéologique particulièrement romanesque marqué par des découvertes fortuites et exceptionnelles. Bien entendu, l'épisode le plus fameux reste la découverte de la tombe de Toutânkhamon par Howard Carter et lord Carnavon, dans la Vallée des Rois, le 4 novembre 1922. Cette petite tombe – la plus petite de la nécropole –, consacrée à un souverain mort très jeune et auteur d'aucun fait notable, se révéla un prodigieux trésor, le plus important jusqu'à nos jours. Le récit de la découverte fit tout de suite le tour du monde et l'échange entre Carter et Carnavon à l'entrée du tombeau a pris un tour légendaire :

Carnavon : Voyez-vous quelque chose ?

Carter : Oui, des choses merveilleuses !

En fait, l'ouverture et l'investigation de la tombe de Toutânkhamon prirent quatre années. Il faut reconnaître que, dans l'ensemble, l'inventaire et l'évacuation de ce prodigieux bric-à-brac se firent dans le respect des règles élémentaires d'un travail scientifique. La littérature qui s'ensuivit, la légende d'une malédiction des pharaons, ne sauraient être imputées aux deux chercheurs disparus quelques années plus tard.

En 1939, le Français Pierre Montet ne bénéficia pas du même effet médiatique lorsqu'il découvrit à Tanis, dans le Delta oriental, la tombe d'Osorkon II, déjà pillée, puis celle de Psousennès, inviolée, de même que celles de plusieurs grands serviteurs. La moisson fut moins abondante que dans la tombe de Toutânkhamon, mais le mobilier funéraire se révéla d'« une remarquable qualité artistique ».

Héritier de l'école créée par Mariette, l'Institut français d'archéologie orientale du Caire (IFAO), occupe une place à part dans le monde de l'égyptologie. C'est grâce à lui que toute une lignée d'archéologues français ont pu entreprendre des chantiers majeurs et financer la publication de leurs résultats. Depuis Maspero, les égyptologues français ont souvent la primeur ; il suffit de citer les noms de Georges Legrain (1865-1917), d'Étiennne Drioton (1889-1961), de François Daumas (1915-1984), et, parmi leurs cadets, ceux de Pierre Montet, Jean Leclan, Jean Vercoutter, Jean Yoyotte, Pascal Verrus. Quant à Christiane

Desroches Noblecourt (née en 1913), elle a su, après le sauvetage des sites nubiens qui n'aurait pas eu lieu sans son intervention auprès des plus hautes autorités françaises et égyptiennes, vulgariser l'égyptologie en organisant à Paris des expositions prestigieuses : on rappellera ici les expositions Toutânkhamon (1967), Ramsès II (1976) et Amenhotep III (1993).

Dans les années 1990, les fouilles conduites par Jean-Yves Empereur à Alexandrie ont connu un écho considérable. Aussi bien du fait de la découverte des soubassements du phare d'Alexandrie (avec la remontée de plus de 5 000 pièces submergées, dont des sphinx et des statues colossales de rois ptolémaïques) que de la mise au jour de la Cité des morts, Nécropolis, en 1997.

On le voit, l'égyptologie a encore de beaux jours devant elle, mais il lui faut souvent procéder dans l'urgence, car l'urbanisation « galopante » du delta est un facteur de premier ordre dans la destruction des vestiges.

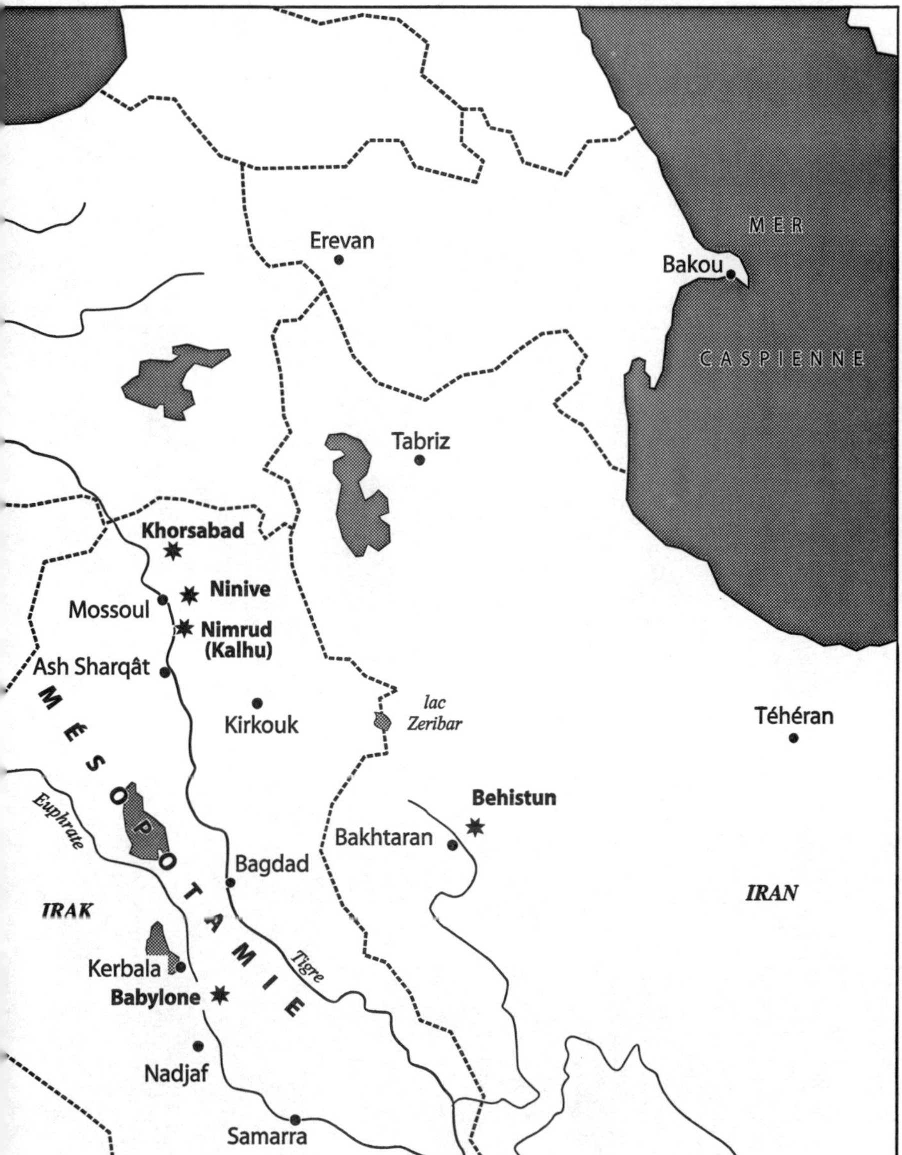

La Mésopotamie

IV

À la recherche des royaumes de la Bible

De la civilisation mésopotamienne, glorieuse et flamboyante durant trois millénaires, il ne restait plus que des monticules et des tablettes d'argile éparses après les passages des conquérants mèdes et perses, puis des troupes d'Alexandre de Macédoine, enfin les ravages des peuplades qui allaient envahir l'Europe. Hors la magnificence de Bagdad, l'ère chrétienne plongea la région dans l'oubli durant les siècles suivants. Comment cette grande civilisation aurait-elle jamais pu renaître, sinon, comme toujours, par la curiosité de quelques-uns ? C'est tout récemment qu'on la découvrit fondatrice, antérieure même à l'égyptienne. Ainsi vont le cours du temps et l'évolution de l'humanité.

La Bible parle souvent de ces premières villes élevées dans la partie du monde que nous nommons encore Mésopotamie, (« le pays d'entre les fleuves »). Même si elle énumère nombre de cités qui n'ont pas été retrouvées et sont vraisemblablement à jamais perdues, leurs noms : Sépharvaïm, Sirgilla, Sodome, Gomorrhe... continuent de façonner notre imaginaire tout comme ils ont résonné à travers les âges. La dernière en date des cités « introuvables » est celle d'Agadé, la capitale du grand Sargon. Mais, à côté de ce grand silence propre aux minéraux et aux éléments, d'autres ruines ont été découvertes et étudiées depuis qu'est née l'archéologie : Khorsabad, Nimrud, Ninive, Babylone, Ur (Our), Sumer, Suse ou bien encore Uruk.

Jusqu'au XIXe siècle, l'Occident ignora la réalité des grands royaumes de Babylone et surtout d'Assur (l'Assyrie), qui avaient dominé la région ; la seule certitude était donnée par les Hébreux et par les Grecs, repris par les Latins, unanimes à rapporter leur réjouissante destruction ; les voyageurs occidentaux qui parcoururent ensuite la région joignirent leur témoignage à celui des Anciens : sur place, jalonnant le désert, ne restaient plus que des tertres stériles indiquant très approximativement l'emplacement de cités jadis florissantes. C'est de ces tertres dénudés que devait jaillir une moisson de documents et de monuments qui permirent de reconstituer l'histoire des hommes depuis la plus haute Antiquité.

Au commencement, en Occident, il y avait eu le désir de pèlerinage vers les Lieux saints. Puis vinrent, au-delà de la Palestine et de la Jérusalem « délivrée » (par la première croisade) – mais reconquise par les Ottomans –, le commentaire savant du Livre et le besoin de trouver dans ces terres mythiques ce qu'il subsistait des cités, des royaumes et des rois que les versets sacrés nommaient. On ne découvrit d'abord que du sable, des pierres, un désert entre les deux fleuves, Tigre et Euphrate ; dans le désert, au milieu des jardins, la ville des califes : Bagdad. Toutefois, une indétermination persistait, contraignant les curieux à demeurer circonspects. Il était en effet exclu que d'éventuelles découvertes allassent contredire le Verbe divin et tout autant le Savoir accrédité par des siècles d'énonciations.

Au ve siècle avant notre ère, Hérodote d'Halicarnasse visita la Babylonie, province méridionale de l'Empire assyrien dont la Chaldée biblique constitue la partie sud-ouest, entre Euphrate et golfe Persique, et donna de la ville une description émerveillée, laquelle servit ensuite de guide aux fins lettrés parcourant le pays. En voici un extrait :

> « C'était là que les rois [d'Assyrie] faisaient leur résidence depuis la destruction de Ninive. Située dans une grande plaine, cette ville est de forme carrée. Chacun de ses côtés a cent vingt stades [1] de long, ce qui fait pour l'enceinte de la place quatre cent quatre-vingts stades. Elle est si magnifique que nous n'en connaissons pas une qu'on puisse lui comparer. Un fossé large, profond et plein d'eau, règne tout autour ; on trouve ensuite un mur de cinquante coudées de roi d'épaisseur sur deux cents en hauteur. La coudée de roi est de trois doigts plus grande que la moyenne. [...] À mesure qu'on creusait les fossés, on en convertissait la terre en briques ; et, lorsqu'il y en eut une quantité suffisante, on les fit cuire dans des fourneaux. Ensuite, pour servir de liaison, on se servit de bitume chaud, et, de trente couches en trente couches de briques, on mit des lits de roseaux entrelacés ensemble. On bâtit d'abord de cette manière les bords du fossé. On passa

---

1. 1 « stade » grec équivaut à 600 pieds... dont la transcription en système métrique varie, selon la « qualification » du stade, entre 147 mètres et 192 m (celle du « stade olympique »). Babylone se serait donc inscrite au minimum dans un carré de 17,640 km de côté, et son périmètre aurait alors été de 70,560 km.

ensuite aux murs qu'on construisit de même. [...] Il y avait à cette muraille cent portes d'airain massif, comme les jambages et les linteaux.

« À huit journées de Babylone est la ville d'Is, située sur une petite rivière du même nom qui se jette dans l'Euphrate. Cette rivière roule avec ses eaux une grande quantité de bitume : on en tira celui dont furent cimentés les murs de Babylone.

« L'Euphrate traverse cette ville par le milieu et la partage en deux quartiers. Ce fleuve est grand, profond et rapide ; il vient de l'Arménie et se jette dans la mer Érythrée. L'une et l'autre murailles forment un coude sur le fleuve. À cet endroit commence un mur de briques cuites dont sont bordés les deux côtés de l'Euphrate. Les maisons sont à trois et quatre étages. Les rues sont droites et coupées par d'autres qui aboutissent au fleuve. En face de celles-ci on a pratiqué, dans le mur construit le long du fleuve, de petites portes pareillement d'airain, par où l'on descend sur ses bords. Il y en a autant que de rues de traverse. Le mur extérieur sert de défense. L'[le mur] intérieur n'est pas moins fort, mais il est plus étroit. Le centre de chacun de ces deux quartiers de la ville est remarquable : l'un par le palais du roi, dont l'enceinte est grande et bien fortifiée ; l'autre par le lieu consacré à Jupiter Bélus, dont les portes sont d'airain et qui subsiste encore actuellement. C'est un carré régulier qui a deux stades [environ 300 m] en tous sens. On voit au milieu une tour massive qui a un stade tant en longueur qu'en largeur ; sur cette tour s'en élève une autre, et sur cette seconde encore une autre, et ainsi de suite, de sorte que l'on en compte jusqu'à huit. On a pratiqué en dehors des degrés qui vont en tournant et par lesquels on monte à chaque tour. Au milieu de cet escalier on trouve une loge et des sièges où se reposent ceux qui montent. Dans la dernière tour est une grande chapelle, dans cette chapelle un grand lit bien garni, et près de ce lit une table d'or. On n'y voit point de statues. Personne n'y passe la nuit, à moins que ce ne soit une femme du pays dont le dieu a fait choix, comme le disent les Chaldéens qui sont les prêtres de ce dieu[1]... »

D'aucuns en déduisirent que la tour décrite par Hérodote était la « tour de Babel ». Pour les rationnalistes du XIXe siècle, il s'agissait d'un observatoire astronomique des Chaldéens. Mais les historiens n'étaient pas tous d'accord : certains doutaient même de la visite d'Hérodote à Babylone. C'est ce que souligne Larcher dans son avant-propos sur « La vie d'Hérodote » : « Je sais que plusieurs personnes éclairées [...] doutent qu'Hérodote ait jamais voyagé en Assyrie. Je ne puis mieux répondre [...] qu'en me servant des propres termes d'un autre savant [...], le président Bouhier : "Quoique les passages d'Hérodote, qui ont fait croire à beaucoup de gens qu'il avait été réellement à Babylone, ne soient pas bien clairs, il n'est presque pas possible de douter qu'il ne l'ait vue, si on veut prendre la peine d'examiner la description exacte qu'il fait en ces endroits de toutes les singularités de cette grande ville et de ses habitants. Il n'y a guère qu'un témoin oculaire qui en puisse parler avec autant de précision, surtout dans un temps où aucun autre Grec n'avait encore rien écrit là-dessus". [2] »

La plaine où coulaient le Tigre et l'Euphrate était nue et poussiéreuse ; les crues y étaient brutales et dévastatrices. Le limon et les branchages constituaient bien les seules matières premières de ce pays désolé. Tout manquait et

1. Hérodote, *L'Enquête*, livre I, §§ 178 à 187 ; traduction du XIXe siècle (traduction Larcher).

2. Hérodote, *Histoire*, traduite du grec par Larcher, édition de 1850.

donc tout fut créé : l'irrigation, la roue, la métallurgie, la sculpture, les palais monumentaux, les cités-États dirigées par un monarque.

Bâtie après Ninive, ville royale, Babylone fut une capitale religieuse. Cependant, l'une et l'autre, édifiées entre vingt-sept et vingt-trois siècles avant notre ère, succédaient à une « ville mère » (Nimrud ? Uruk ?) qui fut la source de toutes les cités. Ce sont les découvertes archéologiques qui nous ont permis de mieux comprendre l'organisation même de ces cités et d'en saisir l'organisation sociale et religieuse. C'est ce qui a été exhumé en deux siècles par l'archéologie, en commençant par Ninive et Babylone. Mais le trait dominant du travail scientifique fut de pénétrer tout d'abord les mystères de l'écriture et de ne plus jamais la quitter – l'écriture, invention majeure des humains !

Longtemps les voyageurs occidentaux avaient soupçonné à juste raison que les tertres, les *tells*, situés au nord du village de « Ninioua h », face à Mossoul, désignaient l'emplacement de l'ancienne ville de Ninive. Au dernier tiers du XIIe siècle, le rabbin Benjamin de Tudèle, dans la relation de son voyage à travers l'Europe et l'Asie Mineure, parle de Ninive en ces termes : « C'est ici que commence la Perse. Al-Motzal [Mossoul] est une grande ville et très-ancienne, sur le fleuve de Chiddekel, c'est-à-dire sur le Tigre, entre laquelle est Ninive, qui est déserte ; il n'y a qu'un pont. On y voit pourtant encore plusieurs villages et châteaux. [...] La ville de Ninive est située sur le Tigre. » Plus loin, passé Bagdad – « une ville de trois milles de circuit » au milieu d'un pays qui abonde « en palmiers, en jardins et en vergers qui n'ont pas leurs pareils ; on y vient de toutes parts pour le commerce ; on y voit des savants, des philosophes habiles en toutes sortes de sciences, et des mages experts en toutes sortes d'enchantements » –, on arrive à Resen (Ras al-Aien). « De là à Babel, il y a une journée ; c'est cette ancienne Babylone qui est maintenant ruinée, dont les rues s'étendent sur trente milles de circuit ; on y voit encore le palais ruiné de Nébucadnezar. Tout le monde craint d'y entrer à cause des serpents et des scorpions qui y sont. »

Au XVe siècle, un ambassadeur vénitien, Giosafat Barbaro (1413-1494), fit une découverte déterminante. Il avait passé les fleuves (qui ne joignaient pas encore leurs eaux dans le Chott al-Arab) et pénétré en Perse au-delà de Bassora. Un peu au nord-est de Chiraz, il découvrit et s'enthousiasma pour les ruines grandioses de Persépolis, et en parla.

En 1621, sur les traces de Barbaro, le Romain Pietro della Valle (1586-1652) recopia, dans cette même Persépolis, puis dans la région de Qazvin, des inscriptions qui passaient pour de l'ornementation. Un Anglais, Robert Sherley, voulut lire l'ascension du Christ dans les sculptures – plus tard célèbres – de Behistun... De son côté, un Français jura y avoir vu le Christ et les apôtres. Della Valle envoya ses dessins par lettre à un ami napolitain. Sur les dessins, ou à côté, figuraient, fidèlement reproduits, d'étranges groupes de « clous » gravés ou imprimés en creux. Ce furent les premiers caractères mésopotamiens présentés en Europe. Pour la raison qu'on les trouvait un peu partout dans cette région du Moyen-Orient, on pensait à juste titre qu'ils constituaient une manière d'écriture d'autorité, mais ils demeuraient obscurs. En fait, ils étaient présents sur toute l'étendue du territoire couvert par le pouvoir mésopotamien. Mais cela, on ne le saurait que beaucoup plus tard, lorsqu'on s'aviserait d'en circonscrire la géographie. Cette écriture (soupçonnée) semblait encore plus étrange que celle (supposée) des hiéroglyphes égyptiens. Comme elle était composée d'assemblages d'un signe unique répété, en forme de clou ou de coin, on lui donna évidemment le nom de *cunéiforme*, du latin *cuneus* : « coin ». On ne se doutait pas encore qu'on allait, ce faisant, bouleverser la vision de l'histoire que pouvaient avoir les érudits. Et que le sumérien disait « triangle » là où les Européens parlaient de « coin ».

Au milieu du XVIIe siècle, le joaillier Jean-Baptiste Tavernier (1605-1689), explorant les deux fleuves de Mésopotamie, l'Euphrate, rivière à l'eau « rougeâtre et moins rapide que celle du Tigre, qui semble blanchâtre comme celle de la Loire », découvrit lui aussi ce qui subsistait selon lui de Ninive. Il avait traversé le Tigre à « Moussul » (Mossoul) :

« Ninive, qui était bâtie sur la rive gauche du Tigre du côté de l'Assyrie [de la Perse], n'est à présent qu'une confusion de vieilles masures qui s'étendent environ une lieue le long du fleuve. On y voit quantité de voûtes ou cavernes inhabitées, sans qu'on puisse bien juger si ces voûtes servaient de demeures aux habitants ou s'il y a eu au-dessus quelque chose d'élevé, la plupart des villages de Turquie étant comme enfoncés dans la terre ou ne venant guère qu'au premier étage. À une demi-lieue du Tigre, il y a une petite colline [Nabi Yunus, « Prophète Jonas »] entourée de plusieurs maisons, et, au-dessus, une assez belle mosquée. C'est où ceux du pays disent que Jonas est enterré[1], et ce lieu-là leur est en si grande vénération qu'il n'y a point de chrétien qui puisse y entrer, si ce n'est par une faveur particulière en donnant de l'argent. »

---

1. Le français de Tavernier est parfois approximatif, mais il est pittoresque et l'homme ne rate aucun détail...

Un siècle encore, et de nombreux voyageurs passèrent avant qu'un Allemand, paysan devenu géomètre du roi du Danemark, Carsten Niebuhr (1733-1815), séjourne bien involontairement dans cette région du nord-ouest de la Perse. Il revenait des Indes par la route terrestre, ayant perdu à l'aller, par mer, ses compagnons décimés tant par les bandits que par les maladies. Il eut tout le loisir et le goût de reproduire les curiosités qu'il rencontrait, dont les étranges inscriptions de la falaise sculptée de Behistun (Bagistana [« séjour des dieux »] pour les Anciens, Bisoutoun pour les Modernes). Le monument, aujourd'hui classé au patrimoine mondial par l'Unesco, est situé le long d'une passe qu'empruntait la route antique d'Ecbatane (Hamadan) à Babylone, au travers des contreforts occidentaux des monts Zagros. Il se trouvait à une journée de marche de Kermanchâh, sur les confins occidentaux de la Médie (de la Perse, l'Iran actuel). Carsten Niebuhr publia une partie de ses dessins dès son retour, lesquels furent aussi utilisés pour illustrer les récits de ses voyages aventureux.

Ce qui commençait à intriguer les érudits et les savants, c'est que les inscriptions relevées sur les monuments et les stèles se retrouvaient sur des objets beaucoup plus petits : des briques d'argile cuite. Un lieu commun du commentaire – qui continuait (et continue) d'ignorer une partie des travaux alors entrepris – veut que, jusqu'à la moitié du XIXe siècle, « les voyageurs qui avaient visité les bords de l'Euphrate et du Tigre apportaient en Europe des briques couvertes d'une multitude de petits caractères graphiques en forme de clous, des cachets et des tubes ou cylindres offrant d'étranges représentations d'hommes et d'animaux fantastiques ; on déposait dans les collections ces petites curiosités, trouvées pour la plupart à quelques journées de Bagdad, aux environs de Hillah, sans trop deviner ce que l'érudition pourrait jamais en faire jaillir pour éclairer l'histoire ancienne de l'Assyrie. On signalait aussi deux ou trois débris informes de sculpture : un lion dévorant un homme, la robe et les pieds d'une femme inconnue[1]... »

Parmi ces « petites curiosités », la plus célèbre de ce temps-là fut « le caillou Michaux », une pierre sculptée de 45 cm de haut, en serpentine noire (un silicate de magnésium). Achetée en 1782, elle avait été rapportée de Babylone à Paris en 1786 par un botaniste, André Michaux (1746-1802), à l'issue d'un voyage dans l'Empire ottoman et en Perse, de Bassora à la mer Caspienne, en compagnie du consul Jean-François Rousseau, cousin de Jean-Jacques. On apprendrait, après la « découverte » de l'écriture cunéiforme, que ce caillou était un *kudurru* : une borne-limite portant un acte de donation de terres, avec, au-dessus des inscriptions, une figuration symbolique des dieux invoqués. « Le caillou Michaux » est aujourd'hui conservé à la Bibliothèque nationale de France.

L'Histoire telle que nous l'entendons est née trois mille ans avant notre ère avec l'invention de l'écriture en Mésopotamie. Juste retour des choses, c'est précisément par l'écriture, plus que par les monceaux informes qui recouvraient les sites de Babylone et de Ninive, que l'histoire mésopotamienne ressuscita il y a un peu moins de deux cents ans seulement. C'est par le travail patient et acharné des philologues et des épigraphistes – que l'on nomma très vite des assyriologues – que l'histoire de la Mésopotamie, centre du monde civilisé, a enfin pu se réécrire. Le temps passé à déchiffrer, analyser et traduire des milliers de tablettes d'argile frappées de groupes cunéiformes a éclairé

1. Édouard Charton (1807-1890), érudit fondateur du *Magasin pittoresque*, in *Voyageurs anciens et modernes* (1854).

la signification de tous les trésors exhumés ensuite au fil des années par les archéologues. En effet, au tout début, ce ne sont ni la chasse aux trésors, ni les terrassements opiniâtres de piocheurs en mal de découvertes, ni les exhumations accidentelles de quelque cultivateur qui lancèrent la recherche archéologique dans cette région du monde. Le besoin d'explorer la Mésopotamie fut déclenché par la résolution d'une énigme : celle que posait son étrange écriture.

Les dessins rapportés de la falaise sculptée de Behistun (que les membres de la Société de géographie nommaient encore Bisoutoun en 1860) présentaient trois colonnes parallèles remplies des mêmes caractères. Niebuhr avait supposé que l'écriture des trois inscriptions étaient les copies de l'une d'entre elles. Le problème était que le nombre de caractères était de quarante dans une colonne, d'une centaine dans la deuxième, et atteignait cinq cents dans la troisième. Ces trois colonnes d'écritures demeuraient « muettes ».

On a raconté quantité de sornettes sur la découverte du sens de l'écriture cunéiforme. On l'a même romancée. Son histoire a toutefois été rapportée avec beaucoup de sérieux dès la seconde moitié du XIXe siècle par des membres de la Société de géographie. Il nous paraît naturel de nous en tenir à la justesse de ces récits.

Au début, le problème du déchiffrement se présentait ainsi :

« La première impression que l'on éprouve en présence des travaux dont les inscriptions cunéiformes ont été l'objet, et des résultats dont ces travaux ont été couronnés, est un sentiment d'admiration. Voici une inscription tracée en caractères bizarres, sans la moindre analogie avec le moindre alphabet connu. Tout s'y réduit à un signe unique, un trait en forme de coin ou de cône très allongé, et ce signe, combiné de diverses façons, forme un grand nombre de groupes différents. Ces groupes figurent-ils des lettres ou des mots entiers, comme dans nos écritures alphabétiques, ou bien ne serait-ce que des signes figuratifs comme les caractères de l'écriture chinoise ? On l'ignore. On n'a pas non plus le moindre indice de la langue dans laquelle l'inscription est conçue. C'est l'inconnu à sa troisième puissance. Cet effrayant problème, un savant hanovrien, Georg Friedrich Grötefend, ne craignit pas de l'aborder. C'était en 1802. Et non seulement il l'aborda, mais il en trouva la solution[1]. »

Au cours d'une soirée chez des amis, Georg Friedrich Grötefend (1775-1853), maître d'école à l'établissement municipal de Hannoversch Münden, mais philologue averti, resta un instant fasciné par les inscriptions régulières décorant un objet de terre cuite que Niebuhr avait rapporté de Persépolis. Mû par une intuition subite, il prit à témoin l'assemblée, faisant le pari que les inscriptions étaient une « écriture » et qu'il se faisait fort d'en trouver le sens. À l'université de Göttingen, il avait étudié le latin et le grec, l'hébreu, le vieux-persan... et il avait également des notions de quelques autres langues anciennes.

Vivien de Saint-Martin, qui raconte l'aventure, ajoute : « À certains indices qui se trouvèrent justifiés par le résultat, Grötefend crut reconnaître, dans celle des inscriptions de Niebuhr à laquelle il s'était attaché, la place occupée par des noms propres ; et, par un second prodige de divination, il supposa que deux de ces noms pouvaient être

1. *Ninive* (1844-1860 – texte inédit), par Louis Vivien de Saint-Martin, secrétaire général de la Société de géographie, in *Le Tour du Monde*, t. VII.

ceux de Darius et de Xercès [*sic*]. C'est ce qu'en arithmétique on appelle une règle de fausse position. Il y avait cent chances contre une que ces suppositions n'aboutiraient pas ; elles se trouvèrent justes. Grötefend avait trouvé la base... » Il avait repéré le nom d'un roi sur la partie du texte en vieux-persan et, se présentant de manière répétitive, un groupe de caractères évoquait l'énonciation d'une généalogie.

En effet, dans tous les cas, on arrive à la connaissance des lettres par les noms propres, lesquels ne changent ordinairement pas beaucoup d'une langue à l'autre. Par les lettres, on recompose les mots. Et par les mots, on arrive à la langue. Tel fut le mécanisme de la première restitution d'une langue perdue. Elle précéda de plus de vingt ans le déchiffrement des hiéroglyphes, mais elle ne fut réellement exploitée que vers le milieu des années 1830 par le Français Burnouf, l'Allemand Lassen, le Britannique Rawlinson, qui, sans se concerter, parvinrent à des résultats identiques.

Grötefend connaissait, par Hérodote et les historiens grecs, les noms de la lignée achéménide... Il retrouva le texte grec et lui substitua une phonétique perse. Puis il compta les signes, les compara, remarqua les « mots », c'est-à-dire les groupes composés des mêmes signes qui, placés dans le même ordre, étaient répétés sur plusieurs rangs. Il identifia le vieux-persan et, ainsi, réussit à traduire et à lire les noms. Il procéda par élimination : ce ne pouvaient être ni Cyrus, ni Cambyse, ni Artaxerxès... c'étaient Darius et son fils Xerxès. Georg Friedrich Grötefend avait gagné son pari. À vingt-sept ans, il venait de « réinventer » le cunéiforme. Fort de cette découverte, il tenta d'opérer de même pour les termes insérés entre les noms propres. Mais, malgré ses efforts pour terminer son travail, devant l'hostilité et l'indifférence de l'université de Göttingen qui refusa d'abord de publier ses recherches, Grötefend ne réussit pas à aller au-delà de ses premières trouvailles. Son érudition, son intuition, sa pugnacité avaient néanmoins ouvert la voie à la recherche scientifique, notamment par la publication non officielle d'un « syllabaire ».

Un pas décisif supplémentaire fut franchi en 1835 lorsqu'un officier britannique, le major Henry Creswicke Rawlinson (1810-1895), conseiller militaire auprès de l'armée du shah, s'intéressa de plus près aux sculptures de Behistun. Officier de l'armée des Indes, grand voyageur, le major Rawlinson avait appris l'arabe, l'hindoustani et le persan moderne. Il avait aussi pris connaissance des travaux de Grötefend. En 1833, il fut envoyé en Perse comme agent diplomatique et conseiller militaire. Il eut plus de chance que son collègue russe Alexandre Griboïedov qui venait d'être assassiné par la populace de Téhéran[1]. Le shah préférait l'influence anglaise. Les grandes manœuvres diplomatiques eurent ainsi leur part dans l'archéologie naissante en cette partie du monde.

Major de cavalerie et grand sportif, Rawlinson adorait parcourir les sentiers difficiles des monts Zagros. Un jour de 1835, les pas de son cheval le conduisirent devant l'énorme rocher de Behistun, et il contempla, à trois cents pieds au-dessus de sa tête, le bas-relief surmontant des lignes d'inscriptions en colonnes avec, çà et là, des cartouches également couverts de signes. Déjà connu des auteurs grecs, et de tous temps aperçu d'en bas par les voyageurs, le rocher de Behistun demeurait une énigme,

1. Ce qui est raconté dans un superbe roman de Iouri Tynianov : *La mort du Vazir Mouktar*. Les restes d'Alexandre Griboïedov (1790-1829), aristocrate « décembriste », poète et diplomate, furent rapportés en Russie par un cousin du shah au moment où Pouchkine accomplissait son « voyage au Caucase ».

et ce, malgré des interprétations plus fantaisistes les unes que les autres.

L'intrépide militaire n'hésita pas. Du sommet de la montagne il fit couler une échelle de corde, descendit à bonne hauteur et, suspendu de manière acrobatique, commença à relever les textes signe par signe. Il repéra des paliers dans le rocher et y appuya de fragiles échafaudages à partir desquels il dressa des échelles. Il a raconté ce périlleux exercice de relevés : « Debout sur la plus haute marche de l'échelle, sans autre support que mon corps maintenu le plus près possible du rocher à l'aide du bras gauche, tandis que ma main gauche tenait un carnet de notes et la droite un crayon, je copiais ainsi les inscriptions supérieures, et l'intérêt de mon occupation m'enlevait tout sens du danger. »

Dès lors, il employa ses moments de loisir à grimper au flanc de la falaise pour aller étudier de plus près la fantastique inscription de quinze mètres de haut sur vingt-cinq de large, surmontée d'une frise sculptée. Dans ses premières explorations, il releva ce qu'il connaissait et qui était du vieux-persan. Ensuite il prit des empreintes par moulage de papier mâché. Ce qu'il ne pouvait atteindre, il demanda à un agile (et bel) adolescent kurde (un « Mède » ?) de l'aller voir de plus près, juché sur une escarpolette de son invention pendue à deux coins de bois. Rawlinson, au fait des démarches de Grötefend, reprit ses suppositions comparatives. Ce qu'il déchiffra alors joua un peu le rôle tenu en égyptologie par la pierre de Rosette. Une nouvelle fois, la philologie précédait l'archéologie. Et le déchiffrement fut obtenu autant par illumination empirique que par convergence de raisonnements scientifiques appuyés sur la connaissance des langues anciennes. Il fallut tout de même plusieurs années pour venir à bout de la totalité du déchiffrement des inscriptions.

Rawlinson comme Grötefend, se référa à la liste des rois achéménides. Les innombrables répétitions, les nombreux noms propres de personnes et de lieux, connus par ailleurs, lui permirent de lire la première « écriture », en vieux-perse, d'une langue morte datant de vingt-cinq siècles. Elle célèbre Darius, roi des Perses, ses exploits et sa lignée.

Rawlinson s'attaqua ensuite aux deux autres colonnes d'écriture. À force de comparaisons appuyées sur les études en cours, on comprit relativement vite que la deuxième écriture représentait un système syllabique d'une centaine de signes, auquel s'ajoutait en partie un système idéographique. On lui donna le nom de langue élamite, langue isolée qui fut longtemps en usage dans la partie sud-ouest de l'Iran, autrefois appelée Élam. Les souverains achéménides tels que Darius le Grand la faisaient figurer dans leurs inscriptions officielles, car le vieux royaume d'Élam représentait une des régions d'importance, sur les plans culturel et économique, de leur empire.

Le mystère que représentait la troisième colonne, avec son demi-millier de signes, décourageait les meilleures volontés. Et pourtant, cette écriture correspondait au système utilisé partout en Mésopotamie. Tout comme l'élamite, elle mêlait phonétique et idéographie, mais de manière bien plus importante et plus complexe, le même caractère pouvant avoir, selon le contexte, plusieurs significations sur les trois plans phonétique, idéographique et indicatif. Après de nouvelles découvertes et des déchiffrements laborieux encore empreints de perplexité, on conclut que cette langue si complexe, utilisée dans la Mésopotamie antique, était forcément rattachée à la famille des langues sémitiques, les idiomes du Proche-Orient ancien et moderne : l'hébreu, l'araméen, l'arabe. Une parenté qui accéléra le processus de déchiffrement.

Les assyriologues pouvaient comparer le sens des mots qui se retrouvaient soit en arabe ou en hébreu, et si certains termes n'avaient pas leur équivalent dans les langues sémitiques, on faisait des recoupements et des comparaisons avec les deux autres écritures, le vieux-persan et l'élamite.

Ce langage, que l'on nomma d'abord « assyrien » par référence aux premiers habitants connus du nord de la Mésopotamie, était, avec le « babylonien » du Sud, l'un des deux grands dialectes d'un langage sémitique appelé aujourd'hui « akkadien ».

C'est ainsi que des siècles après l'utilisation de cette écriture fixée dans la terre cuite ou gravée dans le calcaire tendre, l'homme put lire de longues listes encyclopédiques, des transactions du commerce, des quantités de telle ou telle marchandise, la superficie d'un terrain, l'importance des récoltes, l'énumération des professions, de l'artisan au prêtre, tous les noms d'animaux réels ou mythiques, celui des hommes et des dieux, la loi des rois.

Behistun revêt une singulière importance. Ce lieu figure dans l'histoire du monde comme l'attestation de la grandeur du souverain qui a configuré l'ornement et ordonné l'écriture. Dans la frise sculptée, comme on sait, on a vu toutes sortes de personnages dans les profils dominant l'inscription. « Une énorme muraille se dresse, surplombant la route qui longe au nord les bords d'un torrent. La face verticale du rocher a été nivelée et polie, et sur cette tablette naturelle, à la hauteur de trois cents pieds au-dessus de la plaine, Darius fit graver l'inscription commémorative des événements qui remplirent les premières années de son règne. De nombreux prétendants à la couronne s'étaient présentés à la mort de Cambyse, successeur de Cyrus, et avaient soulevé diverses provinces de l'empire ; Darius marcha contre eux, il les réduisit successivement, s'empara de leurs personnes et les mit à mort. Ces victoires forment le sujet du bas-relief qui accompagne l'inscription[1]. »

Neuf « rois » vaincus y sont représentés. Ils marchent à la file indienne, les mains entravées, la corde au cou. Au-dessous, les textes sont en quelque sorte les « légendes » (la justification) en trois langues de cette « bande sculptée ». Ils racontent comment Darius défit Gaumâta et les neuf « rois menteurs », avec l'aide du dieu.

« Darius est devant eux, le front ceint d'un diadème, la main levée en signe d'autorité, le pied posé sur un dixième captif étendu à terre... Au-dessous de la figure prosternée que le roi foule aux pieds, on lit dans une tablette cette légende en sept lignes : "Ce Gaumâta, le Mage, a proféré un mensonge lorsqu'il a dit : Je suis Bordiya, fils de Kourousch [Cyrus] ; je suis le roi." » Chacun des neuf « rois » et chacune des provinces soulevées est désigné par son nom.

L'inscription qui surmonte la figure de Darius – « Darius » est l'apocope de « Darijawaoush »... en version originale – dit ceci : « Je suis Darius, le Grand Roi, le Roi des Rois, roi de la Perse, roi des provinces, fils de Vichtâspa, petit-fils d'Arschâma, de la race d'Hakhâmanich. Le roi Darius dit : Mon père était Vichtâspa, le père de Vichtâspa était Arschâma, le père d'Arschâma était Aryaramna, le père d'Aryaramna était Tchichpich, le père de Tchichpich était Hakhâmanich. Le roi Darius dit : C'est pour cela que nous avons été appelés Hakhâmanichiyâ [Achéménides]. De toute antiquité nous avons été puissants. De toute antiquité notre race a été une race royale. Le roi Darius dit :

1. Vivien de Saint-Martin, *Ninive, op cit.*

Huit de ma race ont été rois avant moi. Je suis le neuvième. Depuis très longtemps nous sommes rois. »

Derrière Darius s'avancent ses nobles « valets », c'est-à-dire son archer préféré et son porte-lance, tandis que le puissant dieu Mazda volette et le protège.

L'aventure archéologique mésopotamienne débute à proprement parler vers cette époque. C'est ainsi qu'en 1842 les premiers chantiers sont ouverts grâce à un diplomate français, Paul-Émile Botta, vice-consul de France à Mossoul, « encouragé et dirigé par M. Mohl, de l'Académie des inscriptions et belles-lettres ». Les fouilles sont entreprises « en face de Mossoul, sur l'un des *tells* de la rive orientale du Tigre », au lieu dit Kouïoundjouk (ou Koyoundjik, autrement dit « mont des Agneaux »), « au nord du village de Niniouah, entre Khorsabad au nord et Nemroud au midi ». Mais Botta ne trouve que peu de fragments « utiles » en ce lieu. Alors « il avança un peu plus loin, au village de Khorsabad, situé à l'ouest du Tigre, à seize kilomètres au nord-est de Mossoul. En quelques jours, il exhuma de ce monticule des murs de briques et de gypse, un palais tout entier décoré de sculptures colossales représentant des scènes religieuses, royales, militaires, privées, de l'un des peuples les plus célèbres de l'Antiquité, jusqu'alors entrevu vaguement à travers la Bible et les récits d'Hérodote[1] ». Botta avait remarqué que les habitants extrayaient du monticule quantité de briques « inscrites ».

Ainsi s'ouvrit une ère nouvelle : celle de l'archéologie de terrain, qui prenait la suite des observations de voyageurs. Pareilles recherches étaient forcément encore empreintes d'amateurisme, donc limitées à de simples investigations, il est vrai aussi, par manque de moyens.

1. Édouard Charton, *Voyageurs anciens et modernes*, *op. cit.*

C'est alors qu'un habitant d'un village situé à seize kilomètres au nord-est de Mossoul vint parler de murs couverts de figures sculptées et de briques constellées d'inscriptions. Ne trouvant pas la récompense de ses efforts sur le premier monticule, Botta finit par se rendre sur le site indiqué par le paysan.

En ce lieu, à défaut de trouver la capitale – il le croyait pourtant –, il découvrit en effet des pans de murs couverts de bas-reliefs : les murailles de Khorsabad et l'un des palais les plus importants du royaume du Nord, la demeure de Sargon, roi d'Assyrie. Botta avait mis au jour la partie nord-ouest du palais, pensant avoir découvert le palais entier. Il relata ainsi son aventure : « Je continue à faire déblayer, et je le fais avec d'autant plus d'intérêt que je crois être le premier qui ait découvert des sculptures que l'on puisse, avec quelque apparence, rapporter à l'époque où Ninive était florissante. »

Estimant avoir épuisé les possibilités du site, il ferma le chantier et envoya les plus belles pièces à Paris. Il annonça la bonne nouvelle à l'Europe par une correspondance adressée à l'Académie des inscriptions et belles-lettres qui se résumait à : « J'ai découvert Ninive ! » Pour compléter sa « révélation », de grands travaux étaient nécessaires. Et « beaucoup d'argent ». En conséquence, le gouvernement de Louis-Philippe lui accorda une subvention confortable et lui envoya le dessinateur Eugène Flandin[1], qui venait de rentrer d'un voyage en Perse et avait travaillé à Persépolis – on pensait qu'il devait y avoir « analogie entre l'art ninivite et l'art persépolitain »...

---

1. Jean-Baptiste *Eugène* Napoléon Flandin (1809-1876), né à Naples, peintre « orientaliste » très représentatif de cette époque où le légendaire enflammait les voyageurs et la science naissante.

La campagne de fouilles de 1843-1844, malgré d'assez grandes difficultés, donna d'excellents résultats : des centaines de bas-reliefs, dont quelques-uns en parfait état de conservation, des hommes-taureaux géants, des lions androcéphales qui formaient les portiques des palais ou des temples, des statues, des dalles sculptées encore appliquées aux murs, sur lesquelles étaient gravés les scènes de la vie quotidienne et les événements de la cour royale, furent mis au jour ; après tant de siècles, on voyait revivre l'histoire et la cour du roi Sargon.

Eugène Flandin a raconté dans quelles conditions les fouilles se déroulèrent. Son récit donne la mesure exacte des débuts héroïques de l'archéologie dans cette région du monde. Ce ne fut pas une mince affaire : cela relevait davantage de l'aventure que du colloque scientifique !

En novembre 1843, missionné par l'Académie des inscriptions et belles-lettres, Flandin mit deux semaines pour gagner Constantinople, ce qui lui laissa le temps de mesurer ce qu'il aurait à affronter. « Les Orientaux, dit-il, croient toujours que ce sont des trésors que les Européens cherchent dans la terre... » De plus, « pour les Turcs ou les Arabes », les monuments enfouis, « surtout ceux qui portent des sculptures », sont des œuvres du démon, « et leur fanatisme réprouve les recherches de l'archéologue ».

Débarquant ensuite à Beyrouth, il forma sa « petite caravane » : un Génois qui parlait turc, grec, italien et français ; un cuisinier maronite ; un « palefrenier chaldéen catholique » ; « trois muletiers arabes qui m'avaient loué une dizaine de mules et me servaient de guides ». Il traversa une contrée du nord-est qui fut jadis le pays des « *Hassas-*

sis[1] », « fanatiques exécuteurs des volontés sanguinaires du *Vieux de la montagne...* », et qui était devenue celui des « Bédouins pillards ». La chance le servit : il se joignit à une grosse caravane de pèlerins en route pour Alep, au cœur de laquelle figurait un important personnage, un mollah (imam) qu'il décrit juché, dans sa litière, au sommet de la bosse d'un remarquable dromadaire blanc en grand appareil...

Il atteignit en quatre jours la ville d'Alep d'où il repartit pour Mossoul. Cette cité était le chef-lieu d'un pachalik (district) qui couvrait tout le nord de la Mésopotamie et groupait des Kurdes, des Arabes et des chrétiens vivant dans de « grands et beaux villages ». Eugène Flandin remarqua les Yézidis, membres d'une communauté préislamique de langue kurde considéré par musulmans et chrétiens comme un peuple d'adorateurs du diable. En fait les Yézidis tenaient leur nom du calife Yézid, persécuteur de la famille du prophète Mahomet. Leur conception du monde était-elle celle des zoroastriens ? Ils vénéraient Malak Taus, l'un des sept archanges, qu'ils représentaient par un paon. Flandin précise que, parmi leurs pratiques religieuses, certaines « offensent au plus haut point la morale, et leur obscénité interdit d'en retracer les honteux mystères ». Mais il souligne aussi que leur culte « paraît avoir certains points de contact avec celui des peuples de l'antique Assyrie. Reconnaissant, comme eux, deux génies supérieurs, deux êtres surhumains, l'un présidant au Bien, l'autre inspirant et faisant le Mal, ils adorent le premier sous le nom de

1. Il s'agit de la communauté des nizârites, ismaéliens sectataires de Hassan ibn al-Sabbah. La légende donne pour étymologie au mot « assassin » cette secte des hashishin (les fumeurs de haschich), recrutés par le « Vieux de la montagne », réunis dans sa forteresse d'Alamut et lancés contre les croisés qu'ils... assassinaient.

Tahous et le second sous celui de *Cheïtan*, nom commun du démon dans tout l'Orient », génie malfaisant qu'ils vénèrent plus que l'autre. Les Yézidis, à l'époque du séjour de Flandin, s'occupaient principalement d'agriculture.

À défaut d'Arabes – ceux-ci redoutaient, en fouillant, « d'ouvrir les portes d'un enfer peuplé de démons de pierre » –, Flandin, qui avait rejoint Botta, recruta des Tiaris, membres de tribus chrétiennes établies dans les montagnes qui séparent le Kurdistan central des plaines de la Mésopotamie. Il se trouvait qu'en ces années du milieu du XIXe siècle ces montagnards étaient persécutés par « des peuplades kurdes réunies sous le commandement de Beder Khan Bek, seigneur suzerain de Djezireh ». S'ensuivaient, comme toujours, violences et massacres. Des Tiaris rescapés s'étaient réfugiés à Mossoul où ils avaient reçu le secours de la France... Flandin ajoute que « la population musulmane de Mossoul, soulevée sans motif, s'était ruée sur le couvent des missionnaires (chrétiens), l'avait ruiné de fond en comble, ainsi que l'église, et avait poignardé un des pères ». On avait craint que ce ne fût là le signal d'un massacre général, mais tout s'arrêta et « cette terrible émotion se calma ».

Les Tiaris, « descendants des anciens Chaldéens dont ils parlent encore la langue », seraient les « excellents instruments des travaux de fouilles ». Ils avaient jadis construits Ninive, ils allaient « en exhumer les vestiges calcinés ». Deux cents d'entre eux furent « installés aux premières tranchées ». Le travail dura six mois, contrarié des jours durant par l'épouvantable fournaise (« 46 °C à l'ombre ») et le vent « meurtrier du désert, le *Sam* », qui asphyxiait les travailleurs atteints par les fièvres. Après « une demi-année d'un labeur opiniâtre et consciencieux », les restes d'un vaste palais furent « mis au soleil »...

Il y avait là de quoi « satisfaire amplement l'archéologue le plus avide ». « La nuit de vingt-cinq siècles au moins, qui avait enseveli dans son obscurité toutes ces splendeurs du passé, fit place à un beau soleil qui vint d'un seul coup éclairer tout cet ensemble de grandeurs, de gloires auxquelles l'art avait prêté l'habileté d'un ciseau consommé. » Les archéologues ont découvert neuf salles intactes avec leurs quatre murs debout, six salles en partie ruinées et « un grand nombre de façades, de portes présentant toutes leurs faces ornées de sculptures, accompagnées d'inscriptions, montrant et racontant les faits et gestes héroïques des princes successeurs de Ninus qui réunirent sous leur sceptre toute cette partie de l'Asie ».

Flandin décrivit minutieusement les sculptures et les décorations en bas-reliefs qu'il relevait. Mais, surtout, il les dessina scrupuleusement. Il révéla ses trouvailles dans cinq volumes in-folio qui, sous le titre *Le Monument de Ninive*, parurent de 1846 à 1850. Les premières antiquités assyriennes arrivèrent au Louvre où elles furent exposées pour l'inauguration, le 1er mai 1847, par le roi Louis-Philippe, du musée d'Assyriologie (du Louvre). Elles ne donnent qu'une faible idée de l'ensemble découvert par les Tiaris, terrassiers de Botta et Flandin. À contempler ces merveilles – dont les fameux taureaux androcéphales de quatre mètres de haut –, on comprend que les deux archéologues ne pouvaient se défendre d'« une profonde admiration pour la grandeur et la conception de ces monuments empreints d'une pompe qui avait à la fois quelque chose de sauvage et d'élevé ».

Botta avait dit l'essentiel, décrivant et dessinant ce qu'il trouvait, dans cinq lettres adressées en 1844 à Jules Mohl (1800-1875), membre de l'Académie des inscriptions et belles-lettres, puis dans un rapport au ministre de l'Intérieur, le comte Charles Tanneguy Duchâtel (1803-1867). Le tout fut publié dans le *Journal asiatique* de juillet-août 1843 à février-mars 1845, c'est-à-dire avant la publication de l'ouvrage de Flandin et l'inauguration du « Musée d'assyriologie » du Louvre. En marge du rapport, Jules Mohl nota ceci, qui confirme ce que nous venons de dire : « M. le comte Duchâtel a bien voulu me permettre d'ajouter ce rapport aux cinq lettres de M. Botta que j'ai publiées dans le *Journal asiatique*. Cette pièce est la dernière de la série de celles que j'avais à communiquer au public sur les magnifiques découvertes de M. Botta. Les fouilles ont marché infiniment plus vite que l'on avait pu l'espérer. Aujourd'hui, toutes les ruines du palais de Khorsabad sont déblayées, tous les bas-reliefs ont été dessinés avec le plus grand soin par M. Flandin ; toutes les inscriptions ont été copiées par M. Botta. M. Flandin est de retour à Paris avec un portefeuille de la plus grande richesse. M. Botta fait transporter à Mossoul les parties les mieux conservées des sculptures, et leur fera descendre le Tigre jusqu'à Bassora, d'où un bâtiment de l'État les amènera à Paris où il viendra ensuite lui-même pour écrire le texte de l'ouvrage dans lequel le gouvernement fera connaître au monde savant les résultats de cette grande entreprise[1]... »

Cependant, Botta et, après lui, Victor Place se trompaient : il ne s'agissait pas là de Ninive, mais de l'une des capitales du puissant roi Sargon II. Khorsabad, en effet, se nomme aussi Dur-Sharrukin (« la forteresse de Sargon »). On sait aujourd'hui qu'elle fut construite en dix ans, qu'elle couvrait trois cents hectares, qu'elle était enfermée dans une enceinte de sept mille mètres – une muraille d'une épaisseur de soixante-dix pieds et d'une hauteur

1. *Journal asiatique*, février-mars 1845, p. 201.

égale. Cent cinquante-sept tours renforçaient cette muraille percée de sept portes ornées, pour certaines, de taureaux androcéphales et de briques vernies. Au nord-ouest de ce rectangle se trouvait la résidence du roi, portée par une terrasse de cinquante pieds de haut sur laquelle avaient été édifiés le palais, des temples et une ziggourat d'une quarantaine de mètres de hauteur. La cité s'étendait en contrebas. On sait enfin qu'elle fut abandonnée à la mort de Sargon.

Dix ans séparent les travaux de Botta de ceux de son successeur, Victor Place. Après un temps d'arrêt sur le chantier de Khorsabad, les fouilles reprirent en 1851. Place (1818-1881), qui avait succédé à Botta comme consul à Mossoul, se mit de nouveau à l'ouvrage jusqu'en 1855. Botta n'avait déblayé qu'une partie des salles du palais. Place acheva complètement ce déblaiement, celui de l'enceinte et de ses portes, et mit au jour les deux cent dix salles de cet ensemble prestigieux. Grâce à Rawlinson et à Jules Oppert, une grande partie des inscriptions de Khorsabad avait pu être déchiffrée. Victor Place s'adjoignit également des collaborateurs de talent comme son ami l'ingénieur et photographe Gabriel Tranchand, auteur de calotypes (négatifs sur papier), et un architecte, Félix Thomas, qui dressa les plans du palais de Sargon à partir desquels il reconstitua les élévations et leur décor. Le travail de Félix Thomas et les calotypes de Gabriel Tranchand illustrèrent le compte rendu des fouilles publié par Victor Place dans *Ninive et l'Assyrie* (1867). Cet ouvrage renfermait également de précieux renseignements sur les régions voisines de Ninive, et contenait un répertoire des *tells* susceptibles de recevoir des fouilles. Ce fut le début d'une mise en fiches de la Mésopotamie archéologique. Malheureusement, en 1855, le convoi de radeaux transportant les pièces rassemblées par Place et destinées au Louvre fut attaqué par des tribus insurgées au confluent du Tigre et de l'Euphrate. Les brigands firent sombrer la plupart des embarcations. Seules deux d'entre elles échappèrent à la catastrophe.

Mais laissons raconter le principal témoin, Victor Place lui-même : « Pendant toute la durée des fouilles et des transports, j'avais eu soin de laisser examiner les opérations par qui le voulait, afin de convaincre les plus incrédules qu'aucun des objets emportés n'était propre à exciter la convoitise. Néanmoins, le bruit que notre flotte était richement chargée persista, et des tribus campées sur la rive droite du Chatt-el-Arab contraignirent les conducteurs du convoi à aborder. Soit par le choc même résultant d'un abordage forcé, soit à la suite des violences qu'exercèrent les pillards, la barque s'entrouvrit et coula à pic. Deux des radeaux amenés également sur le bord n'eurent pas un sort meilleur. Les Arabes, irrités de ne pas y trouver de trésors, les firent sombrer en crevant à coups de lance les outres dans lesquelles ils savent que les expéditeurs cachent parfois des objets précieux. Quant aux deux autres *kéleks*, leurs conducteurs, utilisant la largeur du fleuve, échappèrent aux poursuites et atteignirent heureusement Bassorah. Celles de mes sculptures que l'on voit aujourd'hui au Louvre sont les seules qui ont été sauvées avec ces deux radeaux[1]. »

Ce désastre pour l'archéologie montre combien les expéditions de ces diplomates, fins lettrés et férus d'archéologie, étaient à l'époque de véritables aventures. Ce n'est pas un vain mot, au regard des dangers et des difficultés physiques et matérielles qu'ils rencontraient. Le rôle de pionnier était certes enthousiasmant, mais, par bien des

1. Victor Place, *Ninive et l'Assyrie*, Paris, 1867.

aspects, rebutant, même si eux-mêmes ne s'en souciaient guère. Déjà une écriture illisible et des ruines informes ne rendaient pas la tâche aisée au chercheur. Mais à cela s'ajoutaient les tracasseries administratives de l'Empire ottoman, maître de cette région, le manque de moyens financiers, les vols et les pillages, les inondations, les intempéries, les maladies...

Cependant, l'exploration du site de Khorsabad non seulement fut un succès, mais donna le vrai départ de la course aux fouilles en Assyrie. Aussi impressionnants et prestigieux fussent-ils, en effet, il n'y avait pas que des monuments. Il y avait également les nombreux textes accompagnant les bas-reliefs comme s'ils en étaient les légendes. Publiés par Flandin comme parties intégrantes des éléments dessinés, ils furent d'un grand secours pour les philologues qui s'occupaient du déchiffrement.

Un jeune homme était passé voir Botta au cours de la campagne de fouilles. Il avait vingt-deux ans, était britannique mais né à Paris dans une vieille famille de la bonne société protestante où s'étaient croisés hommes de loi, banquiers, médecins et familiers du ministre Disraeli. Il était en route pour Ceylan, et avait choisi le long chemin des écoliers. Il s'agissait d'Austen Henry Layard (1817-1894), qui rejoignait son père, administrateur colonial, mais avait préféré la route terrestre, par la Perse, plutôt que la voie maritime et le long détour par Le Cap. C'était d'ailleurs l'itinéraire qu'avait suivi, mais dans l'autre sens, l'Allemand Carsten Niebuhr à son retour des Indes. Comme cet illustre prédécesseur, Layard avait vagabondé plusieurs mois parmi ces Persans auprès desquels les Britanniques consolidaient leur influence. Il avait notamment parcouru le Khûzistân (ouest de l'Iran).

En revenant vers Constantinople après avoir renoncé à l'Inde et à Ceylan, il s'arrêta longuement sur le site de Khorsabad que fouillait Botta. Il était fort cultivé, curieux d'archéologie, impérieux et volontiers brutal quand une intuition l'incitait à se lancer et à entreprendre. Il s'était intéressé aux travaux de Claudius James Rich (1786-1821), le premier consul britannique en poste à Bagdad, qui était à l'origine de la collection assyrienne du British Museum et avait publié, en 1812 et 1818, une description de nombreux sites supposés, en particulier une topographie également supposée de Babylone. Pour les Britanniques, c'est là le point de départ de l'archéologie mésopotamienne, trente ans avant l'intervention des Français. À Bagdad, au cours de ses vagabondages de jeune homme aisé, et avant même de se rendre en Perse, Layard avait fait la connaissance du colonel Taylor qui l'avait initié aux antiquités locales. C'est ce même colonel qui l'envoya plus tard à Constantinople où il trouva un emploi à l'ambassade. L'ambassadeur britannique, Sir Stratford Canning, le prit en amitié et, après avoir jaugé ses capacités, lui conseilla de reprendre son exploration des ruines d'Assyrie. La compétition avec les archéologues français était ouverte.

Encouragé par le succès des fouilles menées à Khorsabad, Layard explora les environs de Mossoul. Il s'intéressait aux ruines de Nimrud (Kalkhu), au sud de Mossoul, persuadé lui aussi, comme Botta avant lui à Khorsabad, de se trouver sur l'emplacement même de Ninive.

Au matin du 8 novembre 1845, il sortit de Mossoul après avoir recruté un maçon. Il était armé comme s'il partait chasser dans les environs, à la façon des voyageurs anglais allant traquer les fauves. Il s'éloigna de la ville en suivant la rive du Tigre, puis embarqua sur un de ces radeaux consolidés par des outres remplies d'air que les habitants du pays nommaient *kélèk*, et qui, une fois arrivés à Bagdad, étaient démolis pour être vendus comme bois de chauffage. Après cinq heures de navigation, à proximité du village de Nimrud, il aborda sur la rive gauche du fleuve et engagea un groupe d'Arabes errants dont le chef se nommait Ahouad (Awad). Au lever du jour suivant, Layard et ses employés gagnèrent le village de Nimrud et, de là, se dirigèrent vers « un amas de ruines à vingt minutes de chemin à l'est du village ». Devant eux : un monticule aride et nu avec, de tous côtés, des morceaux de poteries et de briques. Layard raconte : « Les Arabes épiaient tous mes mouvements et me voyaient avec surprise ramasser des objets sans intérêt pour eux. Bientôt ils se mirent eux-mêmes au travail et me présentèrent des amas de décombres parmi lesquels je distinguai, à ma grande joie, un fragment de bas-relief. La pierre avait été exposée au feu et ressemblait entièrement au gypse brûlé de Khorsabad. Convaincu par cette découverte que nous trouverions d'autres restes de sculptures, je me mis à la recherche d'un endroit où il y eût une chance d'entreprendre des fouilles avec succès. Awad me conduisit à une pièce d'albâtre qui apparaissait au-dessus du sol. Nous n'eûmes point la force de la soulever, et, en creusant autour, nous vîmes que c'était la partie supérieure d'une large dalle. J'ordonnai à tous les ouvriers de creuser avec nous, et bientôt ils mirent à nu une seconde dalle à laquelle la première avait été unie. En continuant ainsi, nous en découvrîmes une troisième et, dans le courant de la matinée, nous en trouvâmes jusqu'à dix, le tout formant un carré ; il n'y manquait qu'une seule pierre à l'angle nord-ouest : il était évident que nous avions découvert une chambre [...]. Le lendemain matin, cinq Turcomans de Selameyah, attirés par la perspective de gages réguliers, vinrent grossir ma troupe [...]. Avant le soir, je me trouvai dans une chambre bâtie avec des blocs d'environ huit pieds de haut sur quatre à six de large, placés perpendiculairement et bien joints ensemble. Dans les déblais, près du plancher, je découvris divers ornements d'ivoire portant des traces de dorure. On y voyait une figure d'homme vêtu d'une longue tunique, tenant dans une main la croix ancrée des Égyptiens, la portion d'un sphinx accroupi, et des fleurs dessinées avec beaucoup de goût et d'élégance [1]. »

Les têtes des taureaux gardiens des portes de l'enceinte émergeaient du sol et laissaient présager la présence d'une cité ou du moins d'un palais d'importance. Les inscriptions cunéiformes qui couraient sur les murs, sur les corps des personnages, des taureaux et des lions sculptés sur les parois, allaient révéler, grâce au concours du désormais célèbre major Rawlinson, venu se joindre à son compatriote, qu'il ne s'agissait pas de l'antique cité de Ninive, ainsi que l'espérait Layard, mais des palais de plusieurs rois assyriens, dont le célèbre Assurbanipal (v. 668-627 avant notre ère) – le « Sardanapale » du tableau de Delacroix.

Lorsque Assurnasirpal II établit au IXe siècle les fondements de la puissance assyrienne, la mythologie s'exposait dans les monuments publics, les palais et les sanctuaires. La principale innovation de l'architecture assyrienne à partir de ce règne résida dans l'utilisation systématique de la pierre, laquelle s'ajouta à la maçonnerie de brique crue ; aux portes, de gigantesques monstres, lions ou taureaux ailés, gardaient le passage ; le long des murs, des plaques dressées, ou orthostates, répétaient à l'infini le message royal destiné à inspirer crainte et respect ou à relater les

1. A. H. Layard, *Niniveh and its Remains*, Londres, 1849.

campagnes victorieuses ; le récit était illustré par l'image sculptée en bas-relief sur les mêmes dalles ; des scènes narratives décrivaient chasses et combats ; les figures mythologiques appelaient la protection divine accordée au souverain, « vicaire » du dieu Assour. Au-dessus de ces éléments en pierre, relativement bien conservés, se trouvait un décor coloré de fresques.

Les plus grandes difficultés s'opposaient déjà aux recherches au temps où Anglais et Français rivalisaient dans la mise au jour de Ninive – site biblique (Jonas) et fantasme égalant ceux de Babylone, voire de Sodome et Gomorrhe. En sus de la proverbiale mauvaise foi du pacha turc de Mossoul, il fallait tenir compte d'un « état de guerre » permanent « qui désolait le pays ». Les environs du monticule de Kalkhu étaient le domaine d'une bande de pillards dont le chef, le cheik « Abd-ur-Rahman », finit par établir des « relations pacifiques » avec Layard – moyennant finance. L'archéologue établit même sa base dans son campement.

La découverte d'une sculpture monumentale prit l'allure d'une épopée : « Un matin, raconte Layard, je revenais du campement du cheik et je me dirigeais vers le monticule où avaient lieu les fouilles, lorsque je vis deux Arabes accourant au grand galop de leurs juments. "Hâte-toi, ô bey ! Hâte-toi vers les ouvriers, car ils ont trouvé Nemrod lui-même ! C'est merveilleux, mais c'est vrai ! Nous l'avons vu de nos yeux !" Puis tous deux reprirent le galop et se lancèrent vers leurs tentes. Je hâtai le pas. Arrivé aux ruines, je descendis dans une tranchée nouvellement ouverte. J'y trouvai les ouvriers qui m'avaient vu venir, groupés devant une sorte de rempart fait à la hâte avec des paniers et des manteaux. Awad s'avança vers moi et me demanda un présent pour célébrer la découverte que l'on venait de faire. En même temps les Arabes, renversant leur muraille improvisée, me laissèrent voir une tête énorme sculptée en albâtre du pays ; le reste du personnage était encore enfoui. Je reconnus sur-le-champ dans cette sculpture un de ces bœufs ou lions ailés que l'on avait découverts à Khorsabad et à Persépolis. Elle était admirablement conservée. Son expression était calme et majestueuse. La ligne des contours attestait une liberté de style et une connaissance de l'art que l'on ne devait pas s'attendre à rencontrer dans une œuvre qui datait de temps si reculés. Le bonnet était entouré de trois cornes : il était arrondi et sans ornement au sommet, comme ceux qu'on a trouvés précédemment en Assyrie. Je ne fus pas surpris de la stupéfaction et de la terreur qu'avaient éprouvées les Arabes. Cette tête gigantesque, blanchie par les siècles, s'élevant ainsi tout à coup des entrailles de la terre, avait dû rappeler à leur imagination si vive l'un de ces êtres effrayants qui apparaissent parfois aux mortels en montant lentement des régions inférieures[1]... »

Pris de panique, un ouvrier s'enfuit jusqu'à Mossoul où il répandit la nouvelle. Pendant que Layard et les Arabes du campement faisaient la fête – y compris avec une bande de musiciens errants –, le mufti et l'imam se réunirent au cadi pour protester auprès du gouverneur turc contre les procédés des étrangers. Ils considéraient les fouilles comme une impiété : elles violaient les tombeaux et troublaient le repos des prophètes. Mais le gouverneur ne se souvenait pas très bien si ce Nemrod avait été, de son vivant, un bon croyant ou un infidèle. Dans le doute, il fit suspendre les travaux. De nouvelles « négociations » s'ouvrirent... Layard, appuyé par le gouvernement britannique, obtint finalement gain de cause.

1. *Niniveh and its Remains, op. cit.*

Tous les trésors découverts à ce moment-là par Layard font aujourd'hui partie des richesses du British Museum. Jusqu'en 1847, il s'obstina sur la butte de Kouïoundjouk et sur le site de Kalkhu. Le rythme de ses découvertes allait croissant. Il trouva notamment le célèbre obélisque noir de Salmanazar III (858-824 av. J.-C.), aujourd'hui un des joyaux du Museum. Sur chacune de ses quatre faces figurent cinq panneaux rectangulaires représentant des scènes de réception de tribut. L'une d'elles montre un roi ou son ambassadeur se prosternant devant le roi assyrien. On estima qu'il s'agissait de Jéhu, dont il est question dans l'Ancien Testament. Les foules se rendirent au British Museum pour y voir ce témoignage de l'authenticité du récit biblique.

Parmi les colosses qui protégeaient l'accès aux divers appartements royaux du palais d'Assurnasirpal, Layard choisit d'envoyer à Londres un lion et un taureau androcéphales. Chacun pesait environ 10 tonnes et mesurait 3,5 m de haut, de sorte qu'avec les moyens limités dont il disposait Layard eut beaucoup de difficultés à les charger sur les radeaux – les *kélèk* (limités à une charge de douze tonnes pour les plus grosses embarcations) – qui devaient les transporter sur le Tigre vers Bassora. Avant même de parvenir à son point d'embarquement sur le Tigre, le lion fut attaqué par des pillards bédouins – il porte toujours la trace d'une balle qui le frappa lors de cette embuscade.

Malgré d'énormes difficultés pécuniaires mais aussi politiques, Layard réussit néanmoins à fouiller sept palais assyriens, représentant deux siècles de domination assyrienne entre le début du IXe et la fin du VIIe siècle. Pourtant, l'énorme travail qu'il avait effectué ne fut pas apprécié à sa juste valeur en Angleterre. Le chancelier de l'Échiquier refusait de lui accorder les crédits nécessaires pour lui permettre de rendre public ce qu'il avait découvert. Tous les vestiges rassemblés n'arrivèrent en Angleterre qu'en octobre 1848, après une escale à Bouchir, en Iran, à Bombay puis à Ceylan. Toutefois, lorsqu'ils furent finalement exposés au British Museum et que le récit des fouilles fut diffusé, le grand public se montra enthousiaste. Lorsque Layard revint en Angleterre et qu'il publia *Nineveh and its Remains : with an Account of a Visit to the Chaldaean Christians of Kurdistan, and the Yezidis, or Devil-worshippers*, et *Inquiry into the Painters and Arts of the Ancient Assyrians* (deux volumes, 1848-1849), ce fut un succès.

L'année suivante, Layard repartit pour Constantinople où il bénéficiait d'un poste officiel à l'ambassade. Impatient de reprendre ses recherches, il entama une nouvelle expédition en Mésopotamie. Il pouvait désormais continuer ses fouilles grâce aux crédits qui lui furent cette fois accordé. On avait aussi mis plusieurs assistants à sa disposition.

Toujours obsédé par l'idée de découvrir Ninive, Layard retourna d'abord fouiller le *tell* de Kouïoundjouk, trop tôt abandonné par Botta. L'équipe creusa de profonds tunnels, sombres et sans aération, pleins de poussière et dangereux. Layard lui-même participait à ces travaux colossaux, malgré l'extrême inconfort et les difficultés incessantes. Les résultats furent payants : Ninive était bien là, avec le palais de Sennachérib et ses soixante et onze chambres aux murs presque tous ornés de panneaux d'albâtre où étaient sculptées des scènes de guerre, de triomphes, d'exploits cynégétiques du roi assyrien.

Il mit au jour ce qui allait devenir l'une des moissons « les plus miraculeuses des fouilles mésopotamiennes » : la bibliothèque d'Assurbanipal, rassemblant toutes les œuvres littéraires et scientifiques de son temps, parfois en plusieurs manuscrits et plusieurs « éditions ». Pour donner un ordre de grandeur, cela représentait environ mille cinq cents titres, vingt-cinq mille tablettes ou morceaux de tablettes. Tous ces vestiges furent transportés au British Museum.

Sept siècles avant notre ère, Assurbanipal, grand scribe et roi assyrien, avait fait rechercher et copier toutes les « grandes listes », les présages et les textes littéraires de la culture mésopotamienne : « J'ai rassemblé la sagesse d'Akkad, de Sumer et de Babylone », disent les textes. Assurbanipal avait ainsi créé à Ninive la première bibliothèque universelle de l'histoire. Ces documents révèlent aussi l'essentiel du patrimoine intellectuel des Assyriens.

Après bien des hésitations et des tâtonnements, les archéologues, devenus assyriologues, s'accordèrent sur la méthode de déchiffrement des inscriptions. Une trentaine d'années environ après que Champollion eut déchiffré les hiéroglyphes de la pierre de Rosette, les cunéiformes purent eux aussi être non seulement lus, mais compris. Grâce à cette nouvelle étape, les découvertes étonnantes se succédèrent. Dès 1861, les *Inscriptions cunéiformes de l'Asie occidentale* étaient publiées.

Les traductions se multiplièrent, révélant dans le même temps tout un pan méconnu de l'histoire antique. Parmi les grands textes, celui de la catastrophe que nous connaissons sous le nom de « Déluge » aura été un des plus commentés. C'est ainsi que George Smith (1840-1876), l'un des premiers savants en la matière, lut le récit d'un déluge sur des tablettes de la bibliothèque d'Assurbanipal qui avaient été mises au jour par Layard. On était en 1872. Bientôt on trouva d'autres récits de ce déluge, rapportés sur plusieurs tablettes d'argile, à Sumer, à Babylone et à Nippur. Ce fut un véritable choc en Occident. Ce dont la Bible était alors créditée venait d'ailleurs. Elle ne pouvait plus être considérée comme « le premier et le plus vieux livre du monde ». Elle ne disait plus l'origine du monde, mais entrait dans l'Histoire en intégrant une tradition littéraire bien antérieure à elle. On peut imaginer sans peine la révolution que provoqua cette découverte dans les esprits ! Mais, grâce à la traduction des langues mésopotamiennes, les récits mythologiques se rapprochaient de nous. Moins vagues et fabuleux, ils avaient pris la couleur du limon qui leur avait donné naissance. Leurs héros n'étaient plus désormais des personnages mythiques, mais des hommes investis d'un pouvoir royal, des dirigeants de cités puissantes où le commerce, les affaires politiques et juridiques, la vie religieuse et les guerres constituaient l'histoire d'un peuple. Ainsi les textes précisent que les survivants du déluge partirent s'établir dans plusieurs régions où ils bâtirent des villes auxquelles ils donnèrent leurs noms. D'où le fait que l'appellation de certains lieux géographiques, qui nous est familière, semble avoir un lien avec les personnages de la Genèse qui les auraient fondés. C'est le cas par exemple de Canaan, de Saba, d'Assour, de Sidon, d'Élam, également des noms de personnes dans la généalogie biblique.

Les sources littéraire, mythique et historique de la Bible ne viennent donc pas de nulle part, mais de ce monde oriental dont on ne savait presque rien. En dépit de grandes différences, les emprunts de la Bible au fonds culturel mésopotamien ont pu être recensés, ainsi que l'expose Jean Bottero : « Songeons au rôle que tient, par l'intermédiaire de la Bible, la très ancienne cosmogonie babylonienne dont les traces restent omniprésentes dans le livre de la Genèse (récit de la Création, du Déluge) comme dans d'autres, plus tardifs, tels que le fameux Livre de Job, le grand livre sur le Mal et le sens même de la vie. [...] Mais l'Ancien Testament n'est pas une simple variante des sagesses du Croissant Fertile. Il en emploie le matériau, mais en change le sens de façon tout à fait radicale. Prenons les récits du Déluge. Les dieux mésopotamiens veulent purger la terre de toute présence humaine parce que les hommes dérangent leur quiétude par leur bruit et leur nombre. Le Dieu d'Israël décide, lui, de punir les hommes d'une conduite immorale. Il en résulte des enseignements très différents. En somme, nous passons d'un polythéisme au monothéisme. Mais tout de même, les prêtres, docteurs et prophètes d'Israël, pensent et vivent donc sous l'influence inconsciente, lointaine et diffuse, mais évidente de Babylone. Outre les grands récits mythiques et littéraires, ils partagent avec cette écrasante culture le souci du péché, l'interrogation sur le mal, sur la permanence fantomatique des morts dans un Au-delà... Les Mésopotamiens leur fournissent l'armature de toutes les grandes questions[1]. »

La guerre de Crimée et le naufrage sur le Tigre des radeaux portant les vestiges rassemblés par Victor Place avaient découragé les explorations. Depuis 1855, on ne grattait plus les limons ni les sables. La révélation que venait de divulguer George Smith à propos des récits sur le Déluge provoqua une reprise des fouilles par les Occidentaux dans toute la Mésopotamie.

C'est en Perse que s'ouvrirent les nouveaux chantiers. De nouveaux trésors furent mis au jour sur le plateau iranien, à Suse, qui avait été découverte et identifiée dès 1851-1853 par des Britanniques, le colonel W. F. Williams et le géologue W. K. Loftus. En 1884-1886, l'ingénieur Marcel Dieulafoy (1844-1920), en compagnie de son intrépide épouse Jane (1851-1916), entreprit la fouille des

1. Jean Bottero, *Initiation à l'Orient ancien. De Sumer à la Bible*, Points/Le Seuil, 1992.

vestiges de cette cité qui fut jadis la métropole majeure d'un grand État, l'Élam. Une partie du journal des Dieulafoy a été publiée dans la revue *Le Tour du Monde* où Jane commente leurs découvertes : « Sir Kenneth Loftus avait cherché au nord l'entrée des grands palais perses. Mon mari espérait la découvrir au sud, et nos premières tranchées s'achèvent sans qu'aucun indice ait révélé le voisinage d'une porte. Marcel est cruellement déçu ; je ne sais plus lui rendre courage. » Et puis, peu de temps après, au faîte d'un tumulus, les ouvriers mettent au jour des faïences et le dallage d'une cour. « Marcel est radieux, moi je jubile. [Mais] le déblaiement s'annonce comme une opération longue et délicate ; les briques sont enchevêtrées les unes dans les autres au point de se pénétrer. Les matériaux de terre cuite s'enlèvent encore sans dommage, mais, dès qu'on atteint les blocs de faïence, on ne sait de quel côté les attaquer. D'autant que l'émail se présente toujours face contre terre, que les parements blancs des joints et des lits se montrent seuls, et que le dessin apparaît au moment même où la matière se disloque. »

Les épouses des archéologues ont parfois témoigné plus anecdotiquement des difficultés rencontrées. Quarante ans plus tard, l'une des plus célèbres de ces dames, Agatha Christie, épouse de l'archéologue Max Mallowan, vécut avec son mari de nombreuses campagnes de fouilles, notamment, de 1927 à 1932, celle du site de Ninive, lorsque Max Mallowan était l'assistant de Campbell Thompson. Elle raconte avec une pointe d'humour *british* l'étrange engouement pour une activité assez peu attrayante à ses yeux, à elle qui toujours préféra la fiction :

« Dès le lendemain de mon arrivée, il me demanda si je n'avais pas envie de visiter le palais dont il... *levait les plans* – je crois qu'il appelle ça comme ça. Quoique je me demande bien comment on peut songer à établir des plans pour quelque chose qui a disparu depuis la nuit des temps ! Enfin ! Je lui répondis que j'en serais ravie, et, honnêtement, l'idée m'emballait assez. Près de trois mille ans, il avait, ce palais, à ce qu'il paraît. Je me demandais quelle sorte de palais il pouvait bien y avoir à cette époque-là, et si ça ressemblerait aux photos que j'avais vues du mobilier de la tombe de Toutânkhamon. Mais, croyez-moi ou pas, il n'y avait rien à voir que de la *boue* ! D'affreux murs de boue agglomérée de cinquante centimètres de haut, un point c'est tout. Mr Carey me balada au milieu de tout ça en m'assommant d'explications : ça, c'était la cour d'honneur ; là, il y avait des salles de je ne sais quoi et un étage supérieur, et encore des pièces donnant sur la cour d'honneur. Et tout ce que je me disais, c'était : “Mais comment est-ce qu'il peut le savoir ?” Mais je suis trop bien élevée pour lui avoir posé la question. En tout cas, pour une déception, ç'a été une déception ! Le chantier de fouilles tout entier ne m'avait l'air de rien d'autre qu'un immense bourbier – pas de marbre, pas d'or, rien de beau[1]... »

Au « tournant du siècle », dans le match des rivalités, un essai important fut marqué par la France. Le ministère de l'Instruction publique désigna l'archéologue Jacques de Morgan (1857-1924) comme délégué général aux fouilles en Perse. Il avait dirigé auparavant le Service des antiquités en Égypte où il avait succédé à Eugène Grébault. Après avoir découvert des bijoux princiers de diverses provenances dans les galeries de la pyramide de Sésostris, il s'était convaincu de l'antériorité de la civilisation mésopota-

---

1. Agatha Christie, *Meurtre en Mésopotamie*, 1935 ; rééd. Press Pocket, 1992.

mienne et de l'origine persane ou assyrienne de la civilisation égyptienne. Morgan arriva en Perse en 1897. Ses explorations firent revivre l'histoire du royaume d'Élam qui préexistait à ses rivales de Mésopotamie qu'il était venu ravager. Les vestiges, là encore, étaient souvent surchargés d'inscriptions qui en font des documents précieux pour l'histoire d'Élam et de Suse, sa capitale. Ce sont des témoins de civilisation, mais aussi des butins de guerre rapportés de chez des voisins vaincus. Les conflits entre la Mésopotamie et les peuples du Zagros ou du plateau iranien ne datent pas d'aujourd'hui – tout le territoire où se retrouve le cunéiforme appartint forcément, à un moment ou à un autre, au même empire culturellement homogène.

Exposé au musée du Louvre, à la fin du XIXe siècle et pour l'Exposition universelle de 1900, le « butin mésopotamien » comprenait, entre autres trésors, les stèles de victoire des rois d'Akkad, des bornes-limites des rois de Babylone appelés *kudurru*, etc.

Morgan découvrit le fameux « Code de Hammurabi » après la fermeture de l'Exposition, en 1902. Jusqu'à aujourd'hui, ce « code » peut être considéré comme le premier monument juridique de l'humanité. Bien que les recueils de lois, consignés sur des documents d'argile cuite, aient été un genre connu dans l'Orient ancien, et ce, depuis le IIIe millénaire avant notre ère, le code des lois du premier grand roi babylonien Hammurabi se distinguait par son support exceptionnel – une stèle de diorite de quatre tonnes, de deux mètres de haut – et par les figures couronnant le texte.

Jacques de Morgan fit paraître un compte rendu de sa mission qui passionna le grand public[1]. Le *Journal des Savants* le résume ainsi :

« L'effort le plus considérable de M. de Morgan porta sur le tel [le *tell*] de la Citadelle. Une série de cinq galeries horizontales, ouvertes au flanc sud-est, poussées vers le centre et superposées de 4 mètres en 4 mètres, lui permit de reconnaître les différentes couches du tel, à partir de 11 mètres au-dessus du niveau de la plaine jusqu'à la hauteur de 25 mètres. Au-dessus – le tel a en cet endroit une hauteur de 34 mètres –, il pouvait opérer par tranchées à ciel ouvert ; au-dessous, l'examen des pentes lui démontrait suffisamment qu'il avait affaire à des restes de l'époque préhistorique. Il reconnut ainsi que les objets en silex taillé sont concentrés plus spécialement dans une couche située entre 15 et 20 mètres au-dessus de la plaine ; au-dessus commencent à apparaître les fragments de brique cuite et tout ce qui marque l'existence d'une ville à l'époque historique. À la hauteur de 25 mètres, il rencontrait déjà les débris d'une civilisation avancée, en possession des métaux et connaissant les principales lois de la construction. Les décombres accumulés à la surface depuis les Achéménides représentant une épaisseur d'environ 5 mètres, les restes d'une civilisation élamite sont donc répartis sur une épaisseur de 8 à 9 mètres.

« Après quelques travaux en tranchée qui lui permirent de retrouver en partie le tracé du mur d'enceinte de la

1. Pour plus de détails scientifiques, on pourra se reporter aux *Mémoires de la Délégation française en Perse publiés sous la direction de Jacques de Morgan, délégué général*, 4 vol. in-4°, Paris, 1900-1902. L'histoire du royaume d'Élam, telle qu'on la connaissait au début du XXe siècle, figure aux pages 149 à 171 du tome XI de la *Revue archéologique*.

citadelle achéménide, après les travaux de terrassement nécessités par la construction de la demeure de la Délégation et qui firent découvrir des monceaux de briques élamites avec inscriptions [...], M. de Morgan fit attaquer en tranchée large et profonde [*elle fut poussée graduellement jusqu'à une largeur de 55 m et, au moins sur certains points, jusqu'à une profondeur de 10 m*] la partie sud-ouest du tel de la Citadelle. Au bout de quelques semaines, à 5 mètres de profondeur, on découvrit une ancienne table de bronze de 1,60 m de longueur et 0,70 m de largeur, bordée par les méandres de deux énormes serpents et portée autrefois par cinq personnages dont il ne reste plus que le torse et les bras. Nous avons là évidemment quelque témoin d'un des pillages que subit Suse, car "le métal porte en plusieurs places la marque de coups de masse assénés pour détacher les parties saillantes". Suivant M. de Morgan, le tablier et les personnages avaient été fondus d'un seul jet, ce qui suppose des procédés métallurgiques déjà très perfectionnés. Peut-être était-ce quelque table de sacrifice, mais le monument est trop mutilé pour qu'on puisse rien affirmer[1]. »

Les trouvailles se succédaient « presque de jour en jour ». La Délégation avait désenseveli une pyramide en diorite d'1,40 m de hauteur, sur laquelle des inscriptions énuméraient les domaines achetés par le roi de Kich, Manichtousou, qui régnait il y a 5 850 ans. Le texte, « sémitique », indique aussi le prix payé. Il y eut encore une stèle en grès dur célébrant le triomphe du roi d'Agadé, Naram-Sin, qui est représenté casqué, gravissant une montagne à la tête de son armée, figurée par « huit hommes d'armes [dont] deux s'avancent en éclaireurs dans les forêts,

1. *Journal des Savants*, 1904, nouvelle série, 2e année, p. 359 et suiv. : « Les fouilles en Perse ».

tandis que les six autres représentent le gros des troupes. Deux arbres font, par leur forme, songer aux forêts clairsemées qui couvrent les monts du Kourdistan. Il eût été difficile pour l'artiste d'exprimer plus simplement tant de faits et d'idées, de résumer les difficultés du pays, la victoire et la poursuite des vaincus en une synthèse plus sommaire, destinée à frapper l'imagination des esprits simples auxquels s'adressaient de semblables représentations »[1]. Furent également mis au jour des pièces égyptiennes, des vases grecs, « témoignages des échanges commerciaux », un grand bas-relief de bronze, un autre en pierre noire montrant une femme en train de filer, des koudourous valant titres de propriété... « La trouvaille la plus importante de la Délégation française en Perse, poursuit le *Journal des Savants*, est, jusqu'à présent, celle d'un énorme caillou de diorite sur lequel est gravé un code de lois compilé et proclamé par Khammourabi [*sic*]. [...] Le monument est déjà célèbre et je ne m'attarderai pas à en faire ressortir l'importance historique »[2].

Hammurabi a placé son œuvre sous le signe de Shamash, dieu du Soleil, qui remet au roi, debout devant lui, un anneau et un bâton – instruments qui permettent de dispenser la justice. Ce monument est un recueil de sentences sur des cas ayant fait jurisprudence. On en compte près de trois cents, encadrées d'un prologue et d'un épilogue rédigés dans une langue littéraire admirable. Le Code de Hammourabi appartient à la poésie de cour. Les articles sont des sortes d'incises à l'intérieur d'un chant à la gloire du roi.

Le prologue peut être considéré comme le testament politique de Hammurabi, mort en 1750 avant notre ère.

1. *Ibid.*
2. *Ibid.*

On y lit qu'un ordre divin est à l'origine des lois édictées dont l'énoncé suit ; il énumère les actions militaires et politiques qui ont permis au roi de prendre la tête d'un État fort. Pour la prospérité de son territoire, il a reçu du dieu Soleil mission de faire régner le droit et l'ordre, et, pour cela a mis en place le Code. Dans l'épilogue, Hammurabi se pose en défenseur de la veuve et de l'orphelin, des faibles contre les forts ; il se présente comme un roi soucieux d'équité qui tente de faire respecter la justice sur l'ensemble de son territoire. Des « doubles » du texte avaient été déposés dans les grandes villes de l'État. Ceux découverts par Jacques de Morgan furent également étudiés par un religieux qui accompagnait l'archéologue, le R. P. Vincent Scheil (1858-1940), qui est à l'origine de leur publication. L'Empire perse avait établi l'élamite et l'akkadien comme langues officielles à côté du vieux-persan, ancêtre du persan moderne, transcrit en alphabet cunéiforme.

Restait le Sud mésopotamien, curieusement laissé de côté alors que l'attention se fixait sur les fausses découvertes de Ninive. Babylone et le pays d'Abraham, la Chaldée, étaient pourtant très présents dans les livres de la Bible. On commença donc de l'explorer et de s'en préoccuper après les découvertes de Khorsabad et de Nimrud. Mais, avant même d'être sur place, certains assyriologues distingués pensaient qu'une civilisation antérieure avait influencé les Assyriens et qu'elle se situait... en Babylonie ! Les premiers travaux de déchiffrement des inscriptions rapportées d'Assyrie avaient fait en effet apparaître dans les titulatures le titre de « roi de Sumer et d'Akkad », titre qui ne s'expliquait pas par la géographie telle qu'on la connaissait alors. Si l'on savait qu'Akkad indiquait les territoires de la Mésopotamie centrale, que représentait donc Sumer, terme jusqu'alors inconnu ?

Un autre problème stimulait les supputations. Vers 1850, on pouvait affirmer que la grande majorité des inscriptions provenant des villes assyriennes ainsi que des ruines encore « inexploitées » de Babylone étaient rédigées en assyrien ou en babylonien. Ces langues très proches, toutes deux d'origine sémitique, étaient apparentées à l'hébreu, à l'araméen et à l'arabe. Mais d'autres inscriptions, sur des briques découvertes en Mésopotamie méridionale, révélaient une écriture inconnue, différente de l'assyro-babylonien. Des tablettes exhumées à Ninive montraient elles aussi, à côté de l'assyrien, cette autre langue incompréhensible, même si son écriture utilisait les mêmes « coins » que les textes assyriens et babyloniens.

S'il était possible de la lire phonétiquement grâce à un syllabaire mis au point par un assistant de Jules Oppert[1], on ne pouvait pas la comprendre. Ni sémitique, ni perse, ni élamite, cette langue de Mésopotamie du Sud ne ressemblait à aucune autre langue, morte ou vivante. Au vu de sa structure grammaticale, en 1852, le major Rawlinson l'avait attribuée aux Scythes ou aux Touraniens, peuple mythique sous lequel on groupait alors les habitants de l'Asie centrale – les Turcs en avaient fait leurs ancêtres. L'année suivante, Rawlinson suggéra de l'appeler akkadien – du nom d'Akkad, région de la Mésopotamie antique.

Dix-sept ans plus tard, en 1869, Jules Oppert proposa de donner à cette langue le nom de « sumérien ». Il se

---

1. Jules Oppert (1825-1905), né à Hambourg, professeur d'allemand à Reims, à qui ses travaux sur Persépolis, parus en 1847, valurent la qualification d'épigraphiste. Il accompagna Fulgence Fresnel et Félix Thomas dans l'expédition scientifique de 1851-1854 à Khorsabad, placée sous l'autorité de Victor Place.

fondait sur le titre « roi de Sumer et d'Akkad » que s'attribuaient les souverains mésopotamiens représentés sur nombre de monnaies. À côté de l'akkadien qui provenait de la région de Babylone, l'écriture sumérienne devait donc être celle de la Mésopotamie du Sud, comme le laissaient comprendre justement les briques inscrites dans cette autre langue. Cette hypothèse – qui s'avéra juste – déclencha une terrible polémique entre plusieurs savants philologues, y compris Ernest Renan.

Le géographe William Kennet Loftus (1821-1858) avait déjà commencé à explorer la région en 1850. Mais c'est le vice-consul de France à Bassora, Ernest de Sarzec (1837-1901), qui confirma l'hypothèse d'Oppert et élucida le mystère grâce à ses recherches sur le terrain. En 1877, à la faveur d'une exploration près du village de Tello, il aperçut des fragments de statues émergeant d'un amoncellement de ruines : des fouilles clandestines y avaient manifestement eu lieu. Il rapporta ces vestiges en France pour les présenter au Louvre à Léon Heuzey, conservateur-adjoint au Département des antiques. L'un des fragments appartenait à la statue colossale du souverain Gudéa. Léon Heuzey encouragea le vice-consul à continuer son travail et, depuis Paris, orienta ses recherches.

Les fouilles allaient durer quatorze ans, jusqu'en 1900, puis reprendre en 1903. De grandes incertitudes planent malheureusement sur le contexte des découvertes, car on ne savait pas encore exhumer la brique crue. De plus, l'insécurité régnait dans la région où les tribus étaient en pleine dissidence. Cependant, la réussite des fouilles de Sarzec dépassa toutes les espérances. Le site appelé Tello était en fait l'emplacement de l'ancienne Girsu, capitale du royaume sumérien de Lagash, et l'une des grandes cités du Sud. Malgré de nombreux vols et pillages perpétrés lors des absences du diplomate, ces fouilles quasi « miraculeuses » finirent par enrichir les collections du Louvre. Parmi les découvertes : les nombreuses statues en diorite de Gudéa, prince de Lagash. La quantité de représentations de ce monarque témoigne de sa grandeur. Il régna de 2141 à 2122 avant notre ère et fut un *ensi* (« gouverneur ») bâtisseur. Il envoya aussi des marchands rouvrir des routes de commerce fermées lors de conflits antérieurs, afin de se procurer les matières premières qui lui faisaient défaut. Grand amateur d'art, il consacra des milliers d'œuvres à Ningirsu, le dieu-oiseau-tonnerre qui lui apparaissait parfois en rêve. Son règne est conté avec un grand luxe de détails sur les cylindres-sceaux de cette époque.

À cette moisson de représentations de Gudéa s'ajoutèrent des statuettes et bas-reliefs révélant des membres de sa famille : son beau-père, son épouse, leur fils ; des portraits de princes et de princesses, de courtisans, mais aussi des illustrations et récits de l'histoire de la famille royale ou du monde des dieux. Parmi tous ces trésors, Émile de Sarzec mit notamment au jour un vase d'argent appartenant à un prince de Lagash, Entemena, qui vivait autour de 2400 avant notre ère ; la masse d'armes de Mesilim, roi de la ville de Kish avant 2500 ; les reliefs perforés d'Ur Nanshe ; des fragments de la stèle des Vautours...

Ces monuments, souvent ornés de représentations religieuses, étaient gravés d'inscriptions qui révélaient la fameuse écriture cunéiforme, encore objet de disputes entre assyriologues. Bien plus archaïque et bien plus riche en idéogrammes, cette langue avait ouvert la période historique. Les Sumériens émergeaient de l'oubli complet dans lequel ils avaient sombré. Leur découverte fut définitivement confirmée par la mise au jour de près de soixante mille tablettes d'argile : ces monuments et ces documents remontant au IIIe millénaire avant notre ère furent envoyés promptement à Paris afin d'y être étudiés.

La fouille de Tello fut reprise de 1903 à 1909 par le capitaine Gaston Cros : celui-ci, toujours guidé depuis le Louvre par Léon Heuzey, apprit peu à peu à identifier les maçonneries de brique crue et mit à profit son expérience militaire en topographie pour dresser le plan du site et repérer des constructions du souverain Gudéa.

Depuis la découverte par Grotefend du sens de l'écriture cunéiforme, les assyriologues se demandaient quelle était l'origine de cette très ancienne écriture. Presque un siècle avait passé. De violentes querelles opposaient encore les tenants de l'origine sémitique de l'écriture cunéiforme et ceux qui affirmaient la présence en Mésopotamie d'une ethnie non sémitique installée avant même les Babyloniens et les Assyriens, et qui parlait « une langue sur laquelle auraient été construites en bonne logique et l'écriture, et son idéographie, et ses applications phonétiques. » Ces derniers eurent finalement gain de cause, puisque les fouilles de Tello révélaient des textes nettement plus anciens que les inscriptions assyriennes déjà déchiffrées. Le sumérien allait ainsi modifier profondément l'idée que l'on se faisait de nos origines.

En 1905, l'assyriologue François Thureau-Dangin (1872-1944) livra la première synthèse sur les inscriptions royales sumériennes et akkadiennes. Jean Bottero rend ainsi compte de ce travail : « En regroupant tous les documents historiques alors retrouvés des anciens souverains du pays, laissés par eux depuis le milieu du troisième millénaire sous toutes les formes – comme ces sculptures en forme de cônes destinées à être plantées dans l'argile des palais et des temples pour y garder à jamais le nom et la mémoire de leur fondateur –, et en les traduisant avec cohérence, il démontra une fois pour toutes l'existence, en Mésopotamie ancienne, à côté de l'akkadien sémitique, d'une langue tout à fait allogène et que, depuis, on a appelé le sumérien[1]. »

Les assyriologues peuvent affirmer aujourd'hui que les Akkadiens ou Sémites empruntèrent aux Sumériens leur écriture pour transcrire leur propre langue ; les signes prirent alors une valeur phonétique, alors que chez les Sumériens ils avaient une valeur principalement idéographique. Les cunéiformes ont servi à transcrire épisodiquement ou de façon plus durable la plupart des autres langues parlées en Mésopotamie.

La lecture des documents en sumérien reconstituait une histoire vieille de trois mille ans. Ce qui signifiait que ces inconnus qu'étaient les Sumériens étaient sans doute à l'origine de notre civilisation. De quoi donner le vertige et enthousiasmer le monde entier !

Entre 1889 et 1900, des savants de divers pays, notamment des États-Unis, organisèrent des fouilles dans le pays de Sumer. Le site de Nippur, à cinquante kilomètres au sud-est de Babylone, fut investi par les chercheurs américains. Cette vieille cité, centre religieux du pays, était dédiée à Enlil, le souverain des dieux et des hommes. En 1889, on exhuma le temple de la ville et du pays tout entier, appelé Ékur, avec en son sein une bibliothèque de vingt-trois mille tablettes. Là encore, la richesse des documents écrits offrait un panorama de la littérature et des mœurs religieuses d'une des époques les plus reculées, la fin du IIIe millénaire.

1. Jean Bottero, *Initiation à l'Orient ancien...*, *op. cit.*

On ignore encore d'où provenaient ces Sumériens. Sans doute étaient-ils arrivés par mer au fond du golfe Persique. Les découvertes archéologiques mirent en évidence les différentes étapes de leur installation et de leur développement culturel. À leur arrivée, ils se mêlèrent aux paysans qui participaient de la civilisation préhistorique, et rencontrèrent aussi les premiers Sémites venus d'Arabie qui s'installèrent plus au nord, sur le cours moyen de l'Euphrate. Les Sumériens perfectionnèrent l'agriculture indigène ; ils développèrent l'art de l'irrigation et introduisirent le travail du cuivre. Ils vivaient dans des cités comme Ur, Uruk ou Lagash, et élevaient des temples monumentaux à leurs dieux. Leur autorité s'étendit jusqu'à Nippur. L'ampleur de leurs travaux architecturaux est à peine concevable aujourd'hui : le grand temple d'Anu, à Uruk, a exigé par exemple le travail de mille cinq cents hommes pendant cinq ans à raison de dix heures par jour. Notons au passage que ce sont les Sumériens qui ont construit les premières tours à étages, les *ziqqurrat*, point de rencontre des divinités qui ont créé la Terre et des dieux qui ont créé le Ciel, symboles de la Création du monde.

L'invention de l'écriture leur est attribuée, tout comme la numération sexagésimale et l'art de l'algèbre. L'écriture fut utilisée au départ pour dresser les inventaires des richesses, et comme moyen de fixer les actes et les idées. La littérature mésopotamienne du IIe millénaire, à son apogée, était une littérature savante, produit d'un milieu lettré de longue tradition.

Pour prendre l'exemple de ce que nous appelons l'*Épopée de Gilgamesh*, la plus célèbre des œuvres littéraires mésopotamiennes, on sait maintenant que sa version « standard » en onze tablettes est loin d'avoir été la seule. Elle a probablement été mise en forme au XIIe siècle par un lettré d'Uruk. On connaît des récits antérieurs en langue sumérienne. On sait d'autre part qu'une épopée en akkadien a circulé à l'époque paléo-babylonienne, dont certains épisodes furent diffusés dans le Proche-Orient occidental tout au long du IIe millénaire. Le message essentiel de l'épopée y est fixé : l'homme n'a pas à espérer l'immortalité, il doit se contenter de profiter de la vie et de soigner sa renommée. C'est aussi sur le modèle d'une tradition héritée des Sumériens que furent mis en œuvre les recueils de jurisprudence que nous appelons le Code de Lipit-Ishtar (roi d'Isin, 1934-1924), les Lois d'Eshnunna et surtout le Code de Hammurabi.

À ses débuts, l'archéologie était une discipline dont l'objectif principal était d'exhumer les vestiges sans trop tenir compte de l'ensemble du site et du contexte topographique. Vers la fin du XIXe siècle, les archéologues allemands inaugurèrent l'ère d'une archéologie plus scientifique, aux méthodes contrôlables, en partie liées au fait que leurs archéologues étaient recrutés parmi des architectes intéressés en priorité par les vestiges des constructions. C'est ainsi que la stratigraphie et la céramologie ont permis de « raconter » l'histoire du sous-sol et de ses couches successives avec plus de précision, et ainsi de mieux rendre compte des influences, des interpénétrations culturelles et économiques. Sur ces nouvelles bases, les archéologues allemands s'attaquèrent aux sites colossaux de Babylone, d'Assur et d'Uruk.

Le nom de Babylone, métropole gigantesque au nom glorieux, résonnait dans tous les esprits. Pourtant, ce n'était qu'un champ de ruines dans une région plate et desséchée, balayée par des vents de sable. Même si le site était déjà connu lors des premières fouilles opérées en Assyrie, aucune investigation ne s'était révélée satisfaisante. Seuls quelques pans de murs, des aqueducs et des canaux à demi comblés, un énorme lion en basalte, quelques crampons de bronze constituaient le bien maigre butin de recherches successives.

On en était à ce point lorsque deux archéologues allemands, Ernst Schrader et Robert Koldewey (1855-1925), décidèrent de reprendre les fouilles. Le chantier qui débuta en 1899 allait s'étendre jusqu'en 1917. Dix-huit ans de travaux permirent de découvrir l'immense cité de Babylone, la ville la plus glorieuse du Ier millénaire avant notre ère, celle des rois chaldéens Nabuchodonosor et Nabonide, celle des Achéménides (VIe-IVe siècle av. J.-C.), que les anciens Grecs et les Juifs de l'époque des Prophètes avaient connue. Lorsque les souverains de Babylone (605-539), vainqueurs de leurs rivaux d'Assyrie et d'Élam, étendirent leur empire jusqu'à la Méditerranée, ils entreprirent de donner à leur capitale et à leur grand dieu Mardouk un cadre splendide digne de leurs ambitions.

Le remarquable travail de Robert Koldewey permit de reconstituer les grandes lignes de son histoire. Mais il ne réussit pas à exhumer les vestiges de la cité plus ancienne, embellie par son premier grand roi, Hammurabi, qui régna de 1792 à 1750, et qui fut le fondateur du premier Empire babylonien, car elle était noyée dans les eaux d'infiltration de l'Euphrate auquel la ville se trouvait appuyée à l'ouest.

Les rois chaldéens avaient constitué un grand empire allant du golfe Persique à la Méditerranée. Nabuchodonosor déporta les Juifs de Jérusalem à Babylone (en 587 av. J.-C.), mais ce vaste empire n'était pas plus gouvernable que ne l'était l'Empire assyrien, d'autant que les Perses de Cyrus entrèrent en scène et, en quelques années, allaient devenir les maîtres du monde oriental : la chute de Babylone, en 539 av. J.-C., et son rattachement à l'Empire perse marquent la fin de l'histoire de la Mésopotamie. Capitale sans cesse convoitée, détruite, reconstruite, redétruite, les ruines s'y entassent.

À partir de 1903, un autre archéologue allemand, Walter Andrae, s'attaqua à un nouveau site, celui d'Assur, l'ancienne capitale de l'Assyrie, située sur les bords du Tigre. Ce chantier, qui se poursuivit jusqu'en 1914, révéla à son tour des trésors : des sanctuaires importants, dont celui de la fameuse déesse Ishtar, patronne du pays, et des centaines de tablettes d'argile à contenus économiques, juridiques, littéraires et religieux, datant de la seconde moitié du IIe millénaire, période encore peu connue à cette époque des fouilles. La Mésopotamie était encore partagée en une multitude de royaumes indépendants et rivaux avant que Hammurabi de Babylone n'en forge l'unité. Si le paysage politique subissait des changements, dans le domaine de la civilisation il n'y avait guère de réelle rupture et le riche héritage culturel des Sumériens était préservé.

Les vestiges des grandes capitales que furent Assur et Babylone durant plus de deux millénaires attestent la richesse de leur patrimoine constitué de chefs-d'œuvre, que ce soit dans le domaine de l'architecture, de la vaisselle de luxe, de la parure ou des objets associés au rituel. C'est surtout à partir des XIIIe et XIIe siècles que l'état des vestiges archéologiques permet de bien en juger, à Assur au temps de souverains novateurs comme Tukulti-Ninurta, à Babylone sous la dynastie kassite qui insuffla de nouvelles sources d'inspiration. L'application par Walter Andrae de pratiques scientifiques parmi les plus novatrices permit de remonter le temps « strate de sédiments par strate de sédiments », et de reconstituer ainsi l'histoire de cette cité sacrée qu'était Assur jusqu'à la fin du IIIe millénaire.

Depuis lors, les connaissances sur cette antique civilisation se sont développées de manière impressionnante grâce au demi-million de tablettes d'argile exhumées. Au-delà des successions de règnes et de régimes, de guerres et de débâcles, l'Antiquité mésopotamienne nous ouvre ses portes, et des pans entiers de la vie intime et collective de ses ressortissants humains. La politique, la science, la religion, la littérature, les mœurs culinaires, l'organisation familiale, rien ne nous échappe plus – ou presque. Les manuels de jurisprudence, les pièces de procédure judiciaire, les traités divinatoires montrent que ces lointains ancêtres connaissaient eux aussi les querelles de voisinage, les larcins, les meurtres, les aventures et les drames conjugaux. Les traductions des tablettes nous renseignent même sur leur vie amoureuse.

Jean Bottero nous rapporte les résultats de ces investigations : « Dans ce gigantesque fouillis, trituré depuis un bon siècle par les assyriologues, nous avons retrouvé de quoi nous faire une idée de la vie sexuelle et amoureuse de la première grande civilisation. La constitution de la famille et l'union matrimoniale étaient le fondement de la communauté et en assuraient la survie. D'autre part, selon sa fortune et son bon plaisir, l'homme pouvait prendre une ou plusieurs épouses secondes ou concubines. Faire l'amour était une activité naturelle, comme le bien manger. C'est ainsi que les prières et exercices dévots retrouvés sur les tablettes concernent l'amour et son épanouissement. On prie pour "séduire une femme" ou "séduire un homme", pour "arriver à faire l'amour", pour "obtenir qu'une femme ait envie [mot à mot : "porte les yeux sur le pénis"] d'un homme". Des prières d'une grande beauté appellent le désir et le plaisir orgasmique. Adressées aux dieux et déesses, surtout à Ishtar, la déesse de l'amour, elles soulignent à quel point plaisir sexuel et sentiment religieux n'étaient pas incompatibles [1]. »

Si les Mésopotamiens faisaient et l'amour et la guerre, ils étaient aussi préoccupés de médecine. Les médecins identifiaient la maladie en se reportant à des listes de symptômes, puis prescrivaient un traitement spécifique. Les assyriologues ont pu recueillir suffisamment de renseignements sur leur pratique. Des « traités » spécialisés concernant « la toux », « la fièvre », les « affections des yeux », etc., décrivent avec précision les méthodes et traitements utilisés. Des catalogues exhaustifs dressent la liste de toutes les drogues utilisées et précisent leur emploi spécifique. Les remèdes provenaient principalement des plantes, mais aussi de produits minéraux comme les sels et les pierres, ou animaux comme le sang, les os, les excréments... Les techniques de soins étaient également très variées : onguents, cataplasmes, suppositoires, lavements, bandages, massages, fumigations... À côté de cette médecine traditionnelle se pratiquait une médecine « magique » chargée d'exorciser le mal et de chasser les démons responsables des affections et des douleurs. Les exorcistes officiaient lors de cérémonies où les prières, les incantations et autres procédés magiques se mêlaient à l'utilisation de plantes aux vertus miraculeuses. Les porte-amulettes et les talismans censés écarter les « forces maléfiques » faisaient partie du traitement curatif.

L'astrologie était aussi une science divinatoire venue de Mésopotamie et de Babylone. Les astrologues, désignés comme « Chaldéens » ou « Babyloniens », étaient de fins connaisseurs des mouvements du Soleil, qu'ils associaient sans erreur à la marche des saisons. Les astronomes babylo-

1. Jean Bottero, *op. cit.*

niens notaient les mouvements de la Lune et du Soleil pour prévoir les dates des moissons et des fêtes, ou pour établir le calendrier, mais aussi parce qu'ils étaient persuadés que les dieux annonçaient les événements à venir par des signes dans le ciel. Ils pouvaient calculer les orbites des planètes et dressèrent un catalogue des principales constellations. Les premiers textes cunéiformes connus sur l'astrologie mésopotamienne datent du XVIIIe siècle av. J.-C. Des ouvrages sur les présages, dont il reste des milliers de tablettes, étaient destinés aux futurs devins, formés par des écoles divinatoires créées à partir du dernier tiers du IIIe millénaire. Voilà quelques-uns des traits saillants d'une société savante et éclairée révélés par des centaines de milliers de tablettes d'argile.

Les progrès en matière de fouilles s'accélérèrent à tel point que le début du XXe siècle connut une floraison de nouvelles découvertes. En 1928, le site d'Uruk, une des villes antiques les plus célèbres du pays, fut réouvert après les premières fouilles prometteuses de 1913. Les recherches se focalisèrent sur un monticule entourant une *ziqqurrat* en briques d'argile crue d'une trentaine de mètres de hauteur. L'équipe y mit au jour une partie du fameux temple de l'Eanna, le « temple du Ciel ». Apparurent les restes d'épaisses murailles à redents qui délimitaient les vestibules, les salles, et très probablement les cours de ce lieu sacré. Et là, en ces lieux, on retrouva les plus vieux documents de l'écriture cunéiforme, inventée, semble-t-il, sur place aux alentours de 3200 avant notre ère. Les tablettes d'argile, où peuvent se lire conjointement des chiffres représentés par des « trous » en forme de cercles ou de cônes et des signes pictographiques très primitifs tracés à la pointe, sont consacrées à la comptabilité des mouvements des marchandises appartenant au temple, centre économique où se concentraient les produits de l'activité de la cité.

La cité d'Uruk, l'Érech de la Bible, représentait, vers la fin du IVe millénaire avant notre ère, de par sa culture urbaine et la naissance de l'écriture, le point culminant d'une longue évolution qui avait débuté au néolithique. Il nous faut préciser que c'est ici, dans cette ville ceinte de hautes murailles, que vécut vers 2750 avant notre ère le roi légendaire Gilgamesh, qui était en même temps grand prêtre. La fameuse épopée relate son aspiration à la gloire et à la vie éternelle, sa relation amoureuse avec la divinité protectrice de la ville Inanna-Ishtar, ainsi que l'époque plus reculée où un déluge avait ravagé le pays.

À soixante kilomètres d'Uruk, mais sur l'autre rive de l'Euphrate, une autre grande cité antique, Ur, capitale puissante et florissante du pays entre 2100 et 2000 avant notre ère, allait révéler des trésors archéologiques exceptionnels. Rawlinson avait déjà reconnu le site d'Ur à la fin du XIXe siècle, mais c'est en 1922 que l'archéologue anglais Leonard Woolley ouvrit un chantier de fouilles qui devait se poursuivre jusqu'en 1934. Non seulement on mit au jour les vestiges d'un grand sanctuaire dédié au dieu de la Lune, ainsi que ceux du « Temple de grande lumière » appelé l'Ékishnugal, mais on retrouva dans les maisons des habitants, outre de merveilleuses mosaïques avec des ornementations en cornaline et lazulite, des milliers d'inscriptions et de tablettes de toutes les époques depuis le IIIe millénaire. Ce qui permettait cette fois de rendre compte avec plus de précision des activités quotidiennes de la population. Cependant, comme souvent dans l'aventure archéologique, le plus spectaculaire attendait encore les fouilleurs. En 1926, ils explorèrent une nécropole royale composée d'une quinzaine de fosses dont la complexité architecturale évoquait un palais de la Mort. Des ossements montraient qu'une dizaine de corps avaient été sacrifiés pour escorter le roi défunt.

Les découvertes ne s'arrêtèrent pas là. En 1933, une « ville perdue » dans une région où l'on ne cherchait guère que des vestiges romains ou byzantins révéla de nouveaux trésors mésopotamiens. Cela se passait en Syrie, non loin de la frontière irakienne, dans une contrée peuplée de Bédouins. Sur le site de Tell Hariri, vaste amas de débris en plein désert, des Bédouins, occupés à déterrer des pierres pour marquer la tombe d'un des leurs, découvrirent une lourde statue sans tête portant une inscription cunéiforme. L'officier français en service à ce moment-là, le lieutenant Cabane, avertit la Direction des antiquités. Un mois plus tard, René Dussaud, conservateur des antiquités orientales du musée du Louvre et maître d'œuvre de la recherche archéologique française en Orient, proposa à l'archéologue André Parrot d'explorer Tell Hariri. Après de premières fouilles assez décevantes, on exhuma à la périphérie un grand nombre de statuettes archaïques d'albâtre, de style sumérien. L'une d'elles portait une dédicace à la déesse Ishtar, signée par un roi de Mari.

Tell Hariri recouvrait bel et bien les ruines de la fameuse cité de Mari, pratiquement disparue au milieu du IIe millénaire. Dès 1935, des constructions considérables émergèrent, avec des centaines, puis des milliers de tablettes couvertes d'inscriptions cunéiformes. Les archéologues avaient mis au jour l'immense et labyrinthique palais de Zimri-Lim, dernier roi de Mari. D'une superficie de deux hectares et demi, il était composé de deux cours bordées d'un enchevêtrement de couloirs et de pièces, habitats, magasins et chapelles. Une véritable caverne d'Ali Baba d'où furent exhumés documents économiques et administratifs ainsi que lettres officielles témoignant de la politique de toute la Mésopotamie jusqu'aux rives méditerranéennes autour de 1770 avant notre ère.

Non seulement on avait exhumé là une mine de documents écrits, mais également des objets usuels renseignant sur le mode de vie des habitants, comme de la vaisselle, des ustensiles de cuisine... Dans le palais de Mari furent ainsi retrouvés pas moins d'une cinquantaine de types différents de moules servant à confectionner des pains : une variété qui témoigne d'un goût pour le beau et le bien manger. D'autres sites d'où furent exhumés de riches batteries de cuisine, quantités de vases et d'ustensiles culinaires ont confirmé le goût des Mésopotamiens pour une cuisine élaborée aux techniques et combinaisons variées. Une autre découverte d'importance allait dans ce sens : une manière d'encyclopédie bilingue, en sumérien et en akkadien, répertoriant toutes les composantes de l'univers que les Babyloniens contemplaient autour d'eux, consacrait une large place à l'alimentation ; y étaient répertoriées une vingtaine de variétés de fromage, trois cents présentations de pains aux céréales variées, aux formes et aux goûts différents, une centaine de soupes...

La ville de Mari continue de fournir des trésors. D'autres sites archéologiques aussi, comme ceux que l'on compte par milliers en Irak. Les crises politiques qui s'y succèdent et la guerre qui ravage le pays ont arrêté les recherches qui reprendront bien un jour.

De ce pays de sable et d'argile aux créations humaines si périssables, les archéologues ont pu et su ressusciter, en dépit des difficultés et de multiples tâtonnements et découragements, une histoire vieille de plus de cinq mille ans. Et cela, malgré les prophéties de l'homme de Sumer qui savait déjà tout de la disparition de sa brillante civilisation.

Ne l'annonçait-il pas dans son *Épopée de Gilgamesh* ? « Lorsqu'arriva le septième jour.../ calme redevint la mer, et silencieux le vent mauvais,/ et le déluge cessa./ Je regardai le temps : [partout] c'était le silence,/ et toutes les populations étaient redevenues argile. »

Le mot de la fin appartiendra à Samuel Noah Kramer, célébrissime auteur du best-seller au titre en forme de paradoxe : *L'Histoire commence à Sumer*, dont les conclusions ont été évidemment et promptement mises en cause. Alors qu'on lui demandait ce qu'était, pour lui, un sumérologue, Kramer répondit après quelques instants de réflexion : « C'est quelqu'un qui sait presque tout sur presque rien ! »

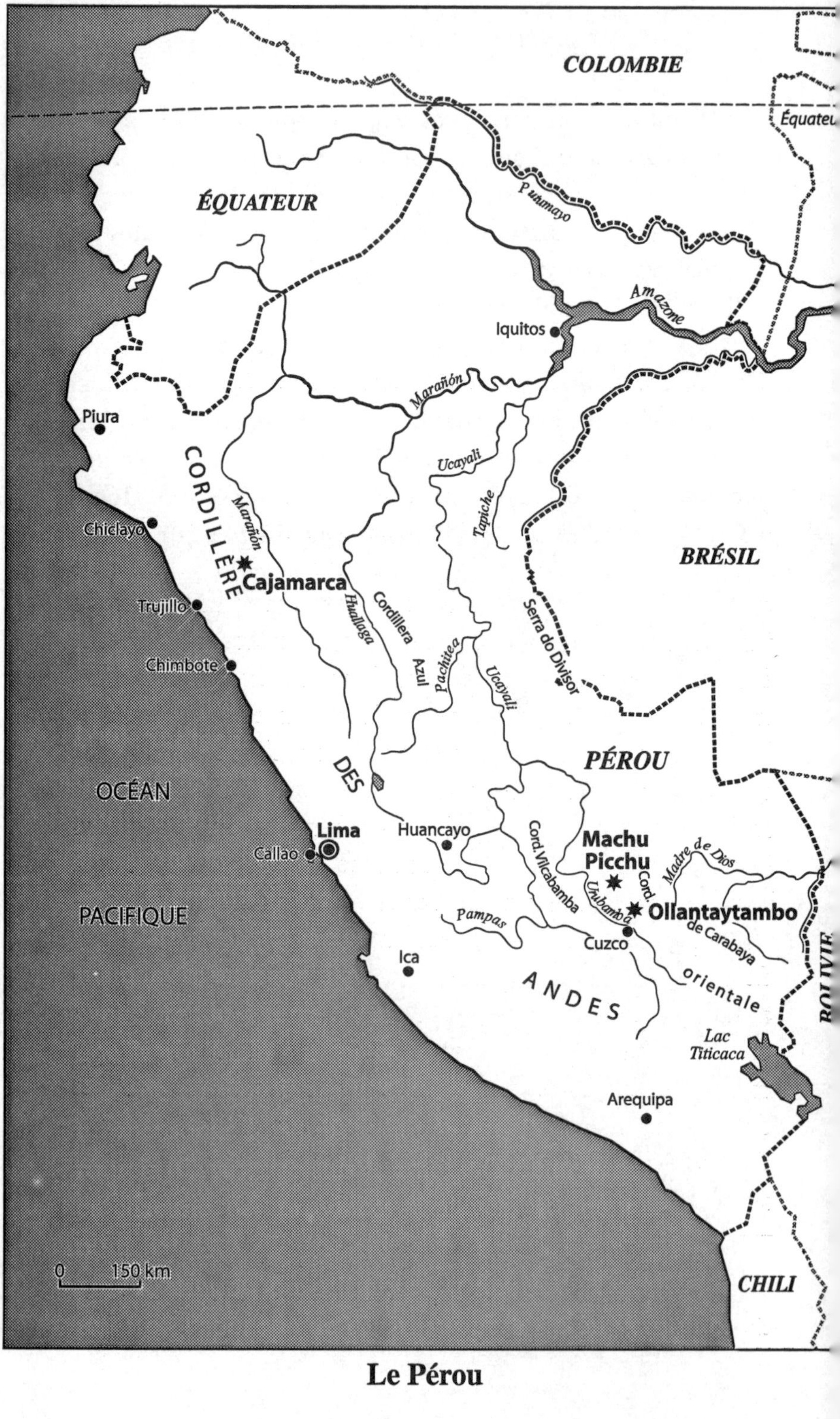
COLOMBIE
Équateur
ÉQUATEUR
Putumayo
Amazone
Iquitos
Marañón
Piura
CORDILLÈRE
Ucayali
Tapiche
Chiclayo
Marañón
BRÉSIL
Cajamarca
Huallaga
Cordillera
Azul
Trujillo
Chimbote
Pachitea
Ucayali
Serra do Divisor
PÉROU
DES
OCÉAN
Lima
Huancayo
Callao
Machu
Picchu
Madre de Dios
Cord. Vilcabamba
Cord.
Urubamba
Ollantaytambo
PACIFIQUE
Pampas
Cuzco
de Carabaya
Ica
orientale
ANDES
Lac
Titicaca
Arequipa
0
150 km
CHILI

Le Pérou

V

Les trésors perdus de la Cordillère

« L'histoire de l'Égypte et des civilisations méditerranéennes de l'Antiquité nous est connue grâce aux milliers de tablettes, d'inscriptions et de manuscrits parvenus jusqu'à nous. Elle fut gravée dans la pierre ou l'argile, écrite sur des papyrus ou des parchemins. Une étude scientifique de l'évolution de ces civilisations est possible. Les historiens et les archéologues qui se penchent sur le passé de l'ancien Pérou ne disposent en revanche d'aucune source similaire sur laquelle ils pourraient fonder leurs investigations. Ils doivent, pour ce faire, mettre bout à bout des traditions orales éparses et contradictoires, traditions qui ne furent couchées sur le papier qu'à l'époque de la conquête espagnole, plusieurs centaines d'années après les événements qu'elles relatent. Ils doivent se contenter de fragments d'étoffes et de poteries, de vestiges muets de temples et de terrasses, de pièces d'orfèvrerie et d'ustensiles découverts dans les tombes, enfin du peu que l'on sait des réalisations des Incas et de leurs prédécesseurs [1]. »

---

1. Hiram Bingham, *La Fabuleuse Découverte de la cité perdue des Incas*, Paris, Pygmalion/Gérard Watelet, 1990, préface de Danièle Lavallée ; chap. 2.

L'auteur de ces lignes est Hiram Bingham, l'historien américain qui, après avoir découvert et identifié la « cité oubliée » de Machu Picchu, a beaucoup fait pour la renommée du Pérou. C'est bien pourquoi, à sa suite, on ne peut parler de recherche archéologique chez les Incas sans parler d'abord de ceux qui ont appréhendé leur civilisation : les *conquistadores* et les scribes et prêtres espagnols qui tinrent la chronique. Jusqu'au milieu du XIXe siècle, ce qui avait le plus frappé les imaginations, c'était la fourberie, la cruauté surtout, la double guerre fratricide entre deux frères, Atahualpa et Huescar, et deux amis devenus rivaux : Diego (de Almagro) et Francisco (Pizarro). L'or des Incas rendait fou (*loco*)... La plupart des voyageurs et explorateurs qui vinrent ensuite et qui avaient des idées sur l'antiquité du Pérou reprirent ce qui leur convenait des récits de la conquête du XVIe siècle. En littérature espagnole, il y avait abondance. Fallait-il leur accorder crédit, sachant, par exemple, que les faits et gestes, les pensées d'un Pizarro, soldat analphabète, n'étaient connus que par les relations qu'en avaient fait ses secrétaires, Francisco de Jerez et Pedro Sancho de la Hoz ?

Les auteurs espagnols ont été classés selon leur proximité avec les événements. Les quatre premiers groupes sont évidemment à la base de tout travail archéologique. Louis Baudin (1890-1960), grand spécialiste des Incas dans les années 1920, distingue ainsi :

• « Ceux qui ont vu l'empire inka. – L'époque de la conquête [1] », parmi lesquels les deux secrétaires de Pizarro, Francisco de Jerez et Sancho de la Hoz ; Cristobal de Molina (le chantre d'Église) ; Juan de Bestanzos, qui

1. In *L'Empire socialiste des Inkas*, thèse de doctorat, Université de Paris, Travaux et mémoires de l'Institut d'ethnologie, 1927.

épousa une sœur d'Atahualpa ; le cousin de Francisco Pizarro, Pedro...

• « Ceux qui, arrivés immédiatement après la conquête, n'ont pas contemplé l'Empire des Inkas dans toute sa splendeur, mais ont vu les vestiges. – L'époque de transition » ; parmi eux : le trésorier Zarate ; Pedro de Cieza de Leon ; Diego Fernandez de Palencia ; Gutierrez de Santa Clara, tous trois soldats ; Girolamo Benzoni qui illustra son propos d'« images naïves ».

• « Ceux qui, n'étant pas allés au Pérou, ont recueilli les récits des premiers conquérants » : Bartoloméo de Las Casas, l'évêque de Chiapa, le plus célèbre mais aussi le plus contesté ; Francisco Lopez de Gomara, chapelain de Hernan Cortés ; Gonzalo Fernandez de Oviedo y Valdés, qui « abuse des souvenirs latins et mentionne Pline et Virgile là où ils n'ont que faire » ; Antonio de Herrera, compilateur et plagiaire, mais « chroniqueur du roi d'Espagne » ; Roman y Zamora...

• « Ceux qui ont recueilli sur place les récits des descendants des Inkas. – L'ère de la colonisation », parmi lesquels le premier historien de cette époque, Garcilaso de la Vega (1539-1616), né à Cuzco, fils d'un Espagnol et d'une nièce de l'Inca Huayna Capac, l'un des seuls à parler la langue des Incas, le quechua ; Pedro Sarmiento de Gamboa, auteur d'un ouvrage de commande combattant les écrits de Las Casas ; Cristobal de Molina (l'autre, le chapelain) ; J. de Acosta, un jésuite ; divers jurisconsultes et hauts fonctionnaires...

• « Les historiens espagnols du XVIIe siècle » : un Indien, Juan de Santa Cruz Pachacuti Yanqui Salcamayhua ; des religieux, dont Antonio de la Calancha, le père Martin de Morua et le jésuite Montesinos...

• « La période de transition. – Le XVIIIe siècle » où commencent à apparaître d'autres Européens que les Espagnols et qui annoncent les grands voyageurs du siècle suivant...

L'Amérique latine en général et le Pérou en particulier constituent sans aucun doute le dernier domaine en date de l'archéologie scientifique. Mais, entre le « mystère des Pyramides » et le Machu Picchu, il y a ce point commun : ils ont fasciné tout autant les voyageurs que les savants. C'est ainsi que trente ans avant la révélation de la « cité perdue » par l'Américain Hiram Bingham, un Français, Charles Wiener[1], avait visité la cité de Machu Picchu – nommée par lui « Matcho-Picchu ». Évidemment, on nia qu'il y fût allé... parce qu'il n'en fut pas épaté. Il écrivit cependant ceci : « On me parla à Ollantaytambo des vestiges anciens qui existaient sur le flanc est de la Cordillère, et dont je connaissais de nom les principaux, Vilcabamba et Choquequirao. Ce dernier groupe de ruines, je l'avais vu sur le bord de l'Apurimac, en face de la terrasse de Incahuasy. On me parlait d'autres villes encore, de Huaina-Picchu et de Matcho-Picchu, et je résolus de faire une dernière excursion vers l'est, avant de continuer ma route vers le sud[2]. » Cela peut s'interpréter de diverses façons... mais le sens à donner à : « je résolus de faire une dernière excursion vers l'est » est évident, me semble-t-il.

---

1. Charles Wiener (1851-1913). Voyageur, géographe, membre de la Société de géographie de Paris et de la Commission d'ethnographie, vice-consul à Guayaquil, Équateur. Il dirigea plusieurs missions au Pérou et en Bolivie. Il fut aussi un alpiniste discret, premier vainqueur d'un sommet andin (l'Illimani, 6 462 m) en compagnie de Georg von Grumkow et José Ocampo, en 1877.

2. *Pérou et Bolivie*, paru en 1880 chez Hachette, p. 345.

Le plus étrange dans la recherche du mystère inca est que plusieurs explorateurs passèrent très près de la « cité perdue », désormais la plus célèbre du Pérou, sinon du monde, sans pour autant s'y arrêter. Sur la foi des paysans qui vivaient alors dans la région, certains des prédécesseurs de Charles Wiener et de Hiram Bingham à s'y aventurer prirent même les ruines de la cité pour une carrière de pierres. Comme le « découvreur » officiel, ils s'étaient enfoncés dans l'étroite vallée de l'Urubamba, passant au pied de forteresses perchées parfois à mille mètres au-dessus d'eux. Tous avaient en tête d'explorer l'ultime refuge du peuple inca dont témoignaient le quechua, les forteresses et les récits de la conquête. Le problème resta l'identification de « Machu Picchu » : était-ce véritablement la dernière capitale inca enfin retrouvée, comme l'affirma toute sa vie Hiram Bingham ? Le nom de la cité est certes emprunté à l'une des montagnes qui la dominent. Les paysans l'avaient ainsi nommée bien avant lui. Mais n'aurait-elle pas pu se nommer « Huayna Picchu », si l'on tient compte de ce qu'a écrit Charles Wiener ?

C'est toute la partie sud du Nouveau Monde baignée par l'océan Pacifique – et pas seulement la cité des Incas – qui fut longtemps oubliée, surtout après la conquête. Malgré une présence espagnole de presque trois siècles dans la vice-royauté de Lima, elle paraissait impénétrable, tant elle est enfermée dans son chaos de montagnes, de pics, de volcans, de crevasses, d'épaisses forêts tropicales (« équinoxales », disait-on). De furieux torrents roulent leurs eaux vers l'est, vers l'Amazone, au fond de vertigineux précipices creusés dans la barrière des Andes, alors qu'il paraîtrait logique de les voir se précipiter vers l'ouest, à l'imitation de ruisseaux de moindre importance alimentés par la fonte des neiges, le grand océan n'étant parfois proche que de seulement cent kilomètres. Jusqu'au percement du canal de Panamá, pour qui venait d'Europe ou du nord de l'Amérique, l'accès au Pacifique était très difficile : il fallait contourner le sous-continent en doublant le redoutable cap Horn, ou franchir par la route l'étroite bande de terre montagneuse séparant les eaux, au fin fond de la mer des Caraïbes.

Pour mémoire, on se souvenait de Vasco Nuñez de Balboa qui, le 25 septembre 1513, avait découvert, du haut de la presqu'île de San Blas, la mer qu'il désigna du nom de « Mar del Sur » et qui devint le Pacifique. Se fiant à ce qu'il avait appris des indigènes, il avait marché durant de longs jours depuis la côte atlantique, persuadé qu'il était de trouver un passage navigable dans cette « Castille de l'or » tout juste colonisée, ayant déjà son gouverneur, ses juges et son évêque. Parmi les soldats, un homme de guerre ambitieux : Francisco Pizarro. En 1878-1879, un officier de marine français très pessimiste parlait en ces termes de « l'isthme du Darien occidental » (Panamá) : « Plus généralement connu sous le nom d'isthme de San Blas, [il] est de beaucoup le plus étroit de l'Amérique centrale. [...] Il suffirait donc d'une coupure de moins de neuf lieues pour établir la communication de l'Atlantique et du Pacifique ; par malheur l'altitude des montagnes interposées interdit un canal à ciel ouvert, et il faudrait percer un souterrain d'une quinzaine de kilomètres, la longueur du tunnel du Saint-Gothard... » L'officier sera bientôt démenti, bien que la montagne centrale, « longée parallèlement, des deux côtés, par d'autres chaînes à peine moins marquées et des dépressions relativement basses », ne permît la communication avec les deux rivages que par des écluses, « des escaliers où des torrents sautent de cascade en cascade »[1].

1. *Le Tour du Monde*, t. 40, p. 241.

La Tour de Babel par Martin van Valckenborch, XVIe siècle.
Pinacothèque nationale, Sienne.

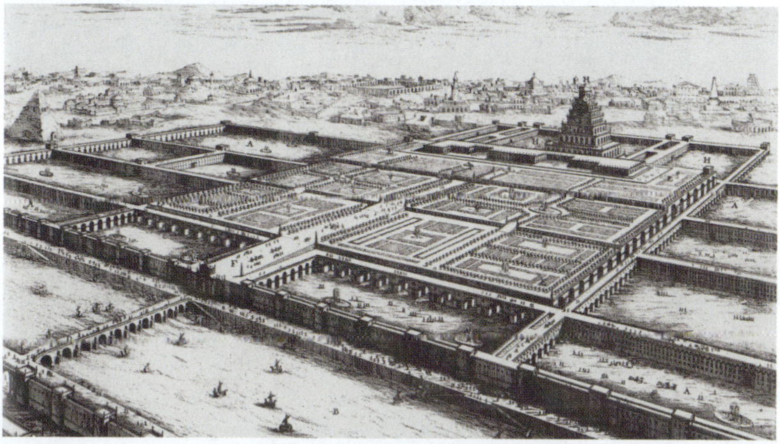

Vision architecturale de la cité de Babylone.
Gravure : *Les Sept merveilles du monde* de Johann Berhnard Fisher van Erlach, 1721.

Les palais de Nimrud, reconstitution de Austen Henry Layard
publiée dans son livre, *The Monuments of Nineveh*, Londres, 1853.

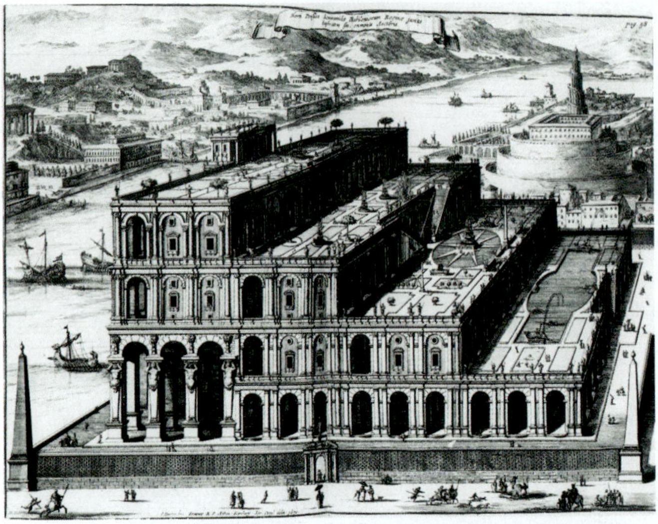

Les jardins suspendus
de Babylone.

Maquette de la tour à
(ziggurat) de Bab
de Walter A

Vue des fouilles de Nippur
vers 1890.
University of Pennsylvania.

Enlèvement des taureaux ailés du palais d'Assurbanipal. Lithographie de Henry Layard.
Bibliothèque royale, Turin.

Layard à Nimrud.
Gouache de Pat Nicolle.

Sir Henry Layard
qui découvrit
la fameuse bibliothèque
du roi Assurbanipal.

Paul-Émile Botta,
le découvreur
de Khorsabad.
Peinture de Champmartin.
Musée du Louvre, Paris.

Gilgamesh,
dessin de Flandin
pour le livre de P. -É. Botta,
Monuments de Ninive, 1850.

Henry Rawlinson découvrit sur la roche de Béhistun une longue inscription qui contenait, entre autres, le récit des victoires de Darius Ier.
Cabinet des Estampes de la Bibliothèque nationale de France.

D. r.

Portrait de Georg Grotefend.

Henry Rawlinson.
Peinture de Thomas Philipps.

Les indications heureuses de Georg Grotefend permirent au génial Rawlinson de parachever le déchiffrement de l'écriture cunéiforme.

Stèle du code de Hammurabi.
Musée du Louvre, Paris.

Carte du monde gravée sur pierre avec des caractères cunéiformes représentant probablement la cité de Babylone au centre.

Statuette votive dite « l'adorant de Larsa ».
Musée du Louvre, Paris.

Stèle babylonienne (Kudurru) dite « caillou Michaux ».
Bibliothèque nationale de France.

Scène de chasse du roi Assurbanipal. British Museum, Londres.

Code du roi Marduk-apla-Iddina II.
Musée du Moyen-Orient, Berlin.

Tête idéalisée d'Alexandre le Gra
dite "Alexandre Guimet".
Musée du Louvre, Paris.

La porte d'Isthar à Babylone.
Reconstitution faite par Hummel et E. Andrae.

La ville de Babylone de Nabuchodonosor.
lle de Herbert Anger, 1927, d'après les données archéologiques de R. Koldewey à Walter Andrae.

© BPK.

Robert Koldewey.
Photo L. Jessen.

D. r.

Portrait de Walter Andrae.
Peinture de J. Walter-Kurau, 1915.

Vercingétorix se rendant à César.
Peinture de H. P. Motte, 1899. Musée Crozatier, Le Puy-en-Velay.

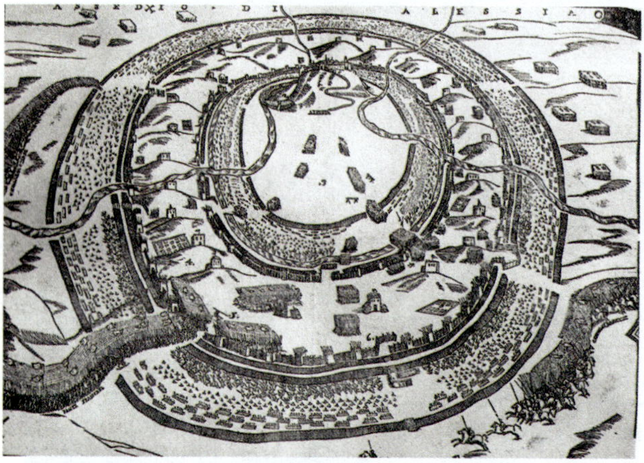

Le siège de la bataille d'Alésia
par Jules César, septembre 52 av.
Gravure du XVIe siècle.

Sépulture de deux enfants déc
dans la grotte de Grimaldi. 3
25 000 av. J.-C. Musée d'arché
nationale Saint-Germain-en-L

Druidesses dansant autour d'un menhir.
Gravure du XIXe siècle.

Carte géographique des Gaules indiquant les frontières avec l'Allemagne et l'Italie.
Cartographe Jean Jolivet. XVIe siècle.
Archives nationales, Paris.

Détail du vase en bronze « le trésor de Vix », découvert en 1953 par René Joffroy et son équipe.
Musée archéologique, Châtillon-sur-Seine.

Les arènes d'Arles en 1666.
Gravure de Freeman
ns *Magasin pittoresque*, .855, d'après un dessin ancien.

© The Art Archive / Dagli Orti.

Atahualpa est fait pris
Historia Americae, Théodore
Francfor
Bibliothèque nationale Marciana

©North Wind Pictures/Leemage.

Indien donnant des leçons
pour apprendre à tenir les comp
à l'aide d'un Quipu.
Gravure du XIXᵉ siecle.

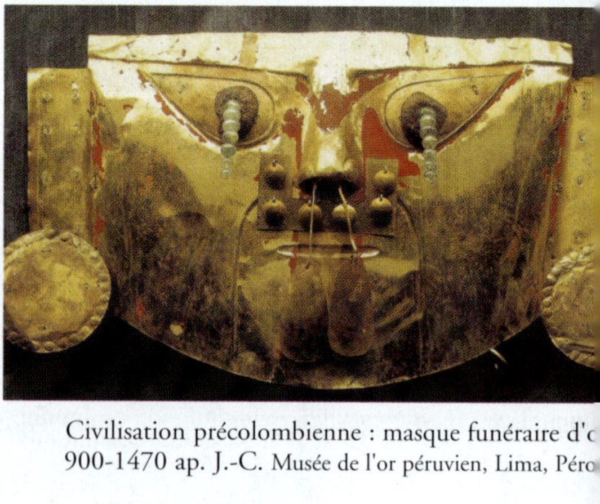

Civilisation précolombienne : masque funéraire d'c
900-1470 ap. J.-C. Musée de l'or péruvien, Lima, Péro

D. r.

Sur la centaine d'escaliers que comptent les ruines de Mach
Picchu, le plus beau de tous est sans conteste cette magnifi
volée de marches mégalithiques de la place sacrée au somm
de la Colline de l'Intihuatana.

édition de Hiram Bingham dans la Cordillère
ndes au Pérou pour découvrir le Machu Picchu,
n 1911 : ici dans le canyon du Urubamba.

Dr Hiram Bingham,
professeur de l'université de Yale,
qui decouvrit le Machu Picchu au Pérou
le 24 juillet 1911.
Photo collection Library of Congress USA.

Les trois fameuses fenêtres citées par Hiram Bingham, facteur possible d'identification
de ces ruines comme le lieu de la fondation de l'Empire inca.
Photographie de Frank Scherschel.

Le Machu Picchu, vue générale.

Le Machu Picchu dans toute sa splendeur.

Si nous insistons ainsi sur Panamá, c'est que la découverte du Pérou commença par la conquête de l'isthme (Nicaragua, Costa Rica, Darien...) puis de la côte du Pacifique. C'est de là que partirent les conquistadors, de l'ouest, utilisant le golfe de San Miguel et sa mer intérieure comme un refuge. Ce sont eux qui firent « place nette »... comme les « barbares » en Gaule et à Rome, et comme les « peuples de la steppe » au Moyen-Orient. Derrière eux, il ne resta rien de la vivante et riche civilisation des Incas. Rien, sinon des amoncellements de ruines, pierres cubiques inébranlables aux entassements fantastiques (« cyclopéens », disent les initiés qui hésitent à les dater). Et c'est parce que la rupture historique ne se produisit ici qu'au XVIe siècle de notre ère qu'il est indispensable de la raconter. Elle se situe en effet au moment où l'Europe occidentale vivait la découverte du monde, le retour à l'Antiquité (la Renaissance) et les guerres intestines de la Réforme. L'artillerie faisait des progrès et l'âge « classique » (ou baroque) s'annonçait. Voilà qui déplace la matière de l'archéologie de près d'un millénaire vers l'époque moderne. Cela explique aussi que les premiers découvreurs furent d'abord des voyageurs dont les récits s'attachent surtout à décrire les mœurs « étranges » des montagnards hispanisés et semi-christianisés qu'ils rencontraient au détour des sentiers muletiers avec leurs troupeaux de lamas, ou à faire l'inventaire de la flore, de la faune et des roches. Avant de parler de l'archéologie et de la civilisation que celle-ci s'attacha à rechercher, tous évoquent la destruction survenue au début des Temps modernes.

« En l'absence de sources écrites, dit encore Hiram Bingham, et du fait que l'interprétation des fameux *quipus*[1], ou cordelettes nouées, et la reconstitution du passé

---

1. Les *quipus* étaient un système d'écriture des nombres par le moyen d'une succession de nœuds de différentes tailles et formes sur

étaient tributaires de la mémoire ou de l'imagination des hommes qui furent interrogés par les premiers chroniqueurs espagnols, aucune date, aucun événement concernant l'histoire des Incas ne peuvent être tenus pour certains. Il est très probable que le développement en milieu andin d'arts et de techniques [...] se fit principalement au cours des siècles, voire des millénaires qui précédèrent l'avènement du premier Inca[1]. Par souci de simplification, les historiens ont cependant pris l'habitude d'appliquer ce dernier terme à l'ensemble de la civilisation que les Espagnols découvrirent au Pérou. [...] En réalité, de nombreuses tribus et ethnies du Pérou sont restées suffisamment longtemps indépendantes – avant d'être assujetties par les Incas – pour faire montre de remarquables capacités artistiques, notamment en matière de céramique et de tissage[2]. »

À la recherche d'un « inépuisable » trésor...

Les sources de la Bible ou de la civilisation grécoromaine (égyptienne et perse) furent, au Proche-Orient comme en Europe, les moteurs de la recherche archéologique. La plus puissante raison d'aller explorer l'Amérique du Sud demeura la quête d'un trésor « improbable » dans une cité « introuvable », et la résolution de l'énigme qui se posait. Cela dure encore, mais au cinéma quand il est question de « diamant vert » ou de « crâne de cristal »...

des cordelettes. Ils servaient au recensement de la population et à la gestion.

1. « Inca » est ici entendu comme « roi » des Quechuas et autres peuples « indiens » de l'empire du Pérou.

2. Hiram Bingham, *La Fabuleuse Découverte de la cité perdue des Incas*, *op. cit.*, p. 26.

Cependant, s'il s'agit de retrouver une « cité perdue », celle-ci se situerait au Brésil plutôt qu'au Pérou. On reparle aujourd'hui d'un certain « point Z » recherché par un explorateur britannique, le colonel Percy Fawcett (1867-1925), qui, plus que Hiram Bingham, aurait servi de modèle au personnage d'Indiana Jones.

À l'époque des Grandes Découvertes, les pillages lui conférant sa matérialité, le mythe de l'Eldorado laissait croire qu'un inépuisable trésor attendait les arrivants dans la partie du Nouveau Monde que le curieux traité de Tordesillas (1494)[1] avait accordée à l'Espagne, deux ans après la « découverte » de Colomb. Curieux parce que deux ans seulement après le premier voyage du Génois, le pape et les rois d'Espagne paraissaient en savoir long sur ce qui restait à « découvrir »... Sur la foi des récits, nobliaux ruinés et mercenaires avides avaient imaginé, à condition de laisser sa part au monarque, de pouvoir mettre la main sur les fabuleuses richesses qu'on allait tirer des « sauvages ». Dans une société où les Indiens échangeaient à parts égales de l'or contre du sel, cela paraissait plausible. Seulement, tous s'étaient trompés. Les Indiens spoliés, l'or se fit bientôt rare et les mines n'étaient surtout riches « que » d'argent et de cuivre. Philippe II d'Espagne en fut la première victime[2], qui fut bientôt acculé à la banqueroute

1. Imposé par le pape Alexandre VI (Rodrigo Borgia), le traité de Tordesillas (près de Valladolid, Castille) partageait le Nouveau Monde entre les souverains espagnols, Ferdinand et Isabelle, et le roi Jean II du Portugal, de part et d'autre d'une ligne correspondant au méridien 46°37 ouest (on disait alors : à « 370 lieues » à l'ouest des îles du Cap-Vert). Il accordait de fait le Brésil au Portugal et le Pérou à l'Espagne.

2. Sur ce sujet, voir Fernand Braudel, *La Méditerranée et le monde méditerranéen à l'époque de Philippe II*, t. 1, Paris, Armand Colin, 1985, p. 463 et suiv.

pour le plus grand bénéfice des prêteurs, les banquiers génois et hollandais.

Les trésors ne furent découverts qu'au hasard des « progrès de la civilisation ». Encore s'agissait-il le plus souvent de métaux transformés : plats, coupes, bijoux, objets divers obtenus sous la contrainte, bien qu'on eût trouvé, dans une montagne près de Cuzco, « une masse d'or de la grosseur d'une tête d'homme[1] » dont les crédules de l'époque estimèrent que « si le hasard ne l'eût pas fait découvrir trop tôt, il y avait beaucoup d'apparence que tout le rocher se fût converti en or ». Il fallut attendre la troisième expédition de Pizarro au Pérou (celle de 1532) pour qu'un butin de six tonnes du précieux métal parte pour l'Espagne, ce qui ne représentait que le cinquième de ce qui avait été réuni... C'est ainsi qu'on a pu dire que les trésors brillèrent surtout dans l'esprit plutôt que dans les coffres des conquérants. Au point que l'expression populaire « c'est le Pérou ! » désigna bientôt la *perspective* d'une extrême richesse plutôt que sa réalité.

Contemporain de Contant d'Orville et de sa « masse d'or » grosse comme « une tête d'homme », Jean-François Marmontel (1723-1799) fut l'un des philosophes des Lumières qui s'élevèrent contre l'esclavage en général, et dénoncèrent la conquête de l'Amérique en particulier. Il en fit un roman : *les Incas*, au sous-titre éloquent : *ou la Destruction de l'empire du Pérou*. Moins connu qu'*Atala* de Chateaubriand, fustigeant le « fanatisme » alors que celui-ci ébauche un « éloge du christianisme », il le précédait de

1. André-Guillaume Contant d'Orville (1730-1800 ?), *Histoire des différens peuples du monde : contenant les cérémonies religieuses*, 1770, qui cite les *Comentarios reales de los Incas*, « Commentaires royaux sur le Pérou des Incas », de Garcilaso de La Vega, scribe dont la mère était inca.

plus de vingt ans dans la tonalité « bon sauvage » avec laquelle le vicomte parlerait des Natchez (*Les Natchez*, 1826). *Les Incas*, paru en 1778, commence ainsi : « Toutes les nations ont eu leurs brigands et leurs fanatiques, leurs temps de barbarie, leurs accès de fureur. Les plus estimables sont celles qui s'en accusent. Les Espagnols ont eu cette sincérité, si digne de leur caractère.[1] » À la suite de quoi Marmontel s'appuie sur l'œuvre de Bartoloméo de Las Casas qu'il intitule *La Découverte des Indes occidentales*. Il la déclare « publiée en Espagne en 1542, traduite en français et imprimée à Paris en 1687[2] », ce qui fait question puisque le texte qui se rapproche le plus de ce qu'il utilise alors n'aura été publié en français qu'en 1822. Mais sans doute lisait-il l'espagnol. Adressé au roi Philippe II, un chapitre porte « sur la nécessité de rendre la couronne du Pérou à l'Inca Tito, qui régnait dans les Andes comme petit-fils de l'empereur Guaynacapac, père des infortunés Atabaliba et Guascar[3], que les Espagnols immolèrent à leur

1. J.-F. Marmontel, *Les Incas ou la Destruction de l'empire du Pérou* [1778].

2. *Œuvres de don Barthélémi de Las Casas, évêque de Chiapa, défenseur de la liberté des naturels de l'Amérique ; précédées de sa vie, et accompagnées de nôtes* [sic] *historiques, additions, développemens , etc., etc. ; avec portrait ; par J.-A. Llorente... dédiées à M. le Comte de Las Cases.* Paris, Alexis Eymery, 1822. Malgré des avis très autorisés, la plus grande confusion semble régner en France sur les titres et la date de parution des traductions françaises des œuvres de Las Casas ; on trouve celles-ci, en espagnol, dans la monumentale *Historia de las Indias* qui figure à la Biblioteca de autores españoles (BAE) au tome 96... Sa *Brevissima relacion de la destruccion de las Indias*, rédigée en 1552, a été traduite en français en 1979.

3. Il s'agit, pour nous, des souverains incas Titu Cusi, Huayna Capac (le grand-père), Atahualpa et Huascar.

cruelle avarice ». L'éditeur de 1822, l'abbé Llorente [1], présente le texte comme inédit et composé en 1564. Et Llorente précise qu'il l'a trouvé « sur un manuscrit espagnol de la Bibliothèque royale de Paris ».

Las Casas, fils et neveu de compagnons de Christophe Colomb, accompagnait les premiers conquistadors dont, devenu prêtre, il était l'aumônier. Il rapporte ce dont il a été témoin et ce qu'il a retenu des récits de la conquête. Cependant, voici ce que pense de lui Louis Baudin : « Aujourd'hui où nous pouvons le juger en toute impartialité, nous devons constater chez lui, à côté de sentiments très nobles et généreux, une tendance fâcheuse à l'exagération ; il se laisse entraîner par sa passion, et il est responsable en grande partie des innombrables erreurs qui ont eu et qui ont encore cours en Europe sur la colonisation espagnole en Amérique. À force de représenter les Indiens comme des martyrs, l'éminent ecclésiastique en vient à nous faire considérer les Espagnols uniquement comme des bourreaux. Il est sectaire, violent, d'esprit étroit, et sa partialité manifeste nuit beaucoup à la cause qu'il plaide. En outre, il ne s'est jamais rendu au Pérou, contrairement à ce que beaucoup ont cru pendant longtemps. Tous ses renseignements sont de seconde main, et il plagie sans vergogne Cieza de León, Cristóbal de Molina, Francisco de Jerez. Enfin sa lecture est très pénible ; outre des répétitions nombreuses [...], il s'obstine à entrelarder ses récits de

1. Juan-Antonio Llorente (1756-1823), prêtre et historien espagnol spécialiste de l'Inquisition – il était représentant du Saint-Office à Logroño. Il séjourna en France de 1813 à 1822 ; il en existe un portrait par Goya. Il n'a rien à voir avec Sebastian Lorente, professeur au Pérou, qui reprend souvent Garcilaso.

longues digressions sur l'antiquité grecque ou romaine, et de citations latines hors de propos[1]. »

À la suite de tant d'autres, lisons donc Las Casas qui a tout de même le mérite de résumer la situation sans que nous ayons à choisir entre Marmontel et Baudin :

> « Les provinces du Pérou sont immenses ; elles s'étendent depuis Quito inclusivement jusqu'au royaume du Chili, et embrassent mille lieues de terre en longueur, et cinq à six cents en largeur. Les habitants ne connaissaient d'autre religion que l'idolâtrie ; une partie adorait le soleil, et l'autre les pierres, les rochers ou les collines. [...] Les Espagnols entrèrent dans les royaumes du Pérou en 1531, espérant y trouver beaucoup d'or et d'argent. Ils s'emparèrent en arrivant de la personne d'un seigneur du pays nommé Athabaliba [Atahualpa], sans que rien ne pût motiver de leur part cette violation du droit des gens. Ils n'avaient qu'un objet en vue : c'était d'occuper une belle et riche contrée, et d'en jouir tranquillement. Le prince péruvien offrit d'acquitter sa rançon en livrant à ses ennemis une maison remplie de métaux précieux ; la condition ayant été acceptée, Athabaliba tint parole, et les Espagnols se partagèrent ses trésors en faisant la part du roi d'Espagne qui était du cinquième de tout l'or et l'argent. Malgré cet énorme avantage, ils eurent la cruauté d'étrangler leur prisonnier et de livrer son corps aux flammes, sous prétexte qu'étant encore entre leurs mains, il avait envoyé de tous côtés l'ordre de rassembler des soldats et de venir à son secours contre ses ennemis. La question est de savoir s'il y a obligation, pour chacun des Espagnols qui firent prisonnier

---

1. Louis Baudin, *Les Incas du Pérou (Essai sur le socialisme)*, repris d'une thèse de doctorat de 1927, université de Paris. « Les sources », chapitre premier de l'ouvrage paru en 1942 aux éditions Médicis. À l'occurrence « Las Casas ».

et qui assassinèrent Athabaliba, de restituer l'or et l'argent dont leur troupe, qui ne s'élevait pas à deux cents hommes, s'empara dans le palais de ce prince, ou si chaque Espagnol est seulement tenu de rendre la part qui lui échut, ou enfin s'il n'a rien à restituer.

« Après la mort d'Athabaliba, plusieurs Espagnols apportèrent dans la péninsule [Ibérique] une partie des trésors dont ils l'avaient dépouillé, tandis que d'autres, qui ne croyaient pas en avoir encore assez, restèrent dans le pays pour en amasser de nouveaux. Ces Espagnols ne sont pas tous morts, et il y en a plusieurs que je pourrais nommer. La découverte de tant de métaux précieux fut à peine connue qu'un grand nombre d'Espagnols s'embarquèrent pour le Pérou et envahirent en tous sens cette vaste région dont ils soumirent d'abord les habitants par la force des armes, pour en faire ensuite des tributaires, et plus que des esclaves, puisqu'ils leur enlevèrent tout ce qu'ils possédaient sans leur laisser même les plus grossiers aliments pour leur subsistance et celle de leurs familles [1]. »

Rapportée avec les fioritures de l'écriture d'un roman du XVIIIe siècle par Marmontel, la conversation probable entre Francesco Pizarro et l'un de ses frères conforte la perspective de l'Eldorado : « C'est une chaîne de montagnes d'or qui s'étend de l'équateur jusqu'au tropique du midi... » Ce à quoi on peut ajouter les avis donnés par le cacique Tumaco et par le fils du cacique Comogre, chefs indiens du Darien (partie de l'isthme de Panama) : « Puisque vous vous êtes exilés de chez vous pour avoir de l'or, disent-ils aux Espagnols, sachez qu'il existe un pays où il surabonde. Les habitants de ce pays possèdent de grands récipients d'or pour manger et boire. »

---

1. Las Casas, *Réponses aux questions qui lui ont été posées sur les affaires du Pérou...*, *Œuvres*, t. II, édition de 1822, p. 181 et suiv.

Pour ce qui est de l'objet fréquent de l'archéologie, les sépultures, on pourrait se fier au dire de Las Casas : « Les habitants de ces contrées, qui possédaient de grands biens, se faisaient enterrer avec leurs richesses », mais, précédant les archéologues, les conquistadors dévastèrent ces sépultures. Quatre cents ans plus tard, alors que l'historien Hiram Bingham se préparait à marcher « sur les traces de Bolivar », l'archéologie ne pouvait guère trouver mieux que quelques restes dans des tombes de rencontre, tant le pays était ravagé, les trésors pillés et « déménagés » en Espagne. C'est ce que laisse entendre une note de 1910 parue dans la revue *À travers le Monde* :

> « Les rois, considérés comme fils du Soleil, avaient pour tombe un sanctuaire dédié à cette divinité : leurs corps embaumés étaient portés dans le grand temple de Cuzco, les hommes à droite, les femmes à gauche du luminaire d'or qui brillait entre les murailles. Les corps revêtus d'un costume d'apparat étaient assis sur des sièges d'or, la tête inclinée vers le sol, les mains croisées sur la poitrine. Les Péruviens cachèrent ces momies pour les sauver de la profanation des conquistadores ; mais cinq d'entre elles furent découvertes par la suite ; elles étaient dans un état de conservation parfaite.
>
> « En certains points et surtout dans les régions du sud, les gentilshommes de sang royal, les *curacas* (classe noble) et autres grands seigneurs, étaient déposés, à leur mort, dans de grands vases d'or ou d'argent en forme d'urnes hermétiquement closes, qu'on plaçait ensuite dans les prairies ou les forêts, ou dans les propriétés du monarque s'ils avaient péri pour lui. Dans la bouche des momies étaient placés des objets divers : haricots, grains de maïs, fragments de cuivre, d'argent, d'or, etc. ; dans les orbites, des boulettes de coton contenant des yeux de poisson. Les oreilles

étaient ornées de grands anneaux de métal divers. Les membres supérieurs étaient fixés par plusieurs tours de corde. Les mains étaient l'objet d'un soin spécial : elles étaient ouvertes et les doigts séparés les uns des autres par de petits cylindres faits de cheveux, remplis d'une poudre rouge ou jaune et maintenus par des ligatures appropriées. Le costume, variable selon la condition, se composait d'un poncho court, terminé par une ceinture large au niveau de l'estomac ; les pans étaient cousus sur les côtés, affectant la forme d'une chemise sans manches qui se continuait par une sorte de jupe [1]. »

L'or... Il est devenu banal de dire, au moins depuis Moïse et le Veau d'or, que l'envie de le posséder a toujours perdu l'humanité. La conquête de l'Amérique « latine » et du Pérou ne fit pas exception à la règle. Un film comme celui de l'Allemand Werner Herzog, *Aguirre, la colère de Dieu* (1972), en donne un aperçu. Au XVIe siècle, dans la partie centrale de l'isthme de Panamá, une tragédie avait eu lieu ; une autre s'annonçait. Les conquistadors s'entre-dévoraient. Vasco Nuñez de Balboa périt de la main même de ses compagnons Pizarro et Almagro...

La progression des conquérants...

Il faut dire que Balboa avait commencé par éloigner deux rivaux. L'un s'était noyé dans une tempête en mer des Caraïbes, l'autre s'était réfugié auprès de Pedro Arias de Avila (dit Pedrarias Dávila), « gouverneur de la Castille de l'or » (les possessions espagnoles au sud du Mexique). On était en 1515. Dávila vint aussitôt enquêter sur les agis-

1. « Les coutumes funéraires des Incas », *À travers le Monde*, Hachette, 1910, nouv. série, 16e année, p. 359.

sements de Balboa, son concurrent, tout juste nommé par ordonnance royale « *Adelantado*[1] de la Mer du Sud », gouverneur et « généralissime » de Panamá, tandis que, prudemment, dans le rôle du guide au service d'une petite troupe commandée par Juan de Ayora, lieutenant du gouverneur, Pizarro s'éloignait du conflit en s'en allant explorer la côte et l'archipel des Perles. Il ne révéla rien à son chef de ce qu'il avait retenu un peu plus tôt en marchant avec Balboa. Il cacha notamment ce qu'ils avaient appris des Indiens : très loin, sur les côtes de la « Mer du Sud », existait un empire d'une riche et ancienne civilisation d'où arrivaient parfois des navires à voiles chargés de poteries, de fins tissus, de bijoux d'or et d'argent qu'ils échangeaient contre du sel et des coquillages. Au retour de son expédition, Ayora rapporta des perles mais peu d'or, ce qui, dit-on, déçut beaucoup Pedrarias, le gouverneur. C'est alors que ce dernier ordonna au capitaine Pizarro, ami et compagnon de longue date de Vasco Nuñez de Balboa, d'aller s'emparer du « généralissime ». Celui-ci fut ramené, humilié, battu et enchaîné, devant ledit gouverneur qui le fit prestement juger puis étrangler.

Désormais maître absolu de la « Castille de l'or », après avoir entrepris lui-même quelques croisières infructueuses, Pedrarias autorisa Pizarro à organiser une expédition vers le sud. Le conquistador se choisit deux associés parmi la petite troupe qui résidait à Santa Maria la Antigua, *pueblo* fondé naguère par Balboa et ainsi nommé en l'honneur d'une église de Séville où le disparu faisait jadis ses dévotions. C'est ainsi que furent promus Diego de Almagro, homme d'armes, et Hernando de Luque, saint homme de

1. Fonctionnaire de la Couronne, une manière de « préfet » ayant pouvoir judiciaire et administratif.

prêtre. Almagro le bâtard portait le nom d'un village d'Espagne. Il allait perdre un œil dans l'aventure, ce qui, dit-on, n'arrangea pas son physique d'homme frêle, court sur pattes, au visage grêlé par une vérole récurrente. Après une jeunesse agitée, il était arrivé en passager clandestin sur le navire qui avait amené Pedrarias.

La première expédition de Pizarro vers le sud, au-delà du cap Garachiné[1], date de novembre 1524. Pour financer l'expédition, il s'était donc associé avec Almagro et de Luque, mais, pour l'autoriser, il avait mis le gouverneur Pedrarias dans le coup en lui faisant signer un « traité » donnant au gouverneur le quart des profits espérés. Francisco Pizzaro partirait le premier sur le *San Cristobal.* Diego de Almagro devait suivre sur un brigantin encore en construction. Pour sa part, le prêtre Hernando de Luque resterait au Panamá avec mission de veiller sur les propriétés des deux autres, et de faire patienter les créanciers.

Pizarro partit avec une centaine de soldats et des Indiens, mais épuisa très vite ses forces en vaines explorations – les villages côtiers se révélaient déserts, la végétation des rives était inextricable, et l'or totalement absent. Deux mois après le départ, il avait déjà perdu une vingtaine d'hommes des suites de maladies – dont la *verruga*[2]. L'expédition était à bout de ressources, les hommes se nourrissaient exclusivement de plantes tropicales, de poisson et de coquillages, ce qui avait au moins le mérite de leur éviter le scorbut. Pizarro envoya son adjoint chercher du secours

1. Sur la côte du Pacifique, dans la province de Darien, le cap Garachiné ferme la baie de San Miguel, échancrure orientale du golfe de Panamá. Avant la conquête du Pérou, cette région maritime était dénommée « Levant ».

2. Ou « verrue », maladie tropicale qui se manifeste par des excroissances cutanées et des fièvres.

avec le *San Cristobal* tandis qu'il resterait sur ce point de la côte qui fut dénommé Puerto de la Hambre (autrement dit « Port de la Faim »). L'adjoint se rendit à l'archipel des Perles pour éviter de donner l'alerte aux créanciers de Panamá. De retour deux semaines plus tard, il ravitailla les affamés, puis le *San Cristobal* poursuivit sa route en direction du sud.

Pizarro et ses soldats n'étaient pas au bout de leurs peines. Ils atteignirent un village désert mais bien pourvu en vivres. Ils s'y ravitaillèrent, s'y reposèrent une nuit avant d'être tirés du « paradis » par un assaut des Indiens locaux qui tuèrent sept hommes, en blessèrent dix-sept et mirent en fuite l'expédition. Le *San Cristobal* reprit la mer et revint vers Panamá. Pour les raisons qui ont été dites à propos du gouverneur et des créanciers, il s'arrêta dans le golfe de San Miguel, à Chicama.

Almagro était parti avec sept mois de retard sur celui qui était encore son chef. Emportant des vivres en quantité pour lui et pour son devancier, il avait embarqué sur le brigantin avec une soixantaine de soldats et un pilote renommé, Bartoloméo Ruiz, qui avait déjà conduit une expédition maritime jusqu'à une rivière répondant au nom de Pilou ou Birou (les érudits se contredisent) dont on explique que le nom muta en Pélou puis Pérou... Almagro ignorait que le capitaine Pizarro, craignant les effets d'un piteux retour, avait renoncé à rentrer à Panamá. Doublant le cap Garachiné, Almagro retrouva un à un les signes de reconnaissance laissés sur la côte par ses prédécesseurs (croix de bois et petits mots). Il continua donc vers le sud, jusqu'à ce village[1] où il lui fallut faire face, lui aussi, à des

1. Le village fut dénommé Puerto Quemado (Port Brûlé) quand il fut incendié.

indigènes décidés. Il y eut un combat au cours duquel Almagro perdit un œil et les doigts d'une main. C'est à cet endroit précis, que ses hommes, afin de le venger, mirent le feu aux cabanes.

Alors qu'il se remettait de ses graves blessures, Almagro donna l'ordre au pilote Bartoloméo Ruiz de continuer sa route avec le brigantin et de chercher une contrée plus hospitalière. Le 24 juin 1525, Ruiz jeta l'ancre à l'embouchure du Pilou, puis navigua jusqu'au rio San Juan [1]. Là, il découvrit quantité d'or et se munit de vivres en abondance. Il revint vers Almagro. Inquiet pour son associé Pizarro, dont il n'avait plus trace, ce dernier décida de rentrer à Panamá. Faisant escale à l'île des Perles, Almagro apprit que Pizarro s'était réfugié depuis quelque temps déjà à Chicama. Il le rejoignit et ils décidèrent, avec l'or découvert par Ruiz, de tenter une deuxième entreprise. Pour ce faire, Almagro se rendit à Panamá où il obtint du gouverneur, contre mille pesos d'or, un brevet de capitaine – ce qui le mettait sur le même rang que Pizarro. Sur le point de se rendre au Nicaragua pour régler une affaire, le gouverneur Pedrarias accepta aussi de se retirer de la compagnie fondée avant le départ de la première expédition. Les conquistadors étaient désormais seuls dans l'aventure avec Hernando de Luque qui leur avançait une fortune... Un contrat fut signé en mars 1526 et la deuxième expédition prit aussitôt le large.

Les deux navires emportaient cent vingt hommes, des vivres en suffisance, des chevaux, des porcs et de la volaille. Les « anciens » ayant eu à souffrir du premier voyage avaient été laissés à Chicama : Pizarro et Almagro,

---

1. Aujourd'hui en Colombie, à environ 4° N de latitude, au nord de la baie de la Madeleine et de Buenaventura.

craignant qu'ils ne dénigrent l'entreprise – leur courrier personnel avait d'ailleurs été détruit – les embarquèrent au passage, avec des Indiens destinés aux services domestiques. Cela portait les effectifs à cent soixante-dix. Les deux navires s'arrêtèrent ensuite peu avant le rio San Juan où les soldats surprirent les habitants d'un village, renoncèrent à les poursuivre dans une jungle d'épineux, de surcroît peuplée d'alligators, mais s'emparèrent d'un riche butin. Les deux capitaines et les « vétérans », réunis le jour même en assemblée générale, décidèrent qu'Almagro repartirait pour Panamá chercher des renforts, et que Ruiz continuerait vers le sud. Avec le gros de la troupe, Pizarro attendrait Almagro à Buenaventura.

Bartoloméo Ruiz navigua durant soixante-dix jours, ayant doublé le cap qu'il nomma Pasado (« Dépassé »), puis atteignit l'équateur et les limites nord de l'empire du Pérou. En rejoignant Pizarro, il raconta comment, à hauteur du rio Santiago (frontière nord de l'Équateur actuel), il avait croisé un curieux navire fait d'un radeau de balsa mais portant une voile carrée (« latine ») que des marins éprouvés manœuvraient habilement... C'était une surprise pour les Espagnols qui avaient jusque-là tenu pour un dogme l'absence de technique maritime chez les Indiens. Cela confirmait, pour Pizarro, les dires des caciques du Darien entendus naguère, au temps de Balboa, sur l'existence d'un pays riche et prospère. Bartoloméo Ruiz en rapportait les preuves : ayant arraisonné l'embarcation, il avait capturé trois femmes et deux garçons – les hommes avaient fui. Ces prisonniers n'étaient pas nus comme la plupart des « sauvages » rencontrés jusque-là. Ils étaient vêtus de superbes tuniques de coton finement tissé et teint de couleurs vives selon des dessins compliqués. Avec les prisonniers, Bartoloméo Ruiz s'était emparé d'un trésor d'or et d'argent délicatement travaillé, de tissus fins de laine et de coton, et d'une curiosité : une balance ressemblant à une balance romaine prouvant le degré de civilisation de ces gens.

Pendant ce temps, Almagro était arrivé à Panamá où régnait un nouveau gouverneur. Les conquistadors étaient désormais aux ordres de Pedro de los Rios qui commença par leur faire bonne figure puis, les résultats tardant, entama des procédures. La deuxième expédition vers le sud s'achevait dans l'incertitude : il fallait des renforts et d'autres investissements pour la conquête de ce qui paraissait un pays fort riche et civilisé. Pizarro avait laissé de place en place des hommes sûrs dans des lieux hospitaliers où les Incas étaient persuadés qu'ils recevaient une visite des dieux blancs annoncés. « On disait, écrit Contant d'Orville, que l'aîné des fils d'un Ynca, qui vivait dans les tems reculés & qui portait le nom d'*Yahuarhuacar*, avait vu un phantôme appelé *Viracocha*, qui était vêtu d'une longue robe, portant une barbe touffue & tenant en lesse un animal inconnu au jeune prince, & l'on crut la prédiction expliquée à la vue des Espagnols qui portaient de grandes barbes, qui avaient les jambes couvertes & des chevaux pour montures. On ne douta plus que l'Ynca *Viracocha* ne fût parmi eux[1]... »

Après un séjour à l'île del Gallo (à hauteur de l'actuel Tumaco, en Colombie) puis à celle de la Gorgone, dans l'attente de renforts, des relations pacifiques s'étaient établies entre les étrangers et les Incas, notamment à Tumbez (golfe de Guayaquil). Il y avait eu quelques malentendus dont l'un fut dénoué par la vue des chevaux, animaux

1. Contant d'Orville, d'après Garcilaso de la Vega, « Commentaires royaux sur le Pérou des Incas », *op. cit.*, p. 308.

inconnus des Indiens, et un autre par le « lavage » en public d'un Noir, le marin Bocanegra.

De retour à Panamá, devant l'hostilité du gouverneur Pedro de los Rios, les associés n'eurent d'autre issue que d'envoyer l'un des leurs en Espagne pour obtenir du roi Charles Quint les autorisations nécessaires à la poursuite de la conquête. Francisco Pizarro fut choisi, Hernando de Luque arguant de son âge et de ses fonctions religieuses qui n'étaient pas un luxe dans ce milieu de pécheurs dissolus, Diego de Almagro attendant son heure.

Pizarro partit pour l'Espagne au printemps 1529. En passant à Séville, il fut jeté en prison pour dettes et engagements non honorés. Son cousin Hernán Cortés, le conquérant du Mexique, le tira de ce mauvais pas en sollicitant l'intervention du roi Charles qui se trouvait alors en Espagne. Le temps du voyage de Séville à Tolède, au cours duquel les Indiens et les lamas firent forte impression sur la population, Charles Quint était parti rendre visite au pape Clément VII... Francisco Pizarro fut donc reçu par la régente, la reine Isabelle, épouse de Charles. Il dut faire preuve d'un charme fou, les appuis de Cortés aidant, car il se retrouva séance tenante « gouverneur, général en chef, *Adelantado* et magistrat supérieur » du Pérou, dénommé alors « Nouvelle Castille ». Des conventions, dites « Capitulations de Tolède », furent signées le 26 juillet 1529. Elles lui confirmaient ses titres, lui accordaient une fortune... payable à Panamá, des moyens (à trouver par lui), et l'autorisaient à poursuivre la découverte et la conquête de la province du Pérou.

Malgré ce triomphe mondain, l'aventure du conquistador faillit une nouvelle fois tourner court tant il se trouvait pressé par les dettes et par les instances judiciaires du Haut Tribunal de Commerce des Indes qui visaient les navires censés les transporter, lui et ses recrues. Le départ de San Lucar, port habituel d'embarquement des conquistadors, en janvier 1530, se fit en ordre dispersé. Francisco avait engagé ses frères Hernando, Juan et Gonzalo, qui partirent sur des navires différents. Quant à Francisco, il quitta Séville presque clandestinement en compagnie d'un quatrième frère, fils bâtard de sa mère, Martin de Alcantara. La fratrie ne devait se trouver réunie qu'aux Canaries.

L'arrivée à Nombre de Dios (en français « Nom de Dieu »), le port atlantique du Darien, ne fut pas moins délicate. Prévenu par la lecture d'une copie des Capitulations mise au courrier, Diego de Almagro était venu demander des comptes. Le bagout de celui qu'il considérait comme un traître, en amitié comme en affaires, le rendit coi, malgré son indignation. De plus, dès leur première entrevue, une vive animosité naquit entre le conquistador déçu et les frères de Pizarro, notamment Hernando, personnage arrogant et grossier qui, à tout moment, faisait sentir son mépris au borgne Almagro. Les mercenaires recrutés avant le départ n'étaient pas en reste, d'autant que la rumeur avait fait son chemin et que le Pérou en attirait d'autres comme le miel les fourmis.

C'est dans ces conditions psychologiques très particulières que la troisième expédition prit la mer sur la côte ouest, en janvier 1531. Elle était forte de trois navires, dont deux affrétés par des notables du Nicaragua. Cent quatre-vingt-sept soldats avaient pris place à bord, ainsi qu'une cavalerie de trente-cinq chevaux. Pizarro navigua jusqu'à l'île de la Puna, dans le golfe de Guayaquil. Après divers incidents et une révolte cruellement réprimée, il se présenta sur la côte, à Tumbez où son avant-garde fut apparemment bien accueillie... avant d'être livrée aux prêtres et sacrifiée à une idole du Soleil. Pizarro découvrit une ville dévastée et une population hostile – ce qui contrastait avec ce qu'il avait observé lors de son précédent séjour. Il eut aussi à faire face à un assaut des Indiens. Ayant fait prisonnier un notable du cru, il apprit qu'une guerre civile divisait les Incas entre les partisans d'Atahualpa et ceux d'Huescar, tous deux fils de l'empereur Huayna Capac et revendiquant la succession. Cette rivalité serait la cause principale de la défaite indienne.

Pizarro était décidé à jouer des deux armes : la douceur et la violence. Sur le premier registre, il fit un discours pour convaincre ses troupes, mais « ceux des guerriers castillans qui avaient servi sous (Pedrarias) Davila, et dont les mains s'étaient déjà trempées dans le sang des peuples de l'isthme, tirèrent un mauvais présage de ce qu'ils appelaient mollesse dans leur général. Vincent de Valverde[1] surtout, ce prêtre ardent et fanatique, fut indigné de reconnaître dans le langage de Pizarre les sentiments de Las Casas, et fronçant un sourcil soucieux : "Ils fléchiront, disait-il en lui-même, ils fléchiront sous le joug de la foi, ou ils seront exterminés."[2] ».

En conséquence, Pizarro se proposa de marcher vers le sud et la région de Cajamarca où il espérait rencontrer le prince légitime, Atahualpa. C'est à ce moment-là que les Espagnols se rendirent compte qu'ils pénétraient dans un tout autre monde. Au sortir de Tumbez, ils suivirent une route large et bien entretenue, comme ils n'en avaient jamais vu. Ils constatèrent que les deux plus belles de ces pistes, bordées d'arbres, s'en allaient en parallèle vers le

1. Vicente de Valverde, prêtre dominicain, futur évêque de Cuzco après le refus de Las Casas.

2. Marmontel, *Les Incas ou la Destruction de l'empire du Pérou*, *op. cit.*, t. 2.

sud, l'une suivant le littoral, l'autre escaladant les collines grâce à de larges escaliers, et que des chemins secondaires, de place en place, les reliaient l'une à l'autre, formant un maillage des plus utiles. Les Incas ne connaissant ni la roue ni les chevaux, ces routes n'étaient empruntées que par des piétons, des chaises à porteurs, ou les coureurs du roi qui étaient d'une extrême vélocité. De proche en proche, des relais attendaient ces coureurs – plus rapprochés lorsque la pente était rude. Puis les conquérants s'engagèrent dans les contreforts des Andes et, le jour de la Saint-Michel (29 septembre 1532), fondèrent le premier *pueblo* espagnol du Pérou à Tangarara (déplacé ensuite à Piura), avec mairie, église et fortin, *alcalde* et fiscalité. Au dire des chroniqueurs qui relatent cette installation, il s'agissait là d'un paradis terrestre.

Ce qui frappa les Espagnols, c'était aussi la qualité du système d'irrigation de la plaine, au débouché des nombreux ruisseaux et ruisselets produits par la fonte des neiges de la montagne proche. Ils relevèrent des tracés « parfaits » de canaux sur des lieues et des lieues d'un parcours à faible déclivité, des aqueducs sinueux dont les courbes parfois se chevauchaient. Grâce à cette eau abondante et régulière, les jardins et les champs en terrasses, les *andenes*, regorgeaient de fruits, de céréales et de légumes – dont certains, étranges, comme le maïs et les « pommes de terre », le haricot arborescent (*purutu* en quechua), le quinoa, la tomate verte... Beaucoup plus tard, au XXe siècle, on parla même d'un « socialisme [1] » des Incas en raison de la propriété collective du sol, du mode d'attribution des terres, de la « politique agraire » décidée par les gouvernements

1. Louis Baudin en fit le sous-titre de son ouvrage *Les Incas du Pérou*, *op. cit.*

de l'Inca et appliquée par les chefs de famille sur la base d'une bonne utilisation des superficies, de leur élargissement, de l'irrigation et de l'amendement des sols.

Par la route montagneuse, Pizarro et sa troupe approchaient Cajamarca. En chemin, le conquistador, histoire de frapper de terreur les populations, avait fait brûler vifs des notables, sachant que les Incas, selon leurs croyances, étaient persuadés que ceux qui mouraient ainsi seraient privés de vie dans l'au-delà ; puis un détachement de la cavalerie espagnole avait porté atteinte à un puissant tabou en violant collectivement et en public les plus belles des « femmes choisies » et des « Vierges du Soleil » destinées à l'Inca ou aux notables. Ces crimes mirent le prince et les nobles qui le soutenaient dans une grande fureur. À l'approche de Cajamarca, la rumeur d'un affrontement se fit plus précise. Pizarro apprit qu'Atahualpa massait des guerriers armés de frondes et de massues, et qu'il avait en outre défait Huescar, son frère et rival, en conséquence de quoi l'effectif de son armée avait doublé. Les Espagnols entrèrent à Cajamarca le 15 novembre 1532 « au coucher du soleil » et sous un violent orage. Ils découvrirent une cité puissamment fortifiée mais vidée de ses habitants. Pizarro prit des dispositions de combat et envoya l'un de ses officiers, Hernando de Soto, en ambassade à Atahualpa pour le prier à dîner : il souhaitait, disait-il, recevoir à sa table le grand roi vainqueur qui campait à proximité... Cependant, le frère de Francisco, Hernando Pizarro, jaloux que cette mission eût été confiée à un autre, doubla soudain de Soto, ce qui éveilla la méfiance d'Atahualpa, qui cependant passa outre et répondit favorablement à l'invitation.

Répartissant et dissimulant une partie de ses soldats en divers endroits de la ville, Francisco Pizarro laissa venir à lui le cortège royal. Il avait préparé une embuscade : ses gens prirent d'assaut la litière du prince, firent prisonnier celui-ci tandis qu'étaient massacrés ceux des Indiens qui l'avaient escorté. Atahualpa vécut désormais de longs mois à la merci des conquistadors. Croyant racheter sa liberté, il réunit une énorme rançon. Voici ce qui s'en disait en Europe trois cents ans après les faits, alors que le Pérou recevait les premiers voyageurs venus du monde non hispanique :

> « Quand on a lu à peu près tous les anciens ouvrages espagnols qui traitent de la conquête du Pérou, on se demande, non sans quelque raison, si les Incas possédaient un trésor. En fait, le trésor de l'Inca brillait surtout dans l'imagination des *conquistadors*. Les Péruviens n'avaient aucune idée d'un système monétaire ; mais ils faisaient un usage incessant des métaux précieux, et personne n'ignore que lorsqu'on eut conçu la fatale idée de mettre à rançon l'infortuné Atahualpa, les conquérants qui venaient de le dépouiller de ses États assignèrent dans l'enceinte même de la demeure impériale plusieurs chambres qu'on devait, à une époque donnée, remplir d'or et d'argent [...] L'Inca "offrit aux Espagnols, qui l'avaient instruit dans la religion, dit Xerez [Jerez], secrétaire de Francisco Pizarre, une grande quantité d'or et d'argent [...]. Atahualpa promit de remplir en morceaux d'or, seaux, vases, lingots et autres pièces semblables, une grande salle longue de vingt-deux pieds sur dix-sept de large, jusqu'à une raie blanche qui marquait la moitié de la salle, laquelle, suivant lui, avait une toise et demie de haut. De plus, en argent, il livrerait deux fois la capacité de cette chambre tout entière, et cela dans deux mois." On sait que ces conventions ne purent être accomplies et que la mort d'Atahualpa fut le résultat d'une trame odieuse que l'histoire a justement flétrie. Lorsque le terrible Ruminahui rentra dans Cuzco pour venger

son maître (Atahualpa), il savait mieux que tous les autres Péruviens ce que le trésor improvisé de l'Inca avait coûté de larmes et de sang à ses compatriotes. Il pilla la ville qui avait laissé s'accomplir le crime, et de ces vases d'or, de ces statues d'argent il fit, dit-on, un monceau qu'il enfouit secrètement dans la terre[1]. »

La réunion de la rançon préluda au « procès » et à la mise à mort d'Atahualpa. Suivant à la lettre Las Casas qui répétait lui-même ce qu'il avait entendu, Marmontel a imaginé la scène dramatique de son assassinat, le 29 août 1533 :

« La famille d'Ataliba [Atahualpa], les yeux épuisés de larmes et le cœur lassé de sanglots, dormait alors autour de lui. Mais ce prince, agité de funestes pressentiments, n'avait pu fermer la paupière. Il entend ouvrir sa prison. Il voit entrer Requelme, et avec lui trois hommes enveloppés de longs manteaux qui ne laissent voir que leurs yeux, dont le regard lui semble atroce. Un mouvement d'effroi le saisit ; il se lève, et, surmontant cette faiblesse, il vient au-devant d'eux. "Inca, lui dit Requelme, éloignons-nous ; n'éveillons point ces femmes et ces enfants. Il est bien juste que l'innocence repose en paix. Écoutez-nous : vous êtes jugé, condamné. Le feu serait votre supplice, selon la rigueur de la loi. Mais il dépend de vous de vous sauver des flammes, et cet homme religieux que vous allez entendre vient vous en offrir un moyen." Le prince l'écoute et pâlit. "Je sais, dit-il, que le conseil a prononcé ; mais ne doit-on pas m'envoyer à la cour d'Espagne, et réserver à votre roi un droit qui n'appartient qu'à lui ? – Croyez-moi, les moments sont chers, poursuivit Requelme ; écoutez cet homme pieux et sage qui s'intéresse à vos

1. Article anonyme, *Magasin pittoresque*, 1879, p. 119.

malheurs." Valverde alors prit la parole : "Ne voulez-vous point, lui dit-il, adorer le Dieu des chrétiens ? – Assurément, dit le malheureux prince [...]. – Et vous désirez d'être instruit, lui demande encore le perfide, des saintes vérités qu'il nous a révélées[...] ? – Je le désire avec ardeur, répond l'Inca." L'Inca, d'un esprit humble et d'une volonté docile, s'incline et reçoit à genoux l'eau sainte du baptême. "Le ciel est ouvert, dit Valverde, et les moments sont précieux." À l'instant, il fait signe à ses deux satellites, et le lien fatal – c'est-à-dire le garrot – étouffe les derniers soupirs de l'Inca. Ce fut par les cris lamentables de ses enfants et de leurs mères que la nouvelle de sa mort se répandit au lever du jour [1]. »

Ce n'est qu'après ce crime que la troupe de Pizarro marcha sur Cuzco [2]. La capitale antique fut prise le 15 novembre 1533. Elle fut livrée au pillage et à la destruction. Deux ans et deux mois plus tard, Francisco Pizarro fondait la nouvelle capitale, Ciudad de los Reyes (Lima). Avec l'arrivée de colons et de renforts militaires, après la nomination d'un empereur inca « à la botte », Manco Inca, puis le soulèvement et le massacre (un véritable « génocide ») des Incas révoltés par la conduite des colons et des soudards, la conquête s'acheva en une lutte entre Espagnols. Cuzco fut prise et reprise, y compris par les Incas. Almagristes et pizarristes s'affrontèrent. Almagro, fait prisonnier après la victoire des seconds, fut mis à mort en 1538. Trois ans plus tard, des conjurés restés almagristes

1. Marmontel, *Les Incas...*, *op. cit.*, t. 2.

2. Les Péruviens ont décidé de l'orthographier désormais « Cusco ». Hiram Bingham parlait *du* Cuzco (la signification de quechua *cuzco*, est « le nombril » (le « centre du monde »). Dans les textes anciens, on trouve les deux orthographes. Le choix des auteurs des citations proposées dans cet ouvrage est respecté.

se saisirent de Francisco Pizarro, devenu marquis de los Atabillos, et le blessèrent à mort dans la bataille qui s'ensuivit. Tandis qu'il expirait, frappé à la gorge, les prêtres qu'il avait sollicités le maudirent, lui disant en guise d'absolution : « Va te confesser en enfer ! »

Ainsi que l'écrivit Marmontel :

> « ... quand ces loups dévorants se furent enivrés du carnage des Indiens, leur rage forcenée se tourna contre eux-mêmes. Le cri du sang d'Ataliba s'était élevé jusqu'au ciel. Presque tous ceux qui avaient contribué au crime de sa mort en portèrent la peine, et tandis que les uns, pris par les Indiens dans des lieux écartés, expiraient sous le nœud fatal, les autres, justes une fois, s'égorgèrent entre eux. L'exécrable Valverde, en menant une bande de ces brigands à la poursuite des Indiens qui s'étaient sauvés dans les bois, tombe entre les mains des anthropophages, et, brûlé, déchiré vivant, dévoré par lambeaux, [...] meurt, le blasphème à la bouche, dans la rage et le désespoir. Parjure et traître envers Pizarre, Almagre fut puni du plus honteux supplice [...]. Pizarre, dont le crime était d'avoir ouvert la barrière à tant de forfaits, Pizarre, trahi par les siens, mourut assassiné. [...] La guerre, après lui, s'alluma entre ses rivaux et ses frères. Cusco, saccagée et déserte, vit ses plaines jonchées des corps de ses tyrans. Les flots de l'Amazone furent rougis du sang de ceux qu'elle avait vus désoler ses rivages, et le fanatisme, entouré de massacres et de débris, assis sur des monceaux de morts, promenant ses regards sur de vastes ruines, s'applaudit et loua le Ciel d'avoir couronné ses travaux[1]. »

Au tout début du XXe siècle, que restait-il des Incas ? Rien, en apparence. Charles Wiener était hanté par un

1. Marmontel, *Les Incas...*, *op. cit.*, t. 2.

sentiment plutôt rare à l'époque positiviste où il vivait. On peut bien le qualifier de « romantique » ou même de « nostalgique », mais il fut le premier (en français) à l'avoir exprimé. C'est pourquoi, de retour à Paris, il décrivit exactement pour ses pairs la situation d'oubli dans laquelle étaient tombés les Indiens : « Les autochtones du Pérou [...] ont eu le malheur d'être des victimes sans avoir la gloire d'être des martyrs. Aussi la poésie n'est-elle pas descendue sur leur immense tombe et, pour tâcher de ressusciter ce passé inconnu, l'histoire n'a pas retiré le linceul sanglant qui couvre plusieurs générations d'une race éteinte. La mort a eu tous ses droits sur l'indigène du Pérou ; elle en a même eu le plus cruel : l'oubli. Passez au milieu des ruines grecques ou romaines, entre les colonnes brisées d'un forum, sur les gradins d'un amphithéâtre, sous les galeries d'un temple..., ces ruines s'animeront sous l'effet vivifiant du souvenir. [...] La vie qui circule pour vous dans ce monde antique est plus pure que la vie réelle : elle est l'apothéose glorieuse d'un peuple de génie. Quelle différence entre cette flamme immortelle qui éclaire les siècles de sa gerbe lumineuse et ce soleil radieux des Incas étouffé brutalement d'un coup d'éteignoir ! Dans les galeries nues et monotones des villes américaines, dans ces maisons muettes, dans ces palais sans souvenirs, dans ces temples sans Dieu, le spectateur comprend la rigidité cadavérique du passé péruvien auquel tant de savants n'ont pu arracher jusqu'à ce jour le récit de son existence séculaire[1]. »

1. *Bulletin de la Société de géographie*, VIe série, t. 18, juil.-déc. 1879, p. 305 et 306.

Itinéraires de voyageurs

Les derniers Incas s'étaient repliés dans les profondes vallées des rivières qui coulent des Andes vers l'est : l'Urubamba se jette dans l'Apurimac qui devient l'Ucayali (nommé aussi rio Tambo [1]) après son confluent avec le rio Urubamba. À l'issue d'un parcours de 2 670 km, il ajoute ses eaux au rio Marañon et forme avec lui l'Amazone. Cette région du Pérou est des plus escarpées, des plus accidentées. La muraille s'ouvre sur l'« enfer vert » où vivent des tribus « indiennes » qui, avant la conquête espagnole, menaçaient les Incas. C'est ainsi que les vallées étaient défendues par des forteresses interdisant le plus efficacement possible le passage aux « sauvages de la forêt ». C'est dans cette région de Vilcabamba que trouva refuge Manco Inca alors qu'il continuait la lutte, une fois la révolte écrasée à Lima et à Cuzco. C'est là qu'il devait être traîtreusement assassiné lors d'une querelle de joueurs de boules (ou de palets), par Gomez Perez, chef d'une petite bande de malfrats se faisant passer pour des déserteurs.

Les récits des voyageurs qui parcoururent les Andes au XIXe siècle, avant « la guerre du Pacifique » entre le Pérou, la Bolivie et le Chili (1879-1884), sont aussi nombreux que les écrits sur la conquête. Parmi eux, ceux de Paul Marcoy sont exemplaires. Ils annoncent, dans la forme, l'écriture un peu appuyée de Hiram Bingham, mais, non sans désinvolture, ils relèvent davantage de l'anthropologie que de l'archéologie, même si, comme on va le voir, Marcoy fait partie des pionniers de la découverte. Ce Bordelais, dont le véritable nom était Laurent Saint-Cricq

1. Les rivières péruviennes portent les noms des cités successives qu'elles baignent.

(1815-1887), fit plusieurs voyages en Amérique du Sud. Bartolomé Benassar le présente ainsi :

« Très tôt passionné bien plus par le journalisme, la peinture et l'aventure que par le commerce, il se rendit par ses propres moyens en Amérique où il parcourut le Chili, la Bolivie, le Pérou, franchit plusieurs fois les Andes – trente fois, à l'en croire – apprit le quechua, ce qui lui permit de parvenir à une connaissance étonnante des légendes incaïques. Au terme de six ans d'errances, il décida de revenir en France. Le choix de son itinéraire de retour fut-il le résultat d'un pari stupide après boire avec un capitaine écossais dans le petit port péruvien d'Islay ? Ou simplement le désir de réaliser un véritable voyage d'aventures ? Quoi qu'il en soit, Marcoy eut besoin d'un an et de quatorze jours, au lieu des trois mois qu'il avait présomptueusement annoncés, pour effectuer le parcours d'Islay (à l'extrême sud du Pérou) au delta de l'Amazone. En cours de route, il rencontra l'expédition de Castelnau dans laquelle il s'enrôla comme dessinateur, mais il se brouilla rapidement avec le chef de l'expédition de sorte qu'il continua sa route en toute indépendance. Il arriva à demi mort au terme de son voyage mais parvint à récupérer la santé et à rentrer en France où il arriva en pleine révolution (1848) [1]. »

Un des moments les plus curieux de son voyage fut certainement son passage par la vallée de l'Urubamba (celle du « Machu Picchu »). Il nous en donne la relation

1. Bartolomé Benassar, *Un voyage extraordinaire au XIXe siècle : Laurent Saint-Cricq, alias Paul Marcoy – du Pacifique à l'Atlantique, du sud du Pérou à l'embouchure de l'Amazone, 1846-1847*, université de Toulouse 2.

suivante, et il est étonnant de la comparer avec le récit de la recherche de la « cité perdue » de Hiram Bingham :

« Il y a quelques années, en feuilletant une édition de la *Géographie universelle de Malte-Brun*, je tombai par hasard, à l'article *Pérou*, sur les lignes suivantes qui m'intéressèrent si fort que je ne les oubliai plus. “Le voyageur français, M. Gay, qui parcourt depuis longtemps l'Amérique méridionale, a signalé dans ces derniers temps une antique ville dont aucun auteur n'avait encore parlé, pas même le judicieux et naïf Garcilaso ; c'est Hollay-Tay-Tambo, dont les monuments sont encore plus surprenants que ceux de Cuzco.” Comme, à cette époque, je me trouvais précisément de passage à Cuzco, je crus devoir, en ma qualité d'archéologue, pousser une reconnaissance jusqu'à la ville signalée afin de m'assurer par moi-même de la réalité de son existence. La relation de M. Gay, malgré toute sa valeur officielle et l'aveugle confiance qu'en d'autres temps je lui eusse accordée, ne me suffisait plus depuis qu'ayant cherché à travers l'Amérique du Sud, et sur la foi de toutes les cartes connues, cette lagune où trempent complaisamment les têtes de cinq affluents inexplorés de l'Amazone [...] je n'avais rien trouvé qui ressemblât à la lagune en question, que j'avais fini par regarder comme tout à fait fantastique. Craignant une déception de ce genre à propos de l'antique ville, je crus prudent, avant de l'aller visiter, de prendre conseil de deux vieux amis qui me portaient un intérêt réel et plus d'une fois m'avaient mis en garde contre les incroyables erreurs qu'on me débitait à titre de notions historiques, et que, sans eux, j'eusse acceptées comme articles de foi[1]. »

---

1. Paul Marcoy (Laurent Saint-Cricq), *Scènes et paysages dans les Andes*, Paris, 1861, t. 2, « Les ruines d'Ollantaytampu ». Cet ouvrage est l'édition d'écrits antérieurs réunis après le premier voyage de Marcoy.

Et Paul Marcoy de consulter deux chanoines de Cuzco dont il est devenu l'ami, chanoines qu'il reçoit séparément, car les deux prêtres se détestent cordialement. Cependant, l'un et l'autre approuvent le projet du voyageur et même l'encouragent sans s'être donné le mot.

> « Chacun d'eux me traça mon itinéraire, m'entretint des régions que j'avais à traverser, me signala jusqu'aux villages que je devais trouver en route, si bien qu'au sortir de cette double séance, la carte du pays que j'allais parcourir était gravée sur la méninge de mon cerveau comme sur la paroi d'une chambre obscure, et que j'eusse atteint ma destination en fermant les yeux. Ce voyage [...] était de douze lieues à peine. Pour l'entreprendre et le mener à bien, point n'était besoin de passe-port, de *mozo*, d'*arriero*, de victuailles et de lettres de recommandation. Un cheval pour ma personne, un album pour mes notes et mes croquis, quelque monnaie pour solder mes repas devaient suffire et au-delà [1]. »

Paul Marcoy se met en route, comme soixante ans plus tard le fera Hiram Bingham :

> « D'après l'itinéraire qui m'avait été tracé, je devais, au sortir de Cuzco, gagner l'immense plaine connue sous le nom de pampa d'Anta, marcher une heure environ dans la direction du nord-est [c'est la direction de Machu Picchu], puis, ayant relevé à ma gauche le village de Maras, à ma droite celui de Yucay, prendre une grande route qui traversait la plaine, et suivre cette route jusqu'à ce que j'aperçusse, à trois mille pieds au-dessous de moi, la ville d'Urubamba et la rivière Vilnacota [autre nom de l'actuel

1. *Ibid.*

Urumbamba] ; un pont m'aiderait à passer d'une rive à l'autre. Une fois sur la rive droite, je n'avais plus qu'à me diriger vers le nord pour arriver en peu d'heures à Ollantaytampu, but de mon voyage[1]. »

Montant un cheval pie (un *overo*) à « l'ardeur infatigable », Marcoy allume un cigare et marche une heure durant, s'attendant « de minute en minute à découvrir la grande route et les villages » qu'on lui avait signalés... Las ! Il s'est visiblement égaré.

« La plaine que je traversais, élevée de quatorze mille pieds au-dessus de la mer, et s'étendant sans bornes à l'horizon, avait la tristesse et la solennité d'un site de la Bible. [...] Nul oiseau ne traversait l'air, nul insecte ne bruissait sous les herbes ; tout semblait mort ou endormi dans l'étrange paysage au-dessus duquel le ciel arrondissait sa vaste coupole d'un bleu lumineux à fatiguer les yeux les plus infatigables. »

La nuit tomba et ce n'est que le lendemain qu'une Indienne, conduisant un troupeau de lamas tout en filant, lui indiqua la direction de la ville d'Urubamba. Il découvrit le bon chemin et le suivit jusqu'à l'extrémité du plateau d'Anta

« d'où je pus voir, selon le programme de mes chanoines, la ville d'Urubamba et la rivière Vilcanota, à quelques mille pieds au-dessous de moi ; mais ce que, par indifférence ou par oubli, mes amis avaient négligé de me dépeindre, c'est l'admirable paysage que, de ce point élevé,

1. *Ibid.*

j'embrassais à la fois dans son ensemble et dans ses moindres détails[1]. »

En ville, en suivant la calle Mayor, il est surpris par la façon dont les tenancières de *chicherias* (petites brasseries locales) interpellent le client. Il les prend pour des femmes de mauvaise vie jusqu'à ce qu'il rencontre un Espagnol, Pedro Diaz, avec lequel il partage un repas dans l'un de ces petits établissements. Puis l'homme lui offre de lui servir de guide et, tout en devisant, ils gagnent le chemin qui conduit à Ollantaytampu. Paul Marcoy découvre un sentier « tracé d'après les cartons de Virgile », qui traverse « une immense futaie, à la fois volière et orchestre » – orchestre formé d'innombrables oiseaux qui « vocalisaient et brodaient les plus charmantes fioritures sur la basse continue de la rivière ». Il finit par s'endormir en selle mais un faux pas de sa monture le réveille en sursaut.

« En ouvrant les yeux, je ne pus retenir un cri de surprise qui fit lever le nez à Pedro Diaz. Le site avait totalement changé d'aspect. Les arbres avaient disparu, les oiseaux avaient pris leur vol, et, au lieu de gazons, je ne vis plus autour de moi que des croupes arides sur lesquelles un soleil de feu dardait ses rayons ; mais à peine avais-je eu le temps de m'étonner que l'Espagnol me cria : "Voilà le *tampu* !" Je suivis la direction de son geste et j'aperçus, à cent pas devant nous, deux piliers debout au milieu des débris d'un mur d'enceinte. D'autres ruines, qu'à cette distance on ne pouvait encore apprécier, apparaissaient sur les escarpements des *serros*. Nous passâmes entre ces deux piliers, monolithes quadrangulaires qui devaient former autrefois les montants d'une porte, à en juger par le linteau

1. *Ibid.*

qui gisait à terre et dont la longueur dépassait de beaucoup leur écartement. La hauteur de ces piliers était d'environ six mètres, et chacune de leurs faces avait deux mètres de largeur ; mais, au lieu d'être inclinés l'un vers l'autre comme dans la plupart des monuments de Cuzco, ils étaient parfaitement droits. Il en était de même de plusieurs ouvertures pratiquées dans les pans de murs encore debout et figurant les unes des fenêtres et les autres des niches. Je notai ce fait comme pouvant me renseigner sur l'âge précis de ces ruines [...], les édifices péruviens du XIe au XIIIe siècle ayant presque tous leurs ouvertures à pans inclinés. »

Paul Marcoy observe le mur d'enceinte qui figure

« une courbe accidentée d'angles rentrants et saillants, comme dans la forteresse de Sacsahuaman, à Cuzco. Seulement, au lieu d'offrir, comme cette dernière, trois demilunes superposées, elle n'en avait qu'une, que j'évaluai à cent quatre-vingts mètres de longueur. La hauteur de cette muraille, construite dans le genre du second appareil cyclopéen, c'est-à-dire avec des polygones irréguliers dont les vides étaient remplis par de petites pierres ajustées avec beaucoup d'art et sans chaux ni ciment, sa hauteur, dis-je, avait dû être, à un mètre près, égale à celle de la porte... »

Paul Marcoy passe la porte et se trouve dans

« une véritable forêt de cactus et d'arbustes épineux, parmi lesquels gisaient de tous côtés des blocs énormes, sans dates, sans hiéroglyphes, sans sculptures, sans la moindre entaille du ciseau qui pût me renseigner sur leur destination primitive. Comme tous ces blocs étaient à peu près identiques, et que rien ne ressemble plus à une pierre qu'une autre pierre, je crus devoir borner là mes investigations sur ce *Tampu*, ainsi que l'appelait mon guide, et nous continuâmes de marcher à travers ces ruines où de gros lézards verts, étendus au soleil, bâillaient de soif et de chaleur. »

Au sortir des « halliers », les visiteurs parviennent à un espace déblayé depuis lequel Paul Marcoy découvre « le village moderne d'Ollantay, qui compte trente ans d'existence ». Il remarque quelques maisonnettes aux murs de boue et toits de chaume parmi lesquelles l'église, ouverte seulement pour le « *zapateo* » à l'époque du carnaval. Il est frappé par le silence qui règne autant sur les ruines que sur le village puis il demande à son guide de lui trouver un endroit d'où il puisse avoir une vue générale. Diaz le conduit au sommet d'une colline d'où il pourra « compter toutes les pierres du pays ». Depuis le sommet, « on découvrait non seulement les débris d'édifices épars aux alentours, mais on avait encore un admirable paysage. Je sautai vivement à bas de ma monture, retirai de mes sacoches tout ce qui m'était nécessaire pour dessiner, [et] avant de me mettre à l'œuvre, j'étudiai d'abord la disposition du paysage que j'avais sous les yeux »[1].

C'est là qu'un doute s'empare du lecteur... Ce que Paul Marcoy va décrire ressemble étrangement au site de Machu Picchu, lequel se trouve à moins de trente kilomètres à vol d'oiseau. Voici ce que voit Paul Marcoy, qui n'est pas au bout de ses surprises :

« Devant moi, un plan de montagnes aux flancs escarpés, aux sommets aigus, s'élevant de gradins en gradins jusqu'à la limite des neiges éternelles, figurait un vaste hémicycle autour duquel, à des hauteurs diverses, apparaissaient des constructions étranges ; à ma droite, le val d'Urubamba,

1. *Ibid.*

c'est-à-dire le chemin que nous avions suivi, remontait dans le sud, bordé d'un côté par les talus de la pampa d'Anta, de l'autre par une chaîne de *serros* dont on ne voyait que la base ; enfin, à ma gauche, les gorges de Silcay, qui continuent la vallée d'Urubamba, s'avançaient vers le nord où elles disparaissaient dans un lointain bleuâtre. La rivière Vilcanota serpentait à travers la vallée, soumise aux mêmes vicissitudes, et, comme elle, changeait de nom en changeant de climat ; mais au moment de quitter son nom de Vilcanota pour celui de Quillabamba, elle déviait brusquement de son cours pour décrire devant Ollantay une courbe considérable, qui semblait enfermer dans une presqu'île les débris du *Tampu* et le *pueblo* moderne [...]. Le coup d'œil était assez varié ; mais, n'ayant pas l'intention de faire un panorama, je dus choisir, parmi les éléments divers dont se composait le paysage, ceux qui me paraissaient offrir le plus d'intérêt et, naturellement, mon choix tomba sur le plan de montagnes hérissées de constructions bizarres que j'avais devant moi. Ces constructions, dont je n'avais vu d'abord que le côté pittoresque, se révélèrent à moi sous leur aspect monumental quand je les examinai avec plus d'attention. L'une était assise sur un rocher conique que sa base dépassait de plusieurs pieds ; une autre couronnait d'un rang de créneaux une falaise à pic ; une autre reposait sur l'arête tranchante d'une montagne ; une dernière, enfin, accrochée aux flancs d'un piton, parvenait, malgré la coupe presque verticale de ce dernier, à s'y maintenir en équilibre. Autour de ces constructions, d'autres, plus petites et tout aussi bizarrement placées, semblaient avoir poussé de rejet, comme des scions autour d'un vieil arbre. Quant à leur configuration architecturale, la plupart étaient tout simplement des carrés longs avec des parois en talus percées de plusieurs ouvertures [...]. C'était bien là la ville antique avec ses temples, ses palais, ses monuments et ses puits mortuaires, et, sauf l'absence de places, de rues et de moyens de communication pour passer d'un point à un autre, l'archéologue le plus exigeant ne pouvait souhaiter rien de plus curieux ni de plus caractérisé.

« Restait maintenant à trouver, à défaut du nom de cette ville, l'époque à laquelle elle se rattachait, et je mis tout en œuvre pour y parvenir ; mais j'eus beau remonter dans le passé, interroger mes souvenirs, évoquer tour à tour, comme termes de comparaison, toutes les ruines péruviennes que je pouvais connaître [...] je ne trouvai parmi ces constructions rien qui ressemblât aux échantillons d'architecture troglodytique que j'avais devant moi ; d'où je conclus que ces derniers devaient être antérieurs à la domination des Quechuas, puisque les constructions de ceux-ci n'offraient rien de semblable. La ville antique, découverte par M. Gay, devait donc remonter à la première civilisation des plateaux andéens, alors que la race Aymara, descendante d'Aztlan, naturalisait au Pérou la tradition indo-mexicaine[1]. »

Qu'il nous soit permis, à cet endroit, de citer Hiram Bingham que Paul Marcoy précède d'une bonne soixantaine d'années :

« Notre première étape dans la vallée de l'Urubamba fut la romantique cité d'Ollantaytambo [...] Elle n'a rien perdu de son charme, bien que les dessins de Marcou soient imaginaires [nous pensons qu'il s'agit de ceux de *Marcoy* même s'il exista un Jules Marcou (1824-1898)] [...] On y voit, comme près du bourg d'Urubamba, légèrement en amont, des jardins de fleurs et des champs en culture. Des ruisseaux coulent lentement à l'ombre de saules pleureurs et de peupliers. Qu'on lève les yeux, et l'on apercevra, couronnés par des cimes enneigées, les flancs farouches des

1. Paul Marcoy, *Scènes et paysages dans les Andes*, t. 2, *op. cit.*

cordillères. Le village fut jadis la capitale d'une principauté dont l'histoire reste nimbée de mystère. Des pans de murailles, des greniers à grains, des "prisons" (à moins qu'il ne s'agisse de "monastères") sont accrochés çà et là, au-dessus du village, à des pentes inacessibles. Un peu plus bas, s'étagent des rangées de terrasses, ultimes témoignages de l'audace et du génie d'une civilisation agraire à jamais disparue. Juchée sur un mamelon, la forteresse d'Ollantaytambo est entourée de falaises abruptes, de murs cyclopéens et de jardins suspendus qui la rendent très difficile d'accès[1]. »

L'existence du village « moderne » d'Ollantay fut certifiée par l'Espagnol qui guidait Paul Marcoy. Hiram Bingham confirme, lui, que la ville antique existe bien. Marcoy était installé à dessiner, en 1846, ce qu'il croyait être l'antique Ollantaytambo. Alors, était-il vraiment à Ollantaytambo et comment croire ce qui suit ?

« Comme je regardais mon croquis à distance, afin de mieux en apprécier l'effet, Pedro Diaz me rejoignit. Je lui passai la feuille de bristol pour qu'il se prononçât sur le mérite de mon œuvre. "Mais je ne vois pas le village, me dit-il, après avoir retourné le papier dans tous les sens. – Quel village ? lui demandai-je. – Pardieu, celui d'Ollantaytampu ; est-ce qu'il y en aurait d'autres, par hasard ? – Il y a la ville, mon brave homme ; la ville antique, qui vaut mieux que votre taupinière de village !" Et du bout de mon crayon je lui montrai les constructions éparses dans la montagne. Il partit d'un éclat de rire qui fut suivi d'une quinte de toux et d'éternuements prolongés. "Sérieusement, mon pauvre monsieur, vous avez pris cela pour une

1. Hiram Bingham, *La Cité perdue des Incas*, *op cit*, p. 134. Notons qu'à aucun moment il ne parle de Paul Marcoy, pour lui inconnu.

ville ?" me demanda-t-il, quand il fut en état de parler. À cette question, faite d'un ton railleur, j'avoue que je me sentis si vivement atteint dans ma susceptibilité d'archéologue, que, relevant la tête, j'allais apostropher mon homme d'une façon peu courtoise, quand la réflexion vint m'arrêter à temps. Je me contentai de hausser les épaules et me remis à faire des hachures, regrettant toutefois de n'avoir pas sous la main l'édition de Malte-Brun, où se trouve citée la notice de M. Gay. [...] Je me tus, et il profita de mon silence pour revenir à la charge. "Mon aimable monsieur, me dit-il, mais c'est une ancienne carrière que vous avez prise pour une ville, une carrière d'où les Indiens retiraient les pierres qu'ils employaient à la construction de leurs édifices ; les ruines que nous avons traversées, aussi bien que les murs de la forteresse de Sacsahuaman, que vous avez pu voir à Cuzco, n'ont pas d'autre provenance. C'étaient de rudes carriers tout de même que ces païens !" [...] Quand j'eus compris que la science avait tort et que mon guide avait raison, si je ne lui tendis pas la main, c'est qu'une sotte vanité paralysa ce bon mouvement. [...] Les ruines d'Ollantaytampu m'étaient devenues odieuses. Tomber des hauteurs d'une ville antique dans des trous de carrières, et cela par le fait d'un homme illettré, me semblait le plus cruel outrage qu'on eût jamais reçu de mémoire d'archéologue. Aussi, dès que j'eus remis album et carton dans mes sacoches, m'empressai-je de remonter à cheval[1]. »

Les chanoines interrogés à Cuzco ont-ils raconté des histoires à Paul Marcoy ? L'Espagnol Pedro Diaz lui ment-il sur les ruines et pourquoi ? Ces ruines ne sont-elles connues des habitants du pays que pour servir effectivement de carrière ? Paul Marcoy ne retourna au

1. Paul Marcoy, *Scènes et partages dans les Andes*, *op. cit.*, t. 2.

Pérou que quinze ans plus tard. Le célèbre magazine *Le Tour du Monde* publia le récit de ce nouveau voyage. Cette fois, il dessine bien Ollantaytambo qui, on n'en doute plus, existe. Étrange Paul Marcoy !

« Lors de ma première visite à Ollantay-Tampu, en compagnie de feu Pedro Diaz, j'avais vu *d'en bas*, comme tout le monde, le site qu'à cette heure je regardais *d'en haut* à la façon des vautours et des hirondelles. La situation était assez neuve et le point de vue assez original pour que je désirasse mettre l'une à profit et reproduire l'autre. Je sautai donc à bas de ma monture, *je pris mon album et mon livre de notes, et j'allai m'asseoir au bord du plateau.* Le tableau que j'avais sous les yeux embrassait en étendue quinze lieues de pays [...] jusqu'à Urubamba. Du nord au sud, une ligne de montagnes à pentes douces bornait l'horizon ; à leur pied coulait la rivière. [...] Je mis de côté le paysage et ses beautés diverses pour ne *m'occuper que de détails d'architectonique ou d'ethnographie.* Tout en travaillant, je songeais au pauvre Pedro Diaz et à la façon dont il avait détruit mes illusions archéologiques au sujet de la prétendue ville antique d'Ollantay, que sur la foi d'un traité de géographie j'étais venu chercher d'assez loin.

« Je me rappelais, comme si c'eût été d'hier, l'étrange bouleversement qui s'était opéré en moi à l'heure où mon compagnon [...] m'avait démontré jusqu'à l'évidence que ce que, dans mon enthousiasme ingénu, je prenais pour des pylones, des stèles, des pyramidions, des spéos et des syringues, n'était que les débris des carrières creusées par des Indiens [...]. De la désillusion complète que j'avais éprouvée ce jour-là, il était ressorti pour moi cette vérité sous forme d'axiome : qu'il est toujours imprudent de croire un savant sur parole, surtout quand ce savant, qui s'est couché le soir entomologiste et chasseur d'insectes, se lève le matin archéologue, ethnographe et, ce qui est pire, affamé de célébrité [1]. »

Le comte de Castelnau avait conduit une mission officielle en Amérique du Sud à l'époque du premier voyage de Paul Marcoy. Il en rendit compte à son retour [2]. L'expédition avait duré quatre ans et demi. Castelnau visita lui aussi Ollantaytampu – c'est donc que la ville antique existait – et s'embarqua en pirogue sur l'Urubamba pour rejoindre le Brésil par l'Ucayali. C'est là que Paul Marcoy le rencontra.

Voici la partie du compte rendu de Castelnau qui évoque rapidement la visite, et plus brièvement encore la compagnie, de Paul Marcoy :

« À Cusco la population presque entière appartient à la race indienne, et la nationalité des Incas s'y conserve dans toute sa force. Au nord-est de cette ancienne capitale s'étend une région d'une extrême fertilité, couverte de belles forêts et dont le climat est semblable à celui des plaines du Brésil. La tradition raconte que lors de l'invasion

---

1. « Voyage de l'océan Pacifique à l'océan Atlantique à travers l'Amérique du Sud par M. Paul Marcoy. 1848-1860. – Textes et dessins inédits. Pérou. Cinquième étape, de Cuzco à Echarati », *Le Tour du Monde*, t. 8, 1863/2, p. 108 et 109. Le « savant » est, bien sûr, M. Gay, dont il est question plus haut. Signalons un très intéressant travail sur l'œuvre de Paul Marcoy/Laurent Saint-Cricq par Régine Benize-Daoulas paru dans le *Bulletin de l'Institut français d'études andines*, Lima, vol. 31, n° 2, « Voyage en Paulie-Laurencie, essai sur une construction narrative polyphonique ».

2. « Notice sur l'expédition envoyée par le gouvernement français dans l'Amérique du Sud sous la direction de M. le comte de Castelnau », *Bulletin de la Société de géographie*, juillet-décembre 1847, p. 330-344.

des Espagnols dans le Pérou, des bandes guerrières, ne pouvant se soumettre à l'esclavage des Blancs, se réfugièrent dans ces solitudes, y portant une haine implacable à ces persécuteurs. Cette contrée est connue sous le nom de Pampa del Sacramento. [...] c'est vers cette terre presque inconnue des géographes que se dirigea l'expédition en sortant de Cusco. Traversant de nouveau les contreforts des Andes couverts de neiges éternelles, nous parvînmes dans la belle vallée de Santa Anna, dont le principal produit est la coca [...]. Sur cette route nous traversâmes les magnifiques ruines de Ollantay-Tambo, ancienne résidence féodale d'un chef qui osa lutter contre l'Inca lui-même. Parvenue sur les bords de l'Urubanba [*sic*] !, véritable source de l'Ucayale [*sic*] !, l'expédition s'embarqua sur des pirogues achetées aux Indiens Tampas ; elle se composait de MM. D'Osery, Deville et moi, de trois officiers péruviens qui avaient été adjoints par le gouvernement de leur république, et d'un assez grand nombre d'engagés. *Un artiste français s'était aussi joint à nous.* Quant à l'escorte qui nous avait été donnée, elle avait tout entière déserté[1]. »

Il y avait eu deux expéditions françaises officielles sous le règne de Louis-Philippe. Celle du comte de Castelnau faisait suite à celle du comte Eugène de Sartiges, secrétaire à l'ambassade de France à Rio de Janeiro, qui avait parcouru les Andes en 1834. La Commission des voyages et missions du ministère de l'Instruction publique de la toute jeune IIIe République envoya une expédition explorer à son tour « l'ancien empire des Incas, dans le haut et le bas Pérou ». Comme le dit Charles Wiener, chef de cette mission, il s'agissait de compléter l'œuvre du comte de

1. *Ibid.*, L'« artiste français – Paul Marcoy – » ne supporta pas longtemps le ton autoritaire de Castelnau.

Castelnau. Charles Wiener séjourna donc au Pérou de fin 1875 à 1877, avant d'être nommé consul à Guayaquil. L'hebdomadaire *Le Tour du Monde*, dont c'était la fonction – ce qui en fait aujourd'hui tout l'intérêt –, publia un compte rendu, « texte et dessins inédits ». Au milieu de considérations anthropologiques, qui flattaient alors le goût des lecteurs de la publication, on trouve une description du « chemin des Incas » qui, au temps de la conquête, avait émerveillé les Espagnols habitués aux pauvres routes de l'Europe du XVIe siècle, creusées de fondrières.

> « L'antique chaussée traverse encore, en droite ligne, huit lieues de terrains généralement plats, et les ondulations du sol, même les plus considérables, ne la font pas dévier. Entre San Luiz et Huari, elle longeait les versants de la Cordillère, et, de cinquante en cinquante pas, nous retrouvâmes des pierrées. Canalisées ainsi, les pluies torrentielles de ces régions qui transforment souvent, pour quelques heures, les flancs de la Cordillère en une cataracte de plusieurs lieues de large, ne détruisent pas l'œuvre de l'intelligent ingénieur autochtone. Encore aujourd'hui se voient les ruines des maisons de poste échelonnées sur cette route à distance très inégales, mais d'une disposition parfaitement logique.
>
> « En terrain plat, ces maisons des courriers de l'Inca sont généralement à peu près à la distance d'un kilomètre et demi l'une de l'autre. Sur les versants, les intervalles qui les séparent dépendent de l'inclinaison de la montagne. Plus la pente est rapide, plus les maisonnettes se rapprochent. Sur des inclinaisons abruptes j'ai compté quatre-vingts pas entre deux de ces stations. Or on m'avait raconté, parmi les légendes qui, de père en fils, sont venues jusqu'aux Indiens modernes, que l'Inca, à Cajamarca, avait l'habitude de manger tous les jours du poisson frais que lui apportait

le courrier impérial de Huanchaco, près Trujillo. [...]. Après avoir étudié les restes des routes impériales, on finit par concevoir le système des anciens courriers dans son ingénieuse simplicité. Chose presque incroyable, on est amené à trouver tout à fait possible et même probable la légende que nous venons de mentionner.

« Dans chaque maisonnette vivaient un ou plusieurs *chasqui* (courriers). Au moment du départ du premier, le sifflet aigu d'une quena ou de quelque autre instrument à vent donnait le signal convenu au second, qui, dès cet instant, se tenait sur le qui-vive, et ainsi de suite. En rappelant le fait que, sur les versants, les guérites des courriers étaient très rapprochées, il devient fort probable que toutes les distances ont dû être parcourues à un pas de course d'une vitesse toujours égale. [...] L'ingénieur des ponts et chaussées, grand maître des courriers dans l'empire des Incas, avait calculé la force de résistance des poumons de l'Indien et établi les relais en conséquence.

« Il obtenait ainsi un courrier qui traversait les plus grandes distances en courant. Il sut, de cette façon, corriger la faiblesse et l'insuffisance de l'individu qu'il ménageait, par le nombre qu'il prodiguait utilement. J'ai fait l'expérience qu'un kilomètre peut être parcouru en quatre minutes par un Indien robuste. [...] les vingt-neuf lieues et demie de l'ancienne route de Huanchaco à Cajamarca représentent environ deux cent trente-six kilomètres qui ont été parcourus en neuf cent quarante-quatre minutes, c'est-à-dire en quinze heures trois quarts, et nous pouvons avancer, comme un fait conforme à la plus grande probabilité, que le courrier partant de Huanchaco, après la pêche du matin (environ à quatre heures), remettait, à sept heures du soir, le poisson frais au cuisinier de Sa Majesté à Cajamarca. Il est évident que la légende du poisson avait beaucoup frappé l'imagination des Indiens gloutons [...]. Cependant on ne saurait douter que les courriers n'aient dû servir à des fins bien autrement importantes. Sans aucun doute, ce système de communication était un des plus puissants moyens de gouvernement sous les souverains indigènes. Celui qui ordonne le plus vite ordonne le mieux.

« Disposant de ces télégraphes, l'Inca avait pu devenir le maître incontesté d'une région immense de l'Amérique méridionale. Il n'a vaincu tous les peuples de ces pays par la force qu'après avoir vaincu la distance par les ingénieuses combinaisons de son esprit inventif[1]. »

La découverte de Machu Picchu...

On a vu qu'une guerre civile opposait les petit-fils de Tupac Yupanqui, les princes Huescar et Atahualpa, lors du second débarquement de Pizarro à Tumbez (1531). Les Espagnols profitèrent des circonstances. Mais l'Empire inca avait commencé de décliner un peu plus tôt. La chronologie précise que l'avant-dernier empereur indépendant mourut l'année qui suivit l'arrivée de Colomb[2]. Contrairement à ces empires qui se défont après une longue agonie, celui-ci était un empire neuf. La suprématie des Incas sur tous les peuples andins ne datait guère que de trois quarts de siècle. À l'apogée, le fondateur, l'empereur Pachacutec, « fils du Soleil », avait étendu son pouvoir de

1. *Le Tour du Monde*, 1878, 35/2.

2. Le dernier empereur réellement indépendant fut Huayna Capac (1493-1527). Ses fils Huascar et Atahualpa se disputèrent sa succession. Pizarro, après l'assassinat d'Atahualpa (1533), nomma « empereur » le demi-frère de celui-ci, Manco Inca. Le dernier « roi de Vilcabamba » fut Tupac Amaru (1571-72) qui fut exécuté à Cuzco après s'être rendu à ses poursuivants espagnols aux portes de l'Amazonie. Il mourut dans d'atroces tortures.

l'Argentine et du Chili à la Colombie actuelle. Il avait unifié l'administration, imposé la langue quechua, centralisé les pouvoirs (Cuzco était sa capitale) et fait prospérer agriculture et artisanat.

Pour protéger ses arrières des peuplades de la forêt équatoriale, il avait aussi fait construire cette ligne de forteresses sur l'Urubamba. C'est à son époque qu'auraient été édifiées, entre autres cités, Ollantaytambo (ou Tampu), Vilcabamba, Machu Picchu... mais aussi, peut-être, Choquequirao. Les Incas révoltés contre la colonisation s'étaient donc réfugiés dans cette région du haut Pérou, dite de Vilcabamba. En 1536, Manco Inca les rejoignit après avoir échappé aux Espagnols qui avaient cru acheter sa bonne volonté. Il établit sa cour à Ollantaytambo, d'où il organisa la révolte, dirigea le siège de Cuzco – lequel dura huit mois – et menaça même Lima. Il faillit triompher mais, une fois encore, les divisions de son camp et l'intervention d'Indiens ennemis eurent raison du soulèvement qui s'acheva par un grand massacre. C'est avec des difficultés inouïes, et après plusieurs échecs sanglants, que les conquérants parvinrent jusqu'à cette province de Vilcabamba si bien isolée, et qu'ils la « pacifièrent » ; avec des difficultés comparables – les combats en moins –, les premiers voyageurs modernes approchèrent des ruines qu'on leur signalait sur le chemin de l'Amazonie.

De tous ceux qui, au XIXe puis au « tournant » du XXe siècle, s'aventurèrent dans cet immense paysage, c'est sans doute l'Américain Hiram Bingham qui a décrit le plus longuement et précisément les difficultés. Peut-être lui fallait-il valoriser son parcours pour valoriser sa découverte. Il est clair que son texte exagère un peu la montée en tension nécessaire au récit. Mais, comme il est censé ne pas savoir encore qu'il va découvrir Machu Picchu, le

« suspens » qu'il crée est plutôt artificiel, tel un récit standard de *National Geographic.* On peut constater qu'avant lui, ni Paul Marcoy ni Charles Wiener n'ont autant grossi le trait – sinon avec un certain amusement. C'est même avec de la désinvolture qu'ils évoquent les dangers rencontrés, la frugalité des repas, la fragilité des sentiers et des ponts d'écorce, l'entêtement des mules et des « indigènes »... On ne voit pas non plus le comte de Sartiges[1] s'attarder sur les obstacles rencontrés, sinon pour y trouver du pittoresque. Quand Sartiges renonce, c'est que les moyens lui manquent et non pas le courage : « Au bout de quelques jours, nous étions tous désappointés, mes co-associés de ne pas trouver d'or, et moi de n'avoir à rapporter que quelques fragments de vase et deux ou trois *topos* [sortes d'aiguilles] de cuivre. De nouvelles fouilles auraient peut-être été plus heureuses ; mais les vivres commençaient à nous manquer, et il fallut songer au départ. »

Le comte de Sartiges aura séjourné exactement vingt jours (du 2 au 22 juillet 1834) entre Apurimac et

1. Eugène de Sartiges, par ailleurs ami de Paul Marcoy, parcourut cette région dès 1834. Il n'en rendit compte qu'en 1851. Hiram Bingham écrit : « Après mon retour à New Haven, j'appris qu'Eugène de Sartiges avait publié sous le pseudonyme "E. De Lavandais" un compte rendu de son expédition dans la livraison de juin 1850 de la *Revue des Deux Mondes.* » Il s'agit bien de la *Revue des Deux Mondes*, mais de l'année 1851 ; le compte rendu est paru en deux livraisons : n° 9 de janvier-mars et n° 10 d'avril-juin. D'autre part, Hiram Bingham cite le bon pseudonyme : il s'agit bien de « E. De Lavandais » et non de « Larandais » comme veut le corriger l'éditeur français de 1990. Le texte est lisible sur le site de Gallica (N0086918 et N0086919).

Urubamba, à Choquequirao[1]. Hiram Bingham, qui l'a découvert, précise que « son itinéraire, le seul possible à l'époque, avait été particulièrement tortueux. [...]. Il s'était dirigé vers le nord et avait atteint, par-delà le très haut col qui sépare les monts Salccantay et Soray, la vallée de l'Urubamba, qu'il longea jusqu'à une localité appelée Yuatquinia [Huadquina]. Il passa alors sans le savoir à quelques kilomètres de Machu Picchu, dont l'existence était alors insoupçonnée[2]. »

Le plus important n'est pas là. Le passage de Sartiges à Choquequirao a ouvert un chapitre dans la connaissance archéologique du Pérou qui pourrait atténuer la pression touristique que subit Machu Picchu. Le site découvert en 1834 serait, selon lui, « largement supérieur en superficie, en qualité et en diversité des monuments trouvés ». Au début du XXIe siècle, il demeure encore en partie envahi par la végétation...

Dans *La Revue des Deux Mondes*, sans doute agacé de voir son premier voyage ignoré au profit des « romans » publiés par *Le Tour du Monde*, le comte de Sartiges raconte comment il a vécu son excursion à « Choquiquirao » :

> « Après trois jours de marche, nous fûmes aux prises avec de nouvelles difficultés. Plus de sentiers ; des deux côtés les montagnes se rapprochaient et ne laissaient de place que pour le passage des eaux du torrent de Yanama. Pendant toute une journée, nous descendîmes le lit du torrent, sautant de pierre en pierre ; ceux qui glissaient s'évertuaient dans l'eau jusqu'à ce qu'ils s'en fussent tirés ;

1. Sartiges orthographie Choquiquirao et Hiram Bingham Choqquequirau...

2. Hiram Bingham, *La cité perdue des Incas*, *op. cit.*, p. 127. Sartiges est apparemment le seul Français qu'il estime...

chacun était pour soi, Dieu pour tous. Sur les bords, à l'endroit où nous nous arrêtâmes pour manger, les Indiens reconnurent la trace d'une once [puma] ; sa tanière était là, garnie de feuilles et de paille [...]. À un certain endroit sans nom, nous quittâmes le lit du torrent et nous établîmes notre camp à gauche sur un plateau entouré de broussailles. On envoya une partie des Indiens brûler les hautes herbes et les broussailles de la route que nous devions faire le lendemain : ce fut un immense incendie dont la flamme vint jeter de magnifiques reflets sur le rocher à pic devant nous à la droite du torrent. [...]

« Le quatrième jour de notre campagne fut marqué par de nouvelles fatigues. Nous gravîmes des montagnes droites comme des murailles, profitant, pour arriver à leurs plateaux juchés en gradins les uns sur les autres, des éboulements de sable et de pierres. [...] Nous buvions du rhum le matin et le soir, parce qu'il faisait froid ; à midi, parce qu'il faisait chaud. Nous manquions tout à fait d'eau ; mais nous n'en marchions pas moins, résignés à tout souffrir plutôt que de revenir sur nos pas. Notre route traversait des bois à demi consumés, et dont la cendre, dispersée par le vent, nous aveuglait. Nous allions toujours, toussant et maugréant ; il fallut cependant nous arrêter, la nuit venue, au bord d'un précipice. C'était notre dernier jour d'épreuve, et le lendemain nous aperçûmes, à cinquante pas de nous, les premières maisons de la ville déserte de Choquiquirao. [...] Dans mes projets de fouilles à faire et de plans à lever, je n'avais pas fait entrer une des conséquences forcées de l'abandon du terrain pendant des siècles, la végétation qui envahit tout. Ce ne sont pas seulement les rues, mais les maisons et les murs mêmes des maisons qui sont garnis d'arbres et de plantes grimpantes. Impossible de dessiner l'ensemble de la ville. Le terrain est de toutes parts soutenu par des terrasses qui s'étendent les unes au-dessus des autres et qui servent de terre-plein pour les maisons. Les rues sont étroites, surtout celles qui traversent la ville dans la direction de la pente de la montagne, qui forme un demi-cintre profond au nord. Derrière la ville s'élèvent à pic des rocs dentelés et couverts de neige ; à l'est et à l'ouest, deux presqu'îles de montagne s'étendent comme deux bras pour cacher et protéger ces ruines ; au sud, et à une grande profondeur, coule l'Apurimac.

« [...] Rien ne reste aujourd'hui pour nous dire quels étaient les habitants de cette ville qui pouvait contenir quinze mille âmes ; rien pour nous apprendre leur vie et leur mort ! [...] En vérité, c'est une mélancolique histoire que celle des anciennes populations du Pérou. À peine trois cents ans se sont écoulés depuis la conquête, et les villes les plus magnifiques ont disparu sans laisser d'autres preuves de leur existence que de vastes ruines sans nom.

« L'histoire nous dit bien qu'après le siège de Cusco, l'Inca Mancocapac [Manco, deuxième du nom], craignant la colère du marquis François Pizarre [...] se retira dans les montagnes inaccessibles de la rive droite de l'Apurimac. Sa famille, sa cour, les gens compromis et ses plus dévoués serviteurs le suivirent dans son exil. Les sites les plus escarpés leur parurent seuls capables de les dérober à la poursuite des Espagnols. Ils coupèrent les sentiers qui pouvaient conduire à leur retraite, placèrent des corps-de-garde sur toutes les crêtes des rochers, et commencèrent à élever des villes. Les Espagnols essayèrent en vain de les forcer dans ce dernier asile. Vilcabamba, Choquicancha, Choquiquirao continuèrent ainsi, pendant de longues années encore, à reconnaître l'autorité des descendans des Incas échappés au massacre commandé par l'Inca Atahualpa et aux assassinats judiciaires des Espagnols[1]. »

---

1. *La Revue des Deux Mondes*, 2e trim. 1851, t. 10.

Sartiges explique ensuite que le vice-roi Mendoza arriva d'Espagne, « avec des instructions pour obliger les Indiens, de gré ou de force, à sortir de leurs rochers ». C'était au temps où régnait Sayri Tupac (1545-1560). Mendoza envoya donc une députation chargée de présents faire des propositions à ce roi. La députation prit la direction de Santa Ana mais ne put continuer sa route, trouvant les chemins coupés. « Ils (les envoyés spéciaux) revinrent au Cusco et passèrent l'Apurimac ; ils arrivèrent en face d'une ville où résidait l'Inca. L'histoire dit que c'est Vilcabamba ; mais, comme, d'après le récit des envoyés, la ville indienne s'élevait sur la rive droite de l'Apurimac, en face de Curaguassi, il est plus probable que cette ville était Choquiquirao. »

Une conférence s'établit par-dessus le précipice mais échoue. Une nouvelle députation, constituée de nobles incas, réussit à entrer en ville. Cette fois, Sayri Tupac consent à renoncer à son exil et à revenir à Cuzco... Sartiges ajoute que Sayri Tupac fut tué plus tard, « assommé comme un bœuf par un capitaine espagnol qui, jouant avec lui aux quilles, lui lança dans un moment de colère sa boule à la tête[1] ». « Il est probable, poursuit le comte, que c'est à l'époque du départ de Sayritupac que furent abandonnées ces villes-forteresses situées dans les montagnes de la rive droite de l'Apurimac. Disant pour jamais adieu à leur triste séjour, les habitants suivirent leur prince, emportant tout ce qu'ils avaient d'objets précieux. Ainsi s'explique l'absence complète d'ornements et d'ustensiles anciens au milieu des ruines de Choquiquirao[2]. »

---

1. *Ibid.* Le comte de Sartiges confond avec la mort de Manco Inca. Sayri Tupac mourut, croit-on, empoisonné.

2. *La Revue des Deux Mondes, ibid.*

Hiram Bingham connut les mêmes obstacles et sans doute les mêmes déceptions dans sa montée vers la « cité perdue des Incas »[1]... Cependant, son obstination à trouver « la dernière capitale » fut finalement payante. C'est grâce à elle qu'il découvrit le site extraordinaire nommé d'après la montagne voisine : Machu Picchu ; mais ce n'était pas la dernière capitale, contrairement à ce qu'il affirma toute sa vie. Choquequirao, par exemple, est désormais considérée comme la cité sœur de Machu Picchu, sur l'autre versant de la montagne de Salcantay. Elle lui serait même antérieure...

Hiram Bingham visait la vallée de l'Urubamba où devait se situer « la dernière capitale inca ». Son expédition partit de Lima pour Cuzco (*le* Cuzco, insiste-t-il) en juillet 1911. Elle comprenait sept membres : Hiram Bingham, des collègues professeurs de Yale, un médecin, un topographe, un ingénieur et un assistant, un certain Lanius. À la suite d'un « convoi de mules », après avoir quitté Cuzco, ils marchèrent vers les pics « encapuchonnés de neige de la cordillère de Vilcabamba ». Ils visitèrent en chemin – ce fut leur première étape – « la romantique cité d'Ollantaytambo ». La route construite en 1890 leur évita d'avoir à choisir entre deux cols d'altitude présentant « de grands dangers » : celui qu'avait suivi Charles Wiener en 1875, dont Bingham se moque car, affirme-t-il, le Français avait pris un simple « entrepôt à grains » pour un palais ; celui emprunté par Sartiges en 1834 et le cartographe Raimondi en 1865, et qui ne vaut pas mieux que l'autre en raison des épaisses couches de neige et des fréquentes bourrasques. Grâce à la nouvelle route, ils atteignirent

1. Pour ce récit nous suivons les chapitres 6, 7 et 8 de *La Fabuleuse Découverte de la cité perdue des Incas* de Hiram Bingham, *op. cit.*

rapidement Salapunco et la passe constituant « la porte naturelle de l'ancienne province inca du Vilcabamba, porte rendue infranchissable pendant de nombreux siècles par les efforts conjugués de l'homme et de la nature ». Après avoir exploré quelques ruines aperçues sur les hauteurs, ils arrivèrent à Torontoy, situé « à l'entrée du grand canyon de l'Urubamba, et quel canyon ! »

La route suit la rivière. Elle a été ouverte à la dynamite mais elle « épouse le relief tourmenté des berges encombrées de rochers ». Pour franchir les crevasses, il faut se fier aux fragiles passerelles accrochées à la falaise de granit. « Nous étions assaillis par les émotions – à en perdre la tête. » Hiram Bingham salue les efforts « herculéens » des hommes qui, jadis, ont conquis « d'infimes portions de terre sur les rapides bouillonnants ». L'expédition fait halte à La Maquina, lieu ainsi nommé en raison de grandes roues en fer qui, jadis, auraient dû atteindre « une plantation de canne à sucre située en aval ». Elles sont restées là, mangées par la rouille et la végétation... au terminus d'une « nouvelle voie ferrée qui part du Cuzco ».

Alors que la nuit tombe, ils atteignent une petite plaine alluviale « baptisée Mandor Pampa ». Ils en font leur base de départ, continuant les jours suivants à explorer l'aval de l'Urubamba, avant de revenir à la hutte-taverne de maître Melchor Arteaga, tenancier de la hutte et fermier des quelques acres de Mandor Pampa.

Hiram Bingham, comme d'autres avant lui, faillit bien rater Machu Picchu. Apprenant par un gendarme de l'escorte péruvienne, le sergent Carrasco, qui parlait quechua, que ses hôtes cherchaient des ruines, Arteaga leur suggéra d'aller voir ce qui se trouvait au-dessus de leur tête, en face d'eux, sur les pentes du Huayna Picchu et du Machu Picchu. C'est ainsi que fut décidée l'exploration de ce qui allait être la découverte du siècle.

Le 24 juillet 1911, au matin, « une bruine glaçante » tombait... Melchor Arteaga hésitait à sortir de sa cabane et « rechignait » à gravir la montagne et à guider les *gringos* jusqu'aux ruines. Le temps était trop humide pour une ascension. Plusieurs membres de l'expédition étaient de cet avis, prétextant étudier des collectes d'insectes ou de plantes... Hiram Bingham employa les grands moyens : il donna « un *sol*, soit trois ou quatre fois le revenu journalier moyen » à leur hôte andin qui accepta de se mettre en route, « à dix heures du matin », en compagnie du brave sergent Carrasco et de Hiram Bingham. « C'est à moi qu'il incombait de visiter toutes les ruines qui m'étaient signalées et de retrouver la capitale inca », écrivit plus tard ce dernier. Ils remontèrent la rivière sur plusieurs kilomètres et tuèrent un serpent à coups de machette. La région était « infestée de vipères » – des vipères jaunes, « fer de lance », espèce venimeuse « capable de bonds prodigieux pour attaquer sa proie ».

Ils marchèrent trois quarts d'heure puis traversèrent le rio sur un pont qu'ils passèrent « à plat ventre » et escaladèrent la berge. Il leur fallut ensuite grimper une pente très escarpée pendant « près d'une heure et demie », rampant parfois dans l'herbe glissante, se cramponnant aux roches avec leurs ongles. « La chaleur était accablante, et aucune ruine ou *anden* n'était en vue. Je commençais à envier mes compagnons restés dans la vallée. » Peu après midi, ils atteignirent une petite plate-forme « à six cents mètres au-dessus de la rivière ». Des Indiens les accueillirent en leur offrant « des calebasses d'eau fraîche » et des patates douces. L'un d'eux, Richarte, avait élu domicile « dans ce nid d'aigle » depuis quatre ans. Il cultivait « un sol riche » sur des terrasses. Par le truchement du sergent Carrasco, Hiram Bingham apprit que les ruines se trouvaient « un peu plus loin en avant ». Maintenant, il n'était plus pressé d'aller les reconnaître, jugeant délicieux le séjour que lui offrait les Indiens et se délectant (c'est son expression) du paysage grandiose de la cordillère. Il apercevait quelques pans de murs, pensant qu'il s'agissait tout simplement de terrasses.

Tandis que Melchor Arteaga « poursuivait sa sieste », Hiram Bingham demanda néanmoins à un jeune garçon de les accompagner, lui et le sergent Carrasco. C'est là qu'un « spectacle inattendu » s'offrit à leurs yeux. Ils découvraient « une grande volée de terrasses en pierres d'un très bel appareillage » que les Indiens avaient dégagées de la végétation qui les encombrait, en laissant toutefois sur place, abattus et en partie brûlés, « de grands arbres vieux de plusieurs siècles ». Une partie de la forêt était restée en place. Ils marchaient à la suite du jeune guide lorsque soudain « des vestiges de murs de la plus belle facture surgirent ». Hiram Bingham venait d'atteindre le cœur de la cité royale... et, tout de suite, il attribua des fonctions aux constructions qu'il découvrait.

Ce n'est que l'année suivante, « sous les auspices de l'université de Yale et de la National Geographic Society [1] », que

1. Hiram Bingham avait fait ses études à l'université de Yale (Connecticut) où il enseignait depuis 1907. Né à Honolulu (Hawaï) en 1875, il avait étudié aux universités de Yale, de Californie ainsi qu'à Harvard. Il était spécialisé dans l'histoire de l'Amérique latine qu'il enseigna d'abord à Harvard et à Princeton puis à Yale. Il publia une étude sur la doctrine de Monroe. Il dirigea cinq expéditions en Amérique du Sud entre 1906 et 1915, la première s'intéressant au chemin suivi par Bolivar lors des luttes d'indépendance. Durant la Première Guerre mondiale, il participa à la création de l'Air Service. En 1924, il entra en politique et fut élu, cette année-là, gouverneur du Connecticut. Républicain, il fut membre du Sénat de 1924 à 1933. Il mourut en 1956.

les ruines furent explorées comme il convient. Les Américains, avec l'aide des autorités péruviennes, commencèrent par ouvrir une route, construire un véritable pont et tailler un chemin d'accès au sommet par le flanc oriental de la montagne. Puis ils explorèrent les ruines de Huayna Picchu, au pied du pic qui figure « la proue d'un gigantesque navire de roc ». Ce fut un second qui s'en chargea, les pieds heureusement chaussés de mocassins plutôt que de bottes... Bingham ne put toutefois échapper à une déchirure des ligaments de son omoplate droite pour avoir dévalé une pente à grande vitesse, au-dessus d'un vide impressionnant, se retenant in extremis à une touffe de *mesquite*... Trois jours plus tard, accompagné cette fois de Melchor Arteaga, il découvrait que les ruines décrites comme « tout aussi belles » que celles de Machu Picchu n'étaient en fait que les restes d'une tour de guet.

Au passage, notons que nos savants universitaires – avec toutefois moins de condescendance que leurs prédécesseurs français – veillèrent à se conformer aux « usages du pays ». Ils s'en remirent aux *gobernadors* (aux maires) pour obtenir la main-d'œuvre (bien rémunérée) nécessaire aux travaux (dix à quinze hommes par village). En plus, ils donnaient à chacun, « avant le début des travaux, une poignée de feuilles de *coca* desséchées, quantité suffisante pour quatre prises. Mâchant les feuilles une par une, les Indiens gardaient pendant deux heures dans leur bouche l'équivalent d'une prise. La préparation des prises occupait successivement les dix premières minutes de la journée de travail, une pose de dix minutes en milieu de matinée, le début du temps de travail de l'après-midi, et, enfin, une nouvelle pause vers 15 heures. L'employeur qui, au Pérou, néglige de fournir à ses ouvriers quechuas leur ration journalière de feuilles de *coca* risque fort de rencontrer de grandes difficultés pour recruter des volontaires, ou, du moins, pour obtenir de ses ouvriers un bon rendement. »

Et Hiram Bingham conclut ainsi : « Les défrichements approfondis que nous effectuâmes à l'époque, l'exploration de la région qui s'ensuivit, enfin, les nouveaux travaux de dégagement de la cité menés ces dernières années par diverses expéditions archéologiques [celles du Péruvien Luis Valcarcel en 1934 et de Paul Fejos en 1940-41], permettent aujourd'hui [Hiram Bingham écrivit ceci en 1948] d'affirmer avec certitude que nous avions affaire non seulement à un important sanctuaire inca, mais également à la principale ville de la province. »

En 2002, un très méchant article du quotidien espagnol *El Pais*[1] faisait le point sur la découverte de Hiram Bingham. « En jouant à la loterie des explorateurs, comme Colomb, il a trouvé ce qu'il ne cherchait pas ou, ce qui revient au même, il ne savait pas ce qu'il avait trouvé. Ceux qui ont l'esprit mal tourné disent qu'il a grimpé jusqu'au sommet dans le seul but de contempler le paysage alentour. » L'auteur de l'article précise que Bingham savait toutefois ce qu'il faisait : il avait empli ses malles de tout ce qu'il avait trouvé sous terre. C'était certes l'habitude de l'époque... mais « lorsque la collection de Bingham fut sur le point de sortir du Pérou, le seul à s'y opposer fut le directeur du musée d'Histoire, qui saisit une partie du chargement. Quoi qu'il en soit, les métaux précieux et les poteries prirent la direction des États-Unis. Bingham s'engagea à les rendre au bout d'un an et demi. Quatre-vingt-onze ans plus tard, en 2002, ces vestiges de Machu Picchu sont toujours exposés dans le Connecticut, au musée de l'université Yale... » Ce qui n'est plus exact

1. Courrier International n° 598 du 18 avril 2002.

puisque, après dix ans de négociations serrées, l'État péruvien a obtenu que Yale rende la totalité des objets. L'université, d'autre part, est partie prenante dans la construction d'un musée à Cuzco.

Toutefois, le quotidien espagnol reconnaissait un grand mérite à Hiram Bingham : il a été « le premier homme a avoir regardé Machu Picchu avec les yeux d'un scientifique et à l'avoir raconté ensuite au monde entier ». Mais Bingham est mort sans savoir que Machu Picchu est « une gigantesque tombe », celle de Pachacutec et des membres de la famille royale dont on promenait les momies en procession. C'est un lieu sacré dont, selon *El Pais*, s'il avait été découvert par les Espagnols plutôt que par Bingham, « il ne fait aucun doute qu'aujourd'hui nous visiterions les ruines pour y entendre la messe. »

En presque un siècle, le site découvert par Hiram Bingham est devenu un lieu touristique très (trop ?) fréquenté. Les archéologues s'en émeuvent. Une mission effectuée par des parlementaires français en 2003 a mis l'accent sur la possibilité d'une aide de la France, pays du découvreur, le comte de Sartiges, au développement du « nouveau Machu Picchu » : Choquequirao, dans la province de la Convención.

« Choquequirao est un site archéologique, comparable au Machu Picchu, qui a été découvert par des chercheurs français. La conversion de créances du Pérou en un fonds de 5 millions d'euros consacrés à des projets de développement durable a amené la mise en avant de ce projet d'avenir. Ce site se situe dans une région des Andes qui est très difficilement accessible et qui a donc très peu profité de la manne touristique. La mise en valeur de Choquequirao constitue un potentiel de développement important. Plusieurs aspects concernent ce site : d'une part, la recherche et l'excavation, puisque actuellement le site est recouvert en grande partie par la végétation et qu'au fur et à mesure il est élargi. Bien que moins spectaculaire (par la grandeur des pierres, par exemple) que le Machu Picchu, il semblerait que Choquequirao lui soit largement supérieur en superficie, en qualité et en diversité des monuments trouvés. Il comprend de plus un système de canaux et de fontaines. Le premier point est donc de préserver le site des éventuels pillages et de permettre aux chercheurs de travailler rapidement et efficacement alors que des agences spécialisées sur le chemin de l'Inca commencent déjà à inclure le site dans leurs treks [1]. »

1. Rapport d'information du groupe d'amitié France-Pérou présidé par Frédéric de Saint-Sernin.

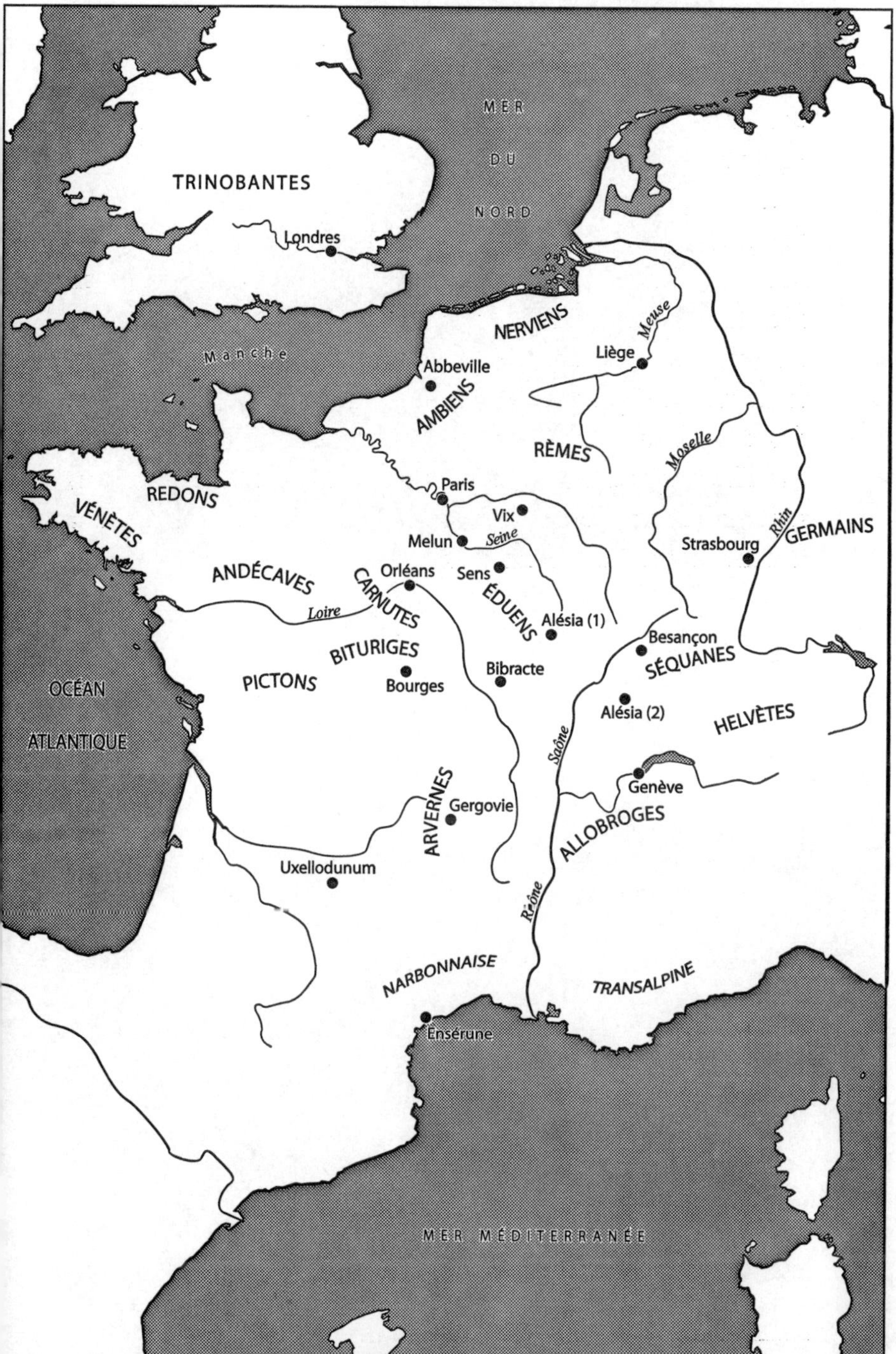
TRINOBANTES
Londres
MER
DU
NORD
Manche
NERVIENS
Meuse
Liège
Abbeville
AMBIENS
RÈMES
Moselle
Paris
REDONS
VÉNÈTES
Vix
Melun
Seine
Strasbourg
Rhin
GERMAINS
ANDÉCAVES
Orléans
CARNUTES
Sens
ÉDUENS
Loire
Alésia (1)
Besançon
BITURIGES
SÉQUANES
OCÉAN
ATLANTIQUE
PICTONS
Bourges
Bibracte
Alésia (2)
HELVÈTES
Saône
Genève
ARVERNES
Gergovie
ALLOBROGES
Uxellodunum
Rhône
NARBONNAISE
TRANSALPINE
Ensérune
MER MÉDITERRANÉE
0
100 km

La Gaule

VI

Le roman de « nos ancêtres les Gaulois »

Comme on l'a vu en Mésopotamie, en Égypte ou pour la cité « perdue » de Pétra, la redécouverte de la Gaule, et donc des origines de la France moderne, passa tout d'abord par un retour sur le récit historique, essentiellement grec et romain, puis par des recherches sur la langue « gauloise », longtemps méprisée parce qu'elle n'avait, prétendait-on, pas d'écriture... tandis que sur le terrain, l'archéologie de la France, gauloise puis gallo-romaine, naissait d'un détour par la paléontologie.

Contrairement à ce qui se répète souvent, ce champ de recherches est très intéressant, même pour des non-initiés qui limitent leur curiosité à la recherche d'un hypothétique trésor caché... La vogue des détecteurs de métaux est là pour le prouver !

Il était inévitable que l'archéologie, un jour, se préoccupât des Européens qui l'inventèrent. Mais la chose resta longtemps perçue comme absurde. Il n'y avait, en France, ni Pyramides, ni Pompéi ensevelie, et les ruines les plus visibles, du moins au Nord, étaient celles d'abbayes ayant servi de carrières à moellons... Les « pierres levées » et autres « chambres des fées » relevaient du merveilleux. De même que les « pierres de foudre », ces météorites « tombées du ciel » et censées protéger les habitations des effets des orages. Quant aux vestiges découverts dans les champs à la saison des labours, la tradition, depuis le haut Moyen Âge, les attribuait aux « païens ». Des curés de village récompensaient qui, parmi leurs ouailles, leur apportait de ces trouvailles « du diable ». Il fallut attendre les Lumières et leurs philosophes pour que des esprits curieux s'y intéressent.

Depuis cette déjà lointaine époque, des champs boueux de Picardie ou de Bourgogne aux tumulus épars du Berry, d'Auvergne ou du Languedoc, les archéologues ont fait lever les fantômes d'un peuple et contredit la version fainéante des négateurs de ce qui fut longtemps considéré comme une « élucubration » : l'existence d'une civilisation celtique (c'est-à-dire gauloise, si l'on veut bien oublier d'être « correct »). Cette archéologie-là est la plus fraîche en date, et aussi quelque peu innovante.

Il faut dire que les origines de la France furent longtemps ignorées des Français, et cela bien après qu'il eut existé un État, puis une nation. Jusqu'au début du XIXe siècle, tout le prestige des origines revenait aux Gallo-Romains, et encore plus aux Francs puisque c'était de ce peuple germanique qu'avait émergé la royauté ; de leur « sang » procédaient les « trois races » : mérovingienne, carolingienne, capétienne.

Le thème d'un territoire conquis, d'une France coupée en deux, revient en permanence dans toute la littérature historique de l'âge classique. Avec, d'un côté, une élite guerrière dominante, les Francs [1], et, de l'autre, un peuple

1. Il est piquant de noter qu'au milieu du XXe siècle encore, une place de choix fut accordée à la « francisque », cette arme de jet qui n'existait pas sous la forme qu'on présenta alors. Persistance des mythes « fondateurs »...

vaincu, les Gaulois (devenus gallo-romains, sinon « bagaudes ») – tout en oubliant les Wisigoths du « royaume de Toulouse ». Cette dichotomie n'était guère contestée. Elle s'imposa même quand parut, en 1732, l'*Essai sur la noblesse de France* de Boulainvilliers. Ce distingué marquis tirait de l'affrontement entre la « race franque » et la « race gauloise » la justification, imparable, des privilèges nobiliaires et de la condition inférieure d'un tiers-état « taillable et corvéable à merci ».

La révolution de 1789 remit les Gaulois à l'honneur, puisque beaucoup des révolutionnaires n'hésitèrent pas à l'interpréter comme la revanche des « indigènes » sur la horde pillarde des Francs qui les avaient martyrisés durant quinze siècles. En pleine Restauration (1824), le chansonnier Béranger[1] exaltait encore les « esclaves gaulois » et les invitait à se libérer de leurs chaînes alors que triomphaient, sous Charles X, le « parti prêtre », les jésuites, les « ensoutanés » de la Congrégation. En 1831, Victor Hugo qualifiait Notre-Dame de Paris de « cathédrale gauloise », ne fût-ce que pour signifier qu'il s'agissait d'une œuvre collective, populaire et nationale.

De son côté, Honoré de Balzac aimait à considérer les gentilhommes légitimistes de son *Cabinet des Antiques* (1838) comme les descendants en ligne directe des guerriers francs ayant conservé la pureté de leur sang. Dans ses *Mystères du peuple* (1849-1851), Eugène Sue héroïsa une famille prolétarienne, les Brenn, en lutte contre ses exploiteurs bourgeois. Tout un programme, puisque ce patronyme tient à la racine du terme gaulois désignant le chef ! Jusqu'au « maçon de la Creuse » Martin Nadaud, premier député ouvrier de notre histoire, qui se plut en 1848 à

1. Pierre-Jean (de) Béranger (1780-1857), chansonnier parisien.

faire l'éloge de la « chevaleresque patrie gauloise » victime de la « cruelle domination » des Romains, puis des Francs. Les Mémoires de Nadaud – *Mémoires de Léonard, ancien garçon maçon* – datent de 1895 ; à cette date, les Gaulois avaient bel et bien réintégré la mémoire nationale où ils occupaient une place d'honneur. Cette reconnaissance de plus en plus scientifique était le résultat de la remise en forme du passé national par les préhistoriens et les archéologues.

Autant dire que l'on revient de loin ! Le premier à se libérer d'une lecture littéralement biblique des premiers âges fut Jacques Boucher de Crèvecœur de Perthes (1788-1868). Directeur des douanes d'Abbeville, il fouillait les champs de Picardie à la recherche de pierres taillées ou polies – de tout ce que, jusqu'à lui, on aimait à qualifier de « curiosités » en y rangeant pêle-mêle des fossiles, des minéraux, des pièces relevant de ce que l'on finirait par appeler l'industrie lithique, et, bien sûr, des vestiges archéologiques.

Jacques Boucher de Crèvecœur était né à Rethel. Après des études à Abbeville où officiait son père, directeur des douanes, il était devenu fonctionnaire de l'Empire, veillant dans toute l'Europe à l'application des mesures de blocus décidées par Napoléon contre le commerce anglais. En 1815, à la Restauration, il fut exilé aux douanes de Morlaix où il vécut dix ans, se composant un personnage d'auteur dramatique, de poète et de musicien – d'artiste, en somme. Il se découvrit aussi une passion pour ce qu'il découvrait des coutumes et des récits de Basse-Bretagne. En 1818, par respect pour une ancêtre du côté maternel, une Romée, de la lignée de Jeanne d'Arc, il ajouta le nom patronymique de sa mère, Marie de Perthes, à celui de Jules, son père.

En 1825, succédant à son père, il lui vint le goût de l'archéologie et il fut élu président de la Société d'émulation, une association d'érudits du département de la Somme. Avec le docteur Casimir Picard, son ami, il fonda le musée d'Abbeville et du Ponthieu. En 1837, il opérait ses premières fouilles. Au terme de ses recherches, afin de les mettre en forme et de leur donner du sens, Boucher de Crèvecœur de Perthes publia ses premiers ouvrages de synthèse qui lui valurent bien des sarcasmes. On ne supportait pas ses conclusions. En 1838-1841 parut ainsi *De la Création, essai sur l'origine et la progression des êtres*, suivi, entre 1847 et 1861, de *Antiquités celtiques et antédiluviennes, mémoire sur l'industrie primitive et les arts à leur origine.*

Sage fonctionnaire mais aventurier dans l'âme, Boucher de Perthes remettait en cause sur de nombreux points la chronologie et cherchait à faire la démonstration de la très haute antiquité de l'homme. On pense évidemment ici à Darwin dont *De l'origine des espèces* date de 1859, ce qui donne aussi la mesure de la lutte engagée alors par la Raison pour se dégager enfin du récit de la Genèse. Les preuves, Boucher de Perthes les trouvait dans ces séries de « pierres grossières » qui, en dépit de leurs « imperfections [...], n'en prouvent pas moins l'existence de l'homme aussi sûrement que l'eût fait tout un Louvre ». Sur la fin de ses jours, alors que ses travaux commençaient tout juste à être reconnus, il écrivit : « Je voyais des haches, et je voyais juste. Il fallait les yeux de la foi. Je les avais seul [...]. Combien de choses qui étaient improbables il y a un demi-siècle sont aujourd'hui prouvées ; et combien d'autres que l'on repousse comme absurdes seront, avant un autre demi-siècle, reconnues rationnelles et incontestables ! »

Ce que Boucher de Crèvecœur de Perthes appelait celtique était en fait du néolithique, et son « antédiluvien » n'allait pas tarder à devenir le paléolithique. Il y fallait pour cela une graduation du temps sur une période qui, avant lui, n'avait guère préoccupé les humains. L'ère chrétienne pas plus que la référence au calendrier des Romains n'étaient, dans ce cas, opérantes. Trop littéraire pour aller plus avant, ce précurseur serait pourtant l'un des tout premiers à se fonder sur l'examen du terrain, datant les éclats de silex et les outils qu'il découvrait d'après leur place dans les couches géologiques, les strates. L'Académie des sciences opposa une fin de non-recevoir à ses explications. En 1853, mis à la retraite d'office par suppression de son poste de directeur des douanes, il commença alors de longs voyages en France et en Europe, poursuivant ses investigations.

La découverte d'une mâchoire humaine à Moulin-Quignon, près d'Abbeville, fit beaucoup pour sa réputation.

> « On objectait toujours à M. Boucher de Perthes qu'il trouvait des haches mais non des ossements humains. [...] M. Boucher de Perthes répondait que non seulement son terrain était en place, mais qu'il considérait en outre les lieux d'où il tirait ses haches comme les emplacements mêmes des fabriques où ces haches avaient été préparées, et qu'il espérait bien un jour ou l'autre mettre la main sur un de ces fabricants antédiluviens d'armes en silex, sur un véritable [c'est-à-dire authentique] homme fossile. Le hasard le servit à souhait. En 1862, un des ouvriers qui travaillaient à Moulin-Quignon vint le prévenir que dans la *taille* de la carrière, une mâchoire montrait les dents. M. Boucher de Perthes accourt. Devant témoins, on extrait précieusement la mâchoire ; c'est une mâchoire inférieure, et elle renferme encore quelques dents. Aussitôt, un congrès de savants se réunit. D'Angleterre, de

France accourent des naturalistes, des géologues, et, parmi eux, beaucoup d'incrédules. Les savants anglais, plus intéressés que nous à la question, parce que chez eux les discussions sur les traditions bibliques sont plus vives, font jouer le télégraphe d'heure en heure pendant que la mâchoire est examinée avec un soin minutieux. Chacun présente ses objections ; enfin la majorité l'emporte. La mâchoire de Moulin-Quignon est celle d'un homme antédiluvien !

« La nouvelle de cette grande découverte arrive à Paris. Des récompenses honorifiques sont accordées à quelques-uns des membres du congrès d'Abbeville, à M. Boucher de Perthes, à M. de Quatrefages, pour célébrer la victoire que la science vient de remporter chez nous. Les Anglais rentrent chez eux l'oreille basse. [...] La mâchoire de Moulin-Quignon, payée par M. Boucher de Perthes de ses deniers, cédée par lui au Muséum de Paris, est aujourd'hui déposée dans les collections du cabinet d'anthropologie. Elle est là, montée sur un pivot de cuivre jaune, et religieusement recouverte d'un globe de cristal à travers lequel on peut l'observer à loisir, comme une pendule d'albâtre du temps de la Restauration. Elle a été sciée par le milieu pour qu'on pût en étudier l'intérieur. Elle laisse bien quelques doutes dans l'esprit des géologues, et surtout des chimistes qui prétendent que si on l'analysait, on y découvrirait de la gélatine, preuve de son âge récent. D'autres objectent que non seulement le terrain de Moulin-Quignon est remanié, mais qu'il a même servi de cimetière en temps d'épidémie, au XVIe et au XVIIe siècle, que par conséquent les débris humains s'expliquent d'eux-mêmes et sont d'époque presque contemporaine.

« Toutefois, les anthropologistes se sont prononcés sur la haute antiquité de la fameuse mâchoire à laquelle ils attribuent des caractères anatomiques particuliers. [Mais] il est fâcheux que les restes de l'individu auquel appartenait la mâchoire n'aient pas été aussi retrouvés. Les spirites ont bien consulté les tables qui parlent, et les tables ont répondu que l'homme fossile de Moulin-Quignon s'appelait Yoé [...] et qu'on découvrirait ses restes en marchant à trois mètres à l'est du point où la mâchoire avait été retrouvée. On a marché dans le sens indiqué, mais on n'a jamais rien découvert, et les spirites, une fois de plus, ont démontré toute leur impuissance[1]. »

Les récits de ces premières découvertes, pour la plupart contemporains des événements, passionnaient le grand public. L'engouement qu'ils suscitaient ne peut se comparer qu'à ce que nous avons vécu, un siècle plus tard, dans les premiers temps de la conquête de l'espace. Les esprits « positifs », dont le métier était ailleurs, se réjouissaient de ces incursions dans un domaine qui, durant des siècles, était resté l'affaire de la religion. Une multitude de « découvreurs » que le voyage en Égypte ou à Jérusalem rebutait ou qui n'en avaient pas les moyens, se tournaient vers des lieux proches où la tradition, bien souvent, rapportait qu'il existait des « trésors ». Et puis, pour les « esprits forts », il y avait autre chose, quelque chose que les grands écrivains du XIXe siècle ont tous relevé : comme cela s'était passé en Italie, en Grèce, en Égypte ou sur les Lieux saints, l'archéologie bousculait le récit convenu, donc l'ordre établi. Voilà pourquoi les textes, tel celui que nous venons de produire, étaient lus comme nous lisons aujourd'hui les détails d'un fait divers ou le compte rendu d'un match de football : avec une vigilante attention et une pointe de scepticisme.

L'empereur Napoléon III, pour sa part, était curieux des sciences humaines naissantes et encourageait volontiers les

1. Louis-Laurent Simonin, *Les Merveilles du monde souterrain*, 1869.

recherches érudites. Une fois ses travaux enfin reconnus, Boucher de Perthes confia une partie de ses collections au nouveau musée de Saint-Germain-en-Laye. Il le raconte lui-même avec toute la déférence qui était de mise à l'époque :

« Depuis dix ans, j'avais offert au Louvre de lui donner une partie de ma collection pour éviter aux savants la peine de se rendre à Abbeville. Le Louvre avait accepté, mais il ne se trouvait jamais de place, pas même une simple vitrine. Ceci vint aux oreilles de l'empereur. Je n'avais jamais vu Sa Majesté : n'ayant rien à lui demander, je ne sollicitai pas d'audience. C'est elle qui me fit appeler à Compiègne. J'y allai. L'empereur me demanda si je voulais mettre mes pierres à Saint-Germain. Naturellement je répondis oui, ne demandant pour toute faveur que de les classer moi-même. L'empereur me répondit que c'était fort juste, et il ajouta gracieusement que cette galerie, que je lui proposais de nommer préhistorique ou archéogéologique, prendrait mon nom[1]. »

Aujourd'hui, alors que le « roman gaulois » a laissé la place à une science (presque) exacte, on pourrait lui reprocher son amateurisme – mais il ne fut pas le seul dans ce cas. Boucher de Perthes partageait ce « défaut » avec un contemporain assez oublié : François-Benit Vatar de Jouannet (1765-1845), juriste, préhistorien précurseur, auquel on doit les trouvailles capitales de la grotte de Combe-Gienal (1815) et de celle du Pech-de-l'Aze (1816), en Dordogne, sans oublier le riche gisement paléo-

1. Gabriel de Martillet, *Matériaux pour l'histoire positive et philosophique de l'homme : bulletin des travaux et découvertes concernant l'anthropologie, les temps anté-historiques, l'époque quaternaire, les questions de l'espèce et de la génération spontanée*, 1864-1865.

lithique de Bagdegoule. Vatar de Jouannet fut le premier à parler d'un « âge de pierre ».

Mais la construction d'une échelle préhistorique, la stratification élémentaire reste l'œuvre d'Édouard Lartet (1801-1871) et de Gabriel de Mortillet (1821-1898). Ces deux-là vinrent à la préhistoire par la géologie. Le premier était avocat de formation, il vivait dans le Gers ; le second était né à Meylan, près de Grenoble. Lartet parcourut tout le sud-ouest de la France, il y opéra des fouilles, se glissa dans les cavernes périgourdines et, associant observations géologiques et paléontologiques, il livra des synthèses qui le conduisirent tout droit au Muséum d'histoire naturelle de Paris. *Cavernes du Périgord, objets gravés et sculptés des temps préhistoriques dans l'Europe occidentale* date de 1864 et rend compte des explorations de l'auteur.

Édouard Lartet constatait « la présence certaine de l'homme primitif, notamment dans les cavernes du Périgord avec les animaux du terrain diluvien, l'ours au front bombé, le mammouth, le renne, l'aurochs, etc. » Il avait retrouvé « au milieu des ossements de ces animaux fossiles, et incrustés dans des sédiments des cavernes, tous les restes de l'industrie primitive de l'homme, non seulement des armes, des outils de silex : haches, pointes de flèche ou de lance, couteaux, canifs, poinçons, grattoirs, mais encore des vases de terre crue ou cuite, des pierres noircies par le feu, des os travaillés en aiguilles, en pointes de flèche, en manches de poignard, etc. Enfin, dernière découverte de nature à convaincre les plus obstinés opposants, sur une plaque d'ivoire provenant d'un mammouth ou éléphant velu, il a trouvé la silhouette de ce mammouth tracée d'une manière indubitable. L'homme "primitif" avait lui-même dessiné l'animal qu'il avait devant les yeux. Déjà M. Lartet avait signalé, sur des os travaillés, la figure du bouquetin, du renne ou du cheval, etc., mais comment douter encore après la gravure d'un mammouth retrouvée sur une plaque d'ivoire provenant de ce mammouth même ? C'est en 1865 qu'a eu lieu cette dernière découverte »[1].

Ancien révolutionnaire socialiste de 1848, un temps proscrit sur ordre de Louis-Napoléon Bonaparte, alors encore président de la IIe République, Gabriel de Mortillet croyait au progrès et à l'évolution des êtres, même si, sur ce point, il a pu lui être reproché de concevoir cette évolution d'une manière un peu trop linéaire. Exilé en Suisse, il participa à des recherches autour des lacs lombards, en Italie du Nord, recherches qui lui valurent reconnaissance. Amnistié, il fonda à Paris, en 1864, un recueil de publications mensuelles : *Matériaux pour l'histoire positive et philosophique de l'homme...* , dont il rédigea ou mit en forme les quatre premiers volumes. Porté par son rationalisme, il développait une activité considérable de coordination des travaux poursuivis par des collègues non seulement en France, mais encore dans toute l'Europe et jusqu'en Amérique du Nord. Grâce à Édouard Lartet, il put entrer en 1868 à la conservation du musée des Antiquités nationales de Saint-Germain-en-Laye, musée fondé six ans plus tôt sur ordre de Napoléon III. Y furent réunies les collections relevant du paléolithique « français », mais aussi toutes les séries du néolithique, de la protohistoire – et jusqu'à la Gaule romaine.

Gabriel de Mortillet nous a laissé une idée de son projet, et d'un état d'esprit emblématique de l'époque, par l'introduction qu'il donne au premier volume des *Matériaux* :

---

1. Louis-Laurent Simonin, *Les Merveilles du monde souterrain, op. cit.*

« Une préface ou introduction est toujours très ennuyeuse à faire et à lire. La mienne sera donc fort courte. Me vouant exclusivement à l'étude de ce qui se rattache à l'origine, au développement et à l'histoire primitive de l'Homme, je commence aujourd'hui une publication mensuelle qui tiendra au courant de tout ce qui concerne ces vastes et curieuses questions. Cette publication ne peut manquer d'être fort intéressante, vu l'importance et la grande actualité du sujet dont chacun s'occupe plus ou moins maintenant. Je ne négligerai rien pour que la rédaction soit des plus soignées, des plus complètes et surtout des plus impartiales. Cette dernière condition est indispensable quand il s'agit de questions qui réveillent tant de susceptibilités philosophiques et religieuses. Toutes les opinions pourront librement se produire. Je résumerai de mon mieux tous les travaux, laissant à chacun sa couleur particulière ; je me réserve seulement d'ajouter parfois quelques observations à la fin des résumés. Ce que je désire, ce que je recherche avant tout et par-dessus tout, c'est le triomphe de la vérité, quelle qu'elle soit. Aussi les faits obtiendront-ils une plus large place que les simples discussions théoriques. Je m'empresserai de les enregistrer tous [les travaux], ainsi que les diverses découvertes qui auront lieu.

« J'aurais désiré donner une grande extension à cette publication, mais, voulant la mettre à la portée de toutes les bourses, et sachant, par ma propre expérience, combien un abonnement est parfois difficile à prélever sur un petit budget, je me suis limité à de modestes proportions[1]... »

1. Introduction au premier volume de *Matériaux pour l'histoire positive et philosophique de l'homme : bulletin des travaux et découvertes concernant l'anthropologie, les temps anté-historiques, l'époque quaternaire, les questions de l'espèce et de la génération spontanée*. La publication commença en septembre 1864. Gabriel de Mortillet proposait un abonnement d'un an pour 7 francs (8 pour l'étranger) et envisageait la reliure des douze numéros prévus en un « beau volume avec titre et table, véritable répertoire de tout ce qui concerne plus ou moins

Et Gabriel de Mortillet d'annoncer un numéro mensuel de trente-deux pages in-8°, « avec couverture contenant la table du numéro ». Enfin, il proposait la création d'un « Bureau d'échange et de vente », car, écrit-il,

> « les personnes qui s'occupent des temps anté-historiques, de l'époque quaternaire, d'anthropologie, n'ont pas seulement à céder et à échanger des articles de librairie, elles possèdent encore pour la plupart des objets, des doubles dont elles sont le plus souvent embarrassées, ne sachant comment les utiliser ou employer avantageusement. D'autre part, ces mêmes personnes très fréquemment désirant se procurer certains types, certains échantillons, ne savent pas à qui et où s'adresser. Étendre les opérations du Bureau d'échange et de vente à tous ces objets, c'est rendre service au plus grand nombre des abonnés du journal mensuel. Cette considération m'a décidé à réunir aussi dans le Bureau du journal tous les objets – originaux ou moulages et imitations – se rapportant à l'époque quaternaire, aux temps anté-historiques et à l'anthropologie. Ces divers objets, imitations ou originaux, auront leur prix marqué soit pour la vente, soit pour régler les échanges. Ils seront annoncés successivement dans le journal... »

Nous observons que les recherches s'accompagnaient alors encore d'une appropriation des vestiges. Comme pour Boucher de Perthes, les pièces étaient achetées aux découvreurs (paysans, employés de carrière ou de voirie), et venaient presque toujours enrichir des « cabinets de curiosités » encore très en vogue – aspect singulier de

directement l'histoire de l'Homme ». Adresse du mensuel : Paris, 35, rue de Vaugirard.

l'archéologie pratiquée par les princes et les grands collectionneurs, qui avait été le fait de la période précédente. Désormais, les trésors « s'embourgeoisaient ». D'autant qu'il s'agissait surtout de réunir des « cailloux » et des « haches », voire quelques débris de poteries ou de statues antiques, plus rarement des bijoux. L'ouverture du musée de Saint-Germain-en-Laye décidée par l'empereur allait enfin obliger chacun à déposer ses découvertes.

Car c'est bien sous le Second Empire (1852-1870) que le passé protohistorique du territoire français et que les Gaulois en particulier accédèrent à une première et véritable reconnaissance. Le fait fut celui du prince, de Napoléon III qui s'enflammait pour tout ce qui touchait à l'Antiquité. Mais sa démarche n'était pas sans ambiguïté : en effet, cet admirateur de Jules César se réjouissait que, Vercingétorix vaincu, la Gaule eût profité des bienfaits de la civilisation. Lui-même était l'auteur effectif – avec, certes, de nombreux collaborateurs – d'une imposante *Histoire de Jules César* parue chez Plon en 1865. Il avait découvert le passé de la France (son « patrimoine ») et décidé de tout faire pour le valoriser. Il fut l'un des premiers artisans du « roman gaulois ».

Outre le musée de Saint-Germain-en-Laye, Napoléon III mit en place une commission, rattachée au ministère de l'Instruction publique, qu'il chargea de dresser et d'analyser la topographie de la Gaule. Enfin et surtout, il s'intéressa à l'acte final de la guerre de César, la reddition de Vercingétorix, enfermé dans l'oppidum d'Alésia en 52 avant notre ère. Jusque-là, le site n'avait pas été reconnu ; on en disputait comme on dispute aujourd'hui encore d'autres questions, avant que le pouvoir intervienne et décide de la vérité historique. Alésia n'échappa pas à la règle. Nous nous y attarderons, car elle est symptomatique d'une manière de traiter l'archéologie.

L'empereur trancha entre trois sites supposés : Alaise, à vingt-cinq kilomètres de Besançon ; Izernore, dans le Bugey ; et Alise-Sainte-Reine, en Bourgogne. Ce dernier lieu fut choisi comme le meilleur, car le plus accessible alors depuis le chemin de fer du PLM (Paris-Lyon-Marseille), et il devint le premier grand chantier archéologique national. L'empereur s'y rendit et on lui présenta le résultat des fouilles. Les vestiges étaient suffisamment probants aux yeux de ses collaborateurs pour qu'Alise-Sainte-Reine devînt Alésia. La reconnaissance fut consacrée par l'érection, en 1865, sur le mont Auxois – qui fait partie du périmètre archéologique – d'une statue de Vercingétorix de sept mètres de haut, due au sculpteur Aimé Millet (1819-1891) à qui l'on doit aussi un *Apollon entre les Muses de la danse et de la musique*, et la tombe du père Enfantin au cimetière du Père-Lachaise. Le chef arverne était désormais héros national, popularisé par une statuaire et une peinture très académiques. Bartholdi sculpterait son *Vercingétorix* en 1870, et Gustave Courbet donna un *Chêne de Vercingétorix* à prétention allégorique...

Une querelle commençait, qui n'est toujours pas éteinte. En 1859, un commentaire signé d'Eugène Desjardins (1820-1878) répondit à un article de la *Revue des Deux Mondes* de l'année précédente rédigé (mais non signé) par le duc d'Aumale – proscrit depuis 1848. Voici la conclusion de Desjardins qui reprenait l'archéologue et professeur à l'École des chartes Jules Quicherat (1814-1882), lequel avait « rendu Alésia à la Franche-Comté » :

> « Les violences faites aux textes pour placer Alésia à Sainte-Reine contrarient l'explication naturelle [...]. Les textes anciens sont favorables à Alaise. Ceux des auteurs du Moyen Âge qui n'ont pas connu la tradition dont le

moine Herric[1] semble être l'inventeur pensent comme Dion Cassius et Plutarque, et ont compris César comme eux en plaçant le combat, et par conséquent *Alesia*, en Séquanie. La marche de César et de Vercingétorix s'explique logiquement vers la Séquanie par l'intention avouée de César de gagner la Province [la Province romaine qui s'étendait alors du Roussillon à Lyon et au Léman] à travers ce pays où les armées semblent avoir laissé partout des vestiges de leur passage ; ce qui fait que dans le système franc-comtois, tout le monde est d'accord sur la direction qu'il convient de leur donner, tandis qu'en Bourgogne on propose autant d'itinéraires différents qu'il y a de préopinants.

« En Auxois, il est impossible d'accommoder les exigences du texte avec l'exiguïté des lieux ; et les esprits les plus sages et les plus éclairés qui se sont attachés à défendre cette ancienne opinion ont été contraints de réduire les chiffres de César et de faire brèche, les premiers, dans le monument qui sert de base à la discussion. En Franche-Comté, l'espace ne manque certes pas, et l'on finira par se persuader peut-être qu'il en faut beaucoup pour faire manœuvrer quatre cent mille combattants. Les difficultés ne portent plus que sur quelques détails, et nous ne doutons pas qu'elles se dissipent avec le temps. Ce qui n'est contesté par personne aujourd'hui, c'est que l'un des deux pays nous représente un immense champ de bataille entourant un formidable oppidum celtique tout couvert de ruines, et tel que César le décrit lui-même aux livres II, IV et V des *Commentaires* ; partout des vestiges gaulois et romains nous rappellent César et ses légions, Vercingétorix et ses armées, le blocus, la bataille, et des milliers de tombeaux celtiques sont là comme les témoins séculaires de la défaite des Gaules.

---

1. Au IXe siècle, le moine Herric (d'Auxerre) confondit *Alisia* et *Alesia* dans sa copie du texte de César.

« Le mont Auxois porte les ruines d'une ville romaine et gallo-romaine ; mais nulle part n'apparaissent les vestiges d'un camp romain, et pas un tombeau ! Ainsi la Gaule tout entière aurait succombé dans ces vallées et sur ces collines [...] [et] pas un nom ne consacrerait le souvenir de cette lutte ? pas un débris n'attesterait que quatre cent mille hommes ont été aux prises en ce lieu pendant des semaines entières, quand d'autres champs de bataille où des forces moindres se sont rencontrées pendant quelques heures seulement en conservent éternellement les marques [1] ? »

Aujourd'hui encore, l'identification d'Alise-Sainte-Reine au site d'Alésia est contestée par quelques érudits et universitaires qui pointent les contradictions entre cette localisation établie dans l'urgence, pour satisfaire Napoléon III qui venait de découvrir « Gergovie », et les *Commentaires* de César sur sa guerre des Gaules. Si l'on peut écarter les opinions les plus extrêmes, qui relèvent parfois de l'incongru, il faut bien prendre en considération, par exemple, les remarques que fait le colonel Henri Le Mire dans *Alésia en Séquanie. Les* Commentaires *du centurion*, ouvrage paru en 1992 où le site d'Alise-Sainte-Reine est comparée à deux autres sites trop négligés, Syam-Chaux-des-Crotenay, dans le Jura, et Château-sur-Salins, entre Doubs et Ain, qui a la prédilection de l'auteur. Le Mire fonde sa démonstration sur une évidence : les Éduens, « nation » gauloise dont la capitale était Bibracte, occupaient une région située entre la Loire et la basse Saône – le Nivernais et la Bourgogne ; les Séquanes, « nation » dont la capitale était Vesontio (Besançon), occupaient,

1. Eugène Desjardins, *Alésia, septième campagne de César..., suivi d'un appendice renfermant des notes inédites écrites de la main de Napoléon Ier sur les* Commentaires *de Jules César*, Paris, Didier et Cie, 1859.

eux, l'actuelle Franche-Comté, Belfort et le sud de l'Alsace ; les Lingons, « nation » dont la capitale était Langres, occupaient une région intermédiaire : Haute-Marne, Aube et nord de la Côte-d'Or... Si « Alésia » se situe chez les Séquanes, il ne peut se situer chez les Éduens. Henri Le Mire a mené l'enquête en se fondant « sur un *rapport d'opération* ». « César parle, nous devons chercher confirmation sur le terrain, et non l'inverse. S'il y a contradiction, c'est le terrain qui aura tort. Malheureusement, César a passé sous silence certains détails dont la connaissance nous semble indispensable. Il livre des faits, à nous d'établir leur enchaînement logique ; c'est une histoire pleine de bruit et de fureur, mais pas racontée par un idiot ! Il y a donc une logique. Toute hypothèse bafouant cette logique sera disqualifiée ». La démarche de ce militaire érudit ne parvient cependant pas à remettre en cause un choix officiel qui persiste.

Mais pourquoi a-t-on fait silence « sur ce qu'on n'avait pas trouvé et même sur ce qu'on avait trouvé, mais qui ne [correspondait] pas avec ce qu'en avait écrit César ? » La « guerre d'Alésia » fut d'abord rallumée par Georges Colomb, dit Christophe (1856-1945), maître de conférences à la Sorbonne (ce qu'on a oublié !) et célèbre auteur du *Sapeur Camember* (ce qui suffirait, pour beaucoup, à ridiculiser sa thèse). À ses protestations[1] répondirent en leur temps les démonstrations de Camille Jullian et de Jérôme Carcopino (1881-1970) qui « torturèrent l'histoire et la géographie pour obliger César à faire le siège du mont Auxois, à emprunter des itinéraires aberrants, à faire semblant de fuir, et à décrire un combat de cavalerie en un site introuvable. »

1. Qualifiées par ses opposants de « régionalistes », puisqu'on est toujours le « régionaliste » de quelqu'un.

Jules César se donne peut-être le beau rôle, mais il n'a pas été contredit par les « témoins », dont cet autre général, Labienus. Si César nous dit que « la bataille eut lieu chez les Séquanes [...], nous serions mal venus de prétendre qu'Alésia se trouvait ailleurs que chez les Séquanes ». D'autant que cette affirmation de César est corroborée par Plutarque, puis par Dion Cassius : « Vercingétorix arrêta César alors qu'il se trouvait chez les Séquanes. » Henri Le Mire fait remarquer que Jérôme Carcopino, l'illustre professeur, « a oublié de relire Plutarque », allant jusqu'à inventer des « Séquanes de l'Ouest » pour mieux mettre Alésia à l'endroit choisi par la « vérité officielle »...

En 1994, deux auteurs, André Berthier et l'abbé André Wartelle, de l'Institut catholique de Paris, estimaient que l'identification d'Alésia à Alise restait fragile. Leur choix se portait sur Chaux-des-Crotenay, « à une dizaine de kilomètres au sud de Champagnole, dans le département du Jura ». Jacques Bompaire, président de l'Association Guillaume Budé, résumait ainsi la thèse de l'abbé[1] : « La méthode employée a été celle du portrait-robot morphogéographique appliquée à plus de cent sites. Celui qui rend le mieux compte de la description de César est celui de la Chaux. Il se trouve sur la route la plus directe (de Langres à Genève) empruntée par les Romains qui, devant le soulèvement général de la Gaule, gagnent le sud pour protéger la *Provincia* menacée. Vercingétorix coupe la vallée de la Saône et force César à battre en retraite par le territoire des Séquanes... » Si Vercingétorix s'enferme dans la place forte d'Alésia, c'est seulement après sa déroute devant la cavalerie germanique, et non à la suite d'une feinte de César.

1. *Bulletin de l'Association Guillaume Budé*, juin 1994, p. 135.

Mais Paul-Marie Duval (1912-1997), historien de la Gaule et professeur au Collège de France, tenait, lui, pour la Bourgogne. Quant à Christian Goudineau, titulaire de la chaire des Antiquités nationales au Collège de France, il a fait le choix, une fois pour toutes, d'Alise-Sainte-Reine, saluant au passage la pertinence des chercheurs mobilisés par Napoléon III. À ce sujet, il observa : « Pourquoi me pose-t-on des questions sur la localisation d'Alésia, et pourquoi mes interlocuteurs manifestent-ils tant d'agressivité si je me conforme à la thèse traditionnelle ? [...] En réalité, derrière ces passions, rôde le spectre de Napoléon III, de la vérité "officielle" (forcément truquée) de tous ces "savants" suspects parce qu'ils travaillaient à la Cour et sont devenus des gens importants, voire ministres, comme [Victor] Duruy... »

En 1964, Joël Le Gall, professeur en Sorbonne, fit le point d'une décennie de controverses sur la question : il avait opté lui aussi pour la thèse officielle et ne manquait pas de piquer ses adversaires. Pour lui, pas de doute, « la pioche des fouilleurs a[vait] rendu le verdict ». « Il fallait en finir avec cette vieille querelle. [...] De nouvelles fouilles eurent lieu à Alaise (Franche-Comté) en 1952, 1953 et 1954 [...]. Les résultats furent concluants : [les "Francs-Comtois" ne découvrirent] que les traces d'une occupation médiévale, et les "fossés de César" qu'on avait cru reconnaître en 1861 étaient de simples accidents naturels affectant le calcaire sous-jacent. Par une ironie du sort, le hasard d'une construction à l'école maternelle des Laumes [Côte-d'Or] en janvier 1955 fournit une nouvelle coupe du fossé de la circonvallation, [laquelle] coupe occasionnelle fut complétée par une fouille systématique dans la cour de l'école en 1956. [...] Les vestiges découverts alors sont demeurés visibles jusqu'en 1961, date où de nouveaux travaux de construction obligèrent à les remblayer.

« Dès lors, la cause était entendue, mais il fallait que la chose fût établie nettement aux yeux de tous. C'est M. Jérôme Carcopino qui s'en est chargé en publiant en 1958 son *Alésia et les ruses de César.* [...] La seconde bataille d'Alésia est terminée [1]... » Pas tout à fait, puisqu'une disciple d'André Berthier, Danielle Porte, maître de conférences à la Sorbonne où elle enseigne au sein de l'Institut d'études latines, a relu *Les commentaires de la guerre des Gaules* et dénoncé, en 2004, « l'Imposture d'Alésia ».

Le roman des Gaulois continue...

Un autre site, la plupart du temps oublié des commentaires... sur les *Commentaires* de César, a déclenché une ultime « guerre » parmi les érudits : celui d'Uxellodunum que l'histoire, une nouvelle fois officielle, a situé au Puy d'Issolud, commune de Vayrac (Lot), sur une hauteur dominant la Dordogne, tandis que Capdenac, à la suite des travaux de Champollion-Figeac (frère de l'égyptologue), continue de revendiquer la localisation d'Uxellodunum sur son territoire. Ledit oppidum fut le lieu de la dernière bataille des légions romaines pour la conquête définitive de la Gaule. Elle fut conduite par César en personne, un an après Alésia, mais racontée au livre VIII des *Commentaires* par Aulus Hirtius, le secrétaire du vainqueur.

Dans ce texte, il est dit que, fuyant Alésia, deux chefs gaulois, Drappès le Sénon (Sens) et Luctérios le Cadurque (Quercy), rassemblent des « voleurs, esclaves, gens sans aveu et bannis de toutes les cités [2] » (des évadés d'Alésia et

---

1. Joël Le Gall, *Alésia. Archéologie et histoire,* Paris, rééd. 1964, Fayard, 1980.

2. Jusqu'à la page 266, toutes les citations du texte d'Aulus Hirtius (livre VIII des *Commentaires*) sont des traductions du grand latiniste et archéologue Léopold-Albert Constans (1891-1936).

des débandés de l'armée de secours) et marchent sur la *Provincia* par la route qui contourne l'Auvergne à l'ouest... Ils sont poursuivis par deux légions ayant à leur tête le légat Caïus Caninius, afin d'éviter que les citoyens romains de la Province menacée ne soient « déshonorés par les brigandages d'une bande criminelle ». Pendant que l'autre lieutenant de César, Fabius, « pacifie » le pays des Carnutes (la Beauce) et règle son compte au chef des Andes (l'Angevin) *Dumnacus* (alias Dumnac) entre Saumur et Les-Ponts-de-Cé, les derniers « résistants » gaulois prennent position « dans la ville » et autour d'Uxellodunum, place « remarquablement défendue par la nature », sise au sommet de rochers « dont l'escalade était difficile pour des hommes portant des armes ». Luctérios le Cadurque est chez lui et jouit d'une grande influence. Il n'a pas de mal à gagner les habitants à sa cause et à celle de Drappès.

Réfléchissant à ce qui est advenu à Alésia, les deux chefs gaulois décident de se pourvoir en blé. Laissant dans la cité une garnison de « deux mille hommes », ils s'établissent dans un camp secret, à environ dix milles [environ 15 km]. De là ils organisent des expéditions nocturnes, harcelant au passage les cohortes de Caninius, lequel ne dispose pas encore suffisamment de légionnaires pour achever le bouclage de la ville rebelle – la construction du double retranchement, un classique de la tactique romaine. Une nuit que Luctérios le Cadurque envisage de faire pénétrer dans la place d'Uxellodunum un gros convoi de blé, le camp romain, alerté, met en fuite les ravitailleurs. Luctérios réussit à échapper à ses poursuivants mais, interrogeant des prisonniers, Caninius apprend l'existence du camp secret, le localise et l'attaque. Aidé par les « habiles cavaliers germains » dont la qualification est devenue un cliché des *Commentaires*, il tombe à l'improviste sur « les Barbares » qui ont délaissé les hauteurs pour camper sur les bords de la rivière. Dans le combat, « tous les ennemis sont tués ou pris », et il est fait un grand butin. Drappès lui-même est capturé. Alors, « débarrassé de l'ennemi extérieur », Caninius « retourne assiéger les gens d'Uxellodunum » et active les travaux de fortification... Il reçoit l'aide de Fabius qui l'a rejoint et prend en charge un secteur du siège. Les deux généraux romains ont alors la surprise de voir arriver leur chef, César, qui, à marches forcées, est descendu de chez les Bellovaques (Beauvaisis) où il a laissé son questeur Marc-Antoine avec « quinze cohortes pour que les Belges ne puissent pas une fois encore former des projets de révolte ». Il est passé par Cenabum (Orléans) où il s'est fait livrer Gutuater, un personnage considérable, instigateur des derniers soulèvements. « Malgré sa clémence naturelle », César le fait châtier. Ses soldats le lui ont demandé. Ils mettent au compte du coupable « tous les dangers courus, tous les maux soufferts au cours de la guerre ». Gutuater n'est pas aimé non plus des Carnutes qui l'ont recherché et conduit au camp. César fait battre à mort le félon « avant que la hache l'achève ». C'est alors que des messages de Caninius lui apprennent la rébellion de Drappès et de Luctérios...

Devant Uxellodunum, sachant la ville abondamment pourvue en vivres et constatant l'achèvement des fortifications du siège, César décide de priver d'eau les assiégés... Il commence par disposer ses archers, ses frondeurs et leurs machines de guerre en faction à tous les points de passage obligés des sentiers conduisant à la rivière. Les assiégés sont bientôt contraints de ne s'approvisionner qu'à la seule fontaine de la ville, devenue l'unique possibilité de ravitaillement. César s'attaque alors à cette fontaine. Il fait construire « un terrassement de soixante pieds de haut » et une tour « de dix étages » qui domine l'endroit où l'eau de la fontaine prend sa source. De là-haut, malgré une avalanche de feu et de poix, les légionnaires interdisent l'accès à la source. Les assiégés, victimes de la soif, « cédant à la nécessité », finissent par se rendre...

Voulant faire un exemple, César fait couper la main à tous ceux qui ont porté les armes, mais leur accorde la vie sauve. Drappès, prisonnier, se laisse mourir de faim. Luctérios, réfugié en Auvergne, est livré, enchaîné, par le chef arverne « collabo » Epasnactos. Depuis lors, les érudits ne cessent de se disputer sur l'emplacement exact du site de cette nouvelle « Massada ».

De toute manière, l'essentiel ne réside plus dans ces querelles, mais plutôt dans le point de vue passablement ambivalent développé par Napoléon III lui-même et par l'élite des historiens de son temps à propos des Gaulois : « Tout en honorant la mémoire de Vercingétorix, il ne nous est pas permis de déplorer sa défaite. Admirons l'ardent et sincère amour de ce chef gaulois pour l'indépendance de son pays, mais n'oublions pas que c'est au triomphe des armées romaines qu'est due notre civilisation ; institutions, mœurs, langage, tout nous vient de la conquête. Aussi sommes-nous bien plus les fils des vainqueurs que ceux des vaincus... [1] » L'empereur aurait donc le dernier mot ?

Le vrai triomphe des Gaulois ne va pas tarder. Il se fera sur les ruines du Second Empire, contribuant à sa manière à légitimer la IIIe République. Le premier véritable historien de la Gaule préromaine est Camille Jullian (1859-1933). Ce normalien, agrégé, s'est d'abord cantonné à l'histoire romaine et il est venu à bout d'importantes

1. Louis Napoléon Bonaparte, *Histoire de Jules César*, t. II.

études épigraphiques qui auraient suffi à sa réputation. Mais, à compter de 1890, Camille Jullian ne se consacre plus qu'à la Gaule. Après une *Gallia* (1892) et un *Vercingétorix* (1901), il publie, en huit volumes, une *Histoire de la Gaule* qu'il ne terminera qu'en 1927. Forcément vieillie, l'œuvre de Jullian reste néanmoins un travail fondateur dans la mesure où il explore les six siècles qui précédèrent la conquête romaine. La nouveauté de son apport venait de ce qu'il s'appuyait sur la géographie, comme le remarque l'un de ses premiers critiques : « [M. Jullian] témoigne d'un souci heureux de renouveler l'histoire ancienne en y faisant intervenir sans cesse la considération des phénomènes géographiques. » Et ledit critique de s'appuyer sur cette profession de foi de Jullian : « Un historien doit examiner les rapports de l'homme avec le sol qu'il habite au même titre que les rapports des hommes entre eux. Le caractère et le rôle d'un peuple dépendent de la valeur du sol qu'il laboure, de la place de son pays dans le monde, et de la structure même de ce pays. » De plus, « la géographie politique de la Gaule au IIe siècle avant notre ère [...] nous fait comprendre par avance la grande figure de Vercingétorix. »[1].

L'histoire reconnue des Celtes, peuples auxquels appartenaient ceux qui devinrent les « Gaulois », porte sur près de deux millénaires de l'histoire humaine. À partir d'un ou de plusieurs foyers originels difficilement cernables se développa une première aire de civilisation, dite protoceltique, qui va de 1800 à 1200 avant notre ère. Cette première civilisation couvre l'Europe centrale et occidentale d'artefacts encore discernables. Durant un demi-millénaire,

---

1. Maurice Besnier, in *Annales de Géographie*, t. XVIII (1909), p. 68.

elle s'étend vers la France et l'Espagne, avec cette séquence bien particulière de la culture des champs d'urnes : les sépultures ne se font plus par inhumation, mais par crémation. Puis, sous la poussée des cavaliers cimmériens[1], qui remontent la vallée du Danube, le monde celtique se déplace et se transforme. C'est un premier âge du fer, dit période hallstattienne (du nom de Hallstatt, bourgade de Haute-Autriche, la première à être fouillée), période absolument capitale dans l'épanouissement des Celtes, lesquels, dira Jean-Jacques Hatt (1913-1997), « entrent alors dans l'histoire et créent une forme d'art, une civilisation qui leur sont propres. C'est véritablement alors que se forme ce fonds de traditions qui se développera pendant tout l'âge de fer, au cours de la période de l'indépendance celtique, pour se poursuivre ensuite dans les provinces occidentales de l'Empire romain. »

C'est de cette civilisation hallstattienne que procèdent des sépultures, comme celle retrouvée à Vix (Côte-d'Or), qui attestent à la fois de la vigueur culturelle celtique et de son ouverture sur le monde méditerranéen par le jeu d'échanges très organisés. Pourtant, la civilisation de La Tène (un site protohistorique de Suisse), qui succède à celle de Hallstatt, marque une rupture importante. Née en Allemagne du Sud, dans l'espace préalpin et dans la France de l'Est, elle se répand dans toutes les directions, gagnant aussi bien les confins ibériques que les îles Britanniques.

---

1. Peuple indo-européen installé autour de la mer d'Azov et qui migra vers l'ouest avant de se fondre dans le peuple scythe. Hérodote et Strabon en parlent. Pour les Occidentaux de la seconde moitié du XXe siècle, le héros cimmérien a les traits et la carrure d'Arnold Schwarzenegger dans les films de John Milius (*Conan le Barbare*, 1981) et de Richard Fleischer (*Conan le destructeur*, 1984).

Voilà bien le temps des Gaulois proprement dits, qui s'imposent jusque dans les Balkans et même en Asie Mineure avec les Galates. Au contact des Grecs puis des Italiotes et, pour finir, des Romains, la civilisation gauloise connaît des transformations jusqu'à La Tène III (120 avant notre ère) où s'amorce leur soumission politique à Rome après la défaite.

L'histoire et la civilisation des Gaulois ne forment qu'un chapitre de l'histoire de la civilisation celtique. En effet, les Romains nommaient « *Galli* » presque tous les Celtes, qu'ils fussent de Gaule proprement dite, d'Italie ou d'Espagne. Aujourd'hui, on regroupe sous le terme « Celtes » les Gaulois (y compris les Belges), les Celtibères (Celtes de la péninsule Ibérique), les Scordisques (Celtes danubiens), les Bretons (Celtes de Grande-Bretagne), les Gallois du haut Moyen Âge, les Celtes d'Irlande et même les Galates d'Asie Mineure.

Quant à la Gaule – les Gaules – du Ier siècle avant notre ère, elle formait un espace géographique qui débordait largement de l'actuel Hexagone, puisqu'elle comprenait une province de Belgique qui s'étendait de la Seine au Rhin, l'Aquitaine sur la rive gauche de la Garonne, la Celtique proprement dite, comprise entre les deux régions précédentes, étirée de la Bretagne à l'Auvergne, et enfin ce que les Romains appelaient *Provincia*, la « Province », qui allait du confluent du Rhône et de la Saône (Lyon) au Léman et le long du Rhône jusqu'à la mer, englobant tout l'espace jusqu'au cours supérieur de la Garonne. Si cette Gaule était forcément « celtique », il convient de tenir compte des populations antérieures autochtones et des apports méditerranéens. Les premières formaient un substrat plus ou moins assimilé, et les seconds des ajouts qui ont plutôt résisté à cette absorption. Il n'y a jamais eu d'empire celte, de structure étatique unitaire, car les Celtes, dont l'agrégat formait une sorte de nébuleuse, n'ont jamais dépassé le stade de confédérations plus ou moins élastiques.

C'est par des recherches toponymiques et en se penchant sur les limites des diocèses antérieures à 1789 qu'on a pu reconstituer à peu près fidèlement l'aire de chacun des peuples gaulois que nous dirons « français », pour simplifier. Des dizaines d'entre eux sont ainsi attestés, d'importance et de réputation très inégales. Le récit de César en a privilégié plusieurs : les Allobroges, les Éduens, les Arvernes, les Vénètes, les Bituriges, les Andes, les Carnutes... C'est en Celtique, et tout particulièrement dans le Massif central, que se trouvaient les nations les plus nombreuses. L'ancienneté de leur implantation avait permis à ces peuples de se constituer en entités politiques plus fortes, capables de s'opposer, au moins pour un temps, à l'impérialisme romain.

Mais, encore aujourd'hui, l'archéologie gauloise est difficile à conduire, et ce, pour deux raisons principales : la première est l'absence d'écriture celtique proprement dite – ce présupposé savant a mis en cause l'idée même de « civilisation » ; la seconde, qui tient à la situation géographique, est l'altération importante des vestiges archéologiques, qui s'explique par la nature même de ces vestiges, la nature et la configuration des sols, les conditions climatiques et l'emprise humaine, aussi intense que continue, sur ce territoire.

À propos de la langue gauloise, on s'est longtemps nourri de beaucoup d'illusions que l'on doit au père fondateur des études celtiques, Henri d'Arbois de Jubainville (1827-1910). Archiviste et paléographe de formation, il fut le premier titulaire de la chaire de langue et de littérature celtiques au Collège de France en 1882. L'année suivante, il publiait son *Introduction à l'étude de la littérature celtique*, qui reste une référence classique. Répertoriant près d'un millier de manuscrits irlandais, Arbois de Jubainville croyait lire dans ce corpus médiéval les traces ultimes de la langue originelle des Celtes, la queue de la « comète », en quelque sorte. Il s'en expliquait ainsi :

« La littérature épique de l'Irlande est l'œuvre de la corporation savante des *file*. Les *file* portent un nom qui veut dire "voyant". Sa racine est la même que celle du breton *gwelout*, "voir". Les *file* sont une partie de la grande classe privilégiée de savants, de littérateurs, de prêtres et de juges que la Rome conquérante a trouvée en Gaule au Ier siècle avant notre ère, et dont César n'a vu qu'une section. César ne mentionne que les druides, c'est-à-dire la section sacerdotale de la classe lettrée gauloise. D'autres auteurs de l'Antiquité reconnaissent dans le monde lettré de la Gaule trois éléments. [...]

« Quoi qu'il en soit, la vaste classe de lettrés que César oppose à la classe des chevaliers, et où il ne trouve à mentionner que les druides, se composait, outre les druides, de deux autres éléments, que l'on ne peut dédaigner, à l'exemple de César, sans se faire de la Gaule une idée incomplète et fausse.

« En Irlande, à côté des druides ou prêtres païens, nous trouvons les *file*, parmi lesquels on distingue diverses spécialités, comme celles de *brithem* ou juges, de *scélaig* ou conteurs, mot dérivé de *scél*, "histoire", etc. [...] Ainsi, dans la classe de lettrés [existent] trois groupes : les bardes et les druides, que nous trouvons en Gaule sous le même nom, et les *file* qui correspondent aux devins de Diodore de Sicile, aux *vates* de Strabon, et aux *euhages* de la traduction de Timagène que nous a laissée Ammien-Marcellin. De ces trois groupes, celui qui paraît avoir été le plus important en Irlande au VIIe siècle, époque à laquelle ont été consignées par écrit les plus anciennes compositions épiques d'Irlande, ce sont les *file*, et les *file* sont les auteurs de ces compositions. Nous parlerons donc des *file* avec détail ; mais, pour bien faire comprendre ce que nous avons à dire sur eux, il est nécessaire que nous expliquions quelle était la situation de leurs confrères, les bardes et les druides[1]... »

Cependant, il a fallu renoncer à tirer de l'irlandais ancien, comme d'ailleurs du gaélique ou du breton, la clé d'une langue dont les inscriptions recensées tiennent à quelques mots insérés dans les rares textes d'auteurs latins et grecs qui parlent des Gaulois. En fait, si de la morphologie et de la syntaxe du gaulois nous ne savons que bien peu, nous pouvons en apprendre de plus en plus ; il comporte en effet une forte parenté avec les autres langues indo-européennes : « Le gaulois offrait à peu de chose près les mêmes voyelles et consonnes, les mêmes diphtongues et aspirations que le grec et le latin. Comme ces deux langues, le gaulois était une langue à flexion, comportant des déclinaisons avec cas, et des conjugaisons, peut-être un article et des démonstratifs. Le vocabulaire s'enrichissait aisément par la formation de multiples dérivés et surtout de composés. » Émile Thévenot, auquel nous empruntons cette mise au point[2], donne l'exemple intéressant du nom « Vercingétorix » : « Le nom de Vercingétorix se décompose en trois éléments dont le premier exprime l'intensité et le troisième signifie "roi" ; les trois syllabes médianes

1. Henri d'Arbois de Jubainville, *Introduction à l'étude de la littérature celtique*, Paris.

2. Émile Thévenot, *Histoire des Gaulois*, Paris, PUF, « Que sais-je ? », 1965.

sont interprétées dans le sens de “guerrier”, d’où la signification de l’ensemble : “grand chef de guerriers” [1]. »

En ce qui concerne l’écriture proprement dite, les Gaulois du sud de la France (Volques, Voconces, Salyens...) ont fait très tôt usage de l’alphabet grec, diffusé depuis Massilia à partir du VIIe siècle avant notre ère. Il en est résulté un grand nombre d’inscriptions gallo-grecques qui concernent aussi bien l’activité commerciale (marques de potiers, inscriptions monétaires) que spirituelle, comme les dédicaces gravées sur des autels. Quant à l’écriture druidique, les *ogam*, ou écriture ogamique (du nom de la divinité Ogme), ses traces concernent surtout l’aire britannique ; elle pose évidemment de délicats problèmes d’interprétation que des vulgarisateurs aussi hâtifs que nébuleux négligent sans le moindre scrupule. Redisons ici toute l’importance des recherches en matière de toponymie et d’onomastique, puisqu’elles ont permis de mettre en évidence des milliers de mots actuels, de souche « gauloise », nos guillemets étant là pour souligner, une fois encore, les difficultés d’identification et d’interprétation.

Sur ce point, nous ne pouvons que suivre Pierre-Yves Lambert qui, dans son introduction à *La Langue gauloise*, souligne l’effet désastreux du préjugé : « On en est venu à diffuser une fausse image de la civilisation celtique, comprise comme une culture archaïque, semi-barbare, sans écriture et dépourvue des raffinements de la culture gréco-latine. Cette image d’Épinal demande à être corrigée. Les Celtes ont été capables d’inventions techniques, puisque le latin a emprunté au gaulois plusieurs noms d’armes ou de véhicules. [...] Il est faux de soutenir que les Celtes n’ont pas connu l’écriture [...], ils se sont

1. *Ibid.*

contentés d'adapter des modèles étrangers à leurs propres idiomes. [...] Nous avons des inscriptions celtiques, elles sont le témoignage précieux que les Celtes ont eux-mêmes laissé de leurs langues [1]... »

La France bénéficie d'une palette de climats tempérés qui fait tout l'intérêt de sa situation géographique. Mais l'avantage archéologique est nul : trop souvent, l'humidité prégnante, l'épaisseur de l'humus réduisent à néant la multitude d'objets qui sont, par leur nature, périssables. L'usage du bois pour l'habitat, l'outillage, la statuaire même, condamne l'archéologue à travailler sur des dispositifs fragmentés, voire résiduels, qu'il a beaucoup de difficulté à reconstituer. La déforestation, la mise en culture ou en pâture de terroirs datant pour certains de plus de deux millénaires ont puissamment contribué à bouleverser les sols en effaçant les traces les plus anciennes du passage des hommes.

Ainsi l'archéologie « gauloise » n'a pas tous les jours l'occasion de faire des découvertes exceptionnelles, susceptibles d'être médiatisées. Elle agit souvent sur des chantiers d'urgence, si toutefois elle est alertée à temps. Les vestiges gaulois, beaucoup moins spectaculaires que ceux de l'Antiquité classique, sont vite laissés pour compte, après avoir été longtemps délaissés. Un bel exemple de ces chantiers décidés dans l'urgence, qui se révèlent être l'occasion d'une découverte archéologique majeure, est donné par le chantier de fouilles de Mez Notariou, sur l'île d'Ouessant, où les équipes de Jean-Paul Le Bihan et Jean-François Villard mettent au jour, depuis 1988, un étonnant et important village du premier âge du fer (entre 750 et

1. Pierre-Yves Lambert, *La Langue gauloise*, Paris, Éditions Errance, 2003.

450 avant notre ère). Cette découverte remet en cause et enrichit la vision qu'on a pu avoir jusque-là d'une île « à la pointe » du continent européen. Uxisama, « l'île haute », (Strabon la nomme Ouksisamè, et Pline Axantos) était une étape importante sur la grande voie maritime de contournement de l'Armorique, le passage de l'Atlantique à la Manche par les navires marchands allant chercher les métaux rares ou précieux des pays du Nord et y apportant les denrées méditerranéennes. L'« île sentinelle » aurait donc été un grand port d'étape pour des embarcations peu faites pour tenir la haute mer.

Mais l'archéologie « gauloise » fut longtemps besogneuse, lente, le plus souvent pauvre en résultats, du moins au regard des médias et des non-initiés. Elle fut et demeure pourtant entre les mains de chercheurs à la fois compétents et passionnés.

Au nombre de ceux-ci, parmi les disparus, il faut citer Jean-Jacques Hatt (1913-1997) dont le cas est tout à fait exemplaire. Ce Strasbourgeois a d'abord suivi un cursus universitaire classique qui l'a conduit à sa thèse de doctorat sur « la tombe gallo-romaine », soutenue en 1948. Dès la Libération, il avait profité des destructions causées par la guerre pour engager des fouilles dans le cœur historique de Strasbourg. Pour la première fois, il y appliqua la méthode stratigraphique chère aux préhistoriens et négligée jusqu'à lui par les archéologues locaux.

Il confia à Henri-Paul Eydoux : « Je voulais montrer qu'un contact plus étroit, plus intime, de l'archéologue avec la terre pouvait être payant sur le plan scientifique. La fouille telle que la conçoivent les architectes ou les archéologues classiques, qui consiste dans le dégagement d'édifices, ne me paraissait pas suffisante. En effet, la plupart du temps, ces beaux monuments dégagés et débarrassés de leurs remblais sont difficilement datables [...]. Ayant l'habitude de raisonner en préhistorien, la science archéologique, telle que je la concevais, empruntait à la géologie et à la préhistoire leurs méthodes, leur précision dans l'analyse, l'observation et leur rigueur objective dans les conclusions. Elle ne devait négliger aucun des enseignements que la terre nous apporte lorsqu'on sait observer cette terre[1]... » Au terme de plus de trente années de fouilles, Jean-Jacques Hatt a pu reconstituer tout l'historique du site qui allait devenir Argentoratum sous les Romains, puis Strasbourg. Il a mis au jour un « millefeuilles » comptant pas moins de quatorze couches d'occupation humaine allant de l'âge du bronze (1000 à 800 avant notre ère) au ve siècle ap. J.-C.

Le mot « oppidum » figure évidemment dans les *Commentarii de Bello gallico* de César ou, en français, *Commentaires sur la guerre des Gaules*. Il désigne des agglomérations gauloises fortifiées, des « capitales ». L'*oppidum* a donc une fonction défensive, mais il n'apparaît comme tel que dans les derniers siècles avant notre ère, succédant à de gros villages de plaine dénués de toute défense artificielle. Ce que commente ainsi Olivier Buchsenschutz, directeur de recherche au CNRS : « Les *oppida* sont des fondations volontaires d'habitats neufs qui reprennent les fonctions de ces gros villages, mais en les entraînant sur les hauteurs : désir de retrouver une tradition ancestrale, une protection religieuse ou physique ? Les fortifications de hauteur constituent un élément caractéristique des âges des métaux en Europe : les défenses naturelles que constituent les collines, les éperons, les méandres, sont renforcées par des remparts placés aux points les plus vulnérables. À la

1. Henri-Paul Eydoux, *Promenades dans la France antique*, 1965.

Tène finale, le rempart artificiel tend à entourer complètement le site, sauf si une véritable falaise constitue un barrage naturel infranchissable. »

Devenue maîtresse d'une méthodologie réglant ses campagnes de fouilles selon un cahier des charges pointilleux, l'archéologie actuelle a fortement développé notre connaissance de la civilisation gauloise. Comme la découverte des villes antiques de la Perse et de la Mésopotamie – et le déchiffrage du cunéiforme – ont fait avancer l'archéologie et la philologie modernes, l'idée de « civilisation gauloise » est née des traces et vestiges d'*oppida* et du relevé de fragments d'inscriptions. Car il serait absurde de lui nier toute existence, à cette civilisation, et de s'en tenir à son sujet aux clichés « barbares » développés par César pour se donner le beau rôle ! Une économie florissante y régnait. Produits de l'agriculture et de l'artisanat étaient vendus sur des marchés. Une authentique monnaie « gauloise » circulait. « Centre politique, l'*oppidum* est aussi centre d'échanges et de marchés. Situé à intervalles réguliers le long des voies d'eau ou sur des voies bien entretenues, il permet le contrôle de l'économie de la région par les nobles qui, dans certaines cités, gèrent les péages pour le pouvoir. Dans ces lieux, des marchands gaulois se retrouvent en concurrence avec des marchands romains[1]... » Ils échangent vin, objets en céramique contre du blé, des salaisons, des chevaux, des produits métalliques... « Par sa structure artisanale préindustrielle et le rendement de son agriculture, la civilisation des *oppida* préfigure le développement de la Gaule à la période romaine[2]. » La

1. Olivier Buchsenschutz et Jean-Paul Guillaumet, *Habitat et économie de l'âge du fer : les oppida*, in *Archéologie de la France*, Paris, Flammarion, « Champs », 1990.

2. *Ibid.*

photographie aérienne aidant, sondages et, plus rarement, fouilles à l'appui, on a recensé des dizaines d'*oppida*. Mais leur typologie est des plus variées, puisque, forcément, leur mise en place obéit chaque fois à la configuration particulière du site.

L'un des plus remarquables est celui du mont Beuvray, reconnu comme le site de Bibracte, la capitale des Éduens. Commencées sous Napoléon III, les fouilles ont d'abord été menées par Gabriel Bulliot (1817-1902) ; elles ont été poursuivies jusqu'en 1908 par son neveu, puis par le spécialiste de la céramique antique, Joseph Déchelette (1862-1914), créateur de l'expression « civilisation des *oppida* », qui compara Bibracte à trois autres sites d'Europe centrale. Soixante-dix ans plus tard, une nouvelle campagne de fouilles a permis d'affiner la chronologie tout en faisant progresser nos connaissances en matière d'urbanisation gauloise. Bibracte a désormais reçu fort justement le label de « Grand Site de France ».

L'intérêt du site est multiple : l'occupation humaine est très ancienne, la ville est devenue l'*oppidum* principal du peuple le plus évolué et le plus important de la Gaule « chevelue », comme disait César, celui des « *Eduens* » ; par ailleurs, comme Bibracte n'a pas constitué un enjeu militaire durant la conquête romaine, le site n'a pas été « pollué » par les traces d'un siège quelconque ; enfin la ville s'est effacée après la conquête, cédant la place à Augustodunum (Autun) la nouvelle capitale.

On a longtemps cru que le nom, *Bibracte*, pouvait venir du terme gaulois *biber* (le castor). Mais le linguiste et celtologue Joseph Vendryes (1875-1960) a préféré y voir un mot celtique désignant une forteresse ; on connaît un autre terme très proche, *Bibrax*, qui désigne un *oppidum* de Belgique. En tout cas, le nom celtique a survécu dans celui de (mont) Beuvray.

L'oppidum de Bibracte était le plus grand de Gaule, car il couvrait cent trente-cinq hectares, enfermés dans une enceinte de cinq kilomètres qui enveloppait quatre sommets dont le plus élevé culminait à huit cent vingt-deux mètres. Les remparts étaient du type *murus gallicus*, longuement décrit par Jules César : les matériaux qui le constituaient étaient de la terre, des pierres sèches maintenues par un quadrillage de grosses poutres fixées avec de longs clous. « Ce genre d'ouvrage, écrit César, admiratif, offre un aspect varié qui n'est pas désagréable à l'œil, avec son alternance de poutres et de pierres, celles-ci n'en formant pas moins des lignes continues qui se coupent à angle droit ; il est de plus très pratique et parfaitement adapté à la défense des villes, car la pierre le défend du feu, et le bois des ravages du bélier, celui-ci ne pouvant ni briser ni disjoindre une charpente où les pièces qui forment liaison à l'intérieur ont en général quarante pieds d'un scul tenant[1]. »

L'habitat retrouvé à Bibracte révèle des habitations en partie enterrées (comme à Alésia) avec une affectation particulière pour certaines : ateliers de fondeurs, d'émailleurs et de potiers, forges. Un habitat de type romain est venu se superposer dans les décennies qui ont précédé l'abandon du site ; on a là des demeures plus vastes, articulées autour d'un *atrium*. L'abondante récolte de poteries, d'outillage, de pièces de monnaie, souligne que Bibracte ne fut pas qu'une forteresse, mais un lieu d'échanges intenses à la rencontre des deux bassins, de la Loire et de la Seine.

Rendus célèbres par les *Commentaires de la guerre des Gaules*, les *oppida* de Gergovie et d'Alésia se sont révélés

1. *Commentaires de la guerre des Gaules*, livre VII- 23, traduction de Léopold-Albert Constans.

moins riches en vestiges, et donc plus difficiles à interpréter. On en sait davantage sur les fortifications romaines, les travaux d'investissement effectués par les légions qui les ceinturaient, que sur eux-mêmes. César n'a pas caché les difficultés rencontrées dans cette guerre de siège qui passait pour une « spécialité » de l'armée romaine. Le long récit du siège de Gergovie le montre dans un embarras extrême, mais, bien entendu, il impute son échec à la présomptueuse « témérité » de ses soldats.

Dans un de ses discours recomposés à la troisième personne – ce qui fait d'ailleurs tout le charme (bien involontaire) de son récit –, il les tance ainsi : « Il leur expliqua tout le danger d'une position défavorable, et ce que lui-même en avait pensé devant Avaricum, lorsque, ayant surpris l'ennemi sans chef et sans cavalerie, il avait renoncé à une victoire certaine plutôt que de s'exposer à une perte même légère en combattant dans une position défavorable. Autant il admirait leur courage, qui n'avait pu être arrêté ni par les retranchements d'un camp, ni par la hauteur de la montagne, ni par le mur de la place forte, autant il réprouvait leur insubordination et leur présomption qui leur faisaient croire qu'ils savaient mieux que leur général les moyens de vaincre et le résultat de la bataille[1]. »

Gergovie, capitale des Arvernes, est un *oppidum* situé à six kilomètres au sud de Clermont-Ferrand. Il est reconnu depuis le Moyen Âge et les fouilles empiriques conduites durant le XVIIIe siècle ont été confirmées par la série de chantiers ouverts sous le Second Empire et dans les années 1930. Mais cet *oppidum*, qui couvre pas moins de soixante-quinze hectares, s'est révélé assez peu bavard, notamment

1. *Commentaires de la guerre des Gaules*, Livre VII- 52, traduction de Maurice Rat.

en ce qui concerne les périodes d'occupation les plus anciennes remontant aux Ier et IIe âges du fer. À l'époque de Vercingétorix, Gergovie n'avait plus qu'une fonction défensive et son habitat permanent n'était déjà plus que résiduel. Cela semble bien être aussi le cas d'Alésia – et cette caractéristique n'a pas peu contribué à nourrir des doutes sur le choix d'Alise-Sainte-Reine pour identifier l'avant-dernière bataille de la guerre des Gaules (la dernière étant celle d'Uxellodunum).

Commencées en 1865 par Stoffel, les premières fouilles de Gergovie n'ont d'abord porté que sur les fortifications romaines et les traces des combats supposés. Celles-ci n'ont pas manqué : ossements d'hommes et de chevaux, armes et pièces d'équipement, fibules, trésors monétaires – des centaines de monnaies, arvernes pour la plupart, toutes émises avant 54, et même deux pièces à l'effigie de Vercingétorix. Mais l'*oppidum* lui-même n'a été fouillé qu'à partir de 1905, dégageant principalement des habitations gallo-romaines édifiées postérieurement au siège. Toutefois, au lieu dit En Curiot, les archéologues ont mis au jour un quartier gaulois qui se composait de maisons en partie encavées dans le rocher, avec escalier, foyer, silos et puits. D'autres constructions ont pu être identifiées comme étant des ateliers de potiers et de forgerons. Les traces d'un sanctuaire sont aussi présentes, avec un dispositif hydraulique difficile à interpréter. La divinité principale, travestie en Apollon, semble avoir été Moritasgus. Selon Paul-Marie Duval, « d'autres divinités gauloises, connues par des inscriptions gallo-romaines, remontent vraisemblablement à l'époque de l'indépendance : Ucuctis, Bergusia, honorées par les forgerons et les métallurgistes ».

Si l'on veut des traces plus patentes d'urbanisation à l'intérieur des *oppida* gaulois, il faut se tourner vers le Midi.

Car au contact des civilisations méditerranéennes, les matériaux et les modes de construction avaient changé, le bois cédant la place à la pierre et garantissant à ces sites une plus évidente pérennité.

C'est dans le Languedoc, le Roussillon et, de manière encore plus visible, en Provence, que la civilisation gauloise reçut les apports les plus bénéfiques des Étrusques et des Grecs de Sicile, venus coloniser le littoral. Durant le premier âge du fer méridional (700/650 à 450/400 avant notre ère) se produisit le changement radical qui fit passer les Celtes de modes de vie ancestraux et d'habitats dispersés (encore troglodytiques pour la plupart) à des implantations plus stables, celles-ci pouvant aller de quelques constructions réparties sur quelques ares à de beaucoup plus vastes, couvrant jusqu'à plusieurs hectares.

Un nouvel habitat perché se constitua comme, par exemple, à Mailhac, dans l'Aude, à Ensérune, dans l'Hérault, à Saint-Blaise, dans les Bouches-du-Rhône, au Marduel, dans le Gard... Tous ces *oppida* étaient ceints de fortifications en pierres, avec un habitat composé de maisons de dix à vingt-cinq mètres carrés, regroupées en îlots séparés par des rues. Les matériaux utilisés sont la pierre sèche et la brique de terre crue.

Au second âge du fer méridional (450/400 à 50/25 avant notre ère), l'urbanisation véritable prit forme, même si l'on note la persistance d'habitudes anciennes : « L'organisation de l'espace en îlots d'habitation est la norme. Les murs sont en pierres sèches, ou seulement leur base avec une élévation en terre (adobe ou pisé branché). Les techniques de finition sont proches de celles des siècles précédents. Le métal n'interviendra vraiment qu'à partir du IIe siècle (clouterie, serrurerie...). La pièce unique, de 15 à 30 mètres carrés, qui ouvre directement sur la rue, est toujours largement dominante... » (Patrice Arcelin).

Quant aux systèmes de fortification, ils devenaient plus complexes avec le souci de rendre les murailles tout à la fois imprenables et prestigieuses. La poussée de l'impérialisme romain, la chute de Marseille en 49 avant notre ère, perturbent fortement ces modes de vie et ces habitats que l'on peut heureusement retrouver sur deux sites exceptionnels : à Ensérune (Hérault) et à Entremont (Bouches-du-Rhône).

Ensérune (dont on ne connaît pas le nom celtique) a été localisé sur un plateau dominant la plaine languedocienne, à une dizaine de kilomètres à l'ouest de Béziers. L'*oppidum* culmine à cent vingt mètres d'altitude ; il s'étire sur près de huit cents mètres, mais sa largeur ne dépasse pas les cent cinquante mètres. Il y a là un véritable site stratégique puisque, depuis cette modeste éminence, on peut surveiller les passages entre la vallée du Rhône et le cours supérieur de la Garonne. C'est dans cet « isthme gaulois », pour reprendre l'expression du géographe grec Strabon, que les Romains construisirent un des axes essentiels de leur empire, la *via Domitia*.

Comme souvent, les fouilles d'Ensérune commencèrent sans la moindre approche méthodique, par quelques sondages menés par le propriétaire du terrain, un commerçant de Béziers. Il y glana divers objets entre lesquels il ne chercha pas à établir la moindre cohérence au fil de ses investigations. Il fallut attendre 1929 pour voir deux prêtres, l'abbé Sigal puis le curé de Nissan-lez-Ensérune, l'abbé Giry, commencer à étudier sérieusement la configuration de l'*oppidum*. Leur démarche fut poursuivie par un universitaire d'Aix, Jean Jannoray, qui publia en 1955 *Ensérune, contribution à l'étude des civilisations préromaines de la Gaule méridionale*.

Et c'est bien Jean Jannoray qui reste le véritable « inventeur » d'Ensérune. Grâce à lui, on découvrit que cet *oppidum* avait connu au moins six siècles d'occupation, de 550 au début du Ier siècle après notre ère. Une stratification tripartite se dégageait, avec un premier étage qui dura jusque vers 420, correspondant à la fin du premier âge du fer, suivi par un épisode de cent cinquante ans au moins durant lequel, sous l'influence des colonies grecques voisines, on assista au développement d'une véritable ville. Enfin, de 225 avant notre ère à 50 de notre ère, les transformations allèrent dans le sens de la romanisation, jusqu'à l'extinction d'Ensérune, devenue inutile en tant que site fortifié et défensif dans le contexte de la *Pax romana.*

Au niveau le plus ancien, le plus difficile à identifier, on n'a retrouvé que des huttes en pisé ou en torchis, n'excédant pas douze mètres carrés au sol, avec des toits de chaume ou faits de clayonnages d'osier enduit d'argile. À proximité de ces cabanes, des silos en forme de grandes amphores étaient creusés à même le sol, jusqu'à cinq mètres de profondeur, d'un diamètre de deux à quatre mètres dans la partie la plus évasée, avec une embouchure étroite ; les traces polliniques révèlent une utilisation presque exclusivement réservée aux céréales.

Les habitants d'Ensérune, qui ne formaient pas un tout celtique homogène, vivaient d'élevage, de pêche et de la collecte de coquillages sur le littoral lagunaire. L'outillage en fer était peu fréquent, car l'industrie lithique conservait ses droits ; on relève peu de traces d'objets venus de l'extérieur, comme – ce qui eût été possible – des poteries grecques ; cette rareté confirme que, pour l'essentiel, Ensérune première manière vivait de manière autarcique, en vase clos.

Au stade suivant, les constructions se firent en pierres, et les maisons furent disposées selon un plan en damier. Le site est renforcé par une muraille de type « cyclopéen » qu'on a pu dégager sur près de deux cents mètres. Le problème de l'eau potable était résolu grâce à des citernes creusées dans le sol. Au nombre d'une quarantaine, elles sont cimentées, plus ou moins accolées et d'une capacité respectable.

Ensérune semble avoir alors compté plusieurs milliers d'habitants, peut-être jusqu'à dix mille. C'était une vraie cité, avec un centre monumental religieux et politique. Les restes d'un temple ont révélé l'existence d'un ordre architectural spécifique, dérivé, en les simplifiant, des canons grecs. L'outillage en fer est désormais abondant et cohabite avec de nombreux objets en os. Quant aux pratiques funéraires de crémation, elles relevaient d'une tradition plus celtibère que gauloise. Cette présence ibérique est soulignée par l'usage d'un alphabet – des inscriptions ont été relevées sur des tessons de poterie, mais aussi sur des monnaies – qui est pratiquement le même que celui utilisé par les populations de la côte méditerranéenne de l'Espagne (à cette différence près qu'on n'y compte que vingt-sept signes distinctifs au lieu de vingt-neuf).

La destruction brutale d'Ensérune, soumis à la double influence des colonies grecques du littoral et de la civilisation celtibère, se produisit à la fin du IIIe siècle avant notre ère. Sans que l'explication soit certaine, on peut néanmoins avancer que l'armée carthaginoise conduite par Hannibal, à son passage en 218 avant notre ère, a pu vouloir s'emparer d'un *oppidum* aussi gênant qu'Ensérune. Après cet épisode, la place perdit de son importance et l'on peut donc fixer son apogée peu avant sa destruction – les fouilles ont mis en évidence l'existence d'un monde urbain complexe, ouvert, qui se nourrissait de ses savoir-faire et d'échanges au long cours.

Entremont (Bouches-du-Rhône) se trouve à trois kilomètres au nord d'Aix-en-Provence. L'endroit a longtemps été un terrain militaire – ce qui a paradoxalement préservé le site archéologique. Celui-ci se retrouve aujourd'hui enserré dans les lotissements. Entremont, dont on ne connaît pas non plus le nom celtique, se présente sous la forme d'un plateau culminant à quatre cents mètres environ. Il s'étire sur quatre hectares, avec des flancs plus ou moins escarpés. On se trouverait là au lieu de la capitale de la confédération des Salyens, peuple qui a longtemps donné du fil à retordre aux colonies grecques, puis aux Romains.

C'est d'ailleurs en 123 avant notre ère que le consul Caïus Sextus Calvinus, probablement à la demande des colons grecs, procéda au siège d'Entremont et à sa destruction. Toute la population, à quelques centaines d'individus près, fut réduite en esclavage. Ainsi disparut, comme Numance en Espagne, une cité qui avait défié l'impérialisme romain. L'année suivante, le même consul fondait Aquae Sextiae Saluviorum, l'actuelle Aix-en-Provence.

Le site d'Entremont resta à l'abandon. Tout au plus fut-il affublé de légendes qui le présentaient comme un site sacré où croissait un prétendu « cyprès de Marius », du nom du consul rival malheureux de Lucius Cornelius Sylla. L'endroit ne fut fouillé qu'au XIXe siècle ; on y trouva, en 1817, trois tronçons de piliers sculptés en faible relief de têtes coupées aux yeux mi-clos. Comme le rapporte avec humour Henri-Paul Eydoux, l'inspecteur général des Monuments historiques Prosper Mérimée, qui vit ces sculptures, ne put s'empêcher de livrer cette appréciation très involontairement flatteuse : « Je ne vois que les Salyens qui aient pu faire si mal. »

C'est que la statuaire gauloise déconcertait les érudits du XIXe siècle, imbus de canons classiques. La découverte d'Entremont n'intéressait pas. En 1877, on dégagea une autre pierre sculptée de quatre têtes coupées en bas-relief. Enfin, en 1943, quatre nouvelles têtes sculptées et divers fragments furent mis au jour. Les fouilles véritables ne commencèrent qu'en 1946, conduites par Fernand Benoît (1891-1969) qui publia en 1957 *Entremont, capitale celto-ligure des Salyens de Provence*. En dix ans de fouilles, il a pu reconnaître le plan de la cité, dédoublée par une muraille interne séparant la ville haute de la ville basse – cette dernière révélant les vestiges les plus importants. Sur plus de quatre cents mètres, une enceinte a été dégagée.

Les qualités urbanistiques d'Entremont tiennent à son plan en damier, à ses rues larges et bornées, à l'évacuation raisonnée des eaux pluviales par un réseau de rigoles. En revanche, l'habitat lui-même était resté plutôt primitif, avec des maisons à pièce unique ; leur soubassement était en pierre sèche, sans ciment ni mortier, les murs étaient en pisé et la toiture en branchages. Comme à Ensérune, mais aussi comme à peu près partout en Gaule, y compris dans la plaine des Bituriges (du Berry), on trouve des silos creusés à même le sol, sortes de vastes poteries destinées à stocker des céréales ou du vin – parfois nommées « dolines » par un détournement du sens géologique. Entremont vivait du travail de ses artisans qui occupaient un quartier spécialisé et fournissaient des productions très diversifiées : outils de forgeron, de tailleur de pierre, instruments agricoles, équipements guerriers et poteries.

Finalement, toute l'originalité d'Entremont tient à sa statuaire qui met en valeur la figure humaine et rompt ainsi avec un style abstrait très répandu chez les Celtes. Comme le remarque Fernand Benoît, « la recherche de l'expression d'un être vivant, modelé dans l'espace avec son volume, est une découverte du Midi rhodanien, comparable au "miracle" de la Grèce. C'est là un trait de son génie, en opposition religieuse et esthétique avec les conceptions ornementales de la Gaule celtique qui ne connaît, à la même époque, que le dessin géométrique, inorganique, ou la stylisation décorative appliquée à un art industriel dont les productions ne sortent pas du cadre de l'artisanat ». Ce point de vue un peu réducteur (déjà nuancé à l'époque par Jean-Jacques Hatt) a au moins le mérite de souligner l'originalité de la « psyché » gauloise que l'on n'approche bien qu'en parlant de ses sites funéraires.

Jusqu'au milieu du XIXe siècle, érudits et archéologues amateurs n'hésitaient pas à attribuer aux Gaulois les édifices mégalithiques qui parsèment le territoire national. Ainsi les menhirs, dolmens, cromlechs, allées couvertes, sans oublier les cairns (monticules faits de terre ou de pierres), se voyaient attribuer des fonctions religieuses et funéraires. À dire vrai, leur réalisation remonte au néolithique et il faut les dater d'entre 4500 et 2500 avant notre ère. Alors que les menhirs apparaissent comme des objets cultuels à la signification phallique indubitable, mais au dispositif astronomique beaucoup plus discutable, les autres mégalithes peuvent être interprétés comme des temples abritant le repos de grands personnages, ou encore des sanctuaires obéissant aux règles d'un monde divin déjà bien structuré. Que ces grands monuments aient fait l'objet, à la protohistoire, d'un réemploi est tout à fait probable ; c'est ce qu'ont d'ailleurs montré le réexamen du cairn de Gavrinis, dans le Morbihan, et la protection tardive du cairn de Barnenez, près de Morlaix, au nord de la rivière, qui servit longtemps de carrière en raison de l'abondance de schistes et de granits taillés.

Sanctuaires et nécropoles celtiques ont des caractéristiques bien spécifiques. Les fouilles conduites à Bennecourt, dans les Yvelines, à Vendeuil-Caply et à Gournay-sur-Aronde, dans l'Oise, à Ribemont-sur-Ancre, dans la Somme, ou encore à Mirebeau, en Côte-d'Or, ont livré une somme d'informations suffisante pour reconstituer dans leurs grandes lignes ces sanctuaires de la Gaule « belge ».

Dressés sur des éminences qui les rendaient visibles de très loin en plaine, les sanctuaires gaulois se présentaient sous la forme d'enclos de quarante à cinquante mètres de côté, limités par un fossé d'au moins trois mètres de largeur et deux à trois mètres de profondeur. Ces sanctuaires étaient entièrement construits en bois – palissade, porche et temple lui-même. Jean-Louis Brunaux, directeur des services archéologiques de la Somme, décrit ainsi le sanctuaire de Gournay-sur-Aronde (Oise), qui a le mérite d'avoir été fouillé de manière exhaustive :

> « Il fut fondé au milieu du IIIe siècle avant J.-C., mais le lieu était déjà sacré : d'un culte indigène, frustre et discret, ont subsisté le fossé d'un enclos et une fosse pleine de céramiques. Les nouveaux arrivants belges érigèrent un *temenos*, puis, à l'intérieur, un temple. De plan carré (...), l'enceinte ouvre à l'orient en direction de l'étang légèrement en contrebas. L'ancien fossé fut revêtu de bois et masqué un peu plus tard par une palissade extérieure. Son bord intérieur fut aménagé pour recevoir les offrandes guerrières : un talus de terre recevait de véritables trophées. L'entrée, lieu de passage symbolique, fit l'objet des plus grands soins : des armes s'y amassent, des crânes humains et de bovidés sont fixés à un linteau de la porte. En arrière, au centre de l'espace sacré, le temple s'élève au-dessus d'une grande fosse destinée à recevoir les dépouilles des bœufs sacrifiés (...). L'activité rituelle est intense. Le fossé était comblé d'offrandes et de restes sacrificiels : trois mille

os et deux mille armes de fer. On y adorait certainement une divinité guerrière et/ou tribale à qui l'on offrait les panoplies des vaincus sous une forme très proche du trophée gréco-romain (...). On les laissait se détériorer sous l'action du temps : leur propre poids, après plusieurs dizaines d'années, les faisait choir au sol, pourries, oxydées. Alors, dans un étrange rite de désacralisation, elles étaient violemment détruites par des coups qui simulaient ceux du combat. »

Le recours aux sacrifices humains a suscité de vifs débats. Aujourd'hui, on les estime peu probables, en tout cas nullement significatifs par leur fréquence. Il faut donc écarter de son esprit l'image du druide sacrificateur ouvrant l'abdomen de ses victimes couchées et ligotées sur la table d'un dolmen, à la façon dont procédait un prêtre aztèque ! Mais l'exécution de prisonniers de guerre, d'esclaves ou de femmes, pour honorer la mort d'un chef, relève de pratiques assez ordinaires chez tous les peuples de souche indo-européenne. De même, l'archéologie semble pouvoir confirmer (à Entremont, par exemple, avec ces grappes de têtes coupées) le propos d'auteurs anciens tels que Diodore de Sicile, lequel affirme que « les Gaulois tranchent les têtes [...]. Ils clouent ce précieux butin sur les murs [...]. Les têtes des ennemis les plus en vue sont embaumées à l'huile de cade et soigneusement conservées dans des coffres ».

La présence d'ossuaires, de sépultures collectives d'humains et d'animaux dans les sanctuaires continue d'intriguer les archéologues. Les fouilles toujours en cours permettent toutefois d'apporter des éclairages ponctuels. Les dépôts de restes d'animaux – bœufs, chevaux, chiens, moutons, porcs – ne correspondent pas à des entassements de déchets alimentaires. En effet, leur disposition dans les fosses, les traces de leur mise à mort attestent d'une gestuelle sacrificielle dont les séquences échappent au schéma habituel de la découpe bouchère.

Ici, à Gournay-sur-Aronde (Oise), c'est un crâne de bœuf au front perforé par un coup de lance, le museau tranché ; là, par exemple à Vertault (Côte-d'Or), ce sont de grandes fosses où l'on trouve des chevaux, parfois associés à des bœufs et à des chiens. Une des fosses compte pas moins de dix chevaux sacrifiés, tous couchés sur le flanc droit, selon un axe nord-sud, tête au sud ; ils ont été disposés en une seule fois et enfouis peu après ; les ventres, ouverts par la décomposition, ont été remplis de pierres...

Patrice Méniel, archéozoologue de grande réputation, ne nous épargne aucun détail : « Ces animaux ont été enfouis alors que leur abdomen et leur thorax étaient vides, puisque les côtes gauches n'étaient pas imbriquées dans les droites, comme c'est le cas pour les chevaux inhumés dans les fosses individuelles, et que certaines cages thoraciques contenaient des pierres trop grosses pour s'être infiltrées entre les côtes, et donc introduites par le ventre ; il en est de même pour le crâne entier découvert dans le thorax de l'un des sujets... » Il ébauche une interprétation : « L'incision du ventre, qui ne laisse pas de trace sur le squelette, peut correspondre à diverses pratiques bien connues dans l'Antiquité : l'examen des entrailles afin d'agréer la victime ou pour procéder à des divinations, la consommation de certains viscères. Elle est du domaine des agissements purement sacrificiels... »

Ces pratiques sacrificielles sont évidemment à rapprocher de toutes celles usitées au sein de la dispersion des peuples indo-européens. Elles n'ont rien de très original et leur maintien à l'époque romaine témoigne d'ailleurs de leur intégration à la civilisation des vainqueurs, même si les offrandes funéraires changent de nature, deux espèces étant alors de plus en plus privilégiées : le porc et le coq. Les nécropoles gallo-romaines des deux premiers siècles de notre ère (Barralle, Dourges, Roanne) ont laissé des traces significatives de ces sacrifices. Ils se poursuivirent en plein processus de christianisation, puisque la nécropole tardive de Vron, dans la Somme, montre qu'au Ve siècle on sacrifiait toujours des coqs.

Le *tumulus* est un tertre hémisphérique qui coiffe une ou des tombes monumentales. Un tumulus peut être isolé, mais on trouve les tumuls plutôt en groupe, sous forme de « cimetières dynastiques » avec une tombe principale et plusieurs autres, secondaires, de moindres proportions. Dans le quart nord-ouest de la France, on discerne au moins une dizaine de ces ensembles, distants d'une centaine de kilomètres les uns des autres. Beaucoup de tumulus ont été identifiés grâce à la photographie aérienne, la plupart ayant été totalement arasés ou éventrés par les travaux agricoles.

À partir du VIIe siècle avant notre ère, ce type de tombeau correspond à l'émergence d'une aristocratie au sein de la société gauloise. Si les tumulus principaux comportent un riche mobilier, les sépultures périphériques n'en comprennent pas toujours. En Franche-Comté comme en Bourgogne, 35 % des tombes ne comportent pas de mobilier, et la moitié ne livrent qu'un ou deux types de parures. Il s'agit évidemment de parents du chef enterré sous le tertre principal.

La nécropole d'Héria (Jura), édifiée aux VIIIe et VIIe siècles avant notre ère, comptait au moins seize tertres hémisphériques d'un diamètre compris entre quinze et trente mètres, pour une hauteur, assez faible, de deux mètres. Ces tombes ont révélé la présence d'armes, de vaisselle de bronze, d'équipements guerriers. L'ouverture des tumulus est devenue de plus en plus rare aujourd'hui, et lorsqu'elle s'effectue, elle peut se révéler très décevante, la tombe ayant déjà reçu la visite de pillards ou de simples vandales.

La découverte en 1987 du tumulus de Saint-Romain-de-Jalionas (Isère) est tout à fait étonnante. Extérieurement, le tertre est imposant, avec un diamètre de cinquante-deux mètres et une hauteur atteignant deux mètres. Il a subi une première effraction, mais les « visiteurs » n'ont pas atteint la chambre funéraire. Si le squelette a disparu sous l'effet de l'acidité du sol, les objets métalliques qui l'entouraient sont parvenus jusqu'à nous. Ils sont fort nombreux, à commencer par les bijoux du défunt : collier, bracelet, épingles en or ; puis des armes : épées de bronze, couteau en fer, pointes de flèche en bronze, plats et vase. Enfin, cette tombe comportait les restes d'un jeune bovidé sacrifié avec un couteau en bronze. Au total, tout l'apparat funéraire d'un personnage de haut rang, inhumé avec la parure, les emblèmes et les objets témoignant de son prestige.

Mais la tombe de Saint-Romain-de-Jalionas n'est en rien comparable à celle de Vix. Découvert en janvier 1953 à Châtillon-sur-Seine, en Côte-d'Or, le tumulus de Vix a révélé un fabuleux trésor, comparable pour l'archéologie gauloise à celui enfermé dans le tombeau de Toutânkhamon pour l'égyptologie. Les circonstances de cette découverte sont étonnantes. Le site du mont Lassois, qui s'élève dans une boucle de la Seine, est reconnu depuis longtemps pour avoir abrité un oppidum. Une première campagne de fouilles, conduite de 1929 à 1939 par un archéologue local, Jean Lagorgette (1881-1942), avait permis de mettre au jour l'enceinte fortifiée avec son énorme fossé et ses imposantes levées de terre. L'apogée de l'oppidum de Vix se situe au VIe siècle. Lagorgette y collecta un « trésor » de tessons de céramique, d'armes, de perles et de bijoux, y compris cent cinquante fibules, dont la remise au ministère de l'Instruction publique lui valut une aide de... deux mille « francs Poincaré » !

En 1942, l'archéologue René Joffroy (1915-1986), qui enseignait au lycée de Châtillon-sur-Seine, reprenait les fouilles de son prédécesseur. Avec l'aide de Moisson, son chef de chantier, il explora et analysa le site méthodiquement, mais son travail ne produisit que la récolte habituelle : tessons, outillage lithique, armes, bijoux, perles... En janvier 1953, René Joffroy conclut sa dixième campagne par un ultime sondage dans un champ situé juste au pied du mont Lassois, en bordure de Seine. Le terrain était parsemé de pierres dont la nature géologique était étrangère au terrain. L'archéologue songea à une nécropole, mais c'est en son absence que Moisson fit la découverte capitale. Préparant le travail du lendemain, il dégagea une masse métallique volumineuse et avertit le professeur qui s'apprêtait à se rendre au lycée : « Ça paraît très lourd ; on dirait du bronze. C'est courbé comme un bât de mulet... ». Après quatre heures de cours, René Joffroy se précipita, se rendit compte de l'importance de la découverte et avertit des amis archéologues de la région pour qu'ils viennent l'aider. Il leur fallut quatre jours, dans le froid et la boue, pour extraire l'objet de sa gangue. Il était en piteux état, mais aucune des pièces ne manquait.

L'objet en question se révéla être un énorme vase en bronze, un *cratère*. Il occupait tout un angle d'une chambre funéraire approximativement trapézoïdale, d'environ dix mètres carrés. Dans la chambre funéraire, découverte les 12 et 13 février suivants, reposait une dame de haut rang dont une partie du corps s'était fondu dans la terre. Disséminé dans la tombe et entourant les restes d'un squelette, on découvrit un riche mobilier très varié. Le dégagement du caveau, l'extraction de tous les objets prirent une dizaine de jours à René Joffroy, dans des conditions météorologiques très difficiles. De plus, quantité de curieux attirés par le sensationnel venaient gêner les fouilles. Cependant, l'archéologue mena son chantier dans les règles, tenant son journal des fouilles, photographiant tous les stades de l'exhumation. Mais, bien vite, Jean-Jacques Hatt émit un reproche quelque peu justifié, il faut bien le reconnaître :

« Il est absolument certain qu'actuellement, on ne procéderait plus ainsi ; on construirait rapidement, autour de la tombe, un laboratoire en charpente métallique et en plastique à doubles parois, qui serait pourvu du chauffage, de l'éclairage et de toutes les installations techniques désirables pour l'examen et la photographie. La fouille demanderait une année ou plus. Tout le magma, produit de la décomposition de la sépulture, déposé sur le sol du fond, serait sur place examiné longuement à la loupe binoculaire et photographié. Rien n'échapperait à cette analyse *in vitro* : restes organiques, vestiges de tissus, indices d'objets périssables [...]. L'analyse chimique permettrait de déceler des colorants, voire des parfums. C'est ce qu'autorise actuellement le progrès des techniques... »

René Joffroy a eu, de toute façon, le mérite de la découverte, et l'équipe technique qui a pris en charge le mobilier funéraire de Vix a remarquablement exécuté la restauration des pièces. On a dégagé là le « cratère » le plus imposant de toute l'Antiquité. Sa hauteur est d'un mètre et soixante-quatre centimètres et sa capacité de mille cent litres. Il pèse un peu plus de deux cents kilos. Cette pièce est le fruit d'un travail exceptionnel ; les anses, la frise déposée sur le col sont d'une qualité esthétique indéniable. Le lieu de fabrication du cratère, son transport jusqu'en Gaule posent problème : provient-il d'Asie Mineure, des colonies de la Grande-Grèce, ou des ateliers laconiens ? Impossible de trancher.

Sa présence, en tout cas, et celle de la vaisselle de bronze, des bijoux en or de la défunte (car il s'agit d'une femme, « princesse » ou « prêtresse », on ne sait) dont le fameux diadème en or massif (480 g de métal fin à 24 carats), de ses colliers d'ambre et de diorite sont là pour témoigner d'un flux commercial que, jusque-là, les historiens minoraient. À partir de sa découverte, René Joffroy vit le mont Lassois comme un grand oppidum, mais aussi un marché-foire où les marchands venus de l'aire méditerranéenne rencontraient leurs clients nordiques. Vix nous révèle une civilisation gauloise très élaborée, ouverte sur le monde, et ce, dès le VIe siècle avant notre ère.

Longtemps négligés par les Français eux-mêmes, « nos ancêtres les Gaulois » ont retrouvé toute leur place de civilisation matricielle, même si les apports ultérieurs ont réduit la part « génétique » de ces racines-là.

L'archéologie de ces cinquante dernières années a fortement contribué à affiner nos connaissances. C'est la vie quotidienne des Gaulois qui est arrivée jusqu'à nous, avec la découverte de leurs savoir-faire. Les tombes ont révélé leur valeur guerrière et la diversité de leur armement, casques, armures, longues épées. Sans oublier les chars de combat enfouis dans les tombes princières. Celui retrouvé à Vix ne semble avoir eu qu'une fonction processionnelle, mais il s'agit d'un char à timon, avec un coffre en bois emporté par quatre roues fortes de dix rayons garnies d'une gaine de bronze et cerclées de fer ; quant aux moyeux, ils apparaissent protégés par des coques de bronze.

En Gaule, l'habileté à travailler le bois, à l'associer au bronze, ou, mieux, au fer, débouche sur des pratiques culturales évoluées. Très vite, l'araire, le simple bois recourbé qui ne fait qu'écorcher le sol, est remplacée par une vraie charrue ; le timon repose sur deux roues, et le sillon est ouvert par un soc de fer bien profilé. De même, la faux remplace la faucille et plusieurs indices concordants confirment l'existence d'une authentique moissonneuse : « Il s'agit d'une sorte de tombereau porté sur roues et qu'un bœuf poussait devant lui. La partie antérieure du tombereau, ouverte et rasant le sol, était munie de dents qui attaquaient les tiges ; les épis coupés tombaient à l'intérieur de la caisse. »

Quant au travail industriel, il n'est pas en reste. Des traces d'exploitation minière – cuivre, étain, plomb, argent et or – sont relevées un peu partout. Les forges livrent un énorme chiffre d'objets aratoires, d'outils et d'armes. Le tissage est commun, il fournit des vêtements spécifiques ; les braies (pantalons à jambes larges), les saies (manteaux à capuchon) ont fait leurs preuves depuis lors, tout comme les sandales en cuir, les *caligae* des Romains.

La charpente navale est un autre point fort, et la flotte de César affrontant les Vénètes dans la « petite mer » – le *mor bihan* – a bien failli en faire les frais. Quant à la tonnellerie, probablement inventée par les Celtes de la Cisalpine (l'Italie du Nord), puis diffusée dans le reste de la Gaule, elle n'est pas pour rien dans le développement d'une vinification digne de ce nom, à des années-lumière du vin maturé en amphore ou en outre des Gréco-Romains...

Enfin, et ce n'est pas le moindre de leurs talents, les Gaulois nous apparaissent comme de vrais commerçants, circulant avec aisance sur un réseau « routier » que les Romains reprendront à leur compte. Les échanges entre l'Europe du Nord et le bassin méditerranéen se font par cet « isthme gaulois » de mieux en mieux aménagé pour les déplacements. À la veille de perdre leur indépendance, les Gaules forment une nébuleuse politiquement impuissante mais culturellement enviable. Pour quelle autre raison César se serait-il imposé de les soumettre au terme d'une guerre qui, toute propagande mise à part, lui coûta tant ?!

Bibliographie sommaire

Sur Pétra

Johann Ludwig Burckhardt, *Travels in Syria and the Holy Land*, Londres, 1822.

Léon de Laborde, *Voyage de l'Arabie pétrée*, Paris, 1830.

Jean de Kergorlay, « Sites délaissés d'Orient : du Sinaï à Jérusalem », in *Le Tour du Monde*, 10 juillet 1910.

Christian Augé et Jean-Marie Dentzer, *Pétra, la cité des caravanes*, Paris, Gallimard, coll. « Découvertes Gallimard », 1999.

Henri-Paul Eydoux, *Réalités et énigmes de l'archéologie*, Paris, Plon, 1964.

Kurt W. Marek (sous le pseudonyme de C.W. Ceram), *Des dieux, des tombeaux, des savants*, Paris, Plon, 1955.

Maria-Giulia Amadesi Guzzo et Eugenia Equini Schneider, *Pétra*, Paris, Arthaud, 1997.

Sur Herculanum et Pompéi

Jules Dumesnil, *Histoire des plus célèbres amateurs étrangers*, Paris, 1860 (dont biographie de Johann Winckelmann).

Johann Winckelmann, *Histoire de l'art dans l'Antiquité*, Paris, Le Livre de poche, 2005.

Anne Claude Philippe de Thubières, comte de Caylus, *Voyage d'Italie, 1714-1715*, précédé d'un essai sur le comte de Caylus, par Amilda-A. Pons, Paris, Librairie Fischbacher, 1914.

Charles de Brosses (1709-1777), *Lettres familières écrites d'Italie en 1739 et 1740*, Paris, édition de R. Colomb, 1858.

Voyage en Italie de M. l'abbé Barthélemy, imprimé sur ses lettres originales écrites au comte de Caylus, à Paris, chez Buisson, 1802.

Jean-Claude Richard, abbé de Saint-Non (1727-1791), *Voyage pittoresque ou description des royaumes de Naples et de Sicile*, 1781-1786, 5 volumes.

Robert Emenne, *Pompéi, la cité ensevelie*, Paris, Gallimard, coll. « Découvertes Gallimard », 1987.

Gabriel Hanotaux, *Les Villes retrouvées*, Paris, Hachette, 1885.

Kurt W. Marek (sous le pseudonyme de C.-W. Ceram), *Des dieux, des tombeaux, des savants*, Paris, Plon, 1955.

Comte Corti, *Vie, mort et résurrection d'Herculanum et Pompéi*, Paris, Plon, 1953.

Sur l'Égypte

Georges Posener, Serge Sauneron et Jean Yoyotte, *Dictionnaire de la civilisation égyptienne*, Paris, Hazan, 1959.

Pascal Vernus et Jean Yoyotte, *Dictionnaire des pharaons*, Paris, Noêsis, 1996.

Chateaubriand, *Itinéraire de Paris à Jérusalem*, VIe partie, « Voyage d'Égypte », Paris, Gallimard, coll. « La Pléiade ».

Robert Solé, *L'Égypte, passion française*, Paris, Seuil, 1997.

Robert Solé, *Les Savants de Bonaparte*, Paris, Seuil, 1998

Gustave Flaubert, *Correspondance*, Paris, Gallimard, coll. « La Pléiade ».

Jean-François CHAMPOLLION, *Lettres et journaux écrits pendant le voyage d'Égypte*, Paris, Christian Bourgois, 1986.

Nestor L'HÔTE, *Lettres écrites d'Égypte en 1838-1839*. Voir aussi Diane HARLÉ et Jean LEFEBVRE, *Lettres, journaux et dessins inédits de Nestor L'Hôte, premier voyage en Egypte (1828-1830) sur le Nil avec Champollion,* Paris, Paradigme édition, 1993.

Giovanni BELZONI, *Voyages en Égypte et en Nubie*, Paris, Pygmalion, 1979.

Auguste-Edouard MARIETTE, *Voyage dans la Haute-Egypte,* Paris, Goupil, 1878.

Auguste-Edouard MARIETTE, *Catalogue général des monuments d'Abydos découverts pendant les fouilles de cette ville*, Paris, Imprimerie nationale, 1880.

Gaston MASPERO, *Histoire ancienne des peuples de l'Orient*, Paris, Hachette, édition de 1912.

Gaston MASPERO, *Égypte,* Paris, Hachette, 1912.

Vivant DENON, *Voyage dans la basse et haute Égypte*, Paris, Pygmalion, 1990.

Kurt W. MAREK (sous le pseudonyme de C.W. Ceram), *Des dieux, des tombeaux, des savants*, Paris, Plon,1955.

Jean VERCOUTTER, *À la recherche de l'Égypte oubliée*, Paris, Gallimard, coll. « Découvertes Gallimard », 1986.

SUR LA MÉSOPOTAMIE

Hérodote, *Histoire,* traduit du grec par Larcher, Paris, Carpentier, édition de 1850.

Edouard CHARTON, *Voyageurs anciens et modernes,* éditions du *Magasin pittoresque*, 1854.

Louis VIVIEN de SAINT-MARTIN, secrétaire général de la Société de Géographie, *Ninive* in *Le Tour du monde,* 1860.

Babylone, catalogue de l'exposition Paris-musée du Louvre, Hazan, édition 2008.

Victor PLACE, *Ninive et l'Assyrie*, Paris, Imprimerie impériale, 1867.

Austen Henry LAYARD, *Niniveh and its remains*, Londres, 1849.

Mémoires de la Délégation française en Perse publiés sous la direction de Jacques de Morgan, 4 vol., Paris, 1900-1902.

Jean BOTTERO et Marie-Joseph STEVE, *Il était une fois la Mésopotamie*, Paris, Gallimard, coll. « Découvertes Gallimard », 1993.

Jean BOTTERO, *Initiation à l'Orient ancien, De Sumer à la Bible*, Paris, Points/Seuil, 1992.

Jean BOTTERO, *Babylone, à l'aube de notre culture*, Paris, Gallimard, coll. « Découvertes Gallimard », 1994.

Kurt W. MAREK (sous le pseudonyme de C.W. Ceram), *Des dieux, des tombeaux, des savants*, Paris, Plon,1955.

KRAMER, *L'Histoire commence à Sumer,* Paris, Arthaud, 1957.

SUR LES INCAS

Garcilaso de LA VEGA, « Commentaires royaux sur le Pérou des Incas », nombreux extraits *in* André-Guillaume

CONTANT D'ORVILLE, *Histoire des différens* [*sic*] *peuples du monde : contenant les cérémonies religieuses*, 1770.

Bartolomé de LAS CASAS, *Historia de las Indias,* Nueva Biblioteca de autores españoles (BAE), tome 96. Sa *Brevisima relación de la destruccion de las Indias*, rédigée en 1552, a été traduite en français en 1979.

Jean-François MARMONTEL, *Les Incas, ou la destruction de l'empire du Pérou*, Paris, Lacombe, 1778.

Œuvres de don Barthélémi de Las Casas, évêque de Chiapa, défenseur de la liberté des naturels de l'Amérique ; précédées de

sa vie, et accompagnées de notes historiques, additions, développements, etc., etc. ; avec portrait ; par J.-A. Llorente... dédiées à M. le Comte de Las Cases, Paris, Alexis Eymery, 1822.

Bulletin de la Société de Géographie, juillet-décembre 1847, « Notice sur l'expédition envoyée par le gouvernement français dans l'Amérique du Sud sous la direction de M. le comte de Castelnau ».

Eugène de SARTIGES (sous le pseudonyme d'E. de Lavandais), *Revue des Deux Mondes*, numéro 9 de janvier-mars et numéro 10 d'avril-juin 1851.

Paul MARCOY (Laurent SAINT-CRICQ), *Scènes et paysages dans les Andes*, Paris, 1861.

Paul MARCOY, *Voyage de l'océan Pacifique à l'océan Atlantique à travers l'Amérique du Sud,* Paris, 1848-1860.

Paul MARCOY, « Textes et dessins inédits », in *Le Tour du Monde,* Paris,1862-1864.

Charles WIENER, *Pérou et Bolivie*, Paris, Hachette, 1880.

Louis BAUDIN, *Les Incas du Pérou (Essai sur le socialisme)*, thèse de 1927, Éditions Médicis, Paris, 1942.

Hiram BINGHAM, *La Cité perdue des Incas*, Paris, Pygmalion, 1990.

Rapport d'information du groupe d'amitié France-Pérou présidé par Frédéric de Saint-Sernin, 2003.

Kurt W. MAREK (sous le pseudonyme de C.-W. Ceram), *Des dieux, des tombeaux, des savants*, Paris, Plon,1955.

SUR LES GAULOIS

Louis-Laurent SIMONIN, *Les Merveilles du monde souterrain*, Paris, Hachette, 1869.

Gabriel de MORTILLET, *Matériaux pour l'histoire positive et philosophique de l'homme : bulletin des travaux et découvertes concernant l'anthropologie, les temps anté-historiques, l'époque quaternaire, les questions de l'espèce et de la génération spontanée*, 1864-1865.

CÉSAR, Jules, *De Bello gallico*, Livre VII, traductions de Léopold-Albert Constans et de Maurice Rat.

Eugène DESJARDINS, *Alesia, septième campagne de César... suivi d'un appendice renfermant des notes inédites écrites de la main de Napoléon Ier sur les commentaires de Jules César*, Paris, Didier et Cie, 1859.

Napoléon III, *La Guerre des Gaules : Histoire de Jules César*, Editions Errance, Paris, 2000.

Henri d'ARBOIS DE JUBAINVILLE, *Introduction à l'étude de la littérature celtique*, Paris, 1883.

Henri-Paul EYDOUX, *Promenades dans la France antique*, Paris, 10/18, 1965.

Emile THÉVENOT, *Histoire des Gaulois*, Paris, PUF, coll. « Que sais-je ? », 1965.

Jean-Jacques HATT, *Celtes et gallo-romains*, Paris, Nagel, 1970.

Olivier BUCHSENSCHUTZ et Jean-Paul GUILLAUMET, *Habitat et économie de l'âge du fer : les oppida*, in *Archéologie de la France*, Paris, Flammarion, coll. « Champs », 1990.

Pierre-Yves LAMBERT, *La Langue gauloise*, Paris, Éditions Errance, 2003.

Patrice MÉNIEL, *Les Sacrifices d'animaux chez les Gaulois*, Paris, Éditions Errance, 1992.

Pierre PINON, *La Gaule retrouvée*, Paris, Gallimard, coll. « Découvertes Gallimard », 1991.

POUR UN POINT DE VUE PLUS GÉNÉRAL

Eve GRAN-AYMERICH, *Naissance de l'archéologie moderne*, Paris, CNRS, 1998.

Jean-Paul Demoule, *L'Archéologie, entre science et passion*, Paris, Gallimard, coll. « Découvertes Gallimard », 2005.

Jacques Pirenne, *Civilisations antiques*, Paris, Albin Michel, 1951.

Dictionnaire encyclopédique d'archéologie, sous la direction de Léonard Cottrell, Paris, Sede, 1962.

Léonard Cottrel, *Mondes perdus*, Paris, Éditions du Pont-Royal, 1963.

Henri-Paul Eydoux, *À la recherche des mondes perdus*, Paris, Larousse, 1967.

TABLE DES MATIÈRES

Composé par Nord Compo Multimédia
7, rue de Fives, 59650 Villeneuve-d'Ascq

« Pour l'éditeur, le principe est d'utiliser des papiers composés de fibres naturelles, renouvelables, recyclables et fabriquées à partir de bois issus de forêts qui adoptent un système d'aménagement durable.
En outre, l'éditeur attend de ses fournisseurs de papier qu'ils s'inscrivent dans une démarche de certification environnementale reconnue. »

Impression réalisée sur CAMERON par
BRODARD ET TAUPIN
La Flèche

pour le compte des Éditions Fayard
en septembre 2008

Imprimé en France
Dépôt légal : septembre 2008
N° d'impression : 49151
35-57-3305-6/01